出土文獻譯注研析叢刊

沈寶春學術論文集
（古文字卷）

沈寶春　著

目次

釋「凡」與「冎凡业疒」

一

正當科學的考古不斷地從山陵地寢中整理出古代文物時，得「地利」之便，前人所釋古文字亦有重新檢驗之必要。殆以古文字一經隸定，先入為主，形成成說，眾口鑠金，從之推闡演繹之言論，或用以還原古代社會之形貌，或推斷文字形音義之來龍去脈，率皆相沿成習，未遑核覆。唯一字之形義未安，其據以闡發推演之言論亦若沙墩築臺，鬆動危殆，不言可喻。是文字之考釋，攸關重大，不可不慎。

自羅振玉釋甲骨文「𠭤」、「𠭤」為「槃」，首發其端云：

> 說文解字：「槃，承槃也。从木，般聲。古文作鎜，籀文作般。」古金文作䀉，此作𠭤，象形旁有耳，以便手持。或省耳。古音槃與舟相類，故䈬庚之䈬从𠭤，或徑作𠭤，殆與𠭤字同。後世从舟與从𠭤同意也。又以古金文例之，䈬庚之般亦般盂字。[1]

其後郭沫若則由字形論之，言即《說文解字》之「凡」字，乃「槃」之初文，[2]亦即《周禮・司尊彝》：「彝皆有舟。」鄭司農注：「舟，尊下臺，若今時承槃」之「承槃」。諸家安其所釋，蔚為成說，轉相推演，形同定論，如徐中舒於《甲骨文字典》中云：

> 𠭤，象高圈足槃形，上象其槃，下象其圈足。𠭤（般）字從之。因其字形與舟相似，故般所從之凡漸訛從舟。為槃之初文，後世別作槃字，而以凡為最括之詞。[3]

---

[1] 羅振玉：《增訂殷墟書契考釋》（京都：東方學會，1927年），卷中，頁39下。

[2] 郭沫若：《卜辭通纂一卷考釋三卷索引一卷》（東京：文求堂書店，1933年），頁29下。

[3] 徐中舒：《甲骨文字典》（成都：四川辭書出版社，1990年），卷十三，頁1450。

並推之以證成其它之可疑字；[4]間或出異解，疑為舟帆之形（凡或帆之古文），若葉玉森是。[5]更而推論證成商代交通水上舟船用帆之情形云：

> 甲骨文的凡字是帆的原形，作一面帆之形。凡在甲骨刻詞作風字使用，也作為風字的聲符部分。都可以看出是由於此種設施與風有關係。一般帆的材料是纖維織成的布，故後加義符巾而成帆字。商代船上所豎的帆大概甚為簡陋，且不普遍。因為當時生產的布可能還不甚充裕，不能大量施用於製帆。那時的商業也還沒發達到需要大量的貨船。初時的帆是固定的，只能利用順風航行，一旦風向偏了就沒有大用。[6]

或據茲以推闡文字形義之來龍去脈云：

> 凡，帆的本字。象形。象船帆。金文象張風的帆。小篆經過文飾，有失原形。風帆是張風的。大風所向，草木披靡，故以為統括之詞。如：凡是。也有總共、總計的意思。如：全書凡十卷。同時有大概、要略的意思。如：大凡、發凡起例。凡是，則一切都是。換句話說，也就是所有都一樣，不稀奇，不突出。所以有平凡的意思。如：凡庸。宗教或迷信認為，鬼神是超人的，故稱一般的世人為凡人。[7]

是諸家強勢說辭，本不易發覆於其間。然細審之，時亦有形義未安之處，況其牽涉繁多，尤其在卜辭的疾病刻辭中習見的「凸月出𣥐」，諸家釋解，各逞其是，是一髮動身，亦不得不先從「凡」字辨起。

4　徐中舒：〈序言〉，《甲骨文字典》，序言，頁 6-7。即輾轉以「盤」釋甲骨文「𦥑」字為「弁」字。

5　葉玉森：《殷墟書契前編集釋》（上海：大東書局，1934 年），卷二，頁 35：「古風字從長尾鳥從月，月疑舟帆之形（凡或帆之古文）。長尾鳥與帆竝可占風，故先哲制風字，叚二物以象意。」

6　許進雄：《中國古代社會──文字與人類學的透視》（臺北：臺灣商務印書館，1988 年），頁 277。

7　趙進：《漢字的來龍去脈》（北京：中國文史出版社，1992 年），頁 628。

二

　　察前人俱於「凵」字釋為「凡」並無異議，唯於字義卻有異解。今試取字形觀之，《甲骨文編》所收「凡」字如下[8]：

　　凵 甲 134、凵 甲 444、凵 乙 2494、凵 乙 2575、凵 乙 2806、凵 京津 1029、凵 明藏 192、凵 河 549、凵 河 579、凵 拾 7.11、凵 前 1.36.6、凵 前 4.46.1、凵 前 6.54.5、凵 前 7.28.4、凵 後 2.35.2、凵 林 2.11.10、凵 前 6.9.6、凵 鐵 84.4、凵 鐵 177.3、凵 燕 147、凵 寧滬 1.166、凵 鄴 3 下.48.3、凵 粹 96、凵 粹 1017、凵 存 532、凵 掇 1.276、凵 續 5.30.1、凵 佚 929

諸形雖與「舟」字[9]之作 凵 鄴 3 下 393、凵 掇 1.453、凵 戩 4.7 相近，唯線條之彎曲度卻略有差別，此所以混淆訛錯，自卜辭已然。

　　設如羅氏、郭氏所說，其為「槃」之初文，一為若自來所言用以盥洗之水器「槃」。據段玉裁《說文解字注》槃字下云：

　　　　承槃者，承水器也。〈內則〉曰：「進盥，少者奉槃，長者奉水，請沃盥。」《左傳》曰：「奉匜沃盥。」〈特牲〉經曰：「尸盥，匜水實於槃中。」古之盥手者，以匜沃水，以槃承之，故曰承槃。[10]

而《禮記·內則》：「進盥，少者奉槃，長者奉水，請沃盥。」《國語·吳語》：「句踐請盟：一介嫡女，執箕帚以晐姓於王宮；一介嫡男，奉槃匜以隨諸御。」是槃乃沃盥時所用之器皿。沃是自上澆水，其器用「匜」，盥是用水沖洗雙手，其器用「槃」，是沃盥時槃匜相需為用。西周中期前段流行槃盉相配，或槃盨相配。西周晚期到春秋戰國則多為槃匜相配。戰國以後，沃盥之禮漸

8　中國社會科學院考古研究所編：《甲骨文編》（北京：中華書局，1989 年），卷一三·七，頁 517。

9　中國社會科學院考古研究所編：《甲骨文編》，卷八·十，頁 358。

10　〔東漢〕許慎撰、〔清〕段玉裁：《說文解字注》（臺北：天工書局，1996 年 9 月），頁 260。

廢，槃亦被「洗」替代。考其形制，商以前槃用陶制，商早期出現青銅槃，但為數不多，商代晚期才逐漸流行。而商代槃都是敞口、深腹、圈足、無耳。自西周中葉開始，銅槃逐漸腹淺、矮圈足，增設雙耳。[11]唯至漢代，已不用沃匜之方式洗手，故在漢代遺物中，也難以確指出有與時代用途相同的「盥盤」，何況漢代匜並不和盤同出。取而代之的，是在漢代文物的記述中，常把一種平底、鼓腹、頸微斂、口微侈之容器稱為「洗」，認為它就是沃匜時承水之器。唯以鑄造朱提、堂狼「洗」聞名的雲南地區，幾乎看不到匜與之伴出。故徐中舒乃根據安徽當塗晉墓中所出此型銅器自名為「釪」之例，指出它不是洗，而是釪即盂。[12]一九六三年，湖南長沙湯家嶺漢墓中又出土一件此型銅器，口沿上有墨書銘文：「張端君銅汙一。」[13]乃漢代文獻中所稱之「杅」，為盛酒漿之器，而與沃盥無關，[14]是漢人已不知槃為何物。而「槃」器既以「一介嫡男」或「少者」所奉，其體積推非龐大，少者一人兩手之力足能勝任。又其既以盛沃盥之水，既非深腹侈口不可。觀今出土傳世商槃，形作深腹、圈足、無耳。唯圈足於甲骨文中例不作 ｜ ｜形，如豆作 $\underline{\underline{\Omega}}$，簋作 $\underline{\underline{\mathfrak{g}}}$，壺作 $\bar{\underline{\Phi}}$。而深腹之器如鼎作 $\underline{\mathfrak{A}}$[15]，其形構大不類此，故釋 $\bowtie$ 唯沃盥所用之承槃，就字形而言，實義有所未安。又據《甲骨文編》卷三・八中所收「興」字有作：

　　　 $\bowtie$ 甲 2356、 $\bowtie$ 乙 1462、 $\bowtie$ 乙 3412、 $\bowtie$ 乙 4864、 $\bowtie$ 乙 5075、
　　　 $\bowtie$ 乙 5159、 $\bowtie$ 乙 5327、 $\bowtie$ 前 5.21.8、 $\bowtie$ 前 5.22.1、 $\bowtie$ 後 1.26.6、 $\bowtie$
　　　 後 2.11.1、 $\bowtie$ 續 4.31.2、 $\bowtie$ 續 5.22.9、 $\bowtie$ 鄴初下.47.2、 $\bowtie$ 摭續 317、
　　　 $\bowtie$ 佚 421、 $\bowtie$ 師友 2.121、 $\bowtie$ 京津 2511、 $\bowtie$ 京津 4891

[11] 參見馬承源：《中國青銅器》（上海：上海古籍出版社，1988 年），頁 265-272。

[12] 徐中舒：〈當塗出土晉代遺物考〉，《中央研究院歷史語言研究所集刊》第三本三分（1932 年 10 月）。

[13] 湖南省博物館：〈長沙楊家嶺西漢墓清理報告〉，《考古》，1966 年第 4 期。

[14] 孫機：《漢代物質文化資料圖說》（北京：文物出版社，1991 年），頁 259。

[15] 中國社會科學院考古研究所編：《甲骨文編》，卷五・九，頁 221「豆」字；卷三・二一，頁 132「簋」字；卷七・一二，頁 305「鼎」字。

諸形，可推舉𠬞之時，大抵為二人四手以為之，間有作𠬞（前 5.21.7）者，僅以二手，其例二見，疑係其省。[16]故字當非少者一人兩手之力足能勝任之沃盥用槃，當別有所指。

　　二則認為「承槃」，亦即《周禮・春官・司尊彝》：「春祠夏禴，祼用雞彝鳥彝，皆有舟。……秋嘗冬烝，祼用斝彝黃彝，皆有舟。……凡四時之間祀，追享朝享，祼用虎彝蜼彝，皆有舟」之「舟」。鄭司農云：「舟，尊下臺，若今時承槃。」賈公彥疏云：「此經彝下皆云舟，尊與罍下皆不云所承之物，則無物矣。……漢時酒尊下槃，象周時尊下有舟，故舉以為況也。」是鄭司農所云「承槃」，意本譬況之詞，非必即為其物。至若承槃之形，本作圓形，故《一切經音義》八云：「槃，圓器也。」唯桂馥於《說文解字義證》槃字下分槃之器用為三曰：

　　馥案，槃之用有三：《周禮・玉府》：「若合諸侯，則共珠槃玉敦。」注云：「古者以槃盛血」，此會盟之槃也。僖二十三年《左傳》：「乃饋盤飧。」《史記・滑稽傳》：「杯盤狼藉。」《晉太康起居注》：「齊王出藩，詔賜梮樽檁杯盤各有差。」李尤〈盤銘〉：「或以承觴，或以受物。既舉清觴，又成口實」，此飲食之槃也。〈吳語〉：「奉槃匜以隨諸御」韋云：「槃，承盥器也。」《禮・內則》：「適父母舅姑之所，少者奉槃，長者奉水，請沃盥。」鄭注：「槃，承盥水者。」〈喪大記〉：「沐以瓦盤。」《大學》引湯之盤銘，此洒濯之槃也。

並以槃器「不皆圓形」，以承槃舟臺之屬，故亦稱「臺槃」。[17]其意以槃或圓或方，不一定形，故李孝定亦云：

　　槃從般，而般從舟。舟即《周禮・司尊彝》「皆有舟」之舟，實即槃（凡）之原始象形，文字當作𠬞。以與古文舟作𦩑者形近，故篆文誤從舟耳。凡字許訓「最括之詞」，語詞類無本字，乃假象承槃之𠬞為

---

16 中國社會科學院考古研究所編：《甲骨文編》，卷三・八，頁 105。
17 〔清〕桂馥：《說文解字義證》（濟南：齊魯書社，1987 年），頁 500。

之，篆作𠃜，亦𠀎之形訛耳。承槃今猶有之，作長方形，與𠀎字形似，湘人謂之「端槃」（常德土語），即此物也。……卜辭般庚或作𦨶，可為吾說佐證也。槃作𠀎，象形。吾鄉舊時猶有此物，或作長方形，間亦作圓形，皆所以盛物相受授者，故制字象之。[18]

然今出土古文物中，並不見有盤作方形者，況承槃之制，非必殷商所固有，且以形構觀之，其主體器腹與耳足之比例亦不甚精確，是疑非承槃之形。

至以帆之古文說之者。殷周遺物，尚未見有似帆之物，而典籍所載舟帆之制為時甚晚，《釋名·釋船》：「帆，汎也，隨風張幔曰帆，使舟疾汎汎然也。」又《昭明文選·木華·海賦》：「維長綃，挂帆席。」李善注曰：「劉熙《釋名》曰：『隨風張幔曰帆』，或以席為之，故曰帆席也。」是帆殆以幔或席為之，尚非舟船必備定然之物，且用「張」用「挂」，則非定形之物，且非用四手以抬舉。而漢代大海船雖能通航印支半島，甚至遠達印度洋，[19]其船隻理當有風帆，唯其形象資料尚未發現，[20]更何況殷商。故以帆釋凡，恐係推想過度。

三

今試以甲骨卜辭之文例觀之，凡字曾與出行疾病之字一併出現，如下列諸條：

勿乎王族凡于疢 　　　　　　　　　　　　　　　　《合集》6343

王固曰：凡。𤕬其出　惟丁，丁不出，其有疾。弗其凡　《合集》3946
反

---

[18] 李孝定：《甲骨文字集釋》（臺北：中央研究院歷史語言研究所，1965 年），中央研究院歷史語言研究所專刊之五十，第六，頁 1994；又第四，頁 1444。

[19] 沈福偉：〈兩漢三國時期的印度洋航業〉，《文史》第二十六輯（1986 年 5 月）。參見《漢書·地理志》、《後漢書·馬援傳》。

[20] 孫機：《漢代物質文化資料圖說》，頁 122。

按：上舉兩例中，「疒」字於此李孝定以其用為人名，[21]徐中舒則認為「方國名」[22]，當以徐氏為是。而下例「凡 🐦」《殷墟甲骨刻辭類纂》以一字視之，並於釋文中釋為「鳳」。[23]唯以《甲骨文合集》3945 反、3946 反、3947 反三片之刻辭文字排列行距參之，🦅實自為一字，🐦亦自為一字，尤以🐦釋鳳更不足訓，《甲骨文編》中收鳳字者多矣，[24]然未見作此形構者，且其聲符凡皆廁於鳳鳥之中作🦚形，亦未見其置諸鳳鳥之上。況以詞句觀之，「王固曰：凡」正與「弗其凡」相對，故此分凡、🐦為二字。

然此凡字作何訓解？且觀「🦴」、「🦴」、「🦴」、「🦴」諸字所從皆有凡字，而興字於卜辭中亦有與疾病字一同出現之現象，如下面諸條：[25]

……疾……興……使	《合集》5645
壬子卜，貞：亞、克興，有疾	《合集》13754
弗其……興，疾	《合集》18919

小屯南地甲骨中尚有刻辭作：「……若向于……毋🦴……🦴興于之受祐」[26]，「興于之」與前舉「凡于疒」詞例相類。在甲骨卜辭中，用來表示人體某個部位有病痛，一般是用「疒」（亦即後代的疾）這個詞，而從語言學的角度來講，商代的疾病基本上只用一個「疾」來表示，幾乎包括後代所說的各種慢性疾病，範圍相當廣泛，其含義近似於現代在一般意義上所說的「毛病」或「生病」，是一種抽象、泛似的說法。[27]而受兵傷之疾則作疾，象人腋下著矢之形。[28]在上舉諸例中，凡或興與疾病出行之間必有極緊密之關係，若依

---

[21] 李孝定：《甲骨文字集釋》，第七，頁 2528。

[22] 徐中舒：《甲骨文字典》，卷七，頁 840。

[23] 姚孝遂：《殷墟甲骨刻辭類纂》（北京：中華書局，1989 年），頁 1180。

[24] 中國社會科學院考古研究所編：《甲骨文編》，卷十四·十六，頁 187-188。

[25] 姚孝遂：《殷墟甲骨刻辭類纂》，頁 1103。

[26] 姚孝遂：《殷墟甲骨刻辭類纂》，頁 1104；唯姚孝遂、肖丁：《小屯南地甲骨考釋》（北京：中華書局，1985 年），頁 355 則作：「……🦴🦴于🦴🦴🦴于之受又。」

[27] 參見趙誠：《甲骨文簡明詞典——卜辭分類讀本》（北京：中華書局，1990 年），頁 159。

[28] 詳參李孝定：《甲骨文字集釋》，頁 2515-2518 疒、疾、疒諸字。徐錫臺：〈殷墟出土疾病卜辭的考釋〉，《中國語文研究》，1985 年第 7 期，頁 15，釋🦴為疒，釋🦴為病，釋🦴為疒。

羅氏、郭氏、葉氏所釋之義為槃為帆，似與疾病出行無甚關涉。

　　觀前舉諸字，凡字之為物既由四手合舉，且與疾病出行有關。察河南安陽侯家莊商代後期甲種 I 式大型墓 HPKM1001 在墓室外的北階和東階（二層臺）上曾發現木器（抬盤）遺痕作：

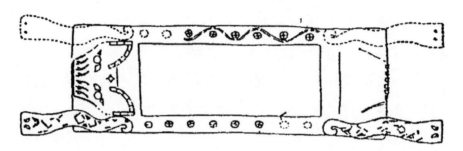

河南安陽侯家莊商代後期甲種 I 式大型墓 HPKM1001 二層臺上發現的木器（「抬盤」）遺痕（通長 2.3 公尺）

通長 2.3 公尺，素被認為是「似抬運禮器用的抬盤」。[29]視其形制，頗與凡字肖近，量其長度，臥躺一人，尚綽綽有餘。況以此長度，是不容一人舁之而已，必也通二人或四人之力以為之，此正與「H」字之四手合舉相應。雖《周禮・凌人》有：「大喪，共夷槃冰。」鄭玄注：「夷之言尸也。實冰於中，置之尸床之下，所以寒尸。尸之槃曰夷槃。……漢禮器制度，大槃廣八尺，長丈二尺，深三尺，漆赤中。」又《儀禮・士喪禮》：「君設大槃，大夫設夷槃。」《禮記・喪大記》：「君設大盤造冰焉，大夫設夷盤造冰焉，士併瓦盤無冰。」是槃亦有用於寒尸，依漢制其廣八尺，長丈二，是亦非一人可舉之物，唯其「深三尺」，而據《三禮圖》所繪，亦未見抬舉之把，況其用於大喪寒尸，非為疾病出行而設。

　　其為疾病出行而設，以二人四手抬舉，為一時不良於行之人所憑藉的替

---

[29] 北京大學歷史系考古教研室商周組：《商周考古》（北京：文物出版社，1979 年），頁 98。

代交通工具者，[30]即甲骨文之凡，卜辭中以「亞」、「克」二人同「興」，更是其證。致其舁舉之時，必同時並起，斯不致於傾頹，而欲其同時並起，則當以口令命之，是以凡以口會其意，即《說文解字》訓為「合會」之「同」。《呂氏春秋·淫辭》：「今舉大木者，前呼輿謣，後亦應之，此其於舉大木者善矣。」高誘注：「輿謣或作邪謣。前人倡，後人和，舉重勸力之歌聲也。」許維遹曰：「今北方共著力於一事者猶有勸力之歌。」陳奇猷曰：「勸力之歌，今謂之『勞動號子』，全國各地皆有之，不限於北方也。」[31]亦舉凡時從口作同之謂。至其舉舁時，從四手作𦥦者，或即「與」字，從二手作𦥑者，是其省。而從四手從口作𦥑者，乃會同力舉起之「興」意也。《說文解字》已不明凡之初形本意，故其說形則支離破碎曰：「從二，二，偶也。從𠬞。𠬞，古文及。」說其義則曰：「最括也。」實乃凡之引申義而非本義。殆以凡乃四手同聚其力之處，是「最括」其力之物也。況其為物，尚見於北魏畫像石上的「孝孫原穀」故事圖中，[32]其形作：

北魏畫像石上的孝孫原穀故事圖（王增新 1958：48）

---

30 許進雄：〈從古文字看疒與病疾的關係〉，《中國文字》新十期（臺北：藝文印書館，1985年），頁 89，乃據孝孫原穀的故事說擔架是打算丟棄於山野的臨時性搬運工具，很可能被丟棄的人就在擔架上寢睡幾天。後來可能為病弱者設，以便一旦病危就連人帶擔架丟棄於山。更後來也許病期長，為生活方便又加上短腿，就成了床的形式。按其說「為病弱者設」是。

31 陳奇猷：《呂氏春秋校釋》（上海：學林出版社，1990年），頁 1195。

32 孫機：《漢代物質文化資料圖說》，頁 17，圖版 30-6；王增新：〈關於孝子閔孫和孝孫原穀〉，《文物》，1958 年第 10 期，頁 48。

與侯家莊商代後期 HPKM1001 大型墓所出土疑似抬盤之形制相似，唯雕繪精粗有無之不同耳。衡之今之擔架，歷兩、三千年，而形制功用亦無甚大異。

凡之原形既為類今之擔架，尚可由其相關之字窺知。甲骨文有字作🔲，或作🔲、🔲，諸家皆以為即《說文解字》中訓為「不行而進謂之㱖」之「㱖」字，即今之「前」字。並從李孝定之說曰：

> 《說文》：「㱖，不行而進謂之㱖。從止在舟上。」契文作上出諸形，從行從🔲，或省行從彳，或並彳而省之，祇作🔲，與小篆作🔲者形近，當是一字。篆文之舟，即卜辭之🔲所訛變，字然從舟也。🔲乃般之古文，亦即今之盤字象形。🔲字從止在盤中，乃洗足之意，會意字也。🔲若🔲，乃從行（或從彳），㱖聲，其但作🔲者，乃假洗足為前進字。然前進字本作此形也，下逮小篆，㱖字反為借義所專，乃別出從水㱖聲之湔字，以為洗足之專字。[33]

然其字本係會意字無誤。何則？若以凡釋為擔架，其行於彳或行道之中本係固然。凡既以二人四手之力共舉昇之，人之先後亦且有定，舉一止以置凡前，會其前意，乃簡切明瞭。以其置諸行道，故昇人有前後之別，繪其前止以示其前，而未見有繪於凡之後者。且就被昇之人而言，果如《說文解字》所說乃「不行而進」之情況，殆有疾而不良於行者，也唯憑藉此物之助而能前進也。故單作從止從凡，亦能會前之意，而從行從彳，則其意指更明確。至若「湔」字，還如《說文解字》所說：「從水，前聲」，將其視為形聲字較為合理。

四

當然，卜辭之用非僅止於本義，引申、假借，亦各行其是。凡字本象抬

---

[33] 李孝定：《甲骨文字集釋》，第二，頁 452。

盤擔架之形，而以抬盤擔架舁之而行亦曰凡，觀《續》3‧7‧9（《合集》6343）：「勿乎王族凡於疫」中之「凡」係作動詞用，徐中舒疑為「巡視」之意[34]，竊疑為遷移、舁行之意。以至素來認為是成語的「骨凡有疾」，極有可能用的就是它的引申義，卜辭中「骨凡有疾」四字連用者如下例：

庚寅卜，爭貞：子不骨凡有疾	《合集》223
貞：帚好骨凡有疾	《合集》709
貞：婦弗其骨凡有疾	《合集》709 正
子𣊫骨凡有疾	《合集》811 正
其骨凡有疾	《合集》1385 反
⋯⋯陷弗⋯⋯骨凡有疾	《合集》5389
貞：弗其骨凡有疾　允⋯⋯	《合集》8626
丁卯卜，王貞：𤿑鼓骨凡有疾，十二月	《合集》9650
己⋯⋯貞：好骨凡有疾	《合集》13865
⋯⋯嬳骨凡有疾	《合集》13866
己酉卜，㱿貞：㜇骨凡有疾	《合集》13868
戊申卜，貞：雀骨凡有疾	《合集》13869
戊申卜，貞：雀弗其骨凡有疾	《合集》13869
戊申卜，貞：雀骨凡有疾，六月	《合集》13869
貞：雀骨凡有疾	《合集》13870
貞：子狀骨凡有疾	《合集》13874 正甲
⋯⋯巳⋯⋯弗其骨凡有疾	《合集》13874 正乙
⋯⋯卯卜，爭貞：𣏟骨凡有疾，五月	《合集》13876
乙卯⋯⋯貞：𣏟其骨凡有疾	《合集》13877
乙丑卜，㕇貞：辜骨凡有疾	《合集》13878
壬午卜，㱿貞：辜骨凡有疾	《合集》13880
庚辰卜，貞：殀骨凡有疾	《合集》13883
貞：葡𢦏骨凡有疾	《合集》13884
貞：𤕨骨凡有疾，小告	《合集》13885 正
貞：𠂤弗其骨凡有疾	《合集》13887

34　徐中舒：《甲骨文字典》，卷十三，頁1452。

辛卯卜，殼貞：✦骨凡有疾　　　　　　　　　　《合集》13888

丁酉卜，殼貞：杞侯炽弗其骨凡有疾　　　　　　《合集》13890

弗其骨凡有疾　　　　　　　　　　　　　　　　《合集》13892

貞：爭弗其骨凡有疾　　　　　　　　　　　　　《合集》13893

……✦骨凡有疾　　　　　　　　　　　　　　　《合集》13902

貞：✦弗其骨凡有疾　　　　　　　　　　　　　《合集》14199 正

……丑卜，✦……其骨凡有疾　允不　告　　　《合集》21035

然亦有「有疾」、「骨凡」分用者，如：

癸未卜，✦貞：𠭯弗疾　有疾　骨凡　　　　　《合集》21050

丁酉卜，貞：子弗疾　有疾　　　　　　　　　　《英》1948

癸未卜，爭貞：子央惟其有疾　三月　　　　　　《合集》10067

貞：婦好有疾，惟有壱　　　　　　　　　　　　《合集》13714 正

丁亥卜，殼貞：子漁其有疾　　　　　　　　　　《合集》13722

王固曰：吉，骨凡　　　　　　　　　　　　　　《合集》709 反

壬午卜，殼貞：婦骨凡　　　　　　　　　　　　《合集》795 正

貞：雀骨凡　雀不其骨凡　　　　　　　　　　　《合集》1677 反

子妾骨凡　　　　　　　　　　　　　　　　　　《合集》3175 正

戊午卜，貞：✦不其骨凡　　　　　　　　　　　《合集》4951

貞：翌。乙巳，子漁骨凡　儐侑祖戊　　　　　　《合集》13871

貞：翌。癸卯，子漁不其骨凡　　　　　　　　　《合集》13872

己卯卜，穷貞：子狀骨凡　　　　　　　　　　　《合集》13874 正甲

或作「疾骨」、「有疾骨」、「其骨有疾」者如下：

貞：疾骨，惟有蟲　　　　　　　　　　　　　　《英》1125

庚戌卜，旦貞：王其疾骨　　　　　　　　　　　《合集》709 正

庚戌卜，旦貞：王其疾骨　王固曰：勿疾　　　　《合集》709 正

貞：有疾骨，惟……　　　　　　　　　　　　　《合集》13696 正

貞：弗其骨有疾　　　　　　　　　　　　　　　《合集》13895

唐蘭釋「骨凡有疾」為「卣凡有疒」，並說：

卣凡，郭讀游盤，非是。或釋骨盤，尤屬可笑。余按：凡，卜辭讀為同。卣同之卣，當讀為迪，尚書攸字，漢書多作迪，是卜辭之卣凡，

即古書之攸同。禹貢：『澧水攸同』，『九洲攸同』；詩蓼蕭：『萬福攸同』，文王有聲：『四方攸同』，可見為習語。攸與猶、猷通，攸者，維也，攸同即維同，故卜辭習見旹凡有疒，當讀為猷同有疾，亦即維同有疾。[35]

李孝定嘗辨之云：

（旹）郭釋旹，陳氏於旹字形體之演變復舉例加以證明，[36]其說極是，而唐氏疑之，謂字當釋旹，或讀為攸，或讀為屮，或讀為各，或讀為絲，其意概謂卜辭之圖、舀、凵、旹均為一字，以其所居辭例不同，而音讀各異。按圖當讀為占，舀當釋卜字，並從凵旹，而實非旹字……⋯⋯旹實象卜用牛肩胛骨之形，其與原物最肖者作旹，自餘詭變雖繁，大抵為筆畫繁簡曲直小異，而其形則仍與牛肩胛骨相似。⋯⋯它辭當讀如字，即骨之初字者，其一曰「旹同有疒」者十四見，諸辭唐氏均讀為「攸同有疒」，攸同舊訓所同，凡經籍言攸同者，其主詞均為多數，如禹貢：「澧水攸同」，言漆、沮與澧俱於渭也。「九州攸同」，言禹濬川敷土，諸水既平，九州所同也。詩蓼蕭：「萬福攸同」，言「萬福之所同皆得歸聚之」也。文王有聲：「四方攸同」，言為天下所同心而歸之也。而卜辭「旹同有疒」之文，其主詞均為一人，無在一人以上者，則不得釋為攸同甚明。竊謂旹當讀如字，即骨之古文，同當讀為痛（同、痛古音同在九部），謂某人骨痛有疾也。乙、七一六三辭云：「帚好旹同有疒」，同版它辭云：「王其疒旹」，如釋為疒攸、疒旹，均覺不辭矣。[37]

其以文例用法力闢唐氏之非，本亦有據。而以「骨痛有疾」說之，文義詞情

---

[35] 唐蘭：《天壤閣甲骨文存》（北平：輔仁大學，1939年），考釋頁4-14。

[36] 詳細參見郭沫若：《甲骨文字研究》（北京：人民出版社，1952年），〈釋絲〉；《古代銘刻彙考續編・骨臼刻辭之一考察》（東京：文求堂書店，1934年），頁10下；陳夢家：〈釋旹〉，《考古社刊》，1936年第5期，頁17-22。

[37] 李孝定：《甲骨文字集釋》，第四，頁1492-1498。

亦較通明。以咼釋為骨之初文，說亦可從。唯卜辭尚未見有從凡從口之「骨」作「骨同有疾」之辭者，況凡、同用例有別，非可等同而論。其以「同當讀為痛」，更是魚龍曼衍之觀。

其中尚有嚴一萍釋為「咼風虫疾」，並以資證成殷人「實已超越天地鬼神崇禍的藩籬，進一步能確認自然界氣候變化之影響疾病」，其說云：

> 天氣變化的影響，最多的是風，…「咼風虫疾」珠九七〇，「貞：弗其咼風虫疾。貞咼固虫疾。」屯乙三〇八五。卜辭卜疾之辭，大半多有「咼風虫疾」的成語。咼借為禍，因禍風而有疾，當然風為致病的原因了。[38]

嚴一萍並引《左傳》昭公元年秦和論六氣之說中的「陰陽風雨晦明」的：「風淫末疾」，見六氣說實導源於殷商。

然「風」字於卜辭中率皆假「鳳」為之，或偶省作凡，[39]唯如依《殷墟甲骨刻辭類纂》一書中所收之刻辭考之，鳳字於卜辭中習見，共208條，[40]竟無一條作「禍鳳有疾」之辭者，苟釋凡為風，釋為禍風，實不無可疑之處。況設將《合集》709反：「王固曰：吉，骨凡」代成「王固曰：吉，咼風」，既為致疾之禍風，焉稱「吉」乎？是釋為「禍風有疾」於文義雖怡然理順，然是非然否尚未達乎一間。

自來研究殷商之疾病者，若胡厚宣之〈殷人疾病考〉及〈論殷人治療疾病之方法〉[41]，嚴一萍之〈中國醫學之起源考略〉[42]，徐錫臺之〈殷墟出土

---

[38] 嚴一萍：〈中國醫學之起源考畧（下）〉，《大陸雜誌》，第2卷第9期（1951年），頁15。

[39] 參見葉玉森：《殷墟書契前編集釋》，卷一，頁112；容庚：《殷墟卜辭考釋》（北京：哈佛燕京學社，1933年），頁26。皆以凡釋風。

[40] 姚孝遂：《殷墟甲骨刻辭類纂》（北京：中華書局，1989年），頁660-663。

[41] 胡厚宣：〈殷人疾病考〉，《甲骨學商史論叢》（臺北：大通書局，1972年），頁417-443；〈論殷人治療疾病之方法〉，《中國語文研究》，1985年第7期，頁9-13。

[42] 嚴一萍：〈中國醫學之起源考畧（下）〉，《大陸雜誌》，第2卷第9期（1951年），頁15。

疾病卜辭的考釋〉[43]，及趙誠在卜辭分類的疾病類中，[44]皆未將「骨凡」或「骨凡有疾」視為骨骼的一種疾病，或僅論及「疾骨」。

然觀上舉諸條，主詞均為人名，卜問它「骨凡有疾」是最完備的用詞，或作「弗疾？有疾？骨凡」，則知「骨凡有疾」是「骨凡」結合「有疾」而成的。或省作「疾骨」，「有疾骨」，「其骨有疾」，則可推知「凡」是附屬於「骨」的一個詞，是可有可無的。按《說文解字》骨部下有「骫」字，許慎釋為：「骫，骨耑骫奊也。从骨，丸聲。」[45]《呂氏春秋·必己篇》：「直則骫。」《玉篇》：「骫，骨曲也。」《昭明文選·舞賦》：「慢末事之骫曲。」李善注引《倉頡篇》：「骫，曲也。」是「骫」本由骨端曲斜，引申為凡曲之謂。實則丸、凡本形近而訛，《正字通》曰：「骫，俗骩字。」當別有所據。故卜辭之「骨凡」，亦即「骨骫」，乃指骨端之曲折不正言，或即如今之所謂骨折，《廣雅·釋詁》：「曲，折也。」後因「骨」之曲亦曰凡，乃加骨旁以別其專屬。後人已不明其所以，故以丸代凡，復以骨之九曲會其意作「骫」如徐鍇者，則又郢書燕說之甚。今從卜辭得知，殷人骨疾，殆以骨曲或骨折為主，是「骨凡有疾」亦可省略作「骨凡」或「疾骨」，而僅問「其骨有疾」否。至若「凡」何以有「曲」義，殆以凡本於人有困疾不良於行時的承受之物——擔架，其用則乃非比尋常，是引申而有曲義；亦若「曲」本「象器曲受物之形」（《說文解字》[46]），引申而有曲義，其用法類同也。

原文發表於《第二屆國際中國古文字學研討會論文集》，香港：香港中文大學，1993 年 10 月，頁 109-131。（陳厚任繕打／陳雅雯、張宇衛校對）

---

43 徐錫臺：〈殷墟出土疾病卜辭的考釋〉，《中國語文研究》，1985 年第 7 期，頁 15。
44 趙誠：《甲骨文簡明詞典——卜辭分類讀本》（北京：中華書局，1990 年），頁 159。
45 按：徐鍇《說文解字繫傳》作「從骨、九」，無聲字，是以會意視之，故云「九，屈也。」此則從徐鉉本。
46 〔東漢〕許慎撰、〔清〕段玉裁：《說文解字注》，頁 637。

6343

《甲骨文合集》

3945 正

《甲骨文合集》

5645

《甲骨文合集》

18919

《甲骨文合集》

3946 反

《甲骨文合集》

17

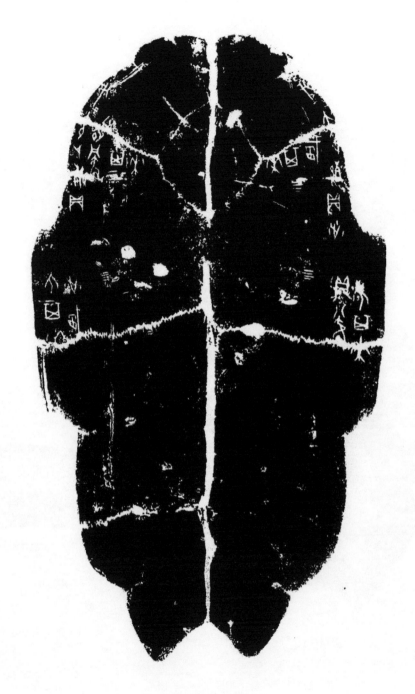

3947 正

《甲骨文合集》

13754

《甲骨文合集》

1948

《英國所藏甲骨集》

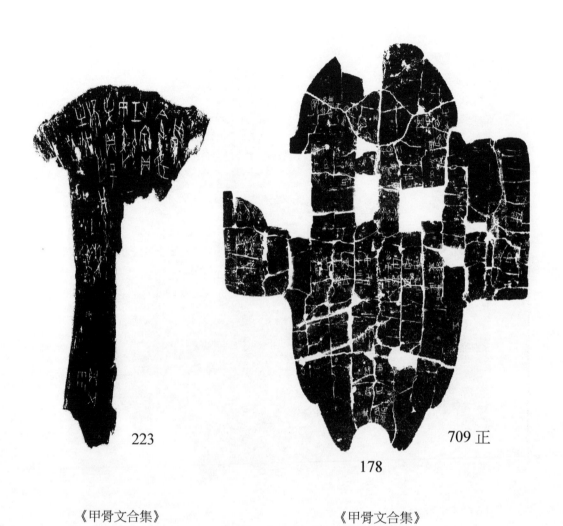

223

709 正

178

《甲骨文合集》　　　　　　　　　　《甲骨文合集》

213＋811 正

《甲骨文合集》

21056

《甲骨文合集》

1125

《英國所藏甲骨集》

795 正

《甲骨文合集》

甲骨文「𤔲」字說新解

一 前言

　　當談到商代卜辭中的國族方國名，或談到俘虜奴隸的參與征伐，用為祭牲等屬性時，難免會涉及到「𤔲」字與它字間涵括潛藏的同質性與殊異性，針對此，歷來諸家或略作點染，或多方著墨，如束世澂的〈夏代和商代的奴隸制〉、胡厚宣的〈甲骨文所見殷代奴隸的壓迫鬥爭〉、張廣志的〈商代為奴隸社會說質疑〉、姚孝遂的〈殷代的俘虜〉、裘錫圭的〈甲骨文中所見的商代五刑——並釋「凡」「剢」二字〉、李實的〈釋寇滅——兼談寇與殷之關係及寇之地望〉、蕭良瓊的〈「臣」、「宰」申議〉[1]……等；至於談到「𤔲」字的初形本義，形構詞義演變的脈絡，諸家可就聚訟紛紜，莫衷一是，正如《甲骨文字詁林》所說的：「字在卜辭為方國名。在被殷人俘獲後，或用為祭牲，或參加軍旅以事征伐。諸家所釋，皆於辭義無徵，存以待考。」[2]也因「辭義無徵，存以待考」的盲點，在確立初形本義與發展推演的過程中，尚留有空間值得去細繹勘察，而本文也擬就此向度，提出可能的推想，以就教於方家。

---

[1] 束世澂：〈夏代和商代的奴隸制〉，《歷史研究》，1956年第1期，頁45；胡厚宣：〈甲骨文所見殷代奴隸的反壓迫鬥爭〉，《考古學報》，1976年第1期；張廣志：〈商代為奴隸社會說質疑〉，《先秦史論文集》（《人文雜誌》增刊）（西安：陝西人民出版社，1982年）；姚孝遂：〈商代的俘虜〉，《古文字研究》第一輯（1979年8月）；裘錫圭：〈甲骨文中所見的商代五刑——並釋「凡」「剢」二字〉，《古文字論集》（北京：中華書局，1992年），頁212；李實：〈釋寇滅——兼談寇與殷之關係及寇之地望〉，《甲骨文字考釋》（蘭州：甘肅人民出版社，1990年），頁263-316；蕭良瓊：〈「臣」、「宰」申議〉，《甲骨文與殷商史》第三輯（上海：上海古籍出版社，1991年），頁353-378。
[2] 于省吾主編：《甲骨文字詁林》（北京：中華書局，1996年5月），第三冊，頁2011。

二　「🔲」字諸家的說解

「🔲」字見於《甲骨文編‧附錄》上七二作：🔲《鐵》161‧2、🔲《前》4‧24‧2、🔲《前》6‧30‧5、🔲《後》2‧41‧1、🔲《燕》639、🔲《甲》332、🔲《甲》1122、🔲《掇》2‧309、🔲《京津》1255、🔲《陳》135、🔲《京都》458、🔲《前》6‧30‧3、🔲《前》6‧30‧4、🔲《燕》563、🔲《乙》749、🔲《粹》1160、🔲《拾》11‧5[3]，而相對應的金文，或以「圖形文字」🔲《三代》6‧49、🔲《三代》12‧46視之[4]，或以〈啟卣〉銘文🔲《總集》3032當之[5]。有關此字諸家說解，若試加爬梳，約有下列幾種：

（一）釋「浴」釋「澡」說

商承祚在《殷虛文字類編》中，將此字散入浴字、澡字下，並說：「🔲殆亦浴字，象人浴于室中之形。」[6]然🔲字《甲骨文編》與《甲骨文字詁林》中是另立編號的，並不與🔲字混同，[7]且均用為地名。

（二）釋「寇」說

---

[3] 中國社會科學院考古研究所編：《甲骨文編》（北京：中華書局，1989年），附錄上七二，頁780，編號4174。

[4] 根據裘錫圭：〈甲骨文中所見的商代五刑——並釋「𠪏」「刻」二字〉注釋⑧說：「𡪍字不識，暫據《殷契粹編考釋》隸定。以𡪍為國族名之說，見於陳夢家《商代的神話與巫術》一文附注，載《燕京學報》二十期。『圖形文字』之『𡪍』見於《三代》6.49、12.46。」又羅振玉：《三代吉金文存》（京都：中文出版社，1971年），卷六，頁49；卷十二，頁46。

[5] 根據何琳儀、黃錫全：〈啟卣、啟尊銘文考釋〉，《古文字研究》第九輯（北京：中華書局，1984年1月），頁374-375；又嚴一萍：《金文總集》（臺北：藝文印書館，1983年，浙江古籍出版社影印本），第七冊，頁3032。

[6] 見羅振玉考釋、商承祚類次：《殷虛文字類編》（決定不移軒刊本），第十一卷，頁5浴字下、頁6澡字下。

[7] 中國社會科學院考古研究所編：《甲骨文編》，附錄上七二，頁781，編號4148；于省吾主編：《甲骨文字詁林》，第三冊，頁2013，編號2056，字在卜辭用為地名。

此說以葉玉森首先發軔，其後諸家大抵從之。葉氏之說曰：

《說文》：「寇，暴也。从攴从完。」卜辭作、、、、等形，疑「寇」之初文，象盜寇手持干梃入室抨擊，小點或象室中什物狼藉形。〈衛姬壺〉寇作，〈虞司寇壺〉作，从左嚮，已失持械之意，又于上加一或＝，乃小點之譌變，篆文遂襲誤為元，許君乃曰「从完」也。（《說契》）殷人于俘虜歸其部勒者，仍名曰寇，曰多寇，曰臣，曰多臣，寇與臣並驅之伐敵，曰（俘），曰多（俘），曰多（俘）族，則使之作奴，作倡，又或使之鑿金，名稱既異，待遇或有差別耳。[8]

以為「寇」字係象盜寇手持干梃入室抨擊什物狼藉形，諸家從之者別無異說，唯持執之物，張秉權以為象人在室中「持朴」之形[9]，李孝定以為象人手持兵仗形[10]，李實認為「象一人手執械杖闖入他人家室進行劫掠。象屋宇，丨、、象械杖」[11]。更有從金文的辨識來回證甲骨文的「寇」字說的，何琳儀、黃錫全在〈啟卣、啟尊銘文考釋〉一文中說：

（〈啟卣〉），從形體分析是由、、三個部件所組成，應隸定為。它與甲骨文（《甲》一一二二）形，非一字而莫屬。……葉玉森釋寇，郭沫若釋宰，唐蘭釋俊（搜）。按甲骨文宰本作、等形，窆本作、等形，均與形迥然有別，不能混為一談。……甲骨文葉玉森認為「疑寇之初文。……」頗有一定道理。我們認為〈啟卣〉的亦為寇之初文。金文寇作（〈曶鼎〉）、（〈揚簋〉）等形。它們與〈啟卣〉的，乃至甲骨文的並無本質差別，唯

8 葉玉森：《殷虛書契前編集釋》，卷四，頁31「☐不允☐」下。
9 張秉權：《殷虛文字丙編》（臺北：中央研究院歷史語言研究所，1957年），上輯（一），頁106；又《燕京大學藏殷契卜辭》，中冊，頁18，卜辭釋文八十，容庚亦從葉氏之說。
10 李孝定：《甲骨文字集釋》（臺北：中央研究院歷史語言研究所，1974年），卷三，頁1066。
11 李實：〈釋寇滾——兼談寇與殷之關係及寇之地望〉，《甲骨文字考釋》，頁264-265。

（宅之初文）下支形一在左一在右而已。至于∦恰好是ㇰ與又的合文，相當于丮字。……《說文》：「寇，暴也。」《書·舜典》：「寇賊姦宄」，傳「群行攻劫為寇」。均為寇字本義。《說文》所謂寇「从攴从完」支離形體為釋，固然不足為訓。但其訓寇為「暴」，如果以古文字「从人从攴在宀下，會意」來分析，則完全可以得到印證。[12]並透過字形歷時的嬗變之跡來印證甲骨文倒為寇字原形，从人从攴在宀下以會「群行攻劫」的寇暴意，至於群行攻劫與從宀和點狀分布何關，則未予細究。

（三）隸「寂」釋「宰」說

　　郭沫若《殷契粹編考釋》第1074片：「辛酉卜，爭貞：勿乎呼人寂伐𠷎方，弗其受屮又。貞：勿菁擇多寂乎呼臺望𠯑方，其𠯑。」[13]郭氏將寂釋為宰，其說曰：

> 卜辭別有一字（即寂字）與臣字用例多相同者，字未可識。……此項人物本罪隸俘虜之類，祭祀時可用為人牲，征伐時可作兵士，而時有逋逃之事，余疑此即「宰」之初字也。《說文》：「宰，罪人在屋下執事者。从宀从辛。辛，罪也。」此字正象一人在屋下執事之形，其必為罪人，則由辭意可以證之。从辛作之宰字例當後起，蓋由絕端之圖形文字已化為會意字也。彝銘之較古當是殷文者，如〈宰㭩角〉字作𡧧，〈宰甫殷〉字作𡧧，均从宀从辛，則字之變遷似已在殷代矣！[14]

郭氏曾透過卜辭辭例比勘，懷疑為「宰」的初字，是象一人在屋下執事之形，

---

[12] 何琳儀、黃錫全：〈啟卣、啟尊銘文考釋〉，《古文字研究》第九輯，頁374-375。

[13] 郭沫若：《殷契粹編考釋》，善齋所藏之一部分，頁139，第1074片。

[14] 郭沫若：《甲骨文字研究》（臺北：民文出版社，出版年不詳），〈釋臣宰〉，頁五－六（總頁69-71）；又參見《卜辭通纂附考釋索引》（臺北：大通書局，1976年），〈征伐〉，第538片，頁118。

字也由圖形文字而轉化為會意字，成了、二字在商代並存的現象，但二者何以轉化的軌跡緣由，郭氏未遑充分的說明。其後東世澂頗採其說，以「宰」字「象罪人在屋中打掃的形狀，當較輕的罪犯。」[15]而由字形何以推斷是「罪人」身份也未予詳考。

（四）釋「叜」為「搜」說

陳夢家在《殷虛卜辭綜述》第八章〈方國地理〉談及亘與諸國的征伐關係時，曾列出：亘→叜《乙》2572，將此字隸定為「叜」[16]。後唐蘭與張亞初在論〈啟卣〉「傻蒐山谷」時，則別採郭沫若在《殷契萃編》釋「」為「叜」說：

> 是傻字，卜辭常見字，或者作，郭沫若同志在《殷契萃編》一一六〇片釋為叜，甚是。但在《卜辭通纂》四八三片釋為宰，則非是。、一字，卜辭又作或，像有人持杖或火炬，就是用手來表示人，正如相字是用目來表示人在觀察樹木，字是用足趾來表示人的征行，所以、是一字。《說文》把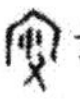訛作叜說：「从又从灾闕。」已經不知道應該怎樣寫了。篆文或體作，從人從又從灾，實即字之訛。《方言》：「搜，求也。秦晉之間曰搜。就室曰搜。」《顏氏家訓．音辭》引《通俗文》：「入室求曰搜。」字又作廋，《漢書．趙廣漢傳》：「廋索和屠酤。」注：「廋讀與搜同，請入室求之也。」叜已從又，而又從手作搜；已從宀，而又從广作廋，都是後起形聲字。[17]

---

15 束世澂：〈夏代和商代的奴隸制〉，《歷史研究》，1956年第1期，頁45。

16 陳夢家：《殷虛卜辭綜述》，第八章〈方國地理〉，頁 276。

17 見唐蘭：〈論周昭王時代的青銅器銘刻〉，《唐蘭先生金文論集》（北京：紫禁城出版社，1995年），頁277-278；又載《古文字研究》第二輯（北京：中華書局，1980年1月），頁68-69。張亞初：〈古文字分類考釋論稿〉，《古文字研究》第十七輯（北京：中華書局，1989年6月），頁262。

然妥、搜自有本字作🔲、🔲，與🔲、🔲形構有別，《甲骨文字詁林》中所謂的「非从又持炬，不得釋妥」[18]，早已分別對待，唐、張二氏雖混同視之，實不足為憑。

（五）釋「僕」說

饒宗頤在《殷代貞卜人物通考》中曾提出如此的看法，他說：

> 按伇（《前編》六、三十、一及二）字亦作或窥（《前》七、九、二及《金璋》五二一），攴、虱乃一字異寫，均象人手執器形。或作宓（《前》六、三十、三）字下體明从父或攴，契文父、攴不分。又繁形多从宀从水。如酒或作酉及酒。故此殆為攴字，蓋即「扑」也。（舊釋寇或宰，均于形義不合。）扑通作撲，〈天問〉：「朴牛」，《山海經》作「僕牛」，卜辭言「宓伐」，應即〈宗周鐘〉之「戡伐（㐭都）」，〈虢季子盤〉作「搏伐」，與《詩》之「薄伐（西戎）」同。故「宓伐昬方」即「戡伐者方」。宓又為名詞，可讀為僕。其言「多窥」、「五百宓」（《前》七、九、二）即「多僕」、「五百僕」，多僕猶多臣也。又為地名：「……帝（寢）于宓。」（《前》六、三十、三）他辭又有「伇侯」，字从人从父，伇即僕。「伇侯」見《林》二、三、一八，《金璋》五九七，《拾掇》二、一三二。當即濮。《春秋》隱四年：「衛人殺州吁于濮。」又《春秋》成十六、哀二十七年傳，俱有地名濮。杜注：「濮，陳地，水名。」《釋文》：「濮音卜。」殷之伇侯地當在濮水間。[19]

則以宓即攴亦扑的繁形，攴「象人手執器形」，當動詞通撲，當名詞通僕。

---

[18] 詳見于省吾主編：《甲骨文字詁林》，第四冊，頁3365-3366；參見彭邦炯：〈甲骨文🔲、🔲非灾妥辨——兼談商人的災禍觀〉，《古文字研究》第十九輯（北京：中華書局，1992年8月），頁391-400，文中指出🔲是《說文》熒的本字，🔲是🔲的一字異構，乃从守从火，以守得聲，義為看守火。古者看管火種為長者所為，故引伸為長老之義。

[19] 見饒宗頤：《殷代貞卜人物通考》（香港：香港大學出版社，1959年），卷四，貞卜人物事輯二，㲄下，頁170。

其後張永山就逕釋⿵為「僕」字[20]；胡厚宣則隸定為「宷」，釋為「仆」，亦即「僕」的本字，說「宷」：

> 象从⺕持卜，在室內有所操作之形。卜亦聲，音僕，疑即「臣僕」之「僕」的本字，在卜辭則用為奴隸之稱。[21]

而且認為「宷」若「僕」是一種操持家務賤役的奴隸。

（六）隸「寁」釋「隸」說

張政烺在〈釋甲骨文俄、隸、蘊三字〉一文中，將⿵隸定為「寁」釋為「隸」的初文說：

> 从字形看，从宀、从𢱢，隸古定當作寁，《說文》三篇下隶部：「隶，及也。从又尾省，又持尾者，从後及之也。」許氏以為隶字从又，从尾省。又便是人的手，從甲骨文看，「又持尾」的形象最明顯，不過甲骨文尾向上，是人持尾在家內作掃除工作，即《周禮‧司隸》所謂「役其煩辱之事」。……「隶」、「柰」、「隸」古韻同部，音也很近（定、泥、來三母發音部位相同，容易轉化），「隶」字在形聲字聲符中有讀來母的，如「𥪡」（从立、隶聲，力至切），因此推測「隸」原來只作「隶」，後來發音稍有變化，才加上一個「柰」字作聲符。甲骨文⿵當是「隸」之初文。[22]

以為「寁」是人持尾在家內作掃除工作，以音轉異，再增柰字作聲符而成「隸」

---

[20] 參見張永山：〈論商代的「眾人」〉，《甲骨探史錄》（北京：生活讀書新知三聯書店，1982年9月），頁218-220，說：「卜辭中明確是奴隸身分的人，即使受商王派遣，也絕不使用『令』字，而只稱『乎』，比如『僕』也被商王驅使投入戰爭，武丁卜辭見有：『辛酉卜，爭，貞：勿乎氏多僕伐𢀛方，弗其受又（祐）。』……在四十餘條有關『僕』參加戰爭的卜辭中，不但不見用令，只用乎，甚至還用執，有明顯的強制驅使的意思。對於偶見參與征伐或田獵的畜牧奴隸芻、異族奴隸羌等也是這樣。」

[21] 參見胡厚宣：〈中國奴隸社會的人殉和人祭（下）〉，《文物》，1974年第8期，頁57；〈甲骨文所見殷代奴隸的反壓迫鬥爭〉，《考古學報》，1976年第1期，頁5。

[22] 見張政烺：〈釋甲骨文俄、隸、蘊三字〉，《中國語文》，1965年第4期，頁297，又載氏著：《甲骨金文與商周史研究》（北京：中華書局，2012年4月），頁13。

字。

以上六說雖於形、音、義、辭例上各有依據，尤以釋「寇」說在字形演變上較易綰合，以故取得的認同也最多，字的初形本義也儼若淪肌浹髓，渙然冰釋了。但仔細觀察，卻容有再行商議的空間，尤其諸家忽略此字的某些重要訊息特徵，當有汰翳澄清的必要。

三　「」字形義的考察

從前面臚舉諸說可看出，字字形上諸家有一些相同的說法，如認為字是一個會意字，以宀表室家之中，此人手執某器物做某事；至於：1.此人手執何器？干梃？朴？兵仗？械杖？火炬？2.執此器物做何事？盜寇？打掃？掃除？搜求？3.諸點表示什麼？澡浴的水沫？室中什物狼藉形？火光？則諸家所會之意，所指之物，擬構之字也就人言言殊了。但此字既是一個會意字，會意字部件的表意作用需通盤考量，不能掇其一而忘其二，而在字的字形上，我們需留意到某些訊息特徵：

1.此字大部分有點狀分布，且以有點狀分布者為其原形。

2.此字从宀，表在屋宇下進行的。

3.此人都採取站姿而非跪伏的姿態。

4.此人手中執有某器具，且器具是長細向上。

談到點狀分布的問題。在《甲骨文編》4672字中，有點無點並存一字，且點的數量或一、或二、或三、或四、或五、或六、或七、或八多寡不一，是編中大部分是以「同文異體字」的觀點來處理，點的綴加，也就不必具辨義的作用；但至若：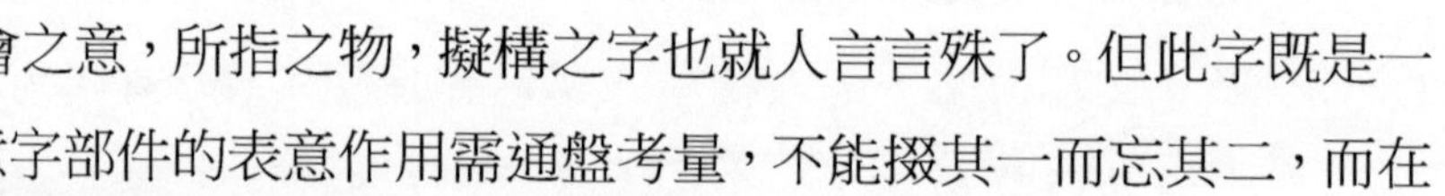

諸字組，一般是不以「同文異體字」來看待的，它的點狀分布是具有辨義作用的形構部件之一；甚至點的本身，即構成獨立文字的本身，如。

我們要觀察的是在《甲骨文編‧附錄》下二六中，收有編號5699的字[23]，字原出《殷虛文字甲編》2695片，屈萬里釋文作：

　　貞：其兄匕，重

　　貞、其兩字皆有缺畫，重字下有脫文[24]

屈氏釋「貞、其」兩字缺畫成「」字，但《甲骨文編》則以獨立一字視之。細觀此片「貞」字十出，「其」字六出，盱衡筆畫，皆無作如此又窄又短的長寬，且與（1）、（4）條辭例比觀，文皆右行，（5）也不應另立一條，是《甲骨文編》以一字視之，似較合宜。又若與卜田獵有關的地名合觀，若《甲骨文合集》29359片的「……于，無災」[25]，則更可確信「」的點畫分布，非不具意義的綴加性質，而是具有表意作用的文字部件之一，非僅爾爾，我們若把字拿來跟水字作、、、、、、、比觀，則似與水液水沫有關。

　　疑與水液水沫有關，金文有個「攸」字跟字下體部分相當接近，《金文編》作（〈井鼎〉）、（〈攸鼎〉）、（〈鬲攸比鼎〉）、（〈鬲比盨〉）、（〈中山王𨥨鼎〉）[26]，《說文》：「攸，行水也。從攴從人，水省。」可是諸家都以甲文、、字當之，唯對許慎的釋為「行水」與釋形的「水省」卻說不出個所以然來。其實林義光曾在《文源》中指出「攸」即「修」的古文說：

---

[23] 《甲骨文編》中，如祐、祭、示、祝、祼、祟、虱、瓞、埶、敄、㚸、赫、攺、役、敆、㪯、弢、自、熏、隹、雉、鳳、棄、重、奴、卣、利、剛、解……不下一、二百字，點的附加，都以「同文異體字」看待的；又中國社會科學院考古研究所編：《甲骨文編》，頁950。

[24] 見董作賓：《殷虛文字甲編》（臺北：中央研究院歷史語言研究所，1948年初版，1976年再版），下冊，頁201；屈萬里‧《殷虛文字甲編考釋》（臺北：中央研究院歷史語言研究所，1961年），下冊，頁345-346。

[25] 郭沫若：《甲骨文合集》（上海：中華書局，1982年），第九冊，頁3598。

[26] 見容庚編著：《金文編》（北京：中華書局，1989年），卷三，頁217。

（攸字）古作攸，作伇，从攴从人，即修之古文，飾也。象手持物
形，人所飾者也。或作伇、作攸、作攸，從彡，彡，飾也；或作攸，
省從丨。《說文》云：「修，飾也。从彡，攸聲。」按攸字古或從彡，
不得復加彡作修，修蓋攸之訛。

林氏說「攸」為「修」之古文，修為攸之訛誠具卓識，唯改《說文》「水省」
為從彡，則未達一間。蓋攸字下部象人手執某器具，周邊有水沫之形。根據
《周禮·夏官·隸僕》的記載：「隸僕掌五寢之埽除糞洒之事，祭祀修寢。」
又〈春宮·守祧〉云：「守祧掌守先王先公之廟祧，其遺衣服藏焉。若將祭
祀，則各以其服授尸。其廟則有司修除之。其祧則守祧黝堊之。」疏：「澠
滌濯脩除，亦是絜靜之事。」又〈天官·宮人〉云：「宮人掌王之六寢之脩。」
注：「脩，劉音修，本亦作修。」是「修」本指祭祀時寢廟內的「埽除糞洒」
之事。《說文》九上彡部云：「修，飾也。从彡，攸聲。」段玉裁《注》云：

巾部曰：「飾者，馭也。」又部曰：「馭者，飾也。」二篆為轉注。
飾即今之拭字。拂拭之則發其光采，故引申為文飾。女部曰：「妝者，
飾也。」合本義、引伸義而兼舉之，不去其塵垢，不可謂之修。不加
以縟采，不可謂之修。修之从彡者，洒馭之也，藻繪之也。修者，治
也。引伸為凡治之偁。匡衡曰：「治性之道，必審己之所有餘，而強
其所不足。」[27]

段氏所謂「不去其塵垢，不可謂之修」，「修之从彡者，洒馭之也」，與《周
禮·天官·大宰》：「祀五帝，則掌百官之誓戒與其具脩。」注：「脩，埽
除糞洒也。」《禮記·祭義》：「宮室既修」，注云：「謂埽除及黝堊。」
《禮記·中庸》：「春秋脩其祖廟，陳其宗器。」注：「脩謂掃糞也。」《荀
子·彊國》：「堂上不糞。」〈禮論〉：「卜筮視日，齋戒修涂。」王念孫

---

[27] 見〔東漢〕許慎撰、〔清〕段玉裁：《說文解字注》（上海：上海古籍出版社，1995年），
九篇上彡部，頁十九（424）；又參見〔清〕桂馥：《說文解字義證》（上海：齊魯書社，
1987年），卷二十七，頁二十二（764）。

以「周官典祀，若以時祭祀，則帥其屬而脩除。鄭注曰：『脩除，芟掃之。』脩除二字，專指廟中而言。」[28]是從上面資料可知，「修」本指廟寢之中在祭祀前的埽除冀洒之事，既在廟寢，故當有宀，既為埽除，必有人手執器具作｜，且其人不得作跪伏之形，既為冀洒，則必有作「水省」者以示意之，甲骨文的字正是其通體表示，可明確無誤的會出其意來。是字可隸作莜，釋為「修」，通假作「脩」。但到後來，表地點廟寢宮室的訊息特徵慢慢不明顯不強調，而埽除冀掃之意卻頑強的保留下來，如《尚書‧泰誓》：「郊社不修，宗廟不享。」正義曰：「不修，謂不掃治也。」《周禮‧地官‧山虞》：「修除且躔」，注：「修除，治道路場壇」及《管子‧四時》：「修除神位」，《淮南子‧時則訓》：「修除神位」，則已不限定在廟寢宮室之中；再加上修義或展轉引申為修飾、修治、修潔、修長，如《說文》的「修，飾也」，《廣雅‧釋詁》的「修，治也」，《國語‧周語》的「修潔百物」，《楚辭‧離騷》的「路曼曼其修遠兮」注：「修，長也」，故字也由而省作莜，此亦如《金文編》卷七寶作、或作，宿作、或作，寡作、或作。其後為與假為語詞的攸字有所區別，如《爾雅‧釋言》：「攸，所也。」《易‧坤》：「君子有攸往」，《尚書‧大禹謨》：「嘉言罔攸伏」，《詩經‧旱麓》：「禍祿攸降」，攸字皆假為語詞，已不知修除修飾之義，於是複增水省訛作彡的修字來。

至於卜辭習見的「多莜」一詞，《殷墟甲骨類纂》的十七條中如：

癸酉卜，㱿貞：呼多伐舌方，受有……　　《合集》540

辛酉卜，爭貞：勿呼以多伐舌方，弗其受有祐　　《合集》547[29]

---

28 見〔清〕王念孫：《讀書雜志》（北京：中國書店，1985年），中冊，〈荀子〉第五，「瞻曠」條，頁59；〈荀子〉第六，頁82，「脩塗」條。

29 見姚孝遂：《殷墟甲骨刻辭類纂》（北京：中華書局，1989年），中冊，頁762-763，「多」條。

則與《尚書‧文侯之命》：「汝多修，扞我于艱」的「多修」辭例正同，都與征伐軍事有關，並可與《楚辭‧離騷》的「謇吾法乎前修兮」參看，修字都當名詞用。回過頭看〈啟卣〉銘文的：「王出獸南山，㝵迺山谷，至于上侯𡼣川上」，其中的「㝵迺山谷」亦即是銘文略同的〈啟尊〉的「旁山谷」一句，迺字何、黃二氏釋為跡，若將筱字釋為修，《易‧履》六三注：「志在剛健，不修所履」，《釋文》：「修，本作循」，〈繫辭〉：「損德之修也」，《釋文》：「修，馬作循。」則是句可成「循跡山谷」，即「循山谷跡」，亦即沿著山谷之跡，而與「旁山谷」之意正合；設不若此，釋為「所」或「長」，都比釋「寇」或釋「搜」在詞意上通順多了。以此來反證「筱」的釋為「修」，似是比較合宜的考量。

四　結語

　　透過以上文字形義流轉的分辨考察，可見諸家已能掌握其大端，而遺其細末，𠇷字的隸定為「筱」，在字形上當以𠇷為其原形，𠇷、𠇷均為簡省之體，後去宀作攸，增水省訛作彡而成小篆之「修」，詞義本是祭祀前於廟寢埽除冀酒，引申為修飾、修治、修潔、修長，假借為語詞「所」，卜辭經傳中或用為名詞，茲將其演變情況列表如下：

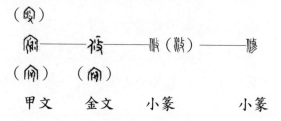

甲文　　金文　　小篆　　　　小篆

原文發表於香港中文大學中國語言及文學系主辦「第三屆國際中國古文字學研討會」，1997 年 10 月 15-17 日，收入香港中文大學中國

語言及文學系編：《第三屆國際中國古文字學研討會論文集》，1997
年 10 月，頁 133-145。（陳雅雯繕打／邱郁茹、張宇衛校對）

文字的視覺意象與訓詁的另類思考
——以甲骨文字人首部件「Ⓥ」為例

一　前言

　　羅振玉曾經在《增訂殷虛書契考釋》解說「日」字時，稍微談到卜辭字形刻劃書寫的特性說：「日體正圓，卜辭中諸形，或為多角形，或正方者，非日象如此，由刀筆能為方不能為圓」的線條刻劃現象。[1]他所論略的，是因工具應用的殊異，而在所指客體載記上產生筆劃線條扭曲變形的能指不對應性，以致於在辨識上，可要特別留意這種所指客體無法如實呈現能指的落差。當然，在羅氏言辭的沃浸習染下，一般刻板的印象，就認為甲骨文字因為材料工具應用的局限，不管其期別風格是雄偉、謹飭、頹靡、勁峭、嚴整，[2]其線條筆劃當是飽蓄著方折剛角，而缺乏一種柔轉流盪的筆態了。

　　另外，在表述語言時，漢語有別於其它拼音體系的獨特視覺意象符號，提供了訓詁的另類思考。文字是訓詁的基石，而訓詁則是文字多元的發展應用。文字不只是生理的認知活動，也標幟著一個民族文化差異性的參與滲透，使得文字的視覺意象符號彰顯出文化特有的心理。比如說，東漢許慎在詮釋「玉」字表述的意義範疇時，說了「玉，石之美有五德者：潤澤以溫，仁之方也；䚡理自外，可以知中，義之方也；其聲舒揚，專以遠聞，智之方也；不撓而折，勇之方也；銳廉而不忮，絜之方也。」[3]個中就飽含著民族

---

[1] 見羅振玉：《增訂殷虛書契考釋》（臺北：藝文印書館，1981年3月），卷中，頁5上。

[2] 見董作賓：〈甲骨文斷代研究例〉，中央研究院歷史語言研究所集刊外編第一種《慶祝蔡元培先生六十五歲文集》（臺北：中央研究院歷史語言研究所，1992年3月影印1933年初版）。又載《董作賓全集》（臺北：藝文印書館，1977年11月），甲編，第二冊，頁461-463。

[3] 參見〔美〕魯道夫‧阿恩海姆著、滕守堯等譯：《藝術與視知覺》（北京：中國社會科學出版社），頁624；〔法〕游順釗原著、徐志民等譯：《視覺語言學論集》（北京：語文出

特有的感情色彩與文化意識的心理特質，是其它民族鮮少具現的，是以在詮釋文字字形或在訓詁的過程中，就不免要考量到此種幽微隱括的視覺符號所透露的訊息特徵，否則，恐不免會有所窒礙不明了。

設若透過甲骨文字所提供的視覺意象符號的微格觀察，是否可恢拓出暈散在背景裡的宏幅文化意識與民族心理呢？而這對訓詁又有何裨益或阻礙？本文嘗試結合兩方面，先擷取甲骨文字中顯得敻獨不群，在人首上富有柔轉流蕩筆態的「𩠐」部件來作微格的觀察析辨，並以宏幅的文化意識與民族心理來交叉檢驗，以突顯訓詁在多維思考下的另類可能。

二　文字視覺意象的微格觀察與宏幅意蘊

在西洋的文化思維中，表現在文學上是很少於頭髮的意蘊裡拓展質量的，以致格外顯得單調而貧瘠。如在古英詩中，有把年長婦女稱為「那束起頭髮的」（OE bunden-heord），根據學者的解釋，因盎格魯撒克森時代的少女相對的是把鬢髮散開的。所以頭髮蘊含有分辨女人年紀大小的訊息作用。當然，頭髮又與「性」頗有關係，在佛教中，削髮是禁慾之意，而西洋天主教的修女都有把頭髮收起或遮蓋起的傾向，修士似乎也把頭頂剃光，只餘週邊。而以神話為題材的西洋繪畫與雕塑中，代表愛神的維娜絲（Venus，又

版社，1994 年 8 月），〈視覺語言學〉頁 1 中把「表意文字」與「手語」相對於「口語」視為一種「視覺語言」，而在〈中國古文字的結構程序〉頁 55 中認為「象形字的形體是有意圖的（motivated），而且象形字是以形象和語義為造字基礎的。」而此處引〔東漢〕許慎撰、〔清〕段玉裁：《說文解字注》（臺北：天工書局，1996 年 9 月），頁 10，一篇上玉部中「玉」字的說解，係對成復旺在《中國古代的人學與美學》（北京：中國人民大學出版社，1997 年 1 月），頁 3 中曾舉一例說：「中國古代是非常欣賞『玉』的。何以會如此？《荀子》有一段說明：『夫玉者，君子比德焉。溫潤而澤，仁也；栗而理，知也；堅剛而不屈，義也；廉而不劌，行也；折而不橈，勇也；瑕適並見，情也；扣之，其聲清揚而遠聞，其止輟然，辭也；故雖有珉之雕雕，不若玉之章章。《詩》曰：「言念君子，溫其如玉。」此之謂也。』（《荀子‧法行》）古今中外之玉，其物理性能大約並無不同；但古今中外之人，是否都會對玉產生仁、智、義之類的心理反應？顯然不是。」引發來的，以表徵詮釋字義界說也受民族心理的影響。

叫 Aphrodite），也總是飄著一頭垂腰的美髮，尤其是她在水中出生的情景為然，絕對不會把她的頭髮收藏起來或剃光。但代表智慧的 Athena 與那貞節的女獵者 Diana 就沒有這般撩人的美髮了。另外，我們在《聖經》中可看到，猶太民族英雄參孫（Samson），天主曾吩咐他的父母不要讓他飲酒，也不要剃鬚髮；後來他的女人出賣他，把他的鬚髮剃盡，他就無力抗敵了，[4] 所以，頭髮也充滿著「能力」的色彩。除此而外，頭髮在「淨化」的過程中，也扮演著決定性的關鍵意義，如《舊約·利末記》第 14 章第 8.9.10 節提及的痲瘋病者需「剃髮」和《舊約·民數記》第 6 章第 18 節中，用「剃頭髮」表示離開世俗歸向耶和華，而將剃下的頭髮放在獻祭的火中燒，都拿「剃髮」來表示「潔淨」；或是一種決心，一種警惕的表示，如《新約·使徒行傳》第 18 章 18 節裡所謂的：「他因為許過願，就在堅革哩剪了頭髮。」當然，長髮飄逸，如前所述，除了代表年輕、性與愛、能力外；相反的，「剃髮」卻具有潔淨、決心的意味，這時，不剃的長髮可能就是一種懦弱不淨的表徵，如《舊約·但以理書》第 4 章第 33 節提到尼布甲尼撒王失去王位王權、被趕如動物般的日子時，形容他「頭髮長長」、「指甲長長」，一副失魂落魄的樣子，長髮也成了失去權力的象徵。是頭髮在西洋文學中的表現，可能具有辨識年齡大小、情意淨濁、意志堅移、能力強弱，以及權力、性愛的有無等諸般屬於個人的意蘊。

在中國，頭髮的意蘊除了屬於個別外，它的象徵意義可能是更全面的。透過髮式，既可以用來區分階級、性別、年齡、職業、民族和婚姻的標誌（symbol），最明顯的，在 1911 年民國以前，髮型與禮俗、審美、權力和文化意義、社會控制有關；民國以後，髮式則成為識別保守或革命、落伍或進步，而跟民族認同、性別區分、時尚、社會變遷有關，它不單表現時代風貌

---

[4] 關於西洋文學的部分，特別感謝成功大學外文系孫述宇教授與前香港中文大學，目前任教南華管理學院的謝劍教授提供資料。

和民族風格，也是營造國族過程的最重要表徵，[5]足可說是「牽一髮以動全身」了。可是，這種豐富的象徵意蘊，是否「自古已然，於今為烈」？抑或是文化的斷裂突發表現？

譚嗣同曾經在《仁學》卷四十四中指出：

> 處髮之道凡四：曰「全髮」，中國之古制也。髮受於天，必有所以用之，蓋保護腦氣筋者也。全而不修，此其所以長也；而其病則有重腿之累。曰「全薙」，僧制是也。清潔無累，此其所以長也；而其病則無以護腦。曰「半剪」，西制是也。既足以護腦，而又輕其累，是得兩利。曰「半薙」，蒙古、韃靼之制是也。薙處適當大腦，既無以蔽護於前，而長髮垂辮，又適足以重累於後，是得兩害。孰得孰失，奚去奚從，明者自能辨之，無俟煩言而解矣。[6]

雖然，譚氏有他特殊的政治革新的考量，但他說中了一點：「全髮」是中國的「古制」。

其實，中國很早就把屬於個人或國族的識別訊息擺在頭髮上的，比如《詩經》的〈鄘風・柏舟〉：「髧彼兩髦，實維我儀。」朱注：「髧，髮垂貌。兩髦者，翦髮夾囟，子事父母之飾，親死然後去之。此蓋指共伯也。」〈衛風・氓〉：「總角之宴，言笑晏晏。」朱注：「總角，女子未許嫁則未笄，但結髮為飾也。」〈衛風・伯兮〉：「自伯之東，首如飛蓬。」朱注：「蓬，草名，其華似柳絮，聚而飛，如亂髮也。」[7]都把個人關注的焦點聚在頭髮上，甚且以頭髮代表個人，以故髼髮之髡也有殘其同類的意味，《周禮・秋官・掌戮》：「髡者使守積」，注：「髡者必王之同族，不宮者，宮之為翦其類，髡頭

---

5 關於此部分的研究討論，可參看黎志剛：〈想像與營造國族：近代中國的髮型問題〉，載《思與言》（臺北：思與言雜誌社，1998 年 3 月），第 36 卷第 1 期，頁 99-118。

6 當然，譚氏的言論代表了改良中國的革命份子所思變易對象的配套主張，從中也可觀察出全身最具表徵現象的特質。參見蔡尚思、方行編：《譚嗣同全集》（北京：中華書局，1981 年），頁 362-363。

7 參見〔南宋〕朱熹：《詩集傳》（臺北：臺灣中華書局，1991 年 3 月），頁 28、38、40。

而已。」「古人重髮」，於斯可見，誠若《孝經·開宗明義章》所標舉的「身體髮膚，受之父母，不敢毀傷，孝之始也。」頭髮已然是個人本身情意榮辱的表徵了。至若用頭髮來對國族華夷的辨識區隔，耳熟能詳的，如《論語·憲問》：「子曰：管仲相桓公，霸諸侯，一匡天下，民到於今受其賜。微管仲，吾其被髮左衽矣！」朱注：「被髮左衽，夷狄之俗。」[8]也是把第一訊息特徵放在頭髮型式的差異上。所以，作為身體一部分的頭髮，在內涵意蘊上，不管是個人或整個國族的辨識，與西洋文化有所分野的，特別是在國族識別區隔上，有其焦點關注下所浮現不同的典型意義。

　　西洋文學裡既不愛在頭髮意蘊的恢拓上多下工夫，那中國呢？作為傳遞視覺符號訊息特徵的中國古文字——甲骨文字中，是否也如實的反映出此種民族文化心理殊異的現象呢？若以《殷墟甲骨刻辭類纂·字形總表》為主，而以《甲骨文編》為輔，細加檢索，可看到人首上的部件特別紛繁豐富，若再把鏡頭聚焦到人首上僅作「❖」的部件來「微格」的觀察，如：「𢑌」、「𤿥」、「𤿤」、「𤿣」、「𤽡」、「𤿦」、「𤿧」、「𤿨」、「𤿩」、「𤿪」、「𤿫」、「𤿬」、「𤿭」、「𤿮」、「𤿯」等十五字。當然，在這些形構中，《甲骨文編》（下簡稱《甲》）與《殷墟甲骨刻辭類纂·字形總表》（下簡稱《類》）、《甲骨文字詁林》（下簡稱《詁》）的整編與詮釋是有一些不同，典型例子如《甲》把𡢂、𡢁、𡢃、𡢄、𡢅諸形視為「每」字的異體，𤿰、𤿱、𤿲、𤿳諸形為「敏」字的異體；但《類》及《詁》則分開來處理，「𡢂」為編碼0422號的「女」字，「𡢁」為0423號的「母、毋」字，「𡢃」為0432號的「每、悔」字，「𡢄」為0438號的「妻」字，是0439「妻（𤿳）」字的省文，其中僅存「𤿰」、「𤿱」二形視為「敏」字。[9]而且，在對待相類似的字形情況，其處理也有

---

8 〔南宋〕朱熹：《四書章句集注》（欽定四庫全書薈要乾隆御覽本），《論語集注》，卷七，第十四，頁13。

9 參見姚孝遂主編：《殷墟甲骨刻辭類纂》（北京：中華書局，1992年8月），〈字形總表〉編號0032、0033、0036、0039、0054、0081、0117、0333、0376、0438、0439、0440、0590、1281、3143等；中國社會科學院考古研究所編：《甲骨文編》（北京：中華書局，

明顯的差異，比如說《類》、《詁》對「奚」字所收的字形是包含🔣、🔣、🔣、🔣、🔣、🔣、🔣、🔣、🔣，人、女並不作區隔，但如蔑、孂或兜、嬰或㿱、姿，則雖同一編號（2459 或 0630 或 3151），文字卻人、女有別；至若上舉「🔣」諸字，非但人、女隸寫有別，編號也各不相同了。

上舉十五字形，《詁》中蒐集眾說，並有一番分辨，如說：

🔣字不可識。或混入「兒」字，非是。據《合集》1780 正：「屮🔣白于父乙」，🔣為方國名。卜辭多見以🔣地之俘為祭牲。──（釋「🔣」字）

釋「妻」、釋「敏」皆非是。🔣與🔣不同字。🔣有可能是🔣之繁體。──（釋「🔣」「🔣」字）

釋「哭」、釋「美」均不可據。辭云：「貞衣🔣若亡尤」，「……🔣……」，「貞衣🔣若亡尤」，用義不詳。──（釋「🔣」「🔣」「🔣」字）

考、老古同字。象老者倚杖形。《說文》「老」以為「從人毛匕，言須髮變白」，非是。又引葉玉森《研契枝譚・髮形》說：「契文象一老人戴髮傴僂扶杖形，乃老之初文，形誼明白如繪。」──（釋「老（🔣）」字）

當為🔣之異體。其辭為「婦𡚬延🔣」，「貞，婦好🔣大疾延壴🔣」，其用法均與🔣字同。──（釋「🔣」字）

1989 年 3 月），卷 1：10，頁 19、20；卷 2：12，頁 49；卷 3：3，頁 96；卷 3：7，頁 104；卷 3：12，頁 113；卷 3：24，頁 138；卷 4：23，頁 201；卷 7：16，頁 314；卷 7：23，頁 328；卷 11：5，頁 440；卷 12：10，頁 480；卷 12：15，頁 490；附錄上 5，頁 646；上 12，頁 660；上 17，頁 669；上 38，頁 712；上 60，頁 756；上 61，頁 758；上 62，頁 759；上 67，頁 770；上 80，頁 795；上 87，頁 809；上 104，頁 843；上 124，頁 884；下 26，頁 949。「每」、「敏」見《甲骨文編》卷 1：10，頁 19、卷 3：24，頁 138。

甲骨文門字象兩人相對徒手博鬥形。爭鬥即有交接之義。《說文》又有訓「遇」之「鬥」，實為後起之孳乳字，初本無別。在卜辭為地名。又引葉玉森《說契》：「古鬥字象怒髮相行搏形。」──（釋「鬥」（🤼）字）

釋「餽」、釋「醜」均不可據。卜辭云……均用為人名。──（釋「🥴」字）

葉玉森《說契》：「按契文若字，並象一人跽而理髮使順形。《易》『有孚永若』，荀注：『若，順也。』卜辭之若，均含順意。」單周堯〈讀王筠《說文釋例‧同部重文篇》札記〉：「惟何以甲骨中此字均呈披頭散髮形，實不可解；葉說頗能解釋此字于卜辭訓順之理，唯此字是否象理髮使順，觀字形似尚難確說，且跽而理髮使順，何以能孳乳為諾，亦不可解……竊疑此字象俘虜散髮舉手之狀，故凡事巽順，無不應諾也。甲骨文有🥴字，象人舉手跽足與🥴同，惟頭上有🥴與童、妾等字同，殆即郭沫若所謂『古人于異族之俘虜或同族中之有罪而不至于死者，每黥其額而奴使之』者也。又甲骨文有🥴字，象人散髮形，與🥴略同，其上有収拘持之，蓋亦降服之意，與𢓜字作🥴者意略同。」──（釋「若」（🥴）字）

妻作🥴、🥴，象以手抓取女子頭髮，將女子強抱為妻，是上古抱婚風俗在文字上的遺跡。──（釋「妻」（🥴）字）[10]

___

[10] 見于省吾主編：《甲骨文字詁林》（北京：中華書局，1996年5月），頁69、70、74、76、103-104、189、367-369、461-464。按：關於編號0438、0439、0440的「🥴、🥴、🥴」字，《甲骨文字詁林》皆釋為「妻」字，本於葉玉森釋「妻」，郭沫若、李孝定均從之，

以上不殫其煩地臚列《詁》中諸說，從中有的是完全忽視「頭髮披散」這個特徵的，有的雖然注意到了，窺見了其與異族或奴隸聯繫的端倪，但卻未達一間，玲瓏剔透地掌握其本源與究竟。唯在觿解此「頭髮披散」的特質意蘊時，先且參證一下「𢦏」字的有關說解。吳振武曾對「𢦏」字的形音義作過詮釋云：

> 關於「𢦏」字的字形分析，我們認為劉翔等著《商周古文字讀本》指其「以戈斷人首」的說法最為合理。在此之前，陳偉湛先生亦曾謂「此字所從之與、、等字之所從相倣，其非後世之屮至為明顯，疑乃人之頭髮形，以喻人首。殺敵取首級，縛之於戈，得勝之徵也。」按陳先生謂字象「殺敵取首級，縛之於戈」云云，恐怕是從「𢦏」字在卜辭中的用法揣度出來的，未必合乎事實；但他從甲骨中所見的（叒－若）、（妻）、等字看出「𢦏」字所從的象人頭髮形，並謂其「以喻人首」，則是有道理的。大家都知道，古代「五刑」中的殺刑，也即大辟之刑，最主要的方法就是「割頭」。……「𢦏」字所從之，可理解為等于，也即等于「敚」、「戕」所從的。至於髮部加不加點，似無關緊要。……猜想加點的寫法，或是為了描繪毛髮散落狀；而、等字，很可能就是披頭散髮之「散」的象形初文。[11]

而裘錫圭也探討過刑罰的淵源與演變說：

董作賓謂葉說甚是，見〈甲骨文斷代研究例〉，《慶祝蔡元培先生六十五歲論文集（上）》，《中央研究院歷史語言研究所集刊》外編，1935 年，《詁林》未錄。而 0440 號字頭下錄陳偉湛 1983 年之說，指出契文「妻」字象以手抓取女子頭髮，強搶女子為妻，是上古搶婚風俗在文字上的遺跡。又陳偉湛另有〈釋甲骨文「妻」「盪」二字〉，《語言文字研究專輯（下）》，（上海：上海古籍出版社，1986 年 6 月），頁 184-186。

[11] 見吳振武：〈「𢦏」字的形音義——為紀念殷墟甲骨文發現一百周年而作〉，臺灣師範大學國文系、中央研究院歷史語言研究所：《甲骨文發現一百周年學術研討會論文集》，1998 年 5 月，頁 287-296。中所引文，見劉翔等著：《商周古文字讀本》（北京：語文出版社，1989 年 9 月），頁 48，1 注 4；陳偉湛：〈甲骨文同義詞研究〉，《古文字學論集》（香港：香港中文大學中國文化研究所吳多泰中國語文研究中心，1983 年 9 月），頁 139-140。

各種殘酷的肉刑，在世界各國的奴隸制時代都是普遍存在的。它們本來大都是專用來對付異族的俘虜和奴隸的。但是隨著各族內部分化的加深和國家的形成，也就逐漸被統治階級用來對付本族人民以至個別統治階級內部的有罪者了。有的刑罰本來是某些異族的風俗習慣。由於這些異族人常被俘虜為奴，他們的風俗習慣就變成了一種恥辱的象徵，變成了使有罪者跟奴隸等同起來的刑罰。《韓詩外傳》卷八記廉稽說越俗「剪墨文身翦髮」，《周禮‧秋官‧司刑》鄭玄注謂「今東西夷或以剪墨為俗」，《後漢書‧東夷傳》也說「倭男子皆黥面文身」。可見黥刑和剪刑就是由某些邊裔民族的風俗轉變而來的。從甲骨文所提供的史料來看，當時用刑的主要對象，似乎仍是異族的俘虜和奴隸。[12]

誠如葉玉森、陳偉湛、吳振武所注意到的，作為甲骨文字部件的「Ʉ」線條符號是代表「披頭散髮」的視覺意象，那麼，在那飛揚跋扈，紛披流散的線條中，實際上也標幟著民族區隔辨識上的意義和心理。我們知道，中國很早就在頭髮上下工夫，這從考古出土的陶器彩繪或玉石雕刻的人像頭部上可證實，早在仰韶文化早期半坡類型彩陶中的人面和人形紋中，其頭髮已不作披頭散狀可知[13]（見圖一），況且仰韶文化和龍山文化層中出現了陶笄、骨笄、骨簪來看，似乎在這時期已有束髮甚至戴冠的頭飾了。按笄即後來的簪，笄簪的作用有兩種：一是把頭髮束起來挽成髮髻後，用笄來貫穿髮髻中起髮髻不散的作用；二是將頭上所戴的冠用笄從冠旁孔中橫貫到髮髻中，由另一旁的孔中穿出來，有把冠固牢於髮髻上的作用。因此可以說在仰韶文化期

---

[12] 見裘錫圭：〈甲骨文中所見的商代五刑——並釋「刏」「剢」二字〉，《古文字論集》（北京：中華書局，1992 年 8 月），頁 213。

[13] 在張明川的《中國彩陶圖譜》（北京：文物出版社，1990 年 10 月），〈仰韶文化‧半坡類型‧陝西涇渭流域〉編號 1508 與 1510 的彩繪中，可看到非披髮形的人物頭像；而在頁 150-152 的〈仰韶文化彩陶上的人面紋和人形紋〉中談到原始社會明確的標誌性是擺在對比鮮明而十分醒目的臉上、身上的花紋，尚未在髮式上作區隔。

間，即在殷商之前，在首服中已有束髮甚至戴冠的頭飾了。到殷商以後，骨笄的普遍出現，並且在笄頭上鏤刻著精美的鳥首形和饕餮等裝飾紋樣，且有較長的骨笄，長度可能到 20 公分左右。這種長的笄當是用作貫冠之用。其短的約在 10 公分左右，當是貫髮髻的笄。足見當時頭飾已有了髮髻，而且已有了首服的冠了。[14]即使如《詩・小雅・魚藻之什・都人士》所謂的「彼君子女，綢直如髮」、「彼君子女，卷髮如蠆」、「匪伊卷之，髮則有旟」的「婦人髮末曲上卷然」或「女非故卷此髮也，髮於禮自當有旟也。旟，枝旟，揚起也。」[15]（見圖二）其長髮都是經過加工處理的。相反的，一未經處理加工而放任紛披的頭髮也就顯得格格不入，觸目驚心了。在載籍中，我們可以目睹到如斯的反應，《左傳・僖公二十二年》曾記載著周大夫辛有對「披髮」的憂慮與慨嘆說：

> 初平王之東遷也，辛有適伊川，見被髮而祭於野者，曰：「不及百年，此其戎乎？其禮先亡矣！」秋，秦、晉遷陸渾之戎于伊川。

注：

> 被髮而祭，有象夷狄。……十一年傳稱伊洛之戎同伐京師，則伊洛先有戎矣，而以今始遷戎為辛有言驗者，蓋今之遷戎，始居被髮祭野之處故耳。[16]

「披髮」如果在表徵民族識別區隔的特殊性不是那麼具有代表性的話，那麼，辛有的憂慮與慨嘆也就如同前所引孔夫子的歎服一樣顯得無謂了。

髮式既是判識族別的典型的視覺符號，依此觀點切入甲骨文字來看，或許前引諸家未達一閒的困惑較易迎刃而解。雖然在甲骨文字中，如《詁》據

---

[14] 見周錫保：《中國古代服飾史》（臺北：丹青圖書有限公司，1986 年），頁 4 及頁 7-12 的圖版說明。

[15] 〔西漢〕毛亨傳、〔東漢〕鄭玄箋、〔唐〕孔穎達疏：《重栞宋本毛詩注疏附校勘記》（臺北：藝文印書館，1979 年 3 月），頁 510-512。

[16] 〔周〕左丘明、〔西晉〕杜預注、〔唐〕孔穎達疏：《重栞宋本左傳注疏附校勘記》（臺北：藝文印書館，1979 年 3 月），頁 247。

《合集》1780 片正：「辛亥……㲋貞，侑𠂤白于父乙」文辭所推測的，「𠂤」為方國之名，且多見以「𠂤」地之俘為祭牲，如：

> 丙子卜，亘貞，王有匚于庚百𠂤　二告　（《合集》1115 正）
>
> 貞，王有匚于庚百𠂤，勿用　（《合集》1115 正）[17]

這也是對待異族的典型方式。雖然，「𠂤」在甲骨文字中並非唯一的異族，但比起羌族或奚族來說，它的髮式可是最素樸、最放任醒目的。以是，殷人對待其男性，除作為祭牲外，或執以為俘、為奴隸如「𡠗」，或驅之以競鬥如「𢽾」，或殘之以刑戮若裘錫圭所說恐為刑罰之起的「𢼩」，或去除其異族的視覺特徵以誇示其征服懲處如「𠂤」，而其馴服屈順則要求歸化整髮理束如「若」（𡆥）字所示；至於女子，則強執為妻若「𡙇」所標示者矣！所以，漢字的表意示象功能，提供了一幅幅歷歷如繪的異族征服圖境。以是當我們回顧清初「削髮令」中所謂的「留髮不留頭，留頭不留髮」的嚴令時，也才猛然醒覺歷史長河中積澱的反制與報償，似乎也淵源有自，若合符節！而這，在西洋文化中，可能是不容易理解的歷史意象情結吧！

或許我們把「𠂤」字當作是個異族方國名，那它的確指是何方何地呢？考證其族別方國，並不是本文設定的目的，但《尚書》、《詩經》中的一段記載，卻可提供些許線索。在《尚書·周書·牧誓》中曾說：

> 時甲子昧爽，王朝至于商郊牧野乃誓。王左杖黃鉞，右秉白旄以麾，曰：「逖矣！西土之人。」王曰：「嗟！我友邦冢君，御事司徒、司馬、司空，亞旅、師氏，千夫長、百夫長，及庸、蜀、羌、髳、微、盧、彭、濮人，稱爾戈，比爾干，立爾矛，予其誓。……弗迓克奔，以役西土，勗哉夫子。爾所弗勖，其于爾躬有戮。」

注曰：

> 八國皆蠻夷戎狄屬文王者國名。羌在西蜀，叟、髳、微在巴蜀，盧、

---

[17] 見于省吾主編：《甲骨文字詁林》，頁 69；又姚孝遂主編：《殷墟甲骨刻辭類纂》，頁 31。

彭在西北，庸、濮在江漢之南。

正義曰：

> 九州之外，四夷大名則東夷、西戎、南蠻、北狄。其在當方或南有戎
> 而西有夷，此八國並非華夏，故大判言之，皆蠻夷戎狄屬文王者國名
> 也，此八國皆西南夷也。文王國在於西，故西南夷先屬焉……髳、微
> 在巴蜀者，巴在蜀之東偏，漢之巴郡所治江州縣也。

又《詩‧小雅‧魚藻之什‧角弓》：「如蠻如髦，我是用憂。」注：「髦，夷
髦也。」箋云：「今小人之行如夷狄，而王不能變化之，我用是為大憂也。
髦，西夷別名。」[18]《說文解字》「髳」下段《注》云：「髳即髳字。而羌髳
字祇从矛。〈牧誓〉：『庸、蜀、羌、髳、微、盧、彭、濮。』〈小雅〉：『如蠻
如髦。』《傳》曰：『蠻，南蠻也。髦，夷髦也。』《箋》云：『髦，西夷別名。』」
[19]按：《詩》髦即《書》髳。西夷別名的「髦」族，或許有「𡴀」族的依約身
影。再加上《周禮‧春官‧樂師》：「凡舞，有帗舞，有羽舞，有皇舞，有旄
舞，有干舞，有人舞。」其中所謂「干舞」，即手持盾牌的舞蹈，實際上是
一種軍事訓練。西漢滇池地區的舞蹈圖像中有一盾牌舞，正是干舞的形象再
現，也是對舞字形體的說明。（見圖三）[20]如果我們仔細觀察的話，舞者的
頭髮直上飛揚披散，彷如「𡴀」字形象的再現，這種跡象顯示，也許我們可
以把「𡴀」字當「髦」字考慮在內吧！[21]

---

[18] 〔西漢〕毛亨傳、〔東漢〕鄭玄箋、〔唐〕孔穎達疏：《重栞宋本毛詩注疏附校勘記》，頁
505。

[19] 〔東漢〕許慎撰、〔清〕段玉裁：《說文解字注》，頁426。

[20] 見何九盈等：〈漢字與軍事訓練〉，《中國漢字文化大觀》（北京：北京大學出版社，1995
年1月），頁241。

[21] 按劉桓：《殷契新釋》（河北：河北教育出版社，1989年7月），頁292-295中有一篇〈釋
𡴀〉的文章，其中以甲骨文 𡴀（前1.46.4）、𡴀（粹1143）、𡴀（林2.9.9）、𡴀（甲167），
乃專用於紀時的字。主張 𡴀 乃象草木（因風吹）搖動形。用搖動的草木來表示變換的時
間。其實，應該是中的異構字云云。因與本文較無關涉，故不論略。

三　訓詁的另類思考

　　上文大張旗鼓，上下古今中外的表述，我們依約可以看到透過甲骨文字中細末微格不為人關注的視覺線條符號而開展出文化特有的心理與意識。這種對異族的征服與利用，是在西洋拼音文字或文學表現中絕無僅有的。而甲骨文字中所表彰出來的視覺形象，卻是古老中國華夷之辨下最具顯徵的原記符號，在蛛絲馬跡之中，透露出潛「德」幽光，文化底蘊來。至於本文的目的，也就不是專門投注在考證某形是某字某義，某形又是某字某義的窄狹的個別文字辨識上，而是企圖跳脫此中小框框的樊籬，站在更深遠更寬廣的文化視野上，去思索爬梳文化特有的心理與意識，且若不是撐開這般寬幅視野的覽照搜尋，或許在訓詁時，也就容易錯過「潛德幽光」的隱約精微，又或許在詮釋過程中，更容易拘墟窒礙，困頓難行，以至於不能全盤通透，一覽無遺了。是以在訓詁日趨多元化的今天，此種方式，或許可以細加留意的另類思考吧！

1508 盆（三，文化二，1）　　　1510 盆（三，文化二，1）
　陝西省西安市半坡　　　　　　　陝西省西安市半坡
圖一　仰韶文化・半坡類型・陝西涇渭流域

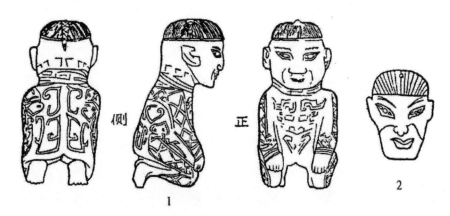

圖二　1.2.河南安陽殷墟出土的石人和玉飾

圖中形象與圖三相似，惟頭飾不戴冠而作束髮於頂上式、頂後垂者應為「總」，即為總束髮而為垂之為飾。

圖三　盾牌舞

西漢滇池地區的舞蹈圖像中有一盾牌舞，正是干舞的形像再現，也是對舞字形體的說明。

原文發表於「第二屆國際暨第四屆全國訓詁學學術研討會」論文集，臺北：臺灣師範大學國文學系，1998 年 12 月 5-6 日，頁 455-466。

（邱郁茹繕打／葉書珊、高佑仁校對）

論殷墟花園莊東地甲骨「牝」字與匕器的
形義發展關係

一　前言

　　當論及動物的性別區分時，文獻上本細分為「飛曰雌雄，走曰牝牡」，顧炎武曾在《日知錄》卷三十二〈雌雄牝牡〉一文中，詳細論略存在於典籍文章中的用法，其實兩者的區分並不那麼皎然清楚，反而有一些混雜錯亂不一致的情況，尤其他注意到牝字在後來的發展過程中指涉多種，其中如「車箱亦可稱牝，《考工記》『牝服』，《正義》云：『車較，即今人謂之平鬲，皆有孔，內軫子於其中，而又向下服，故謂之牝服是也。』」[1]已經留意到「牝服」有孔的基本特徵。

　　其後季旭昇也曾撰一篇〈說牡牝〉的文章，主要是討論歷來說解「牡」字的形構疑惑難明之處，至於「牝」字的來龍去脈，只是側筆順及，此緣於他認定的「牝字《說文》釋為『從牛、匕聲』，比較沒有問題。至於牡字，則一直是文字學中一個懸而未決的問題。」並根據1999年劉一曼、曹定雲〈殷墟花園莊東地甲骨卜辭選釋與初步研究〉一文中的23片甲骨材料，將「牝」字的字形結構分析為從豕，而以圓圈象牝器之形，之後由象形變成「從豕、匕聲」的形聲字。而「牝」字也是從牛匕聲的形聲字，豜牝、牡牝、牂牝大多數動物的雌雄應該都是這樣組成的。[2]此種說法本是甚有見地，合情合理，但稍作深究，卻也不難發現似乎還有值得再行商榷的地方，即用來標

---

[1] 〔清〕顧炎武：《日知錄》，文津閣四庫全書（臺北：臺灣商務印書館，2005年），子部雜家類第284冊，卷三十二，頁272。
[2] 季旭昇：〈說牡牝〉，《古文字研究》第二十四輯（北京：中華書局，2002年7月），頁100-102。

記大多數雌性動物的匕聲，真的只是單純的用來標示讀音嗎？這其中是否存有意義上的聯結？而這種聯結，可能不只是一個文字在形構意義上的演變歷程，也關涉到一個文物的發展問題。

二　歷來關於匕字與所涉諸字文字形義的探索

如果從《說文解字》匕部諸字來考察追溯，想要完全解決匕與雌性動物所涉諸字的從匕，是否純屬形聲字中為標記讀音性質的聲符作用？其實是有些不充足的。這種困境，不難從許錟輝於 2006 年發表的〈《說文》「匕」部諸字形義及其相關問題之探究〉[3]一文中看出來。文中討論《說文》「匕」部諸字形義的紛歧現象，認為《說文》「匕」字一形具有二義二音，其一義為「食器，所以取飯」，乃象器之形，在六書屬於獨體象形，讀若比，音卑履切。其二義為「頭不正」，是「頃」的初文，從反人，以示人首不正之義，在六書屬於變體象形，讀若傾，音去營切。二義同形異字，《說文》捏為一字，加上誤釋本義，導致「匕」字下所釋二義，都和釋形「從反人」不相切合。於是將《說文》「匕」部諸字一分為二，匙、㪅、𡿺、卬、卓、艮屬食器義之「匕」；跂屬頭不正義之「匕」。牝字當然不在他的討論範圍之中，但不管是食器或頭不正，都跟牝義無關，間接的反射出「匕聲」的主張。

當然，關於「匕」字的初形本義，歷來討論的相當多，肇因於《說文》解釋形義本身的紛歧與不能密合。《說文》說：「匕，相與比敘也。从反人。匕亦所以用比取飯，一名柶。」但是，「反人」何以能「相與比敘」？取飯用的匕也是「从反人」嗎？段玉裁在注解中試圖左右迴護地說：

> 比者，密也。敘者，次弟也。以妣籒作𡚱，祉或作𥘵，秕或作𥝢等求之，則比亦可作匕也，此製字之本義，今則取飯器之義行而本義廢矣。

[3] 許錟輝：〈《說文》「匕」部諸字形義及其相關問題之探究〉，《第十七屆中國文字學全國學術研討會論文集》（臺北：聖環圖書股份有限公司，2006 年），頁 11-17。

（从反人）相與比敘之意也。（匕亦所以用比取飯）以者，用也。用字衍。比當作匕，漢人曰匕黍稷、匕牲體，凡用匕曰匕也，匕即今之飯匙也。〈少牢饋食禮〉注所謂飯橾也。〈少牢饋食禮〉：「廩人概甑獻匕與敦。」《注》曰：「匕，所以匕黍稷者也。」此亦當即飯匙。按《禮經》匕有二，匕飯、匕黍稷之匕蓋小，經不多見；其所以別出牲體之匕，十七篇中屢見，喪用桑為之，祭用棘為之。又有名疏，名挑之別。蓋大於飯匙，其形製略如飯匙，故亦名匕。鄭所云有淺斗，狀如飯橾者也。以之別出牲體謂之匕載，猶取黍稷謂之匕黍稷也。匕牲之匕，《易》、《詩》亦皆作匕，〈大東〉傳、〈震卦〉王《注》皆云「匕所以載鼎實」是也。《禮記·雜記》乃作枇，本亦作枇。鄭《注》〈特牲〉引之，而曰「枇畢同材曰枇載」，蓋古經作匕，漢人或作枇，非器名作匕，匕載作枇，以此分別也。若〈士喪〉、〈士虞〉、〈特牲〉、〈有司〉篇「匕載」字皆作「枇」，乃是淺人竄改所為。鄭注《易》亦云「匕牲體薦鬯」，未嘗作「枇牲體」也。注中容有木旁之枇，經中必無，劉昌宗分別，非是。（一名柶）木部曰：「禮有柶。柶，匕也。所以取飯。」[4]

然而這一大段的論述，讀者看到匕在功能名稱上的演變歷程，但是，段《注》對「从反人」的形構如何表彰「相與比敘」與取飯的功能意涵，似乎也徒勞無功，幫助其實是有限的。

緣於如上的矛盾，其後諸家異說紛呈，從王筠《說文釋例》說的：「反人則為會意，柶則象形，斷不能反人而為柶也，乃許君合為一者。」林義光《文源》指出的：「反人無相比敘之義，古作🥄，象柶形。」王國維雖然勉強說：「匕者比也，比于牡也。」羅振玉也用偶夫匹配的引申義來解釋，所謂：「考妣之匕，引申而為匕箸字，匕必有偶，猶父之與母相匕矣。」[5]以及

---

[4] 〔東漢〕許慎撰、〔清〕段玉裁：《說文解字注》（臺北：藝文印書館，2005 年），頁 388。

[5] 以上諸說參見于省吾主編：《甲骨文字詁林》（北京：中華書局，1996 年 5 月），第一冊，

趙誠說的：

> 匕，甲骨文寫作ᐟ，有人以為象匕（與後世之匙類似）之形。但出土
> 之匕與ᐟ字形體不合，而商代人又把有些匕字寫成象人（ᐟ）的形狀，
> 從反面証明匕字在當時人們心目中並不是匕（匙）的象形，而是象人
> 站立拱手側面之形。這是尚待進一步研究的問題。[6]

或者如陳初生所嘗試的，採用出土文物來證成說：「甲骨文作ᐟ、ᐟ、ᐟ，金
文作ᐟ、ᐟ、ᐟ、ᐟ，皆象匕之形。段玉裁謂匕即今之飯匙，又有出牲體之
匕，大於飯匙，陝西扶風出土微伯興匕，其形可資參證。」[7]雖然各家爭相
立說，也透過各種方法來詮釋，但大部分學者的態度還是有所保留[8]，依違
之間無法形成共識。

　　當然，這其中最聳動有名的論述，是郭沫若〈釋祖妣〉一文中的看法，
他不諱言的指出：

> 男字「某父」，女字「某母」，迺周人之習尚。其在殷人，則男名「祖
> 某」，女名「妣某」。……男子皆得以祖名，女子皆得以妣名……祖妣
> 者牡牝之初字也。……匕迺匕栖字之引伸，蓋以牝器似匕，故以匕為
> 妣若牝也。王國維〈釋牡〉：「……匕者比也，比於牡也。」余案「匕
> 者比也」迺後起之說，其在母權時代，牡猶不足以比牝，遑論牝比於
> 牡。……是故士女對言，實同牡牝、祖妣。而殷人之男名「祖某」，
> 女名「妣某」，殆以表示性別而已。知祖妣為牡牝之初字，……蓋示
> 之初意本即生殖神之偶象也。……近時鄉人猶有祀飯瓢神者，當即古
> 俗之孑遺也。日本亦有此習，凡社祠多以飯匙晉獻，以飾於壁。……蓋古人
> 於內外皆有牝神，祀於內者為妣，祀號於外者為方，猶牡之祀於內者

頁 7。

[6] 趙誠：〈甲骨文虛詞探索〉，《古文字研究》第十五輯（北京：中華書局，1986 年 6 月），
頁 279。

[7] 陳初生等：《商周古文字讀本》（北京：語文出版社，1989 年），頁 379。

[8] 如羅振玉之說法即與趙誠不同，參羅振玉：《殷虛書契考釋》（臺北：藝文印書館，1975
年 11 月），卷中，頁 22。

為祖，祀於外者為土社也。……匕字亦如是。匕之作妣者始見於〈鄘
侯簋〉之𦣻字。其它如〈義妣鬲〉作𦣻，〈召仲作生妣鬲〉作𦣻，〈陳
侯午敦〉作𦣻，……皆較晚之器，有所文飾者也。[9]

其實，郭沫若本身對匕的說辭就游移不定，「初謂匕象牝器，後謂匕為枑匙」，
但二說都有人繼承和發揮，尤其馬敘倫在〈中國文字之源流與研究方法之新
傾向〉中即大聲說：

牝牡的初文是匕士，匕士又是也了的誤寫。（也是「女陰」，《說文》
裡說得對的。清朝人有死爭它不是「女陰」，說它是匚字的。這都因
為女陰是很褻瀆的字面，其實造字的那裡管這些事！）……也了本是
男女生殖器的象形字。[10]

那麼，匕的形義問題該如何解決？花園莊東地甲骨的出土似乎提供我
們一些不一樣的訊息，值得進一步追索。

三　殷墟花園莊東地的妣字考察

1991 年秋發掘的殷墟花園莊東地 H3 坑出土的 689 片甲骨，在 2003 年
由中國社會科學院考古研究所整理發刊《殷墟花園莊東地甲骨》六分冊[11]，
書中推斷此批材料為武丁前期，所祀先妣有妣甲、妣丁、妣己、妣庚，尤以
妣庚為多；而從第六分冊書末所附的〈字詞索引表〉與《甲骨文合集》的一
系列相關書籍、或是《新編甲骨文字形總表》[12]作比較，可觀察到區別動物
性別的用字中，無論牛、羊、豕、馬、鷹所從「土」、「匕」都是成對的，唯

[9] 郭沫若：〈釋祖妣〉，《甲骨文字研究》（北京：人民出版社，1952 年），頁 10。
[10] 馬敘倫：〈中國文字之源流與研究方法之新傾向〉，《馬敘倫學術論文集》（香港：龍門書店，1969 年），頁 171-172。
[11] 中國社會科學院考古研究所編：《殷墟花園莊東地甲骨》（昆明：雲南人民出版社，2003年 12 月），頁 1865-1869。
[12] 沈建華、曹錦炎：《新編甲骨文字形總表》（香港：香港中文大學出版社，2001 年），頁82-97。

兕、牢僅存从匕者，麂、宰僅存从土者。其中比較特殊的，是在《殷墟花園莊東地甲骨》片號 4、13、30、39、163、167、170、215、241、251、261、267、274、275、296、309、314、324、336、374、394、427、432、451、463 中所出現的「𧰼」字；相應的，還有個「豗」字作从豕从匕字形者，則出現在 139、162、215、278、383 片號，二字的交集是在 215 片上。𧰼字是個新出字，其形構意義與「豗」及匕的關係是值得進一步探究的問題。

在《殷墟花園莊東地甲骨》的辭例中，雌雄動物並舉的辭例多見，如 457 片：「己酉夕：翌日呑歲妣庚黑牡一　庚戌酚牝一」該辭屬於祭祀妣庚時的用牲記錄，釋文說：「原卜問是否用一頭黑公牛，而實際祭祀時用的是一頭母牛。」[13]而此種牝牡動物並舉的辭例也見於豕上，如 139 片的（11）辭作：「歲妣庚豗」，（12）辭則作：「歲妣庚𧰼」，它如：

《花東》170（頁 1625）

（3）甲寅：歲祖甲白歲白𧰼一，礼曹一，皀，自西祭　一

（4）甲寅：歲祖甲白豗一　一[14]

《花東》4（頁 1558）

（1）甲寅：歲祖乙白𧰼一，礼曹一，皀，自西祭　一

（2）甲寅：歲祖甲白豗一　一二

（3）乙卯：歲祖乙白𧰼一，皀，自西祭，祖甲征　一

（4）乙卯：歲祖乙白𧰼一，皀，自西祭，祖甲征　一

《花東》13（頁 1563）

（1）甲午：歲祖甲𧰼一，子祝　在□　一

（2）乙未：歲祖乙𧰼，子祝　在□　一二

（4）叀子祝，歲祖乙𧰼　用　一二

---

[13] 中國社會科學院考古研究所編：《殷墟花園莊東地甲骨》，頁 1736。

[14] 中國社會科學院考古研究所編：《殷墟花園莊東地甲骨》，頁 1625。然第（4）辭「歲祖甲白豗一」釋文誤「豗」為「𧰼」，今正。

（5）丁酉：歲妣丁豼一　在□　一

（6）乙巳：歲祖乙豼，子祝　在□　一二

（7）乙巳：歲祖乙豼一，子祝　在□　三

《花東》39（頁 1576）

（1）叀豼于妣己　一

（2）萱妣己友彘　一

（3）萱妣己友彘　二

（4）乙：歲妣庚牡，又鬯　一

（5）乙：歲妣庚牡　一

（6）叀豼妣庚　一

（12）乙：歲妣庚牡，又鬯　一

（13）丙卜：叀豕妣庚　一

（14）歲妣庚　一

（15）叀豼于妣丁　一

（16）丙卜：叀豼于妣丁　二

（18）己卜：其彡子興、妣庚　一

（19）夕歲小宰翌妣庚　一

（20）叀豼妣庚　二

《花東》215（頁 1645）

（3）庚辰：歲妣庚豼一[15]，豼一，子祝　一二三

《花東》261（頁 1667）

（1）甲午：歲妣甲豼一，又皀　一二三

（2）乙未：歲妣庚豼一，又皀　一二

15 按：姚萱：《殷墟花園莊東地甲骨卜辭的初步研究》（北京：線裝書局，2006 年），頁 288，於此條釋文作「庚辰：歲匕（妣）庚豼一，豼一，子祝。一二三」，朱歧祥亦作「庚辰：歲妣庚：豼一，豼一，子祝。一二三」。參朱歧祥：《殷墟花園莊東地甲骨校釋》（臺中：東海大學中文系語言文字研究室，2006 年），頁 408。

從這些辭例中，〈殷墟花園莊東地甲骨釋文〉在第 3 片辭例中，認為𢆶是新見的字，形似母豬，釋為戚，該字以後演變為𢆶；又在 215 片二字同時出現時，釋文中解釋說：「在第（3）辭中𢆶、𢆶同辭，相當罕見。我們推測，雖然兩字均表示母豬，但意義稍有差別，可能前者是泛指（即通稱），後者指某一類母豬（如產過仔的母豬）」；又 216 片釋文說：「從本辭和其他卜辭看，戚主要是用來祭祀先妣。」[16]在這些說法中，此字「主要是用來祭祀先妣」的看法基本上是不能成立的，因為在 309 片（4）中用「白戚」祭祀的對象有「祖甲」、「祖乙」、「妣庚」；在 394 片（2）中是用「戚」來祭祀祖乙；在 463 片（6）中是用「三戚」歲祭「祖乙」，可見「戚」並非「主要是用來祭祀先妣」的，其詳細情形可參酌下表（表中暫以◎代戚字𢆶；以□代狋；以○代另一戚字𢆶），從下表得知，◎祭祀對象依次為妣庚 11 次，妣己 9 次，祖甲 4 次，祖乙、妣丁各 3 次，癸子、妣甲各 1 次，大抵以女性祖先為主，但不限於女性祖先，且以歲祭為主，男性祖先的用牲數且多至 3；而○只祭祀妣庚，其出現次數不如◎多，所以，「戚主要是用來祭祀先妣」的這個說辭，或許只針對「○只祭妣庚」來說的。

號次	片號	祭祀對象	祭法	牲名	牲數	備註
1	4	祖甲	歲	白◎	1	
2	13	妣丁	歲	◎	1	
3	30	妣己		◎	1	
4	39（1）	妣己		◎		
5	163（2）	妣庚		◎	1	與白豕對
6	167	妣丁	歲	◎	1	
7	170	祖甲	歲	◎	1	與白□對
8	215	妣庚	歲	◎；○	1；1	

---

[16] 中國社會科學院考古研究所編：《殷墟花園莊東地甲骨》，頁 1558、1645、1667、1688、1714、1738。

9	241	癸子（子癸）	歲	◎	1	
10	251	妣己	歲	◎	1	
11	261	妣甲	歲	◎	1	
		妣庚		◎	1	
12	267	妣庚	又祭友	白◎	1	
13	274	妣庚	歲	◎		
14	275	妣庚	歲	◎	2	
15	296（2）	妣庚	歲	◎		
	296（8）	妣庚	歲	◎	1	
16	309（4）	祖甲		白◎	1	
		祖乙		白◎	1	
		妣庚		白◎	1	
17	314（7）	妣己	歲	◎	1	匕
	314（8）	妣己	歲	◎	1	
18	324（4）	妣己	歲	◎		
19	336（1）	妣己	歲	◎	1	
	336（4）	妣己	歲	◎	1	
20	374（6）			◎	3	
21	394（2）	祖乙	歲	◎	1	
22	427（6）	妣丁	歲	◎	1	
	427（7）	妣己	歲	◎	1	
23	432	妣庚		◎	1	犬
24	451（4）	妣庚	歲	◎	1	犬
25	463（6）	祖乙	歲	◎	3	
26	139（11）	妣庚	歲	○		
27	162	妣庚	歲	○		
28	278（4）			白○		小牢
	278（13）			白○		黑二牛
29	383（1）			○		

　　至於豾與豼的關係如何？是一字異形的異體字？或是形義具有或多或少差異的兩個不同的字？可惜的是，二字並存的辭例僅存在於《殷墟花園莊東地甲骨》的 215 片裡，卻是個孤證。這在研判上是會有困難的，也就是兩者皆有可能，釋文說的：「兩字均表示母豬，但意義稍有差別，可能前者是泛指（即通稱），後者指某一類母豬（如產過仔的母豬）」，雖屬推測之辭，但將二者區分開來的意圖是明顯的；至如季旭昇主張的，二字乃有前後之別，推斷其演變過程與何以僅在豕字表達牡牝器的象形原因，歸結說，豾、豼本由象形再變成形聲，其原因可能是受了牡牝、牝牡的影響。豕在甲骨文中畫全體象形，所以可以在其生殖器部位表達牡牝器的象形。但牛、羊等字只表現頭部，無從著牡牝器，於是比照自豼字分離豼器的辦法，在牛、羊旁著一「⊥」形，造出牡、牡等字，……牝、牝字則用豼字的形聲結構，在牛、羊旁改從「匕」聲。[17]明顯的主張二字實為一字。

　　然以《殷墟花園莊東地甲骨》的 215 片來看，祭祀的對象是「妣庚」，祭名是歲祭；如果依此條件，再觀察其它祭祀妣庚所用的祭名，除 267 片或不著明者之外，都一律用歲祭，祭牲數大抵為 1，僅 275 片的牲數為「◎2」，沒有超過二以上者，215 片二字同出一片，以 275 片的牲數為「◎2」比擬，疑是「◎2」拆解成「○」「◎」各一的情況，出現這種情況的原因，推測是由◎過渡到○的轉換階段時，二字共存混用的特殊書寫。雖然，姚萱在《殷墟花園莊東地甲骨卜辭的初步研究》將此條釋作「庚辰：歲匕（妣）庚『豾』一，『豼』一，子祝。一二三」注 1 僅說：「『豾』字原釋為『豼』。」並沒有進一步說解，其中將「豼」視為「豼」字，與釋文、朱歧祥《殷墟花園莊東地甲骨校釋》[18]所釋及本文所見基本相同。唯一可議的，是姚萱將前字「豼一」釋為「豾一」，推其原因，可能是緣於「豼一、豼一」難以索解，「豾一、

---

[17] 季旭昇：〈說牡牝〉，《古文字研究》第二十四輯，頁 102。

[18] 姚萱：《殷墟花園莊東地甲骨卜辭的初步研究》，頁 288；朱歧祥：《殷墟花園莊東地甲骨校釋》，頁 408。

𣨛一」就辭例來看至少文句通順。然細審該版,「𣨛」字雖在「右甲橋有 6 個 0.3-0.35 釐米的小孔」上,但圖版清晰,字作「𣨛」不作「𣨛」(可參附圖一:《殷墟花園莊東地甲骨》215 片拓片與摹本),當然,我們也不能排除有誤刻的可能。

至於 314 片的與匕同出,可見二字分別中有連帶的關係。匕字的「由象形再變成形聲的」的演變情況,實際上可再作進一步的深入考量,而考古出土的匕物,似乎可提供另一面向的探索。

四　匕字與考古出土匕器的形制聯繫

關於匕字與匕器的形制能不能相互綰合的問題,學者也曾多方討論,如郭沫若曾舉《陶齋吉金錄》卷三(頁 50-51)圖二犀銳如戎器的銅匕與匕的古文相證,論斷匕的上端有歧枝者是掛在鼎脣具有防墜作用的功能。[19]但後來學者頗多質疑,如季旭昇既指出二者牴牾之處,並改採徐中舒所說:「象人鞠躬或匍伏之側形」的意見說:

> 郭氏之說綜合古文字與古器物,二重證據具足,似頗可信。然所舉古器物乃摘自《陶齋》,據圖固未見其匕端有枝也。近年出土殷周銅匕亦未見歧枝,馬承源云:「商代的匕,體呈桃葉形,後有裝木柄的銎;西周時期的匕,體呈桃葉形,後有扁條柄,柄尾磬折;春秋戰國時期的匕甚少見。傳世的體呈橢圓形,柄扁平,有的細長,戰國早期器。」又《金文總集》(五)頁 1950 載〈魚鼎匕〉之正反側面圖極明白,凡此皆可以證明匕柄之形制與 𝌀 不相肖似也。以字形而言,匕柄之歧枝應作 𝌁 始能掛於鼎脣,作 𝌀 則無此功能。卜辭匕作 ﹀、⌝、⌐、⌐ 等形,實與人形接近,非象匙形。徐中舒云:「象人鞠躬或匍伏之側

---

[19] 郭沫若:〈金文餘釋之餘〉,《中國古文字大系·金文文獻集成》(香港:香港明石文化國際股份有限公司,2004 年),第二十五冊,頁 448。

形，……其初形應作 ⟨字形⟩，為適應豎行排列之故，遂作 ⟨字形⟩，與 ⟨字形⟩ 之作 ⟨字形⟩ 同例，妣己爵之匕正作 ⟨字形⟩。」《字典‧卷八》頁九一三說似較可采。以聲韻言，匕上古屬脂部開口三等（*pjier），柶亦脂部開口三等（*rjier），匙屬支部開口三等（*djier），古音極近，故柶匙之作匕者，或即音近假借之故，而柶匙則其後造本字也。[20]

或是在馬承源的《中國青銅器》中把匕歸入飪食器，認為「匕是挹取食物的匙子」，主要的用途是挹取飯食和牲肉，所以考古上常和鼎、鬲同出，如壽縣蔡侯墓和淅川下寺一號墓所出土的即是；另外兵器類收有匕首，是屬於近身殺傷性質、短不及炙魚而具有一定重量可擲的短劍，在湖南寧鄉黃材出土的匕較特殊，是戰國早期器，「一面平，一面脊部呈三角形隆起。平的一面有紋飾，扁莖有穿。」[21]其實，匕首的名稱由來，根據《史記‧吳太伯世家》《索隱》引《風俗通》：「其頭類匕，故曰匕首也。」[22]似乎也是從匕類比過來的。

到了漢代，匕依然保留取食切牲的用途，詳細情形如段《注》與孫機剖析的，鑊中煮肉既熟，肴（盛）於鼎，再用匕自鼎中取出置于俎上，以備進饗，而在正式場合中，鼎肉相當大，以故匕的頭部（即葉）做得相當尖銳，以便挑舉。另一方面，漢代常在鼎內盛湯，扁平的匕不能舀取，於是有些匕葉的凹度加深，是謂「匙」；而吃米飯用的匙就稱「柶」，即《說文》所說「所以用匕取飯，一名柶」，《儀禮‧士冠禮》：「角柶」，鄭《注》：「柶狀如匕，以角為之者，欲滑也。」這其中，匕莖並未見穿孔的形制；至於匕首，倒還保留一些早期的特徵，如滿城一號漢墓所出土的銅、鐵匕首，「頂部當中有

---

[20] 季旭昇：《甲骨文字根研究》（臺北：國立臺灣師範大學國文研究所博士學位論文，1990年），頁 46-48。

[21] 馬承源：《中國青銅器》（臺北：南天書局，1991年），頁 70-71、167-168。

[22] 〔西漢〕司馬遷撰、〔南朝宋〕裴駰集解、〔唐〕司馬貞索隱、〔唐〕張守節正義：《史記》（臺北：鼎文書局，1975年），頁 1464。

一圓孔」。[23]

　　我們注意到，上述論略都局限在殷商之後的少部分材料，對整個匕的淵源流脈缺少一分觀照，切割了匕的有機發展。如果將歷來出土的有關匕的材料試著蒐羅爬梳，依時代先後排序，附在本文最後的「出現『匕』器的期刊論文目次」（附錄）來看，在此 74 處出土匕器中，材質以骨質居多，約 41 處，從史前文化一直延續到東漢，時間跨度相當長；其次為銅質 26 處，從辛店文化到北魏都有，時間也持續很久；其它玉質出現 1 處（附錄：第 25 條）、石質 3 處（附錄：第 12、13、55 條）、陶質 3 處（附錄：第 15、57、63 條）、木質 4 處（附錄：第 3、64、65、67 條）、蚌質 4 處（附錄：第 7、11、29、51 條）、鐵質 4 處（附錄：第 58、61、68、69 條），木質在河姆渡文化中出現後旋即消失，直到春秋戰國之際復現，而鐵質遲至秦漢之間才出現，算是比較晚起的。

　　但無論考古出土的匕器為何種材質，在其形制中卻有一共同特徵，尤其時期愈早愈加明顯，如文末〈附錄：出現「匕」器的期刊論文目次〉第 3 的「後端中央常有一、二個鑽孔，個別多孔」、「後端邊緣有半個圓孔，近端處有一圓孔」、「柄部正面刻劃橫斜短線紋組成的紋飾，有 2 個鑽孔」、「柄端有一鑽孔」、第 4 的「柄端有穿」、第 6 的「頂端穿孔」、「一端穿孔」、「穿雙孔」、第 7 的「在長條形蚌殼的一端鑽一圓孔」、第 8 的「後端有圓孔」、「4 個圓孔」、第 10 的「一端有一對鑽的圓孔」、第 12 的「上端有一對鑽小圓孔」、第 14 的「柄身分界處有一圓形鑽孔」、第 21 的「尾有一孔」、第 23 的「在窄端鑽一小孔或不鑽孔」、第 25 的「一端穿孔」、第 27 的「柄端有一圓形孔」、第 29 的「上部有一鑽孔」、第 30 的「頂部有穿孔一個」、第 35 的

---

[23] 孫機：《漢代物質文化資料圖說》（北京：文物出版社，1991 年 9 月），頁 135、304-305。根據河北省文物研究所：〈河北平山三汲古城調查與墓葬發掘〉一文中的推測，這些特徵與春秋戰國時期中國北方青銅短劍中的「花格劍」接近，特別和河北平山三汲古城 8101 號中山國墓出土的頂部帶孔之蟠蛇紋莖短劍更為相似的看法，實際上沒有對整個匕的發展過程有一番觀察下的推測。

「頂殘，保留有穿孔的痕跡」、第 40 的「一端有穿孔一個」（〈附圖二：考古出土「匕」器圖版〉）……諸如此類，不勝枚舉，當然，這其中還要考量到有些考古發掘報告文本的記載未必詳細，尤其是對於微末不足細道的器物而言，但由此來觀察，可知匕的基本形制中，本是首、尾或中間分界處常常有一圓孔，少數兩個或四個，但商周之後的匕穿孔與不穿孔並存，如〈附錄：出現「匕」器的期刊論文目次〉第 40、44、51、54、65、66、70、72 都有穿孔，唯學者論述所及材料，似乎多為不穿孔者。

另外，我們還要注意到，考古出土的匕作用多端，如〈附錄：出現「匕」器的期刊論文目次〉第 2 為刮削器、第 3 則為食具和紡織用緯刀、第 6 係當吹奏樂器與狩獵工具，史前文化中作為刮削器的匕，大部分是用動物肋骨磨製而成的，本身有脊，也有個厚度，如第 4 的匕厚 0.1-0.2 公分；但後來材質不同，用途也各有區分與加強，如第 32 河北藁城臺西村出土的銅匕是：「器身呈柳葉形，葉面微凹，兩側各飾一半環狀鈕，鈕上各套一環，柄作羊首形，當為食器。」顯然已經不純用為刮削器或其它，而朝著食器的用途演變，那麼，匕就成了匕牲盛鼎實的匙與取飯用匕柶的方向去發展，而跟《說文》的匕「亦所以用比取飯，一名柶」的一曰說法，取得聯繫；另一方面，刮削器、緯刀及狩獵工具的功用則委由匕首代勞，發展出類短劍的近身擊刺工具，這兩者在形制上各有發展和偏重，名稱上雖殘餘一些淵源如《通俗文》所指出的，但在後來的歸類中卻分道揚鑣，兵器與飪（飲）食器各不相屬。

這就讓我們聯想到，匕的字形結構與釋義該如何解讀的問題？不管《說文》解為「相與比敘」或「亦所以用匕取飯，一名柶」，都無法反映全然的事實；至於匕的形義，無論《說文》解為「從反人」，郭沫若認為是匙之初文，或是徐中舒、季旭昇所說的「象人鞠躬或匍伏之側形」，以及《甲骨文字詁林》收錄的諸家意見而歸結於屈萬里、林澐對匕、人、比、從之分，但

對匕的初形本義並沒有明確說明。[24]

其實，這些說法都和考古出土的所謂匕形很難對應。當然，考古報告中何以稱為匕，自有其判斷上的理據。但如果從匕首類匕，而匕首又與拍髀、尺刀、短刀與之相對應的短劍有關[25]，刀字甲骨文作𠚤形[26]，與之相類的匕作𠚤形，還是有蜘絲馬跡可尋的。推想匕既為刮削器或食具如刀，本是象形，文字構形表現或許就是從圓孔縱脊棱的匕橫斷面來的，以故如中央研究院歷史語言研究所藏商代晚期的「此」勺作🐟形[27]，所從之匕即作🐟形；或如花園莊東地甲骨牝字所從匕字作🐟形般，都可看出匕與刀無論在器用造型或文字構形上的密切關係。

這也可以解釋何以卜辭「匕」又用為狩獵之方法，所「匕」者有虎、有兕[28]，姚孝遂曾說，匕字用法較為特殊，乃動詞，亦狩獵方法之一種。「匕」和「圅」、「隻」一樣，都應該是指某種狩獵的手段而言。匕虎、匕兕所「匕」者有虎、有兕，故言：

> 上述的這類「匕」字，當讀如「畢」。王筠《說文釋例》在說解「匕」
> 字的時候，曾論及，「《詩》：『有捄棘匕』，《毛傳》：『匕所以載鼎實』。
> 《疏》引《雜記》云：『匕用桑，長三尺』。《詩》又云：『有捄天畢』，
> 毛以為掩兔之畢；鄭以為助載鼎實，則亦是匕也。」王筠論「匕」、
> 「畢」典籍可通是對的。……從以上所引的諸辭例來看，所「匕」的
> 有「兕」，有「虎」，有「豕」，是不限於「雉兔之屬」，也不一定是以
> 网。[29]

---

24 于省吾主編：《甲骨文字詁林》，第一冊，頁 3-7、126-138。

25 孫機：《漢代物質文化資料圖說》，頁 135。

26 中國社會科學院考古研究所編：《甲骨文編》（北京：中華書局，1965 年），頁 199。

27 鍾柏生、陳昭容、黃銘崇、袁國華編：《新收殷周青銅器銘文暨器影彙編》（臺北：藝文印書館，2006 年），第二冊，第 1652 號〈此勺〉，頁 1131。

28 于省吾主編：《甲骨文字詁林》，第一冊，頁 7。

29 姚孝遂：〈甲骨刻辭狩獵考〉，《古文字研究》第六輯（北京：中華書局，1981 年 11 月），頁 45-46。

桂馥《說文解字義證》說的：「匕，頭頃也者，刺刃匕首似之」；段玉裁在注《說文解字》匕部「匙」字時說：「《方言》曰：『匕謂之匙。』蘇林注《漢書》曰：『北方人名匕曰匙。元（玄）應曰：『匕或謂之匙，今江蘇所謂圖搽匙、湯匙也。』亦謂之調羹。實則古人取飯、載牲之具，其首蓋銳而薄，故《左傳》矢族曰匕，《昭‧廿六年傳》是也。劍曰匕首，《周禮‧桃氏》注是也。」[30]的緣由，以故匕一器分用，有用為刮削器、緯刀者，則朝武器匕首方面發展；有用為食具食器者，則朝著取飯載牲為鼎鬲匹配的方向發展了。

五　結語

　　總而言之，透過出土匕形器與殷墟花園莊東地甲骨的比附考察，可知雌性動物的生殖器特徵，與史前刮削器的匕形穿孔是有某部分的聯繫，歷來認為簡單無疑議的牝字為「從牛匕聲」的形聲結構，在殷墟花園莊東地甲骨的新出字𠤬的象形下另生波瀾，孔穴的意象給了我們幽微隱晦的想像空間，而牝字的「從牛匕聲」的形聲結構，似乎也應稍作修正為「從牛匕，匕亦聲」，聲符是兼具表義和表音雙層作用的。

　　至於何以施諸豕字而不用於牛、羊字上，除了季旭昇所提出的文字結構的全體與部分差異，不方便書寫外，似乎也可從「家」與《說文》示部「祧」字：「祧，以豚祠司命也。從示，比聲。漢律曰：『祠祧司命。』」段《注》：「鄭注《周禮》曰：『求福曰禱，得求曰祧。』」去考量，但這又是另外一個課題，其中可能牽涉到中國家庭婚姻型態的社會組織起源，如路易斯‧亨‧摩爾根（Lewis H. Morgan）在《古代社會》[31]中所指出的，是由母系社會轉變成父系社會，母系氏族必先於父系氏族的說法，而表現在卜辭中用以稱呼

---

[30]〔清〕桂馥：《說文解字義證》（濟南：齊魯書社，1987 年），頁 709；〔東漢〕許慎撰、〔清〕段玉裁：《說文解字注》（臺北：藝文印書館，2005 年），頁 389。

[31]〔美〕路易斯‧亨‧摩爾根（Lewis H. Morgan），楊東蓴等譯：《古代社會》（北京：商務印書館，1992 年）。

女性祖先的妣作✦，應是詞義的一種引申關係，字形似「从反人」的如✦、
✦，推測可能是以匕用在人稱上，受人字類化的結果，其中還是有象匕側面
形的象形聯繫存在。

附錄　出現「匕」器的期刊論文目次

1.乳山文物管理所:〈山東乳山縣史前遺址調查〉,《考古》,1990 年第 12 期,
　頁 1057-1062。

2.吳志清、孫炳亮、喻正麟:〈榆次大發細石器遺址及其在地層學及古氣候
　學上的意義〉,《考古與文物》,1990 年第 5 期,頁 63-69 轉 11。

3.浙江省文物管理委員會、浙江省博物館:〈河姆渡遺址第一期發掘報告〉,
　《考古學報》,1978 年第 1 期,頁 39-94。

4.濟青公路文物考古隊:〈山東臨淄後李遺址第一、二期發掘簡報〉,《考古》,
　1992 年第 11 期,頁 987-996。

5.福建省博物館:〈福建平潭殼坵頭遺址發掘簡報〉,《考古》,1991 年第 7 期,
　頁 587-599。

6.中國社會科學院考古研究所甘肅工作隊:〈甘肅永靖蓮花臺辛店文化遺址〉,
　《考古》,1980 年第 4 期,頁 296-310。

7.吉林省文物考古研究所、白城地區博物館、長嶺縣文化局:〈吉林長嶺縣
　腰井子新石器時代遺址〉,《考古》,1992 年第 8 期,頁 673-688。

8.遼寧省文物考古研究所、吉林大學考古學系、旅順博物館:〈遼寧省瓦房
　店市長興島三堂村新石器時代遺址〉,《考古》,1992 年第 2 期,頁 107-
　174。

9.中國社會科學院考古研究所安徽隊:〈安徽宿縣小山口和古臺寺遺址試掘
　簡報〉,《考古》,1993 年第 12 期,頁 1063-1075。

10.山東大學歷史系古專業:〈山東鄒平縣苑城早期新石器文化遺址調查〉,

《考古》，1989 年第 6 期，頁 489-496 轉 562。

11.章丘縣博物館：〈山東章丘縣小荊山遺址調查簡報〉，《考古》，1994 年第 6 期，頁 490-494。

12.洪湖市博物館：〈湖北洪湖圓山新石器時代遺址〉，《考古》，1989 年第 5 期，頁 385-390 轉 448。

13.中國社會科學院考古研究所甘肅工作隊：〈甘肅永靖蓮花臺遺址〉，《考古》，1980 年第 4 期，頁 296-310。

14.青海省文物考古研究所、吉林大學考古學系：〈青海大通縣黃家寨墓地發掘報告〉，《考古》，1994 年第 3 期，頁 193-206。

15.保定地區文物管理所、安新縣文化局、河北大學歷史系：〈河北安新縣梁莊、留村新石器時代遺址試掘簡報〉，《考古》，1990 年第 6 期，頁 481-488。

16.丁清賢：〈豫中地區仰韶文化的類型及特徵〉，《考古與文物》，1985 年第 6 期，頁 44-47。

17.常州市博物館：〈1985 年江蘇常州圩墩遺址的發掘〉，《考古學報》，2001 年第 1 期，頁 73-110。

18.山西省考古研究所、山西大學歷史系考古專業：〈山西侯馬東呈王新石器時代遺址〉，《考古》，1991 年第 2 期，頁 110-124 轉 142。

19.中國歷史博物館考古部、河南省新鄉地文管會、河南省濟源縣文物保管所：〈河南濟源苗店遺址發掘簡報〉，《考古與文物》，1990 年第 6 期，頁 1-17。

20.中國社會科學院考古研究所山西工作隊、臨汾地區文化局：〈1978-1980 年山西襄汾陶寺墓地發掘簡報〉，《考古》，1983 年第 1 期，頁 30-42。

21.德州地區文物工作隊：〈山東禹城縣邢寨汪遺址的調查與試掘〉，《考古》，1983 年第 11 期，頁 966-972。

22.中國社會科學院考古研究所山東工作隊:〈山東臨朐朱封龍山文化墓葬〉,《考古》,1990 年第 7 期,頁 583-594。

23.陝西省考古研究所康家考古隊:〈陝西臨潼康家遺址發掘簡報〉,《考古與文物》,1988 年第 5、6 期,頁 224-228。

24.西北大學歷史系考古專業實習隊:〈陝西扶風縣案板遺址第三、第四次發掘〉,《考古與文物》,1988 年第 5、6 期,頁 167-190。

25.天津市歷史博物館、寶坻縣文化館:〈天津寶坻縣牛道口遺址調查發掘簡報〉,《考古》,1991 年第 7 期,頁 577-585。

26.北京大學考古文博學院:〈河南新密曲梁遺址 1988 年春發掘報告〉,《考古學報》,2003 年第 1 期,頁 45-87。

27.吉林省文物考古研究所:〈吉林省白城靶山墓地發掘簡報〉,《考古》,1988 年第 12 期,頁 1072-1084。

28.甘南藏族自治州博物館:〈甘肅卓尼也兒遺址試掘簡報〉,《考古》,1994 年第 1 期,頁 14-22。

29.洛陽市文物工作隊:〈河南洛陽吉利東陽村遺址〉,《考古》,1983 年第 2 期,頁 101-115。

30.東下馮考古隊:〈山西夏縣東下馮遺址東區、中區發掘簡報〉,《考古》,1980 年第 2 期,頁 97-107。

31.吉發習、馬耀圻:〈內蒙古準格爾旗大口遺址的調查與試掘〉,《考古》,1979 年第 4 期,頁 308-319。

32.河北省博物館、文物管理處:〈河北藁城臺西村的商代遺址〉,《考古》,1973 年第 5 期,頁 266-269。

33.高雪:〈陝西清澗縣又發現商代青銅器〉,《考古》,1984 年第 8 期,頁 760-761。

34.左忠誠:〈渭南市又出土一批商代青銅器〉,《考古與文物》,1987 年第 4

期，頁 111。

35.中國社會科學院考古研究所河南第二工作隊：〈河南偃師尸鄉溝商城第五號供電基址發掘簡報〉，《考古》，1988 年第 2 期，頁 128-192。

36.中國社會科學院考古研究所安陽工作隊：〈1987 年安陽小屯村東北地的發掘〉，《考古》，1989 年第 10 期，頁 893-905。

37.呂智榮：〈試論李家崖文化的幾個問題〉，《考古與文物》，1989 年第 4 期，頁 75-79。

38.李自智：〈建國以來陝西商周考古述要〉，《考古與文物》，1988 年第 5、6 期，頁 60-70。

39.寶雞市考古工作隊：〈關中漆水下游先周遺址調查簡報〉，《考古與文物》，1989 年第 6 期，頁 8-23。

40.天津市歷史博物館考古隊：〈天津薊縣張家園遺址第二次發掘〉，《考古》，1984 年第 8 期，頁 698-705。

41.董新林：〈魏子營文化初步研究〉，《考古學報》，2000 年第 1 期，頁 1-29。

42.中國科學院考古研究所、北京市文物管理處、琉璃河考古工作隊、房山縣文教局：〈北京附近發現的西周奴隸殉葬墓〉，《考古》，1974 年第 5 期，頁 309-321。

43.黑龍江省文物考古工作隊：〈黑龍江肇源白寶金遺址〉，《考古》，1980 年第 4 期，頁 311-324。

44.劉國祥：〈夏家店上層文化青銅器研究〉，《考古學報》，2000 年第 4 期，頁 451-497。

45.靳楓毅、王繼紅：〈山戎文化所含燕與中原文化因素之分析〉，《考古學報》，2001 年第 1 期，頁 43-71。

46.許俊臣、劉得禎：〈甘肅寧縣宇村出土西周青銅器〉，《考古》，1985 年第 4 期，頁 349-352。

47. 河北省文化局文物工作隊：〈1964-1965 年燕下都墓葬發掘報告〉，《考古》，1965 年第 11 期，頁 548-598。

48. 信陽地區文管會、信陽市文管會：〈河南信陽市平西五號春秋墓發掘簡報〉，《考古》，1989 年第 1 期，頁 20-25 轉 9。

49. 鎮江市博物館：〈江蘇丹徒出土東周銅器〉，《考古》，1981 年第 5 期，頁 409-410。

50. 河南省博物館、淅川縣文管會、南陽地區文管會：〈河南淅川縣下寺一號墓發掘簡報〉，《考古》，1981 年第 2 期，頁 119-127。

51. 黑龍江省文物考古研究所：〈黑龍江泰來縣平洋磚廠墓地發掘簡報〉，《考古》，1989 年第 12 期，頁 1087-1097。

52. 中國社會科學院考古研究所甘肅工作隊：〈甘肅天水西山坪秦漢墓發掘紀要〉，《考古》，1988 年第 5 期，頁 425-427 轉 424。

53. 建平縣文化館、朝陽地區博物館：〈遼寧建平縣的青銅器時代墓葬及相關遺物〉，《考古》，1983 年第 8 期，頁 679-694。

54. 遼寧省博物館文物工作隊、朝陽地區博物館文物組：〈遼寧建平縣喀喇沁河東遺址試掘簡報〉，《考古》，1983 年第 11 期，頁 973-1003。

55. 山西省文物管理委員會、山西省考古研究所：〈山西長治分水嶺戰國墓第二次發掘〉，《考古》，1964 年第 3 期，頁 111-137。

56. 襄樊市博物館：〈湖北襄陽團山東周墓〉，《考古》，1991 年第 9 期，頁 781-801。

57. 楚皇城考古發掘隊：〈湖北宜縣楚皇城戰國秦漢墓〉，《考古》，1980 年第 2 期，頁 114-122。

58. 李紅維：〈甘肅慶陽地區境內長城調查與探索〉，《考古與文物》，1990 年第 6 期，頁 72-83。

59. 洛陽市文物工作隊：〈洛陽解放路戰國陪葬坑發掘報告〉，《考古學報》，

2002 年第 3 期，頁 359-377。

60. 程長新：〈北京市通縣中趙甫出土一組戰國青銅器〉，《考古》，1985 年第 8 期，頁 694-700。

61. 藍日勇：〈廣西戰國鐵器初探〉，《考古與文物》，1989 年第 3 期，頁 77-82。

62. 羅豐、韓孔樂：〈寧夏固原近年發現的北方系青銅器〉，《考古》，1990 年第 5 期，頁 403-417。

63. 王英黉：〈湖南桃源三元村二號楚墓〉，《考古》，1990 年第 11 期，頁 1046-1047。

64. 蘇州博物館：〈蘇州長橋新塘戰國墓地的發掘〉，《考古》，1994 年第 6 期，頁 532-537。

65. 陳黎清：〈四川峨嵋縣出土一批戰國青銅器〉，《考古》，1986 年第 11 期，頁 982-986。

66. 雲夢縣文物工作組：〈湖北睡虎地秦漢墓發掘簡報〉，《考古》，1981 年第 1 期，頁 27-47。

67. 張家界市文物工作隊：〈湖南桑植朱家臺漢代鐵器鑄造作坊遺址發掘報告〉，《考古學報》，2003 年第 1 期，頁 89-135。

68. 新疆維吾爾自治區博物館、巴音郭楞蒙古自治州文物管理所、且末縣文物管理所：〈新疆且末扎滾魯克一號墓地發掘報告〉，《考古學報》，2003 年第 3 期，頁 401-425。

69. 煙臺市文物管理委員會：〈山東榮成梁南莊漢墓發掘報告〉，《考古》，1994 年第 12 期，頁 1069-1077。

70. 咸陽秦都考古工作隊：〈秦都咸陽漢墓清理簡報〉，《考古與文物》，1986 年第 6 期，頁 28-41。

71. 靈臺縣文化館：〈甘肅靈臺發現的兩座西漢墓〉，《考古》，1979 年第 2 期，

頁 122-135。

72.中國社會科學院考古研究所新疆隊、新疆巴音郭楞蒙古族自治州文管所：
〈新疆和靜縣察吾乎溝口三號墓地發掘簡報〉，《考古》，1990 年第 10 期，
頁 882-889。

73.乎林貴：〈陝西韓城芝川鎮東漢墓發掘簡報〉，《考古與文物》，1989 年第
3 期，頁 45-49。

74.河北省文化局文物工作隊：〈河北定縣出土北魏石函〉，《考古》，1966 年
第 5 期，頁 252-259。

拓片圖版 198

215
H3:632

468

附圖一　《花東》215 片拓片

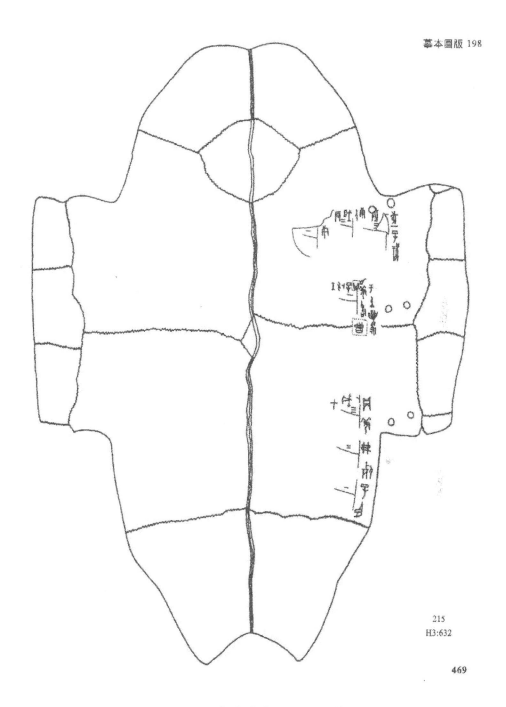

215
H3:632

469

附圖一　《花東》215 片摹本

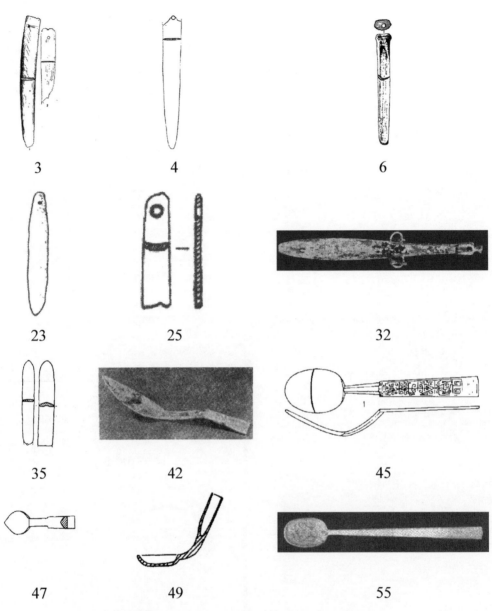

附圖二　考古出土「匕」器圖版

（圖版下編碼依〈附錄　出現「匕」器的期刊論文目次〉）

釋文：此

器名：〈此勺〉（《新收》1652）
時代：商代晚期
現藏地：臺北中央研究院歷史語言研究所
尺寸：長 13.3、勺寬 7cm

附圖三　〈此勺〉器形及銘文拓片

原文發表於《古文字與古代史》第一輯（中央研究院歷史語言研究所
會議論文集之七），臺北：中央研究院歷史語言研究所，2007 年 9
月，頁 93-115。（陳厚任、陳雅雯校對）

西周金文重疊詞探析

——以《殷周金文集成》簋鐘類銘文為例

一　前言

　　自《詩經・周南・關雎》一開始，接目即是「關關」形容警況的重疊二字，而孔子推崇有周一代，談及：「周監乎二代，郁郁乎文哉！吾從周。」（《論語・八佾》）也是連用「郁」字來描摹贊歎。這就讓我們聯想到，周代的「文盛」，除了從「禮」的層面去剖析論略，一如朱熹在《四書集注》引尹氏曰：「三代之禮，至周大備，夫子美其文而從之。」[1]外，是否可從其表現「經藝之本」的語言文字應用形式中去推勘周與二代的分野？

　　然夏代文字邈碎難論，爭議尚多。[2]商代文字最具代表的是甲骨文與金文，若以「重文」形式檢驗，在《甲骨文編》的 370 個合文中，只收錄「又又」重文[3]作「又＝」一條，郭沫若認為「『又＝』重文當讀為『有祐』，『受有祐』或『弗受有祐』乃卜辭恆語。」[4]其後裘錫圭又補《屯南》2651「戊辰

1　〔南宋〕朱熹：《四書章句集注》（臺北：大安出版社，1994 年 11 月），《論語集注》，卷二，頁 87。

2　此處可參見張之恆、周裕興：〈二、文字的產生和使用〉，《夏商周考古》（南京：南京大學出版社，1998 年 3 月），頁 6 云：「迄今所發現的文字或符號，上限為距今 7000 年左右的老官臺文化時期，下限為商代中期的二里岡期文化。在商代後期的甲骨文和金文之前，尚未發現具有形、音、義，並能聯成文句的文字。」雖然考古出土蓬勃發展，但能確定為夏代或早商文字的並未有定論。

3　見中國社會科學院考古研究所編：《甲骨文編》（北京：中華書局，1965 年 9 月）所收「甲骨文編合文」凡一卷編碼 2001-2371 共 370 合文，頁 577-636。

4　關於論述甲骨卜辭中重文現象的，郭沫若《卜辭通纂攷釋》（臺北：大通書局，1976 年 5 月初版），世系第 38 片，頁 15 所論算是較早的說法；又見郭沫若：《殷契粹編附考釋》（東京：文求堂書店，1937 年 5 月），頁 44。

〔卜〕：戍執正癸方_不往」一條[5]；以及金文〈小子齊卣〉：「乙子_令小子齊先以人于菫」，重文通讀當為「乙子（巳），子令……」[6]，若依文例觀之，顯然與「關關」、「郁郁」的用法有別，是重文而非疊詞的性質，而以本文所欲探究的重疊詞來看，則商代重疊詞在甲骨文、金文中似未出現。

按重疊詞，又稱「重言」或「重言詞」，如清人王筠的《毛詩重言》一卷、汪維懋的《漢語重言詞詞典》[7]；也稱「疊字」，如在顧炎武、王夫之、趙翼、梁紹王諸人的著作中[8]；或稱「疊音」，如張弓的《現代漢語修辭學》[9]；本文所用「重疊詞」，係本諸王國璋等編著的《現代漢語重疊形容詞用法例釋》[10]而略作修正的，王書中將漢語重疊式形容詞區分成：AA、AABB、ABB、ABAB、A 裡 AB、AXYZ 和 AAB 等七種類型 1575 條，本文則以金文中存有的 AA 和 AABB 式為探討的對象，並以此類型的重疊詞可能不限

---

[5] 裘錫圭：〈甲骨文中重文和合文重複偏旁的省略〉，《古文字論集》（北京：中華書局，1992年 8 月），頁 41；又裘錫圭：〈再談甲骨文中重文的省略〉，《古文字論集》，頁 147-150。

[6] 裘錫圭：〈甲骨文中重文和合文重複偏旁的省略〉，《古文字論集》，頁 41；尚可參見張桂光：〈甲金文中的重益符號與商周的閏月問題〉，載廣東炎黃文化研究會紀念容庚先生百年誕辰暨中國古文字學學術研討會：《容庚先生百年誕辰紀念文集》（廣州：廣東人民出版社，1998 年 4 月），頁 252-257；李旼姈：〈甲骨文例研究舉例·借字例〉，《第十一屆中國文字學全國學術研討會論文集》（臺南：國立臺南師範學院語文教育學系中心、中華民國文字學學會，2000 年 10 月），頁 52-57。

[7] 〔清〕王筠：《鄂宰四種》（清咸豐二年〔1852〕賀蕙、賀蓉、賀荃刻本），收錄有《夏小正》一卷、《弟子職》一卷、《毛詩重言》一卷、《毛詩雙聲疊韻說》一卷，是用「重言」一詞。汪維懋：〈重言詞略說·重言詞的概念〉，《漢語重言詞詞典》（北京：軍事誼文出版社，1999 年 12 月），頁 1-3。

[8] 此處可參見易蒲、李金苓：〈六、顧炎武、王夫之、趙翼、梁紹王論疊字〉，《漢語修辭學史綱》（長春：吉林教育出版社，1989 年 5 月），頁 543。

[9] 參見張弓：《現代漢語修辭學》（天津：天津人民出版社，1963 年）。

[10] 參見王國璋、吳淑春、王干楨、魯善夫編著：《現代漢語重疊形容詞用法例釋》（北京：商務印書館，1996 年 12 月），其中將漢語重疊式形容詞分成 AA、AABB、ABB、ABAB、AAB、AXYZ、AAB。

於形容詞[11]，且把象聲詞類涵蓋在內[12]。根據《修辭通鑒・修辭格・複疊》中對疊字（疊音）的說明：「疊字，是緊相連用而字義相等的複疊方法，……文藝作品特別是民歌、小說中常常運用疊字（疊音），以增強表現力。就是公文中有的地方間或運用疊字，也可以表現莊嚴性或概括性。疊字，有兩個音節的，如『裊裊』，三個音節的，如『綠油油』（詞尾重疊），四個音節的，如『轟轟烈烈』。張弓認為疊音的修辭作用是：『疊音適當地運用在一定的上下文中，能有描繪的作用或表現旋律的作用。它大部分描繪景物特徵、人物情節、人物動態及環境氣氛。它的修辭職能是通過各類型的音節重疊，憑藉『音感』以反映事物的生動性；有時還附帶著說話人的愛憎情感。』」[13]而此定義是否適用於西周金文的疊字情況，是值得觀察檢驗的課題。

根據楊寬《西周史》的斷代：「西周時代是指公元前十一世紀末葉周武王克商，創建周朝，建都于鎬，直到公元前七七一年周幽王被殺和周平王遷都洛邑，前後約二百八十年的這一段時間。」[14]而在西周約二百八十年的時間內，又可分為三期：西周早期包括武、成、康、昭王時代；西周中期則指穆、恭、懿、孝、夷王時代；西周晚期涵蓋厲王、共和、宣、幽王時代[15]。

---

[11] 可參看楊伯峻、何樂士：《古漢語語法及其發展》（北京：語文出版社，1992 年 3 月），頁 171-172，第二節〈動詞的重疊〉中說：「動詞在《詩經》中有重疊現象，都是不帶賓語的不及物動詞，及物動詞沒有重疊的。」

[12] 張弓：《現代漢語修辭學》，〈凡例・收詞範圍・6〉云：「『嘩嘩』『畢畢剝剝』等宜歸入象聲詞類，不屬本書收詞範圍。」但本文考慮「鐘」類銘文特質，故將此類收入。

[13] 見成偉鈞、唐仲揚、向宏業主編：《修辭通鑒》（北京：中國青年出版社，1992 年 4 月），頁 561-562。

[14] 參見楊寬：〈前言〉，《西周史》（上海：上海人民出版社，1999 年 11 月），頁 1；而中國社會科學院考古研究所編：《殷周金文集成》（上海：中華書局，1987 年 4 月）（以下文中或註解簡稱《集成》），〈編輯凡例〉頁 14 中標註的年代「西周」約公元前 11 世紀末至公元前 771 年，二者年代是一致的。

[15] 關於銅器斷代，始於陳夢家於 50 年代和 60 年代前期寫作《西周銅器斷代》一書，將西周銅器分為早、中、晚三期（分別以昭、穆之間和夷、厲之間為限），此後大抵依此，如 1999 年出版的《西周青銅器分期斷代研究》（北京：文物出版社，1999 年 11 月）、《集成一・編輯凡例七》皆是，三期各約八、九十年；唯李學勤在《中國青銅器概説》（北京：外文出版社，1995 年），頁 63-66 中將「夷王」列入「晚」期，有些微的差異。此文是採

本文即以此三期切片來觀察重疊詞在西周一代的曲線動向。

　　然傳世與出土的銅器何其多，種類繁盛，其時代不是跨越得太長，就是太短，欲觀察西周早、中、晚三期並具有典型意義的，材料的取捨選擇就益顯重要，誠如容庚、張維持所說的：「傳世古器以簋為最多，證以古籍，可知殷、周兩代用簋的普遍。自天子至於庶人都用來祭祀、宴饗。……簠、簋原是同一類器，惟從出土情況來看，簠在西周後期才有的，至春秋戰國，簋之用頓少。」[16]若將《殷周金文集成》第六、七、八冊所收簋器按〈銘文說明（一）（二）（三）〉作一歸納，自編號 2911 至 4343 凡 1432 器中，殷 275 器，西周 28 器，西周早期 476 器，西周中期 218 器，西周晚期 369 器，春秋 15 器，春秋早期 24 器，春秋晚期 10 器，戰國 5 器，戰國早期 12 器（其中亦有跨越兩期者，則以前一期為主計算），從器數的歸納中約可窺知簋類分布殷至戰國都有，跨越的時間相當長久，且以西周為大宗，共 1091 器，占簋類器的 76%，殷器不過 19%，戰國最少，還不到 1%，由此可知，欲觀察西周一代金文重疊詞的應用現象，簋類器銘是頗具代表性的取樣標準之一；何況作為象徵世襲權威和地位憑證的鼎，與之配合的簋類禮器反而更能彰顯其普遍性與實用性，如《易・坎卦》六四爻辭曰：「樽酒簋貳用缶。」〈損卦〉卦辭曰：「曷之用？二簋可用享。」[17]《詩・小雅・伐木》：「於粲洒埽，陳饋八簋，既有肥牡，以速諸舅。」〈權輿〉：「於我乎！每食四簋，今也每食不飽。」[18]所反映的情況即是。

　　西周時代重「禮樂」教化，自周公「六年制禮作樂，七年致成王」[19]，

用前者，即《集成》的區分。

[16] 參見容庚、張維持：〈盛食器門・簋類〉，《殷周青銅器通論》（臺北：康橋出版事業有限公司，1986 年 5 月），頁 34。

[17] 詳參徐志銳：《周易大傳新注》（濟南：齊魯書社，1988 年 3 月），頁 193，樽是盛酒器，簋是盛食器；頁 262-263，〈損〉第四十一，「簋，盛食物的器皿。」

[18] 參見〔南宋〕朱熹：《詩集傳》（臺北：臺灣中華書局，1991 年 3 月），頁 103-104、80。

[19] 參見《左傳・文公十八年》魯太史克曰：「先君周公制周禮。」說又見《尚書大傳》、《禮

所謂：「凡三王教世子，必以禮樂。樂所以脩內也；禮所以脩外也。禮樂交錯於中，發形於外，是故其成也懌，恭敬而溫文。」[20]展現在「國之大事」的祭祀、分封、宗法制度上，「成套成組樂器如編鐘、編磬使用上所體現的禮樂等級規範的嚴格規定，考古上可證，由西周至春秋的大部分貴族墓葬中，其禮樂器具的設置，基本符合西周禮樂等級制的規定。」[21]以故談禮器簋的重疊詞現象時，似乎也應兼顧樂器的內輔外助功能，取以為比較之資。而「西周是樂鐘的創制和發展時期」[22]，根據《集成》的收錄，鐘類器從1-358號，未見殷與西周早期器，西周中期30器，西周晚期86器，凡西周器116器，占鐘類358器的32%；而春秋器21，春秋早期9器，中期7器，晚期107器，凡春秋器144器，則占40%；戰國器2，早期器98，凡戰國器100器，占28%。可見鐘類器以春秋為多，西周次之，戰國較少。西周鐘器則接近中、晚期，其發展與簋前後雖略有差異，但交會並出的時期正可作比較參證之資。

記・明堂位》亦載：「周公踐天子之位以治天下，六年，朝諸侯于明堂，制禮作樂，頒度量而天下服。」王玉哲：《中華遠古史》（上海：上海人民出版社，2000年7月），頁540-545；關於此部分較詳盡的論述辨正，可參閱王暉：〈周公制禮作樂說與周初制度的變革〉，《商周文化比較研究》（北京：人民出版社，2000年5月），頁232-258，結語是：「總而言之，傳說中謂周公制禮作樂之說是可信的。在周文王、武王時代，其祭祀制度、用牲制度、宗法制度、分封制度等方面，都以繼承殷代禮制為主要特點；而到成王周公時代，在這些方面作了十分明顯的變革，周公在奠定有周時代的各種制度作出了十分重要的貢獻。」

[20] 見〔東漢〕鄭玄注、〔唐〕孔穎達疏：《重栞宋本禮記注疏附校勘記・文王世子》（臺北：藝文印書館，1979年3月），頁397。

[21] 參見修海林：《中國古代音樂教育》（上海：上海教育出版社，1997年12月），頁16及頁12-24；蘇志宏：《秦漢禮樂教化論》（成都：四川人民出版社，1991年5月），頁16-40。

[22] 參見楊寬：《西周史》，頁472〈編鐘的創制和雅樂的發展〉一節。

二 《集成》收錄西周簋鐘類器形容比況的重疊詞

　　檢索《集成》1432 器的簋類器銘文，重疊詞大抵是以重文符號「＝」的型式出現，重文符號出現的頻率雖多[23]，但形容比況的重疊詞卻僅有「顯顯」、「湹湹」、「它它」、「穆穆」、「阤阤」五種而已，茲列表如下：

表一　《集成》西周簋類器中形容比況的重疊詞

時代	重疊詞	句　　子	器號	器　　名	數量
西周早	顯顯	休同公克成妥吾考以于顯顯受令	4330	沈子它簋蓋	1
西周中	－	－	－	－	0
西周晚	湹湹 它它	湹湹萬年無疆 它它受茲永命	4153 4160 4161	㮂簋 伯康簋	4
	穆穆 阤阤	穆穆克誓厥德 阤阤降余多福	4326 4317	番生簋蓋 𣄰簋	
春秋早	穆穆 剌剌 趄趄 嚞嚞	穆穆帥秉明德 剌剌趄趄 剌剌趄趄 嚞嚞文武	4315	秦公簋	4

表中可透露出如斯的訊息，形容比況的簋類重疊詞在西周早期發源，雖然比例甚微，不過是西周早期器的 1／476，中期卻斷裂闕如，而在晚期逐漸發

---

[23] 關於此部分，筆者另有〈西周金文重文現象探究——以《殷周金文集成》簋類重文為例〉一文專門討論（載於《古文字研究》第二十四輯，北京：中華書局，2002 年 7 月），可參酌，此處從略。

展開來，占西周晚期器的 4／369，至春秋早期如〈秦公簋〉一器即用了四個重疊詞，已是春秋早期器的 26%了，可見其滋長迅速，濡染應用漸多的起伏曲線；至如鐘類器的發展又如何？茲歸納《集成》358 器鐘類銘文應用重疊詞情況如下：

表二　《集成》西周鐘類器中形容比況的重疊詞

時代	重疊詞	句　子	器號	器　名	數量
西周早	—	—	—	—	0
西周中	子子	其萬年子子孫永寶	35	㿘鐘	3
	數數	斁狄不龏，數數龏龏	49	斁狄鐘	
	豐豐	豐豐龏龏	246-259	癲鐘	
	龏龏	斁狄不龏，數數龏龏	49	斁狄鐘	
		豐豐龏龏	246-259	癲鐘	
	趄趄	癲趄趄夙夕聖趄	246-259	癲鐘	
西周晚	穆穆	用卲乃穆不顯恭光	103	遟父鐘	12
		穆穆秉德	109-112	井人妄鐘	
		不顯皇且考穆穆異異	187-192	㵣其鐘	
		穆穆康	238-244	虢叔旅鐘	
	異異	不顯皇且考穆穆異異	187-192	㵣其鐘	
	盍盍	盍盍聖趄	109-112	井人妄鐘	
	數數	其嚴才上，數數龏龏	109-112	井人妄鐘	
		數數龏龏，降余魯多福亡疆	145-148	士父鐘	
		數數龏龏，降余大魯福亡疆	187-192	㵣其鐘	
		數數龏龏，降旅多福	238-244	虢叔旅鐘	
		龏龏數數，降余多福	260	鈇鐘	
	龏龏	其嚴才上，數數龏龏	109-112	井人妄鐘	
		數數龏龏，降余魯多福亡疆	145-148	士父鐘	

		斁斁彙彙，降余大魯福亡疆	187-192	汈其鐘	
		斁斁彙彙，降旅多福	238-244	虢叔旅鐘	
		彙彙斁斁，降余多福	260	麸鐘	
	*處處	䇂處處宗室	109-112	井人妄鐘	
	鎗鎗	鎗鎗鏓鏓	187-192	汈其鐘	
	倉倉	倉倉恩恩	260	麸鐘	
	鏓鏓	鎗鎗鏓鏓	187-192	汈其鐘	
	恩恩	倉倉恩恩	260	麸鐘	
	鉽鉽（徵徵）	鉽鉽鏪鏪	187-192	汈其鐘	
		雉雉雝雝	260	麸鐘	
	鏪鏪（雝雝）	鉽鉽鏪鏪	187-192	汈其鐘	
		雉雉雝雝	260	麸鐘	

藉由上表的歸納統計，可窺知鐘類重疊詞在西周早期並沒有出現，進入中期開始有「斁斁」、「彙彙」、「趄趄」三種重疊詞，占西周早期器的 10%，晚期則累增到 12 種，有前所未見的「穆穆」、「異異」、「害害」、「處處」[24]、「鎗鎗」、「倉倉」、「鏓鏓」、「恩恩」、「徵徵」、「雝雝」等諸重疊詞，占西周晚期器的 13%（或許，此數據應更高些，因為是以重疊詞除總器，而一個重疊詞

---

[24] 若據郭沫若：《兩周金文辭大系圖錄攷釋（增訂本）》（北京：科學出版社，1957 年），頁 150〈井人妄鐘〉云：「此銘分列二器。前鐘文至『䇂處』止，合二鐘而得全文。」其全文中隸為「䇂處宗室」雖未明言，似以「衍文」視之；馬承源主編《商周青銅器銘文選》（北京：文物出版社，1988 年 4 月），第三卷，頁 272〈井人妄鐘〉注二「䇂處處宗室」下云「下一處字當為衍文」，「䇂處處宗室」即「處守宗室」，「䇂，當。楚簋銘『䇂揚王休』，䇂與『對揚王休』之對義相同。䇂，當。故䇂處宗室是當處宗室，也就是處守宗室的意思。」若據《詩·大雅·公劉》有：「京師之野，于時處處。于時廬旅，于時言言，于時語語。」鄭玄箋：「京地乃眾民宜居之野也，于是處其當處者。」朱熹《詩集傳》：「處處，居室也。」「此章言營度邑居也……于是為之居室，于是廬其賓，於是言其所言，於是語其所語，無不于斯焉。」則二者似不以「處處」為形容比況的重疊詞，然〈井人妄鐘〉銘云：「妄不敢弗帥用文且皇考，穆穆秉德。妄害害聖趚，䇂處處宗室。」「處處」用來形容比況名詞「宗室」，應是標準的重疊詞。唯以分處兩鐘，不作重文符號「＝」，且與其它重疊詞型式殊異，由此觀之，或以「衍文」方式處理較適宜。

並不一定只出現在一器上，或一器銘上並不只出現一種重疊詞），春秋器雖未列入表內，但曲線漸次走高趨勢，已是不爭的事實。

另外，隨著器類用途的不同，重疊詞的形容比況也稍有差異，簋類器不管是早期的「顯顯」形容盛美盛明[25]，或是晚期的「穆穆」形容肅敬端莊盛美貌[26]，「洍洍」言德之美而盛[27]，「它它」為美好和樂之貌[28]，「阤阤」的美之長[29]，皆集中在對先祖後嗣德性盛美、生命長遠、福蔭綿長的描述讚歎，

---

[25] 按《商周青銅器銘文選》第三卷，頁 57〈沈子也簋蓋〉「休同公克成妥吾考以于顯=（晏晏）受令」句，注四云：「休美於同公，能使吾考安然地接受王命。顯顯，即晏晏。字從顯省尹聲，舊釋為顯。以聲義而言，字當讀作晏。晏、尹雙聲。《說文·日部》：『晏，天清也。』《漢書·揚雄傳》：『於是天清日晏。』晏與顯義相近而有所不同，作為重言形況字，有盛美的意思……顯顯受命，是形容沈子也吾考受王命的盛況。」及《漢語重言詞詞典》頁 420「顯顯」條 1 注云：「盛明貌；明顯貌。《詩·大雅·假樂》：『假樂君子，顯顯令德。』」是顯顯有盛美盛明之義。

[26] 按《商周青銅器銘文選》第三卷，頁 225〈番生簋蓋〉：「不顯皇且考穆穆克誓厥德」注一云：「此語為周銘中褒美祖先品德的程式語。」及《漢語重言詞詞典》頁 611「穆穆」條一注云：「恭謹；肅敬。《書·舜典》：『賓于四門，四門穆穆。』又〈呂刑〉：『穆穆在上，明明在下。』《爾雅·釋訓》：『穆穆、肅肅，敬也。』」注二云：「端莊盛美貌。《爾雅·釋詁》：『穆穆，美也。』1.形容儀容端莊美好。《詩·大雅·文王》：『穆穆文王，于緝熙敬止。』又〈假樂〉：『穆穆皇皇，宜君宜王。』……2.形容言語和美。《詩·商頌·那》：『于赫湯孫，穆穆其孫聲。』《禮記·少儀》：『言語之美，穆穆皇皇。』」顯然形容言語和美是較晚的用法，前此大抵為褒美品德之詞。

[27] 參見周法高主編、張日昇、徐芷儀、林潔明編纂：《金文詁林》（香港：中文出版社，1981年 10 月），頁 1580「熙」字條下引孫詒讓語：「沱沱熙熙，言其德之美而盛也。」又《漢語重言詞詞典》頁 55「洍洍」條云：「猶怡怡。和悅貌。《通雅·釋詁·重言》：『《愿敦銘》曰：『愿其洍洍。』猶怡怡也。』」

[28] 參見周法高主編、張日昇、徐芷儀、林潔明編纂：《金文詁林》，頁 1331，林潔明曰：「它它，金文常語。」頁 1933 郭沫若曰：「彝銘中屢見也也熙熙之連語。熙熙，和樂貌習見。也也即《孟子·離婁下》『施施從外來』之施施，趙注云：『施施猶扁扁，喜悅之貌是也。』」《漢語重言詞詞典》頁 215「它它」條下云：「1.同『佗佗』，美好貌。《爾雅·釋訓》：『委委、佗佗，美也。』陸德明釋文：『佗佗，本或作它它。』2.借作『沱沱』，淚流不止貌。《金文編·齊侯敦》：『它它熙熙』，錢玄《金文通借釋例一》：『它又借作沱，如《齊侯敦》：『它它熙熙。』」按：《漢語重言詞詞典》第二說不足為訓，當以第一說為宜，它它為美盛和樂貌。

[29] 按《商周青銅器銘文選》第三卷，頁 278-279〈㝬簋〉「阤阤降余多福憲烝」注六云：「不斷地賜給我隆盛而美好的許多福佑。阤阤，即佗佗。《詩·鄘風·君子偕老》：『委委佗佗，如山如河。』《爾雅·釋訓》：『委委佗佗，美也。』邢昺《疏》引孫炎曰：『佗佗，長之美。』」又《漢語重言詞詞典》頁 216「佗佗」條注云：「美好貌。一說雍容自得貌。單

比況形容，景仰崇敬之辭，溢于言表，無怪乎夫子歎曰：「郁郁乎文哉！吾從周。」[30]至於鐘類器則從西周中期開始使用重疊詞，常見的「數數彙彙」係「形容先祖威嚴之盛」[31]，「趄趄」則形容「威武貌」[32]，都是對先祖或當時君臣德性威儀的形容比況；沿至晚期，除前所使用的「穆穆」、「數數彙彙」之外，又添注入「異異」、「憲憲」表恭敬、表明盛高尚貌的重疊詞[33]。值得

用或和『委委』連用。《爾雅・釋訓》：『委委、佗佗，美也。』……《詩・鄘風・君子偕老》：『委委佗佗，如山如河。』毛傳：『佗佗者，德平易也。』朱熹《詩集傳》：『委委佗佗，雍容自得之貌。』」

[30] 〔南宋〕朱熹：《四書章句集注》，《論語集注・八佾》，卷二，頁87，「郁郁，文盛貌」。

[31] 參見徐中舒：〈金文嘏辭釋例〉，《中央研究院歷史語言研究所集刊》第六本第一分，頁40-42，其言：「金文言數數彙彙者，其上下辭句大致均相似……此曰先王，曰皇考，祖考，曰前文人，皆指祖先言。……數數彙彙即形容祖先在上嚴翼之狀，此猶《詩・常武》言『赫赫業業，有嚴天子』；赫赫業業即形容天子有嚴之狀。……《詩》芃芃、蓬蓬、莘莘、嘩嘩、渭渭，皆有盛意，是數數彙彙，即形容威嚴之盛也。」又根據《金文詁林附錄》頁2954-2956所收與《漢語重言詞詞典》頁497所說，此重疊詞有三說：一狀鐘聲之宏大；二乃形容先祖威嚴之盛與狀王臣威儀美盛；三為奔走貌。《商周青銅器銘文選》第三卷，頁271〈士父鐘〉銘：「□□□□乍朕皇考屖氏寶鑄鐘，用喜侃皇考。其嚴才上，數數彙彙，降余魯多福亡疆。」注二云：「此為形容其祖考在天威儀之盛，癲鐘銘作『豐豐彙彙』，沇其鐘銘作『數數彙彙』，趞鐘銘作『彙彙數數』，數，是蓬的聲假。彙，銘稍泐，以《石鼓文・汧沔》：『彙彙』字又『彙彙』校之，知為從史皂聲字，讀若薄，它器均作彙。」是前三說，當以第二說為宜。

[32] 參見《金文詁林》，頁274-275，吳大澂云：「趄即桓桓，《書・牧誓》：『尚桓桓』，傳云：『桓桓，武貌。』《詩・泮水》：『桓桓于征』，傳：『桓桓，威武貌。』」又《商周青銅器銘文選》第三卷，頁193〈癲鐘〉銘：「癲趄趄，夙夕聖趩。」注一云：「趄趄，經籍作『桓桓』。《爾雅・釋訓》：『桓桓、烈烈，威也。』《詩・周頌・桓》：『桓桓武王，保有厥土。』朱熹《詩集傳》：『桓桓，武貌。』」

[33] 參見《金文詁林》，頁442-444，李孝定以「敬」訓「異」。《漢語重言詞詞典》，頁498，「異異」條注一云：「同『翼翼』。恭敬貌。《金文編・沇其鐘》：『穆穆異異。』」《商周青銅器銘文選》第三卷，頁273〈沇其鐘〉銘曰：「沇其曰：不顯皇且考穆穆異」，注一：「穆穆異異，指皇祖考美善、恭敬的德行。異異，即翼翼，恭敬之意。《爾雅・釋訓》：『蕭蕭、翼翼，恭也。』《詩・大雅・文王》：『世之不顯，厥猶翼翼。』毛亨《傳》：『翼翼，恭敬。』」至於「憲憲」，郭沫若：《兩周金文辭大系圖錄攷釋（增訂本）》云：「憲憲，猶顯顯。《大雅・假樂》：『假樂君子，顯顯令德。』《禮・中庸》引作『嘉樂君子，憲憲令德。』即其證。」《商周青銅器銘文選》第三卷，頁272注一：「憲憲，《詩・大雅・板》：『天之方難，無然憲憲。』毛亨《傳》：『憲憲，猶欣欣也。』欣是指內心喜悅。」《漢語重言詞詞典》頁539「憲憲」條注二云：「明盛貌。高尚貌。《禮記・中庸》：『《詩》曰：『嘉樂君子，憲憲令德。』鄭玄注：『憲憲，興盛之貌。』今《詩・大雅・假樂》作『顯顯令德。』顯、憲雙聲通假。憲憲，顯顯，都是形容美德（『令德』）明盛、高尚。」

注意的是，在西周早、中期未出現的象聲詞開始蟄出，「鎗鎗」、「鏓鏓」、「倉倉」、「悤悤」[34]、「徵徵」、「雝雝」等形容鐘聲鏗鏘和諧的重疊詞牽衍迴盪，排闥而來，使得彰顯祖先美好品德的肅敬儀威的形容之餘，揉進了傳揚播遠的音聲諧和之美。如此說來，在西周銅器銘文中，透過簋、鐘類量範疇的交叉比對與相互補足，所顯現的是周人對先人品德的強調與標榜，對福份生命綿延的冀望，是在象聲詞之前就已幽微展開，汩汩長流，反而較比況鐘聲的重疊詞發展得早，是由內而外，先「德教」而後「聲教」的。

三　「子子孫孫」的重疊詞與周代昭穆制度

在西周金文重疊詞中，最顯著的大宗是「子子孫孫」，大抵作「子=孫=」的重文型式，其出現於《集成》簋類銘文中，屬西周時期的有 3762、3836、3912、3913、3914、3916.1、3916.2、3919、4179、4180、4181 等 11 例；屬西周早期的有 3764、3993、3994、4169 等 4 例；屬西周中期的有 3690、3718、3726、3727、3734、3735、3736、3737、3765.1、3765.2、3766.1、3766.2、3767、3769.1、3769.2、3770、3773、3774、3792、3833、3834.1、3834.2、3835、3865、3869、3917、3949、3952、4045、4061、4102、4103、4113、4115、4122、4162、4163、4164、4178、4209.1、4209.2、4210.1、4210.2、4211.1、4211.2、4212.1、4212.2、4219、4222.A、4222.B、4223.1、4223.2、4224、4243、4250、4256.1、4256.2、4262.1、4262.2、4263、4264.1、4264.2、

故「憲憲」釋作「明盛高尚貌」較適宜。唯周法高編撰：《金文詁林補》（臺北：中央研究院歷史語言研究所，1982 年 5 月），中央研究院歷史語言研究所專刊之七十七，第五冊，頁 3275-3280，引于省吾主張「憲憲應讀為忻忻，乃形容開朗之義。……井人鐘的『妄忻忻聖爽』，應訓為『妄開朗聖智爽明』。」可參。

[34] 按《商周青銅器銘文選》第三卷，頁 274〈沇其鐘〉注四釋「鎗鎗鏓鏓鉄鉄鑴鑴」是「形容鐘聲的鏗鏘和諧。《說文・金部》：『鎗，鐘聲也。』『鏓，鎗鏓也。』鉄鉄鑴鑴也是形容鐘聲之美，古籍作喤喤喈喈。《詩・小雅・鼓鐘》：『鼓鐘喈喈。』喈喈是諧和之聲，《爾雅・釋訓》：『噰噰喈喈，民協服也。』」唯據李學勤：〈秦公編磬的綴聯及其曆日〉，《夏商周年代學札記》（瀋陽：遼寧大學出版社，1999 年 10 月），頁 116「厥音鏘鏘鎗鎗」，則鉄或釋作「鏘」。

4265、4266、4267、4270、4271、4272、4273、4288.1、4288.2、4289.1、
4289.2、4290、4291、4302、4316、4322.1、4322.2、4327、4343.2 等凡 81
例；至於西周晚期則有 3681.1、3681.2、3722、3755、3756、3760、3761、
3786.1、3786.2、3787.1、3787.2、3793.1、3794.2、3795.2、3796.2、3802、
3803、3804、3805.1、3805.2、3806、3808.1、3808.2、3809.1、3809.2、3810.1、
3810.2、3811、3812、3813、3814、3817、3818、3819、3821、3840.1、3840.2、
3841.1、3841.2、3842、3843、3844、3845、3847、3849.1、3849.2、3850.1、
3850.2、3851、3852、3853.1、3853.2、3854.1、3854.2、3855.1、3855.2、
3856.1、3856.2、3857.1、3857.2、3859、3871、3872、3873、3874、3875、
3876、3877、3878、3879、3880、3881.1、3882、3883、3884、3885、3886、
3887、3888.2、3890、3895、3922.1、3922.2、3923、3924、3925、3926、
3927、3935、3937.1、3937.2、3938.1、3938.2、3945、3946、3955、3956.1、
3956.2、3957、3958、3967.1、3967.2、3971、3972、3973、3980.1、3980.2、
3981.1、3981.2、3982、3984、3985、3986、3995、3996、3997.1、3997.2、
3998.1、3999.1、3999.2、4000.1、4000.2、4002.1、4003.1、4004、4005.1、
4005.2、4006、4007、4008、4009、4010、4024.1、4024.2、4025.1、4026、
4027、4028、4036、4037、4038、4039、4048.1、4048.2、4049.2、4050.1、
4050.2、4051.1、4051.2、4052.1、4052.2、4065.2、4066.2、4067.2、4068.1、
4068.2、4069、4070、4074、4075、4089.1、4089.2、4090、4091、4092、
4093、4094、4108、4109.1、4109.2、4110、4111、4116.1、4116.2、4117.1、
4117.2、4118.1、4118.2、4119.1、4119.2、4123、4124、4125、4126.1、4126.2、
4129、4130、4141.1、4142、4143、4168、4182、4188.1、4188.2、4189.1、
4189.2、4197、4198、4202、4204.1、4204.2、4215.1、4215.2、4216.1、4216.2、
4217.1、4217.2、4218、4229.1A、4229.1B、4229.2、4230、4231、4232.1、
4232.2、4233、4234、4235.1、4235.2、4236.1、4236.2、4231、4244、4246.1、

4246.2、4247.1、4247.2、4248.1、4248.2、4249、4253、4254、4255、4257、
4258.1、4258.2、4259.1、4259.2、4260、4274.1、4274.2、4275.1、4275.2、
4278、4279.1、4279.2、4280.1、4280.2、4281、4282.1、4282.2、4285.1、
4285.2、4286、4287、4293、4296.A、4296.B、4297.1A、4297.1B、4297.2A、
4297.2B、4294、4295、4298、4299、4303.1、4303.2、4304.1、4304.2、4305、
4306、4307、4308、4309、4311、4312、4313.2、4318.2、4319、4323、4324.1、
4324.2、4325.1、4325.2、4328、4329、4332.1、4332.2、4333.2、4334、4336、
4337、4338、4339、4342 等共 294 例。其比例依次是：西周 11/28 為 39%、
西周早期 4/476 為 0.8%、西周中期 81/218 為 37%、西周晚期 294/369 為
79%，與前所言形容比況的重疊詞演進情況一致，曲線漸次升高，到西周晚
期已然如火如荼，俯拾即是，但可疑的是，在殷 275 器中，卻未嘗出現任何
一例，個中緣由，值得推敲。當然，銘文中除「子子孫孫」的重疊型式外，
尚出現一些變換形式如下表所列：

表三　《集成》簋類銘文「子子孫孫」相關詞彙用例

用詞形式 ＼ 類別	時　代	器　　號	總　　計
子子孫	西周早	3863；3908；3909；3093；3991；3992；4150；4201	8
	西周中	3772；3918；4194.1；4194.2；4196；4199；4200；4221	8
	西周晚	3783；3794.1；3795.1；3796.1；3881.2；3882.2；3892；3893；3928；3929；3930；3936；3960.1；3960.2；3961；3962；3963.1；3963.2；	47

		3964.1；3964.2；3965.1；3965.2；3966.1；3966.2；3968；3969；3970；3998.2；4000.2；4062.2；4063.1；4063.2；4064.1；4064.2；4065.1；4067.1；4141.2；4150.1；4150.2；4153；4155.1；4155.2；4213；4314；4321；4340.A；4340.B	
	春秋早	3901	1
	春秋	4017.2	1
子孫孫	西周中	4114	1
	西周晚	3784；3785；3816；4035.1；4035.2；4062；4333.1	7
子子子	春秋早	3900	1
子子子子	西周晚	4203	1
孫孫子子	西周	3915	1
	西周早	4073	1
	西周中	3742；3868；4098；4207；4208；4269；4283；4284	8
	西周晚	3846；4032；4313.1	3
孫子子	西周晚	3882.1；4033；4034	3
孫孫孫	西周晚（或春秋早）	4154	1
孫孫孫孫	西周晚	4025.2	1
孫孫	西周晚	4137	1
孫子	西周中	4159；4192.1；4192.2；4193	4
世孫子	西周中	4214	1
世孫孫子子	西周中	4270；4271	2
婦子後人	西周早	4300；4301	2
子孫	西周早	4088	1

	西周中	4220；4265	2
	西周晚	4049.1；4053；4054；4071；4072；4107；4156；4225.1；4225.2；4226.1；4226.2；4227；4228；4331	14
	戰國早	4096	1
百字千孫孫	西周晚	4147.1；4147.2；4148.1；4148.2；4149.1；4149.2；4151	7

可見除「子=孫=」的型式外，又有「子=孫」、「子孫=」、「子子=」、「子=子=」、「孫=子=」、「孫子=」、「孫孫=」、「孫=孫=」、「孫=」、「孫子」、「世孫子」、「世孫=子=」、「婦子後人」、「子孫」、「百字千孫=」等用詞，變化多端，形式繁複，從西周早期的「婦子後人」到西周晚期的「百字千孫孫」，在形式多變的選擇下，還是以「子=孫=」為用詞的主軸，除重疊詞本身的形式勻稱和諧，音韻悠揚有致，引無極以冀望「世世昌盛長無窮」的「緜緜瓜瓞」想望外[35]，是否也與周代特有的宗法昭穆制度攸關？否則殷代 275 器、器銘多至 35 字[36]，為何無一用「子子孫孫」之例？又為何會有「子子子」、「孫孫孫」、「子子子子」、「孫孫孫孫」類似昭穆結構的型式呢？所謂「內容決定形式」，有深刻的思想，才有美妙的辭式[37]，形式內容的統一，是否也在「子子孫孫」堆疊互延中體現？否則此種「超載」現象如何解釋？

其實，宋代薛尚功在《歷代鐘鼎彝器款識法帖》早隱約察覺，其言曰：

---

[35] 按據《詩·小雅·楚茨》：「既醉既飽，小大稽首。神嗜飲食，使君壽考。孔惠孔時，維其盡之。子子孫孫，勿替引之。」《正義》曰：「〈釋詁〉云：『子子孫孫，引無極也。』舍人曰：『子孫長行美道，引無極也。』郭璞曰：『世世昌盛長無窮，是勿廢長行之。』」見〔西漢〕毛亨、〔東漢〕鄭玄箋、〔唐〕孔穎達：《重栞宋本毛詩注疏附校勘記》（臺北：藝文印書館，1985 年 12 月），頁 459。

[36] 據《集成》第八冊，〈簋類銘文說明（三）〉，4144〈肆作父乙簋〉（〈戊辰彝〉）「字數」35（又合文 1），「時代」為殷。

[37] 見張弓：《現代漢語修辭學》，頁 12-13 云：「內容決定形式，形式內容統一」，「有了健康、充實、深刻的思想感情，才可能產生美妙的辭式。」

諸器款識有曰孫子，有曰子子孫孫，有曰子子孫，蓋孫可以為王父尸，子不可以為王父尸，故言孫子而以孫為先。言之不足，至于重復，故言子子孫孫而不嫌其煩。或疊言，或單舉以互見……古人制器尤在於遺後世，且欲傳守不失，故以子孫為丁寧，若乃漢器銘子孫者十無二三，此所以不純乎古也。[38]

根據《禮記・曲禮上》記載的周禮祭祀：「禮曰：君子抱孫不抱子。此言孫可以為王父尸，子不可以為父尸。」[39]〈曾子問〉引孔子之言曰：「祭成喪者必有尸，尸必以孫。」[40]《禮記・祭統》也說：「夫祭之道，孫為王父尸。」又說：「夫祭有昭穆。昭穆者，所以別父子遠近，長幼親疏之序而無亂也。」[41]「昭與昭齒，穆與穆齒」稱之為「長幼有序」，此種「昭穆」的宗廟制度，其分別是森嚴井然的，故《左傳》僖公五年、二十四年有如斯的記載：

（宮之奇）對曰：大伯、虞仲，大王之昭也。大伯不從，是以不嗣。虢仲、虢叔，王季之穆也。

管、蔡、郕、霍、魯、衛、毛、聃、郜、雍、曹、滕、畢、原、酆、郇，文之昭也；邘、晉、應、韓，武之穆也。[42]

上引《左傳》的記載，則周太王的兒子輩太伯、虞仲、王季為昭，太王的孫子文王、虢仲、虢叔為穆。世次是以昭穆相間排列的，這樣排列的昭穆，蓋為廟制和墓制的次序，《周禮・春官・小宗伯》之職有「辨廟祧之昭穆」，鄭《注》謂：「自始祖之後，父曰昭，子曰穆。」[43]《周禮・春官》：「先王之葬

---

[38] 參見〔北宋〕薛尚功：《歷代鐘鼎彝器款識法帖》（海城于氏影印崇禎六年朱氏刻本，1935年），卷十六，頁173-174，〈仲父鬲〉。

[39] 〔東漢〕鄭玄注、〔唐〕孔穎達疏：《重栞宋本禮記注疏附校勘記》，頁53。

[40] 〔東漢〕鄭玄注、〔唐〕孔穎達疏：《重栞宋本禮記注疏附校勘記》，頁381。

[41] 〔東漢〕鄭玄注、〔唐〕孔穎達疏：《重栞宋本禮記注疏附校勘記》，頁835、836。

[42] 見王守謙等：《左傳全譯》（貴陽：貴州人民出版社，1990年11月），頁214、305。

[43] 〔東漢〕鄭玄注、〔唐〕賈公彥疏：《重栞宋本周禮注疏附校勘記》（臺北：藝文印書館，1979年3月），頁291。

居中，以昭穆為左右。」鄭《注》：「先王造塋者，昭居左，穆居右。」[44]可見古人之廟次與墓次相同，均以昭居左，穆居右的方式排列。依照左昭右穆的規定，其廟制排列的方式正好與「子子孫孫」的詞彙相應配合，茲圖式如下：

太祖

（始受封之君皆為太祖）

（孫）〔右〕（二世）穆←昭（一世）〔左〕（子）

（孫）　　　（四世）穆←昭（三世）　　　（子）

（孫）　　　（六世）穆←昭（五世）　　　（子）[45]

此種相應配合，既體現了周人的禮制森嚴綿密，也具足在語言文字的形式上，否則，「子=孫=」未見釋「子孫，子孫」的形式，而〈楚公𧊒鐘〉在「楚公𧊒自鑄鍚鐘」後接「孫孫子子其永寶」。「孫孫子子」承「自鑄」，正可彰顯出此種特質。這就不免令人聯想到，若如「大伯不從，是以不嗣」的特殊狀況，如果推想得宜，或許即是呈現在文字上「子子子」、「子子子子」「孫孫孫」、「孫孫孫孫」的根本原因吧！

---

[44] 〔東漢〕鄭玄注、〔唐〕賈公彥疏：《重栞宋本周禮注疏附校勘記》，頁334。

[45] 以上所論昭穆制度與其圖表蓋參據王玉哲：《中華遠古史》（上海：上海人民出版社，2000年7月），頁570-573。「子子孫孫」的配置則係本人意見。另外，王玉哲根據李玄伯《中國古代社會新研》、李亞農《欣然齋史論叢》謂：「昭、穆是源於母系氏族時代的兩個通婚的不同氏族，在母系氏族社會，高祖、祖、子為同一個氏族，住在一起；而曾祖、父、孫則同為另一氏族。祖父假定為昭氏族，與父親屬於穆氏族是不同族的人，可是祖父與孫子卻同屬昭氏族。」說法雖屬較古階段，但與西周早期用的「婦子後人」一詞也能相應合。

四　有關西周金文重疊詞的思考與檢討

　　透過前對西周鐘、簋類銘文的些許歸納檢驗，可知夫子贊嘆的「郁郁文哉」是西周整體禮德樂美、模典範制的具體展現，從思想內涵與文字風格的內外統一，表裏相濟來看，比況形容的重疊詞從早期持續到晚期，主要是透過堆疊累積成的虔敬凝肅詞彙以舖排表達其誇祖、敬祖、思祖、揚祖，並激勵後人的用心[46]，用以強化鞏固其宗法制度的施行。而在追摹神韻的過程中，選擇了標榜德性儀容崇明美盛的重疊詞，無疑折射出西周人強調或標榜的是一種德性美與儀容美的追求與想望，以及對生命與福澤的淵源流長的希冀。至於形容鐘聲鏗鏘清揚，雝穆和諧的象聲重疊詞反而是到西周晚期才出現的，那麼，展讀《詩經》，對觸目「關關」（〈周南·關雎〉），闊眼「丸丸」（〈商頌·殷武〉）的重疊詞所反映的時代面貌，似乎有重新檢定思考的必要。此即楊寬在《西周史·前言》中所感喟的：「荀子又開始把代表西周政治文化的《詩》、《書》、《禮》、《樂》作為儒家的經典」「現存的主要西周史料，即儒家作為經典的《詩》、《書》、《禮》、《樂》，都是經過戰國時代儒家的編選和修訂」[47]，從比況形容的重疊詞中，似乎也印證些蛛絲馬跡來。

　　至如西周的宗法制度，在莊嚴肅穆，巍峨隆崇，井然有序的父對子、祖對孫的並列交叉昭穆結構中，「子子孫孫」的文字也透露出相應的形式訊息，而以「子孫」（AB）相變換的：AAB、ABB、AAA、AAAA、BBAA、BAA、BBB、BBBB、BB、BA、CAB（世孫子）、CBBAA、DAEBB（百字千孫孫）諸形式轉化，百變不離其宗，除可窺見西周一代文（文字）質（思想制度）彬彬的裏應外合特色外，似乎也要考慮到有否因「不嗣」的殊異狀況隱藏在

---

[46] 關於此部分論述，可參閱晁福林：《先秦民俗史》（上海：上海人民出版社，2001 年 1 月），頁 292-297 的「祖先崇拜」與雷漢卿：《《說文》「示部」字與神靈祭祀考》（成都：巴蜀書社，2000 年 3 月）。

[47] 見楊寬：〈前言〉，《西周史》，頁 1-3（總頁 81）。

其中，而由其形式表現幽微地吐露出來，以故在「子子孫孫」之外，會有如此多的變化。而此不見於商代的重疊詞，通過複沓堆砌而取得相互銜接的關係，卻巧妙地凝結出西周文化內涵的一個縮影。誠如方濬益引阮元之言曰：「此文之作，此器之鑄，尚在周公、孔子未生之前，其寶貴宜如何，況古盛時朝祭燕享，所以登降酌獻，周旋揖讓，納斯民於軌物，致宇宙之太和者，其精神莫不寓於斯，所謂器以藏禮也。嗚呼盛哉！」[48]信然。

後記

記十餘年前修習王叔岷先生「先秦道法思想」、「劉子研究」、「詩品研究」諸課程，先生講課溫溫靄靄，娓娓動聽，美儀德範，文清辭雅，內論精神義理，外究辭藻方法，春風拂化，感懷德懿，僅以此文獻曝矣！

原文發表於《王叔岷先生學術成就與薪傳學術研討會論文集》，臺北：臺灣學生書局，2001 年 8 月，頁 269-285。（高佑仁繕打／洪鼎倫、陳雅雯校對）

---

[48] 見〔清〕方濬益：〈彝器說・斁器〉，《綴遺齋彝器考釋》（臺北：臺聯國風出版社，1976年），卷首，頁1-3。按：〔清〕阮元：〈商周銅器說上篇〉，《積古齋鐘鼎彝器款識》（北京：中國書店，1996年3月），頁3云：「器者，所以藏禮，故孔子曰：『唯器與名，不可以假人。』先王之制器也，齊其度量，同其文字，別其尊卑，用之于朝觀燕饗，則見天子之尊，錫命之寵，雖有強國，不敢問鼎之輕重焉。用之于祭祀飲射，則見德功之美，勳賞之名，孝子孝孫，永享其祖考而寶用之焉。」

西周金文重文現象探究
——以《殷周金文集成》簋類重文為例

一 前言

商代甲骨文合文現象普遍，但重文現象卻鮮少出現，《甲骨文編》（以下簡稱《甲》）僅收錄「又又」一條併入「合文」中[1]，郭沫若在《卜辭通纂考釋》中說：「『又＝』重文當讀為『有祐』，『受有祐』或『弗受有祐』乃卜辭恆語，王國維說，『又＝』為古『右』字，非是。」裘錫圭在〈甲骨文中重文和合文重複偏旁的省略〉中也說：「古文字裡碰到重文的時候通常都用重文號代替。但是甲骨文裡是否已經使用重文號，卻是一個有爭論的問題。3期以後的卜辭裡屢見『王受又＝』之文。郭沫若先生認為『又』下的『＝』是重文號，『又＝』當讀為『有祐』，並引侯家莊大甲（即《甲》三九一三）『王受又又』之文為證。陳夢家先生則認為『＝』是『指標』，『又＝』字加『＝』與『右』字加『口』同例。我們覺得郭先生的說法比較可信。但是卜辭裡除『王受又＝』之外，似乎就不再見重文號的使用了。商代晚期銅器銘文中偶而也有重文號，如小子𣪘卣『乙子＝令小子𣪘先呂（以）人于堇』，應讀為『乙子（巳），子令……』。商代甲骨、金文裡重文號使用得很少，這可能主要是由於文辭簡單重文出現的機會較少的緣故。」後來他又補《小屯南地甲骨》2651：「戊辰〔卜〕：戍執正㩱方＝不往」一條[2]，由

---

[1] 參見中國社會科學院考古研究所編：《甲骨文編》（北京：中華書局，1989 年），該編所收「合文」凡一卷，其中合文二五 2307，頁 626「又又」即為重文「祐祐」。

[2] 參見郭沫若：《卜辭通纂考釋》（臺北：大通書局，1976 年），世系第 38 片，頁 15；裘錫圭：〈甲骨文中重文和合文重複偏旁的省略〉，《古文字論集》（北京·中華書局，1992 年 8 月），頁 141，以及〈再談甲骨文中重文的省略〉，《古文字論集》，頁 147-150。另外張桂光在〈甲金文中的重益符號與商周的閏月問題〉，《容庚先生百年誕辰紀

此可見商代甲骨文、金文中的確存有重文現象，只是使用得很少。

　　另一方面，有關戰國合文重文符的研究甚為普遍深入，但有關西周金文的重文現象卻少觸及，雖在于省吾的〈重文例〉一文中談到，卻只例舉而不作討論。[3]本文即試圖透過《殷周金文集成》（以下簡稱《集成》）簋類銘文作定量定類的歸納分析，以觀察西周重文現象所具有的形式與內容。考量到金文各器類材料豐贍，符合所求的，誠如容庚、張維持《殷周青銅器通論》所論「傳世古器以簋為最多，證以古籍，可知殷、周兩代用簋的普遍。自天子至於庶人都用來祭祀、宴饗。……簋、盨原是同一類器，惟從出土情況來看，簠在西周後期才有的，至春秋戰國，簋之用頓少」[4]，則以簋類最為適切。若以《集成》第六、七、八冊所收簋類器銘凡1432，[5]其時代分期與銘數為：殷275，西周28，西周早期476，西周中期218，西周晚期369，春秋15，春秋早期24，春秋晚期10，戰國5，戰國早期12（按：其中時代或有二期並存者，則取前一期），是簋類分布的時間限斷商至戰國都有，但以西周為大宗，占百分之七十六，故擷取此類素材以討論西周金文重文應用的現象，當是頗具代表性的。

念文集》（廣州：廣東人民出版社，1998 年），頁 252-257 中說：「甲金文中的『＝』形符號出現甚多，含意甚廣，有表示重文、合文、省體、紋飾等多種功用，還可以代表冰、代表土、代表礦石等等……還可以表示重複、增加的意思，本文稱它為『重益符號』。」

[3] 諸如林素清的〈論先秦文字中的「＝」符〉，《中央研究院歷史語言研究所集刊》第五十六本第四分（臺北：中央研究院歷史語言研究所，1985 年），頁 801-825；林素清：〈談戰國文字的簡化現象〉，《大陸雜誌》，第 72 卷第 5 期（1986 年 5 月），頁 217-228；至於于省吾〈重文例〉一文亦曾約略談及「金文之重文」，參《燕京學報》，第 27 期（1966 年），頁 1-9。

[4] 參見容庚、張維持：《殷商青銅器通論》（臺北：康橋出版事業有限公司，1986 年），頁 34。

[5] 此據中國社會科學院考古研究所編：《殷商金文集成》（上海：中華書局，1988 年），第六至八冊。

二　西周金文簋類重文的類型分析

　　按《集成》簋類器銘中殷器字數從1至35都有，但卻無重文或用重文符「＝」者，究其原因，裘先生推斷為：「文辭簡單重文出現的機會較少的緣故。」但殷簋類銘有多至35字，[6]比起甲骨卜辭「王受又＝」不過3、4字多了31字來看，顯然這個理由並不十分充分。至於西周金文中的重文現象若何？試歸納《集成》西周簋類器銘中重文類型如下：

（一）沒有重文號，重文再次書寫而不省略者：

　　此類重文現象係上下文字連接而重複，卻不用簡省文字重複的重文號，逕把重文再書寫一次，又可區分為：

1-1未省略的重文為名詞於上下二句中分作賓語與主語者：

　　如西周早期器《集成》4140〈大保簋〉銘中的「王降征令于大保，大保克敬亡遣」。其中「大保」係重文，但不用重文號作「大＝保＝」互讀的形式。且前句「大保」係介詞「于」的賓語，後句「大保」是「克敬亡遣」的主語，二者同為名詞。「大保」係周成王時召公奭的官名，此處銘文不嫌重複，既不用重文號「＝」，重文又不省略。唯在《集成》僅此一例。

1-2未省略重文為名詞但疑係衍文而訛誤者：

　　如《集成》4306、4307〈此簋〉銘中的「此敢對揚天子不顯休令，用乍朕皇考考癸尊簋，用享孝于文申」。〈此簋〉銘末既有兩個重文號「子＝孫＝」，又有重文「考考」卻不作重文號「考＝」。若依據《集成》「簋類銘

---

[6]　商代簋類銘文未見使用重文符號者，但卣類卻有，見《集成》第十冊5417〈小子䀇卣〉；簋類器銘多至35字者，如《集成》第八冊末簋類銘文說明（三）4144〈肄作父乙簋（戊辰彝）〉云：「字數35（又合文1），時代殷。」

文說明（三）」，〈此簋〉乃西周晚期器，同出諸器如4303、4304、4305、4308、4309、4310銘文皆作「用乍朕皇考癸公尊簋」，另同出鼎器三件銘文亦作「用乍朕皇考癸公尊鼎」[7]，可知「皇考考癸」係「皇考癸公」之誤，「考」為衍文，也因此誤，使後無空格以安置「公」字，故此二銘脫漏「公」字，而與諸器相較，特顯不同。《集成》簋類器中，此類重文也僅二例。

（二）具重文號且省略下文重文再次書寫者：

此類重文現象，其形式是以重文號「＝」來替代下字的重文不用再次書寫，使其空間布局有變化且緊湊省略，節省書寫，若再區分，可得下列諸類型：

2-1重文為名詞而分屬上下二句之賓語與主語者：

《集成》中重文形式有重文號「＝」並省略下一字重文係為名詞，且分屬前後二句，充當前句賓語，後句主語者，如：4146〈緐簋〉殘底銘的「隹十又一月初□□□公令緐伐□白＝（白，白）蔑緐□□□□□貝十朋」，4159〈矗簋〉銘的「矗造公＝（公，公）易矗宗彝一肆」，4170.1-2、4171.1-2、4172.1-2、4173.1-2、4174.1,4175.1、4176.1-2、4177.1-2〈瘣簋〉銘的「其蠡祀大＝神＝（大神，大神）妥多福」，4294、4295〈揚簋〉銘的「王乎内史（史，史）先冊令揚」，4300、4301〈作冊夨令簋〉銘的「乍冊夨令尊俎于王姜＝（姜，姜）商令貝十朋、臣十家、鬲百人，公尹白丁父兄于戍＝〈戍，戍〉冀嗣气」，4341.A-B-C〈班簋〉銘的「不杯孔皇公受京宗懿釐，毓文王＝（王，王）始聖孫」，4118.1-2、4119.1-2〈宴簋〉銘的「宴從屍父東，多易宴＝（宴，宴）用乍朕文考日己寶簋，子＝孫＝永寶用」等八例。

---

[7] 參見龐懷清等：〈陝西省岐川縣董家村西周銅器窖穴發掘簡報〉，《文物》，1976年第5期，頁26；又馬承源主編《商周青銅器銘文選》（北京：文物出版社，1988年4月），第三卷，頁293〈此鼎〉。

　　此八例或為爵名如王、公、白，或為官名如史，或為姓氏如姜，或為人名如宴、戍，或為神名如大神，皆為名詞（大神可視為複合名詞）。但或重複一字如晏；或本二字而重複下字，如□白、內史、王姜、文王；或二字皆重複而互讀不順讀，如「大神，大神」而不作「大大神神」。大抵以上字充當前句的賓語，下字重文號「＝」則為下句主語，省略複書，並有「大神」的互讀而不順讀的變換形式。

2-2重文為代詞並分屬上下兩句充當賓語與主語者：

　　《集成》中有使用重文號而重文為代名詞，並分屬前後二句，為前句的賓語與後句的主語，例子僅一，重文係第二人稱代詞「女（汝）」者，即4328、4329〈不嬰簋〉、〈不嬰簋蓋〉銘的「女以我車宕伐廠狁于高陶，女多折首執訊，戎大同，從追女＝（女，女）彶戎大臺」。器銘與蓋銘相同，都使用第二人稱代詞「女」。

2-3重文為代詞疑重文號係衍文或飾筆羨畫者：

　　《集成》4324.1〈師嫠簋〉銘中「王曰：師嫠，才先王小學，女＝（女！女）敏可使，既令女更乃且考司。」其中「女」字有重文號；唯據4325.1簋銘中「女」並無重文號比觀，則此「女＝」字是否重文，不無可疑。若依行文，此處毋需複書，可能是個衍文，或僅為飾筆羨畫而已！

2-4重文為名詞動詞活用並分屬兩句者：

　　如《集成》4283、4284〈師𤸫簋蓋〉銘云「今余唯繼先王令＝（令，令）女官辭邑人師」，4316〈師虎簋〉銘云「今余佳帥井先王令＝（令，令）女更乃祖考啻官」，4318、4319〈三年師兌簋〉銘云「今余佳繼憙乃令＝（令，令）女嗣走馬」，4324、4325〈師嫠簋〉銘云「今余唯繼憙乃令＝（令，令）

女司乃且舊官小輔鼓鐘」[8]，4340.A-B〈蔡簋〉銘云：「今余佳𤔲𩠉乃令＝（令，令）女眾曰」，4342〈師訇簋〉銘云「今余佳𤔲𩠉乃令＝（令，令）女更離我邦大小猷」。從上舉六例觀察，其文例大抵為「今余佳𤔲𩠉乃令＝」或「今余佳帥井某某令＝」的形式，此「令」字重文既為上句的名詞賓語，又充當下句的動詞，且下句動詞「令」接第二人稱代詞的「女」顯得相當規律，詞性活用，一字二用，富於變化。

2-5所具重文號係為句中形容詞或名詞性主語屬重疊詞者：

簋類銘文有具重文號而為一句之中的形容詞或名詞的重疊詞形式者，如《集成》4153〈𤳙簋〉「𤳙其沯＝（沯沯）萬年無疆，需冬需令，其子＝（子子）孫永寶用享于宗室」，4160、4161〈伯康簋〉「它＝（它它）受茲永命，無疆屯右」，4207〈遹簋〉「佳六月既生霸，穆＝（穆穆）王才莽京，乎漁于大池，王乡酒，遹御亡遣，穆＝（穆穆）王親易遹䧹，遹拜首𩒨首，敢對揚穆＝（穆穆）王休，用乍文考父乙尊彝，其孫＝子＝永寶」，4317〈𣪘簋〉「陟＝（陟陟）降余多福」，4326〈番生簋蓋〉「穆＝（穆穆）克誓厥德，嚴才上，廣啟厥孫子于下」，4330〈沈子它簋蓋〉「休同公克成妥吾考以于顯＝（顯顯）受令」。其重文號但不分屬前後兩句，而為一句之主語者，如「子＝孫＝」及其變化型式，或為一句中的比況形容詞如「沯＝」、「它＝」、「陟＝」、「穆＝」、「顯＝」諸詞。[9]

歸結西周一代的簋類金文重文現象，大概有如上所析類型，然其中或有因辨識未清而誤釋闌入者，如《集成》4179、4180、4181〈小臣守簋〉「王吏（使）小臣守吏（事）于𢎥」中的「𢎥」字，4330〈沈子它簋蓋〉「朕吾

---

8 按《集成》4324.1、4325.1 與 4324.2、4325.2 銘文大同，唯 4324.2、4325.2 多六字，多「若」、「昔」、「小」、「輔」、「還」、「敬」字，且「唯」作「佳」，略有差別。

9 參見沈寶春：《西周金文重疊詞探析──以《殷商金文集成》簋鐘類銘文為例》，《王叔岷先生學術成就與薪傳學術研討會論文集》（臺北：臺灣學生書局，2001 年 8 月），頁 269-285。

考令乃鵃沈子乍緻于周公宗，陟二公」中的「吾」、「陟」二字，4209-4212〈衛簋〉中「王曾令衛，　赤市攸勒」中的「　」字，邱德修在《商周金文集成釋文稿》釋文中皆以重文號視之，釋為「夷」（夷夷）、「吾＝」（吾吾）、「陟＝」（陟陟）、「　＝」（易賜），頗為可商。[10]

三　小結

透過前文類型的分析，可略窺重文號的使用在西周早期並不普遍，以致產生如〈大保簋〉中「王降征令于大保，大保克敬亡遣」的重文情況，重文號的漸趨普及成熟，或許是西周中期以後。至於重文的詞性，以名詞、代詞、動詞、形容詞為主，且以名詞居多，從中可窺見重文使用初始，或以名詞為主，而未見如戰國中期〈中山王譻鼎〉「其＝隹＝能＝之＝」的型式，較為單純。至於重文方式，有上下一致即重複上字的順讀型式如「白白」、「公公」、「穆穆」……；也有重複成詞或專名如「大保大保」、「大＝神＝（大神大神）」的互讀型式，由此推之，西周簋類重文現象除衍文或訛誤或飾筆羨畫外，其基型已具，使用日繁，而在有限的空間布局中，簡省空間與模鑄刻畫，省略書寫，或許是重文號興起的主要原因吧！

原文發表於《古文字研究》第二十四輯，北京：中華書局，2002年7月，頁307-312。（郭妍伶繕打／張宇衛、葉書珊校對）

---

[10] 邱德修：《商周金文集成釋文稿》（臺北：五南圖書出版公司，1986年），第十七冊，頁694、794、710。

談青銅簋類器自名前的修飾語問題
──以《殷周金文集成》為例

一　前言

關於青銅簋類器的形制研究，一般通專論書籍論文時常觸及，如陳芳妹的〈商周青銅簋形器研究──附論簋與其它粢盛器的關係〉即是，[1]至於談青銅器中各類器的名稱用途，學者亦多所關注，如張亞初的〈殷周青銅鼎器名、用途研究〉[2]、陳劍的〈青銅器自名代稱、連稱研究〉[3]等。這其中，根據張亞初《殷周金文集成引得》整理〈《殷周金文集成》單字出現頻度表〉所顯現的，各器類銘文中除禮器共名通稱的「尊彝」二字出現頻度高出一般器類外（「彝」共出現了 1631 次，「尊」共 1533 次），作為專名的青銅器中，就以「簋（毀）」字（以下行文用簋，引原文則用毀）出現的頻率最高，試將其與它器類在銘文中出現的頻率作個比較，從中似可窺知「簋（毀）」在商周時期應用的普遍訊息：[4]

序次	器類	頻度	序次	器類	頻度
1	簋	725	8	盨	86
2	鼎	429	9	盂	48

---

[1] 見國立故宮博物院編輯委員會編：《商周青銅粢盛器特展圖錄・前編》（臺北：國立故宮博物院，1985 年 3 月），頁 19-110。

[2] 張亞初：〈殷周青銅鼎器名、用途研究〉，《古文字研究》第十八輯（北京：中華書局，1992 年 8 月），頁 273-315。

[3] 陳劍：〈青銅器自名代稱、連稱研究〉，《中國文字研究》第一輯（南寧：廣西教育出版社，1999 年 7 月），頁 335-370。

[4] 見張亞初：《殷周金文集成引得》（北京：中華書局，2001 年 7 月），頁 1151-1515。按：此表中 725 次「簋（毀）」字未必全當器名用，也未必僅出現在簋器類。

3	戈	410	10	刀	41
4	鐘	391	11	戟	38
5	鬲	204	12	盤	34
6	壺	152	13	匜	28
7	簋	135	14	卣	23

簋以如此高的出現頻度，跨越的年限又從殷至戰國綿亙流長，[5]加上應用的普遍，誠如容庚、張維持所說：「傳世古器以簋為最多，證以古籍，可知殷、周兩代用簋的普遍。」[6]及陳芳妹所說：「粢盛器中，以簋出現最早、流傳最久、傳世的數量最多，在青銅禮器史中的地位也最突出。」[7]可知簋類器銘較諸他類，是一材料較豐足且全面的憑證，在觀察探索商周時期行文用語的模式時屬較殷實的取樣標準，以其一枝獨秀，管窺所得，或有助於建立商周青銅器銘中自名前修飾語所涉及的內容與結構，並對單詞修飾語組合成複合修飾語的過程有一番的考察與釐清。

二　《殷周金文集成》有關簋類器銘自名前的句型類別

張亞初在《殷周金文集成引得‧序言》中曾說：「（《殷周金文集成》）它匯集了古今中外公私出土和收藏的青銅器銘文拓本約一萬兩千件，是迄今為止資料收集最為完備、編纂最為科學、印刷最為精美的、最有代表性的金文總集。」[8]當然，說《殷周金文集成》是具有「代表性」的金文總集並不

---

[5] 詳參沈寶春：〈西周金文重疊詞探析——以《殷周金文集成》簋鐘類銘文為例〉，《王叔岷先生學術成就與薪傳論文集》（臺北：臺灣大學中國文學系，2001 年 8 月），頁 271-272。

[6] 見容庚、張維持：〈盛食器門‧簋類〉，《殷周青銅器通論》（臺北：康橋出版事業有限公司，1986 年 5 月），頁 34。

[7] 國立故宮博物院編輯委員會編：《商周青銅粢盛器特展圖錄‧前編》，頁 19。

[8] 張亞初：《殷周金文集成引得》，頁 1。

為過，本文取為一鸞，以推其餘。其中第六、七、八冊收的是「簋」類器，編號自 2911 至 4343，根據書後「銘文說明」可歸納出：殷器共 275，西周器 1091，春秋器 49，戰國器 5，[9]是簋在西周時期達到顛峰後，春秋戰國時則逐漸走下坡。若將觀察器類自名前的修飾語相關問題，可由其自稱「簋（毀）」字句先著手。在自名「簋（毀）」的青銅器中，若依其字句差別列表如下：

序號	句型				代表器號	次數
	主語	動詞	修飾語	賓語		
1	某	乍		毀	6：3293	22
2	某	乍	某	毀	6：3499	11
3	某	鑄		毀	7：3964	7
4		為	某	毀	7：3752	1
5		用乍		毀	8：4208	2
6		用乍	某	毀	8：4159	1
7	某	乍	寶	毀	6：3353	130
8	某	乍	某寶	毀	6：3530	56
9	某	用乍	某寶	毀	7：4118	37
10		鑄	某寶	毀	7：3896	1
11		鑄	保	毀	8：4262	4
12		用乍鑄	某寶	毀	8：4179	3
13		乍	某保	毀	7：4120	1
14	某自	乍	寶	毀	7：3891	7
15	某自	乍	某寶	毀	7：3807	1
16		用（自）乍	寶	毀	8：4203	2
17	某	乍	尊	毀	6：3700	27
18	某	乍	某尊	毀	6：3540	90
19		用乍	尊	毀	8：4130	13
20	某	用乍	某尊	毀	8：4225	50

---

[9] 見中國社會科學院考古研究所：《殷周金文集成》（上海：中華書局，1987 年 4 月），第 6、7、8 冊。以下簡稱《集成》。

21		乍鑄	某尊	毁	8：4127	1
22		用乍	某奠	毁	7：4036	2
23	某	乍	用	毁	6：3557	3
24	某	乍	旅	毁	6：3351	37
25	某	乍	某旅	毁	6：3474	10
26	某	鑄	旅	毁	7：4047	1
27		乍	从	毁	6：3458	2
28		乍	某从	毁	6：3455	2
29	某	乍鑄	從	毁	6：3707	3
30	某	乍	嫩	毁	6：3490	1
31	某	乍	雪	毁	6：3571	1
32	某	乍	某雪	毁	9：4419	1
33	某自	乍	尊	毁	7：3847	5
34	某自	乍	饍	毁	7：3919	3
35	某	乍	饍	毁	6：3439	24
36	某	乍	某縢	毁	7：3775	27
37	某	乍	飲	毁	7：3762	1
38		用乍	某嘗	毁	8：4293	1
39	某	乍	重	毁	6：3555	1
40	某	乍	飤	毁	6：3585	1
41	某	乍	淄	毁	6：3592	9
42	某	用乍	某飤	毁	7：3746	1
43		用乍	某鼎	毁	8：4274	5
44		乍	某彝	毁	6：3453	1
45	某	乍	盂	毁	16：10310	1
46	某	乍	某盂	毁	6：3739	1
47	某	乍（自）為	貞	毁	4：2276	2
48	某	乍	盨	毁	9：4410	1
50		用乍	某尊縢	毁	8：4128	1
51		用乍	某寶鼎	毁	8：4122	1
52		乍	某用貞	毁	5：2676	2
53		乍	寶用	毁	6：3413	1
54	某	乍	寶尊	毁	6：3496	21
55	某	乍	某寶尊	毁	6：3673	9

56		用乍	寶尊	毀	8：4286	3
57		用乍	某寶尊	毀	7：4203	17
58		用（自）乍	寶尊	毀	8：4244	1
59	某	乍	某尊寶	毀	7：3909	2
60		用乍	某尊寶	毀	8：4270	2
61	某	乍	登用	毀	6：3720	2
62	某	乍	某餴盨	毀	9：4440	2
63	某	乍	旅盨	毀	9：4375	2
64	某	乍	某旅盨	毀	9：4458	1
65		乍為	某大宗	毀	7：4096	1
66	某	乍	某少食	毀	6：3651	1
67		用乍	寶皇	毀	8：4191	1
68	某	乍	餱盉	毀	9：4666	2
69	某	乍	鼎彝寶	毀	8：4317	1
70	某	乍	寶用尊	毀	6：3541	2
71	某	用乍	某寶尊彝	毀	8：4134	2
72	某	乍	某寶尊彝	毀	7：3979	1
73	某	乍	某鼎彝尊	毀	8：4124	1
74	某自	乍為	寶尊	毀	7：3916	1
75	某自	鑄乍為	旅	毀	6：3691	1
76	某自	乍	吉金用尊	毀	7：4095	1
77	某	乍	旅用鼎	毀	6：3616	2

在上表的 77 條 698 例分項組式外，尚有無法納入個中型式的，如 7：4112〈命毀〉：「命其永以多友毀飤」、8：4160〈伯康毀〉：「永寶茲毀」、8：4141〈函皇父毀〉：「函皇父乍琱娟般盉尊器毀具／又毀八」、5：2724〈毛公旅方鼎〉：「毛公旅鼎亦唯毀」、7：4097〈悆毀〉：「用為寶器：鼎二、毀二」、8：4152〈鄦侯少子毀〉：「妳乍皇姑玪君中妃祭器八封毀」、5：2705〈悆鼎〉：「為寶器：鼎二、毀二」、7：3870〈叔向父為備毀〉：「叔向父為備寶毀兩、寶鼎二」、8：4261〈大亡毀〉：「每啟土休十尊毀」、8：4190〈陳肪毀蓋〉：「用追孝於我皇毀鐘」、8：4285〈諫毀〉：「毀（即）立（位）」等諸器銘即

111

是。

　　有關其中動詞應用的情形，朱氏歧祥曾在〈釋乍〉一文中歸納出甲金文中「乍」字的用法有：甲骨文三大類，殷金文四大類，兩周金文七大類三十二分類，「乍」除作為單動詞外，又可複合為「用乍」、「自乍」、「用自乍」、「自乍用」、「乍鑄」、「自乍鑄」、「乍為」、「乍為鑄」，「乍」在複合動詞中多作為前動詞，與屬於後動詞的「鑄」、「為」等字並列，有共同強化全句語意的功能，屬於遞進式的關係。[10]然透過上列組表顯示，除朱氏所舉諸類型外，尚有「用乍鑄」、「乍自為」及「鑄乍為」三種類型是朱文未提及者。這種由單動詞組合成複合動詞（二或三個）的動詞情況，「用乍」出現頻率高，有139例，佔698例中的20%；其餘則例子並不多，「乍鑄」4例，「乍為」2例，「用乍鑄」3例，「用自乍」3例，「乍自為」2例，「鑄乍為」1例。至其應用時代則偏晚，「乍鑄」的6：3707、3708、3709〈內公毁蓋〉屬西周晚期，4127〈鑄叔皮父毁〉屬春秋早期；「乍為」的7：4096〈陳逆毁〉為戰國早期；6：3691〈伯好父毁〉為西周晚期，有些年代則含糊其辭，如「用乍鑄」的8：4179、4180、4181〈小臣守毁〉則只言「西周」[11]，依此類推，或許其時代在西周中期以後，至少《商周青銅器銘文選》是如此認定的[12]，而複合動詞的時代雖因例子太少，無法詳細究詰，但如果大膽的推測，似乎其中也幽微的表現出時代較晚的特徵。

---

[10] 見朱歧祥：〈釋乍〉，《甲骨學論叢》（臺北：臺灣學生書局，1992年2月），頁155-179。

[11] 上引諸條參見中國社會科學院考古研究所：《殷周金文集成釋文》（香港：中文大學中國文化研究所，2001年10月），第三卷，頁140、285、271、136、318-319。

[12] 馬承源主編：《商周青銅器銘文選》（北京：文物出版社，1988年4月），第三卷，頁235收〈小臣守簋蓋〉的時代訂為「西周中期」。

三　簋類青銅器銘自名前修飾語的內容分析

透過上表的歸納分式，可知在商周青銅簋類器中，自名為「毁」之前，尚有多種修飾語。這些修飾語，除用為人名、爵名、職官名的「某」外（上表序號 1-6 共 44 例），[13]其修飾語尚有一字的「寶」、「保」、「尊」、「奠（隩）／隄」、「用」、「旅」、「从」、「從」、「嫩」、「霄」、「饙」、「媵」、「飤」、「嘗」、「重」、「飤」、「淄」、「鼎」、「彝」、「盂」、「貞」、「盨」、「膳」[14]等諸字；二字的有「尊媵」、「寶鼎」、「用貞」、「寶用」、「寶尊」、「尊寶」、「登用」、「饙盨」、「旅盨」、「大宗」、「少食」、「寶皇」、「餗盂」等；三個字的有「鼎彝寶」、「寶用尊」、「寶尊彝」、「鼎彝尊」、「旅用鼎」等；四個字的僅有「吉金用尊」一詞，茲依其應用次數及百分比，並依《集成·毀類銘文說明》的「時代」，分「殷」、西周早期簡作「西早」、西周中期簡作「西中」、西周晚期簡作「西晚」、早中晚期難定用「西周」、春秋早期簡作「春早」、春秋中期簡作「春中」、春秋晚期簡作「春晚」、早中晚期難定用「春秋」、戰國早期的「戰早」，按字序依次列表如下：

次序	時代修飾語	殷	西早	西中	西晚	西周	春早	春中	春晚	春秋	戰早	總計	百分比
1	寶	—	45	64	103	9	10	—	—	3	2	236	87.33%
2	尊	1	4	39	134	2	3		—	1	—	184	
3	旅	—	13	22	15	1	1	—	—	—		52	

13　關於此部分可參閱虞萬里：〈先秦動態稱謂發覆〉，《中國文字研究》第一輯，頁 273-301。

14　根據張亞初的《殷周金文集成引得》頁 1170 引 7：4054 作「自乍（作）□毁」，唯據《殷周金文集成釋文》，第三卷，頁 254 的 4054〈曾大保毁〉則作：「曾大保□用吉金自作膳毁」，隨州市博物館：〈湖北隨縣發現商周青銅器〉亦云：「底內銘文被刮掉，隱約可辨四行二十三字：曾大保（？）□用吉金自乍（作）膳（？）毁……」（《考古》，1984 年第 6 期，頁 510），故此處增補此條。

4	饍	－	3	3	18	1	2	－	－	－	－	27	
5	賸	－	－	－	22	1	4	－	－	－	－	27	
6	淄	－	－	－	1	－	－	－	8	－	－	9	
7	保	－	－	4	－	－	1	－	－	－	－	5	
8	鼎	－	－	－	5	－	－	－	－	－	－	5	
9	从	－	4	－	－	－	－	－	－	－	－	4	
10	用	－	3	－	－	－	－	－	－	－	－	3	
11	從	－	－	－	3	－	－	－	－	－	－	3	
12	鼎（貞）	－	2	－	－	－	－	－	－	－	－	2	
13	甈	－	1	1	－	－	－	－	－	－	－	2	
14	盂	－	－	1	1	－	－	－	－	－	－	2	
15	隯	－	－	－	2	－	－	－	－	－	－	2	
16	寽	－	－	－	2	－	－	－	－	－	－	2	
17	彝	－	1	－	－	－	－	－	－	－	－	1	
18	嫩	－	－	1	－	－	－	－	－	－	－	1	
19	重	－	－	－	1	－	－	－	－	－	－	1	
20	嘗	－	－	－	1	－	－	－	－	－	－	1	
21	盠	－	－	－	1	－	－	－	－	－	－	1	
22	膳	－	－	－	1	－	－	－	－	－	－	1	
23	飤	－	－	－	－	1	－	－	－	－	－	1	
24	寶尊	－	12	21	17	2	－	－	－	－	－	52	
25	尊寶	－	1	3	－	－	－	－	－	－	－	4	
26	旅盠	－	－	－	2	－	－	－	－	1	－	3	
27	用鼎（貞）	－	－	2	－	－	－	－	－	－	－	2	
28	登用	－	－	2	－	－	－	－	－	－	－	2	
29	餕盉	－	－	－	2	－	－	－	－	－	－	2	11.15%
30	饍盠	－	－	－	－	－	－	－	－	2	－	2	
31	寶用	－	1	－	－	－	－	－	－	－	－	1	
32	少食	－	1	－	－	－	－	－	－	－	－	1	
33	寶皇	－	－	1	－	－	－	－	－	－	－	1	
34	寶鼎	－	－	1	－	－	－	－	－	－	－	1	
35	尊賸	－	－	－	－	－	－	－	1	－	－	1	
36	大宗	－	－	－	－	－	－	－	－	－	1	1	

37	寶尊彝	—	2	1	—	—	—	—	—	—	—	3	1.37%
38	寶用尊	—	2	—	—	—	—	—	—	—	—	2	
39	旅用鼎	—	2	—	—	—	—	—	—	—	—	2	
40	鼎彝寶	—	—	1	—	—	—	—	—	—	—	1	
41	鼎彝尊	—	—	1	—	—	—	—	—	—	—	1	
42	吉金用尊	—	—	—	—	—	1	—	—	—	—	1	0.15%

　　或許《集成》的斷代有些是不無疑慮的，如 2705〈惫鼎〉與 4097〈惫簋〉銘文相同，而其斷代一作「西中」，一作「西早」；又如依文例 3702〈条簋〉：「条乍文考乙公寶尊簋」與 3863〈条簋〉：「条乍厥文考乙公寶尊簋」略同，唯字體有別，而一作「西中」，一作「西早」。苟能全盤採信，則由上表所列可知，簋之自名為「簋」，自殷商至戰國雖多寡起伏，唯所在皆有，非如陳氏芳妹所謂：「青銅器上銘鑄的『簋』，也就是儀禮、詩經等所記載的『簋』……『簋』字在商代晚期首見於甲骨文及大理石器皿中。由甲骨文出現『簋』的文意看來，『簋』應是指器物的名稱，但指何種形狀的器物卻無法追溯……商代晚期青銅器中尚未見以『簋』自名者。商代青銅彝銘，基本上多簡短，少見銘鑄專名之例，若鑄有器皿稱謂，也稱共名『彝』而已……以共名『彝』稱呼的習慣，在西周早期甚為普遍，直到接近中期時，銅器自名專名的例子始漸多，器皿上鑄刻『簋』的情況也愈普遍。西周中期以後，自名為『簋』的例子便不勝枚舉了。」[15]這其中有似是而非之處者三：一是銅器自名專名跟銘文簡短與否關係似乎不大；二是其所說「商代晚期青銅器中尚未見以『簋』自名者」，然《集成》7：3904〈小子𪴨簋〉：「用乍父丁尊簋」的時代「銘文說明」中即為「簋」[16]；三是西周早期自名為「簋」的例子已至少有 97 例，佔全部 655 例的 14.8%，雖然到西周中期共 166 例，佔

---

[15] 見國立故宮博物院編輯委員會編：《商周青銅粢盛器特展圖錄·前編》，頁 25。
[16] 見張亞初：《殷周金文集成引得》，第七冊，〈簋類銘文說明二〉，頁 20。

25.3%，而到西周晚期則有 333 例，佔 50.8%，逐漸增多，但西周早期似乎也不是不普遍吧！

當然，在圖表中可看出與「毀」字結合最緊密，應用也最頻繁的是「寶」字的 236 次，其次是「尊」的 184 次，以及「旅」、「寶尊」的 52 次；而「毀」字前的修飾語又以單詞居多，而且豐富多樣，種類有 23 種之多；而複合的形式則較少，兩字組合的 13 種；三字組合的 5 種；而四字組合者僅 1 種而已，依次遞減，可見單詞修飾形容還是主流。在這些修飾語中，「寶」、「尊」字與結合「寶」和「尊」的「寶尊」出現頻繁，似乎也標示著作為禮器的青銅簋，在一般人的心目中，是多麼珍貴和尊崇，其份量價值，是功勳美德與權勢地位的表徵和宣告，不正與一般銘末所祝禱的「子子孫孫永『寶』用」而非「永『尊』用」相應合乎！但有趣的是，西周中期多用「寶」，而西周晚期則多採「尊」字。此即徐中舒所謂的：「曰尊彝，曰寶彝，曰寶尊彝等，言其可尊可寶，舊以尊彝並為器名者非是，卜辭金文有尊俎尊鼎尊史連文，尊皆作尊崇尊敬解。」[17]

其實，在上列的修飾語中有些是有問題的，其情況比較複雜，如「貞（鼎）」、「盂」、「盨」置於「毀」前的用法。觀察一九七四年陝西寶雞市茹家莊一號墓出土的西周早期 2276〈弴伯鼎〉與 3618〈弴伯毀〉銘文同作：「弴伯乍自為鼎毀。」「鼎簋」名詞並列連用充當弴伯「乍自為」的賓語，此處的「鼎」是否為「簋」的修飾語呢？這種器名連稱，兩個專名連用的情形，陳劍在〈青銅器自名代稱、連稱研究〉中曾經作過說明：

> 鼎、簋為周人食器的常見組合，常配套使用，也常同時鑄造。如函皇父盤：「函皇父作琱嬊盤盂尊器，鼎簋一具，自豕鼎降十又一，簋八，兩罍兩壺。」鼎簋一具即鼎簋一套。又如窶鼎：「用為寶器鼎二簋二。」鼎、簋雖然關係密切，但今所見大量自名中，卻僅這一處各自自稱「鼎

---

[17] 徐中舒：〈說尊彝〉，《徐中舒歷史論文選輯》（北京：中華書局，1998 年 9 月），頁 649。

簋」。說明當時人並不習慣於把鼎、簋分別都叫作「鼎簋」。此處的連稱，情況較為特殊，應是鑄器時鼎簋同用一銘、同時記載所作之器的緣故……雖然同時鑄造的銅器往往有配套關係，但我們仍然覺得像「鼎簋」這樣的連稱是偶然的，並不是當時人們的習慣，與盨稱「盨簋」、鼎稱「鼎鬲」等性質有所不同，應視為自名連稱的一種特殊情況……連稱的兩器名是並列關係，但兩類器物在用途與形制上並不相近，祇是常配合使用，有成套成組的關係，也常同時鑄造，例如鼎與簋、盤與盉、鑒等。這類自名連稱，一方面有因二者存在配合成套的密切關係而連及的因素，另一方面也要充分考慮到鑄器時成套器施以同銘的因素。[18]

可見把「鼎簋」連稱的「鼎（貞）」視為自名「簋」的修飾語並不貼切實際。至於西周晚期的〈鮇公毁〉銘：「鮇（蘇）公乍王妃盂毁」，《銘文選》作「𥁃」而沒有隸定考釋[19]，《釋文》則隸作「姜」[20]，《引得》隸作「盂」，「盂毁」結合也非單文孤證，西周中期 10310〈滋盂銘〉作：「滋乍盂毁，其萬年子子孫孫永寶用。」即其用例，唯未見〈鮇公盂〉與〈滋毁〉爾，故知此類器名連稱情況又與前引「鼎簋」情況有別。〈鮇公毁〉例中的「盂毁」是否成立？陳劍認為：

> 其字上從皿，為血字之省，下從示，是學即「寧」。在蘇公簋中，「蘇公作王妃學簋」，學用作器名修飾語，學簋即用以寧祭之簋。[21]

但 10310〈滋盂〉銘作「盂毁」，屬並列連用的名詞充當「乍」的賓語，與〈鮇公毁〉的情況又有所不同，此或如陳芳妹所說的：「不同的器類專名，

---

[18] 陳劍：〈青銅器自名代稱、連稱研究〉，《中國文字研究》第一輯，頁 362、364。按陳氏又在頁 339 云：「鼎的自名既可以用『鼎』表示，也可以借『貞』表示，因此鼎、貞祇是同類器同一名稱的不同寫法，表示的是同一個詞。」

[19] 馬承源主編：《商周青銅器銘文選》，第三卷，頁 352。

[20] 中國社會科學院考古研究所：《殷周金文集成釋文》，第三卷，頁 146。

[21] 陳劍：〈青銅器自名代稱、連稱研究〉，《中國文字研究》第一輯，頁 356。

卻共具基本器形，簋與盂即是」者[22]，但奇怪的是器既為「盂」，不名為「毀
盂」，卻名為「盂毀」，可見盂與簋「在功用、器形與使用時間上部分重疊，
由於二者的關係密切，在青銅器形史上往往造成混淆……簋向盂節節進逼，
幾乎有囊括盂成為簋形器器型之一的氣勢。」[23]如此說來，因簋擁有奪名的
聲勢，盂向簋靠攏的結果，成為「近義連用」的專名連稱，而或許盂也有成
為簋的修飾形容之語而作「盂毀」的可能。

　　至於「盨毀」組合連用是不見於簋類卻見於盨類的，西周晚期 4410〈伯
庶父盨蓋〉銘云：「伯庶父乍盨毀，其萬年子子孫孫永寶用。」「盨毀」在此
屬並列連用的名詞充當動詞「乍」的賓語。可見「毀」在西周早期是與「鼎」
組合連用，而到西周中晚期時則改與「盂」和「盨」組合連用，此即陳芳妹
所說的：「不同的器類專名，因器用相關而有器名相互借用，甚而互換者，
簋與盨即是。」[24]對於這種情形，陳劍也曾作過分析說：

　　　我們注意到，有十二件銅盨自名為簋，九件盨自名為「盨簋」，在各類
　　代稱連稱中可說是絕對數量相當大的。但同時，卻從來沒有一件簋自
　　稱「盨」或「盨簋」……從盨、簋的自名情況來看，當時人應是習慣
　　於把盨稱作簋、盨簋，但卻從不稱簋為盨或盨簋。聯繫其功用、形制
　　淵源，我們可以作出一些推測：由於盨最初是從簋中分化出來的，功
　　用形制都與簋相近，而且後來盨的器形一直比較穩定，用途也沒有變
　　化，與簋始終保持著密切的聯繫，這種情況使得當時人們在對這個新
　　器種冠以新名「盨」的同時，又習慣上把它看作簋的一個變種，稱作
　　「簋」、「盨簋」。換言之，在當時人看來，盨也是簋的一種，但簋卻
　　不是盨。它們之間有點類似大名與小名的關係。因此，盨稱「盨簋」，
　　與鼎稱「鼎鬲」、盂稱「盤盂」等實質是不一樣的。稱「盨簋」的銅

---

[22] 國立故宮博物院編輯委員會編：《商周青銅粢盛器特展圖錄‧前編》，頁 69-72。
[23] 國立故宮博物院編輯委員會編：《商周青銅粢盛器特展圖錄‧前編》，頁 70。
[24] 國立故宮博物院編輯委員會編：《商周青銅粢盛器特展圖錄‧前編》，頁 69-72。

器，既可以說是「盨」，也可以說是「簋」，兩個詞中任何一個都可表
義。這種情況，是因為有簋從不稱「盨簋」這個前提存在的。……
盨、簋並不完全同義，我們不妨稱之為「近義連用」。[25]

從「盂簋」與「盨簋」二詞看來，「簋」皆居主要賓語地位，擁有絕對的優
勢與掌控權，盂、盨新名從舊名脫胎而藕斷絲連的情景也依稀可見，彼此之
間是「近義連用」，但不可倒置。

另外，我們也注意到「簋」的這種強勢稱名，在西周晚期如《集成》的
4666、4667〈衛始豆〉不名為「豆」而自稱作「毀」顯現出來，其前所用的
修飾語《引得》作「餯（此採寬式隸定）盄」，《釋文》作「憂靈」，若依《引
得》所釋，「餯」字《說文解字》釋為：「盛器滿兒。从食，蒙聲。《詩》曰：
有餯簋飧。」[26]「盄」字《釋文》隸作「靈」於形不類，其上部似「鑄」所
從，可隸作「皿」，下疑從水，字作「盢」或「溢」，《龍龕手鑑》釋「盢」
為「淨」，《集韻》以「溢」為「溢」或省，則「餯盢」即「滿溢」皆為「滿
貌」，是一同義並列結構的修飾語，以表明豆的盛放食物狀態。

至於「彝」作為青銅器的大共名，「為宗廟器之共名，或一切貴重飲飤
器之大共名」[27]，在銅器自名時有「共名＋專名」連用的情況，如《集成》
2373 西周早期器〈中斿父鼎〉：「寶尊彝鼎」，4134、4135 西周早期器〈御史
競毀〉：「寶尊彝簋」，可見「彝＋專名」在西周早期已經形成，如 3453 西周
早期器〈作豕商毀〉：「乍希商彝皀」，「毀」作「皀」，與大共名「彝」組合頗
為常見，或加上修飾語「寶尊」；後來「彝」字似由器物大共名轉化為器名
修飾語，指「宗廟祭祀時常用的」意思，如〈中山王譽壺〉的「彝壺」，〈蔡
侯盤〉的「彝盤」，皆當「祭祀」之用[28]，已非器物大共名而已，此從 4317

---

[25] 陳劍：〈青銅器自名代稱、連稱研究〉，《中國文字研究》第一輯，頁 364。
[26] 〔東漢〕許慎撰、〔清〕段玉裁：《說文解字注》（臺北：天工書局，1992 年 11 月），
頁 221。
[27] 徐中舒：〈說尊彝〉，《徐中舒歷史論文選輯》，頁 647-651。
[28] 參見陳初生：《金文常用字典》（高雄：復文圖書出版社，1992 年 5 月），頁 1078。

西周晚期的〈訣毀〉：「訣乍鬻彝寶毀。」與 4124 西周晚期〈尌仲毀蓋〉：「尌仲乍朕皇考趞仲鬻彝尊毀」中可看出，在說明器物功能的「鬻」、代表祭祀用途的「彝」、表彰器物價值的「寶」或「尊」字的多種修飾語並列組合下，器物的多種目的與功能及其價值也顯現了出來，可謂面面俱到，故「彝」字在此似乎不宜以「大共名的器物名」視之，等此，則置於專名前的「彝」，實際已朝修飾語邁進了。

當然，上列的修飾語，有些隸釋已無疑議，有些則未有共識，如「鬺」字吳振武釋作「瀝」字異構[29]，張亞初釋作「淄」通「齍」[30]，這種隸釋的不同又牽涉到對其詞義的理解與掌握、用法的考察與確立、類屬的分析與歸納，本文限於篇幅不擬對這些修飾語一一作個別的考釋追索，只儘量採取較適切的隸釋，將之分類說解如下：

（一）標示其價值的修飾語：如寶（珍貴的）、尊（尊貴崇高的）、保（通寶，珍貴的）、奠／障（通尊，尊貴崇高的）、寶尊（既珍貴又崇高的）、尊寶（既崇高又珍貴的）等共六詞。

（二）標示其功能用途的修飾語：如旅（用來供養祭祀的）、饙（用來宴饗飪食的）、媵（用來陪嫁的）、齍／淄（用來盛放飪食的）、鬻（用來煮食祭享的）、從從（巡狩征行所用的）、用（祭享用的）、媊（盛放熟食用的）、嘗（祭祀用的）、膳（盛放美食的）、飤（供給餐食的）、登用（祭祀用的）、旅用（供養祭祀用的）等共十三用詞。

（三）標示狀態大小的修飾語：如寍（小的）[31]、少食（小食的）、餯盆（盛滿食物的）等共三詞。

又王文耀：《簡明金文詞典》（上海：上海辭書出版社，1998 年 12 月），頁 473。

[29] 吳振武：〈釋「鬺」〉，《文物研究》第六輯（合肥：黃山書社，1990 年），頁 218-223；又董蓮池：《金文編校補》（長春：東北師範大學出版社，1995 年 9 月），頁 505。

[30] 張亞初：《殷周金文集成引得》，頁 1165。

[31] 〈寍簋〉即〈小簋〉，參見楊樹達：《積微居金文說（增訂本）》（北京：科學出版社，1959 年 9 月），頁 158〈姜林母簋跋〉、頁 219〈伯多父盨跋〉。

（四）標示使用對象的修飾語：如重（專用的）、大宗（直系宗廟用的）等共二詞。

（五）多面向並列組合式的修飾語：如寶用（用來享用且珍貴的）、寶皇（既珍貴又美大的）、寶鼎（珍貴而用來煮食祭享的）、尊媵（用來陪嫁且崇高的）、「寶尊彝」（珍貴崇高宗廟常用的）、「寶用尊」（珍貴享用崇高的）、「鼎彝寶」（用以煮食的宗廟常用的珍貴的）、「鼎彝尊」（用以煮食的宗廟常用的尊貴的）、「吉金用尊」（青銅作的享用的尊貴崇高的）等共九詞。

從上面粗疏的分類中，約可看出青銅簋的製作，以功能用途的修飾語應用最多樣化，其中又以祭祀宴饗盛放飪食為主要目的，此中頗能彰顯出青銅簋類器的目的與特質來。

四　小結

透過上文的爬梳整理，我們知道殷周青銅簋類器銘的自名為「毀」，於殷已然，非始於西周早期。而其自名的情況，又與青銅簋類器的發展史相始末，西周早期與鼎配套成組，銘文亦同銘同鑄；西周中晚期簋的發展雖達到顛峰，但又與「盂」、「盨」、「豆」在名稱上糾纏不清，相互混淆，但簋畢竟是此三類器的母源，在「盂」「盨」「豆」稱名時可名之為「毀」，但簋卻維持它主尊母源的地位，從未屈從委落自稱為「盂」「盨」「豆」者，因此在器名連稱時，「毀」總是置於最末，前則有「盂」、「盨」專名與「彝」的共名，彷若起修飾標別的作用，以致於宗廟器共名的「彝」最後捐棄連稱賓語的用法，而修飾起「毀」來了，這從「鼎彝寶」、「鼎彝尊」的用法中我們是可以如此揣測的。

另一方面，作為禮器重要成員之一，為了標榜簋的至尊至貴，可寶可用，在青銅簋類器自名前的修飾語，可觀察到「寶」、「尊」、「寶尊」是最頻繁出現的，這種在祭享或宴饗都是既珍貴又崇高的宣示，而本身又是身分地

位功勳美德的絕佳表徵，以致呈現在銘文修飾語也就直言不諱，宣美宣貴宣尊起來！而在眾多修飾語中，既有價值的標榜，也有功能用途、狀態、大小、對象、材質以及並列組合的型式，從中也可窺知其與自名句前的動詞「乍」、「鑄」、「為」二或三個連用的情況不同，動詞連用大抵採同義、近義連用，「它們之間當是一種同位關係，而不是並列關係」[32]，但修飾語卻是意義各別的一種並列組合方式，在價值、用途、狀態、大小、對象、材質各類中進行排列組合的方式，以照顧各個面向，這和動詞「共同強化」的語意功能是不同的，似乎也透露出修飾語組合方式是不同於動詞組合方式的特性來。

原文發表於《龍宇純先生七秩晉五壽慶論文集》，臺北：臺灣學生書局，2002 年 11 月，頁 239-254。（張宇衛繕打／高佑仁、邱郁茹校對）

---

[32] 陳劍：〈青銅器自名代稱、連稱研究〉，《中國文字研究》第一輯，頁 364。

從先秦金文論重疊詞的起源問題
——由「子子孫孫」談起

一

　　在先秦金文重疊詞中，「子子孫孫」出現的頻率最高，起源最早，數量最豐富，形式最多變，詞性和語法功能也較特殊，是探討重疊詞建構過程中，頗值得觀察與討論的對象；相同的，在先秦典籍中，它也常常出現，如《尚書‧梓材》：「惟曰欲至于萬年，惟王，子子孫孫永保民。」《詩‧小雅‧楚茨》：「子子孫孫，勿替引之。」[1]之類即是。

　　前人注意到這種形式，是從《爾雅》開始的，〈釋訓〉第三專收重言疊詞，並解釋「子子孫孫」的義蘊是「引無極也」，郭璞《注》：「世世昌盛長無窮」[2]，可表現出中國人縣縣瓜瓞的想望。至於留意到古文字材料，尤其是金文中不同的形式表現，可能要從宋代的薛尚功開始。我們瞭解，宋代著錄研究金文的風氣漸興，可是對重疊詞尚缺乏關注，在薛尚功《歷代鐘鼎彝器款識法帖》中著錄一些重疊詞，如卷六〈許子鐘〉的「戉=越=」、卷七〈遲父鐘四〉的「穆=」、〈盠和鐘〉的「彬=」、「銑=雝=」、卷八〈齊侯鐘四〉的「虩=」、〈齊侯鐘六〉「都=俞=」、〈齊侯鐘七、八〉的「綴=」、〈箸磬〉的「鎗=鉈=」、卷十二〈孟姜匜〉的「沱=熙=」，僅僅在「穆=」下解釋其意義功用說：「是鐘遲父為齊姜作也。曰『用昭乃穆=不顯龍光』，則穆=以言其欽和，不顯以言其甚顯……樂所以示其和，而銘之所載又以形容其和之=德。」[3]至

1　〔漢〕孔安國傳、〔唐〕孔穎達疏：《重栞宋本尚書注疏附校勘記》（臺北：藝文印書館，1979年），頁213；〔南宋〕朱熹：《詩集傳》（臺北：臺灣中華書局，1991年），頁154。

2　〔西晉〕郭璞：《爾雅音圖》（臺北：臺灣商務印書館，1977年），頁32。

3　〔北宋〕薛尚功：《歷代鐘鼎彝器款識法帖》（北京：中國書店，1995年），卷六，頁50；卷七，頁56、58；卷八，頁69、72、73、76；卷十二，頁117。

於論「子子孫孫」一條，則推測成因，剖析類型，不限於解釋詞義而已，卷十六〈仲父鬲〉下云：

> 且諸器款識有曰「孫子」，有曰「子孫=」，有曰「子=孫」，蓋孫可以為王父尸，子不可以為王父尸，故言「孫子」而以孫為先，言之不足，至於重複，故言「子=孫=」而不嫌其煩，或疊言，或單舉以互見，故言「子=孫」而不嫌其略。若此再言「子=」，人從而系之，是為「孫=」之義，蓋孫亦子屬，不待指而後著矣！噫！古人制器尤在於遺後世，且欲傳守不失，故以子孫為丁寧，若乃漢器銘子孫者十無二三，此所以不純乎古也。[4]

在此，我們看到薛氏認為金文除習見的「子子孫孫」外，尚有「孫子」一詞，其成因是「孫可以為王父尸」的背景因素下造成的；而「子=孫」或「孫=」的成因卻顯然不同，那是「子子孫孫」因「單舉互見」、「不嫌其略」的結果；亦即薛氏已然歸納出「子子孫孫」、「孫子」、「子子孫」、「子孫孫」四種類型，單複互見。

到了清代，《說文》四大家之一的王筠更推闡餘緒，補充修正，他在《毛詩重言》下篇「子子孫孫」條說：

> 《積古齋》鼎彝銘云「子子孫孫」者，云「子孫」者，皆不可勝紀。云「孫子」者凡三見；云「孫孫子子」者，〈王伯彝〉、〈楠妃彝〉是也；云「子孫孫」者，〈萬壽鼎〉以下凡四見；云「子子孫」者，〈茲太子鼎〉以下凡十見；但云「子」者，〈楚公鐘〉是也；云「孫孫」者，〈楚良臣余義鐘〉是也，乃〈兮仲敦〉蓋銘云「孫孫」，器銘又云「子子孫孫」，《筠清館》〈師寰敦〉蓋銘云「孫孫子」，器銘又云「子子孫孫」，是知諸器異文，其義一也。[5]

---

[4]〔北宋〕薛尚功：《歷代鐘鼎彝器款識法帖》，卷十六，頁 159-160。
[5]〔清〕王筠：《毛詩重言》一卷，清咸豐二年（1852 年）賀蕙、賀蓉、賀荃刻《鄂宰四種》本，下篇，頁 43。

是王筠又補充「子孫」、「孫孫子子」、「子」、「孫孫」、「孫孫子」五種類型，並認為「諸器異文，其義一也」，雖然形式或有不同，但意思是一樣的。至於薛氏所主張的「孫為王父尸」，製器係因「欲傳守不失」，「故以子孫為丁寧」下的產物，王氏則未論及。針對這一點，近人黃光武曾提出他的質疑說：

> 孫即是子屬，子孫泛指後代是對的，但對銘文有作「孫子」而認為「孫可以為王父尸」就不實際了，因為銘文絕大多數是泛指的「子孫」、「子子孫孫」。薛氏的觀點受到「君子抱孫不抱子」的影響，用以解釋銘文子孫稱謂，全屬附會之談，用以解釋單重文號的「子=孫」，顯然不合古人的讀法。[6]

並以為各種「子孫」形式：1.「子孫」；2.「子子孫孫」；3.「子子孫」；4.「子孫孫」；5.「孫子」；6.「孫孫子子」；7.「孫子子」等「歷來金文著錄的釋讀」大致有的七種形式，一律讀成「子子孫孫」或「孫孫子子」，而推測任何單重文號的結構形式，可能是「鑄造時失範」、「製範時疏漏」或「有意識簡省」的結果，所謂：「子孫稱謂重文是金文銘辭的套語，當時人們十分熟悉，即使簡省一個符號，照樣也會讀為『子子孫孫』，絕對不發生誤會。」[7]

當然，傳世的先秦典籍中僅見「子孫」和「子子孫孫」兩種形式[8]，也因為僅止於這兩種形式，超乎此格式的任何形式變化或許有其成因，以故黃氏在推斷金文中各種形式的變化時，是採「失範」、「疏漏」或「有意簡省」的結果來解讀，其中「有意簡省」亦即是薛氏指的「單舉互見，不嫌其略」的意思。除此之外，這樣的解讀方式，會不會忽略掉詞彙在定型化之前，於

---

[6] 黃光武：〈金文子孫稱謂重文的釋讀及啟發〉，《中山大學學報（社會科學版）》，1992 年第 4 期，頁 124-126。

[7] 黃光武：〈金文子孫稱謂重文的釋讀及啟發〉，《中山大學學報（社會科學版）》，1992 年第 4 期，頁 124-126。

[8] 如《詩・大雅・假樂》：「子孫千億」、〈大雅・抑〉：「子孫繩繩」、〈周頌・烈文〉：「子孫保之」、〈小雅・楚茨〉：「子子孫孫，勿替引之。」書中可見「子孫」與「子子孫孫」兩種形式，且僅止於這兩種形式。〔南宋〕朱熹：《詩集傳》（臺北：臺灣中華書局，1991 年），頁 195、204、224、152。

調適過程中呈顯出不穩定、不成熟狀態下，形成多種變化組合方式？會不會陷入以今律古，誤果為因的窠臼，把後來視為當然的去範圍先秦時代的未必然？或簡單地把許多例外逕指為「失範」、「疏漏」或「有意減省」的結果，而疏忽它們無論在數量上或內容上所欲透露的背景意義？是詮釋本身的合理與否，亟需篤切牢靠地分析檢驗材料不可。但是，這又面臨另一個新問題。

二

　　因為出土、著錄條件的不同，先秦金文拓片很多是漫漶不清，面目模糊的，諸家在釋讀隸定時，既要努力辨析重文號「＝」的有無，且可能各執一詞；又不免受「有意簡省」的影響，而逕用定形化的套語隸定，以致產生釋文與拓片不一致，治絲益棼，相互糾葛的情況。舉個彰顯較著的例子，如《殷周金文集成》[9]（以下簡稱《集成》）一書的釋文，有張亞初的《殷周金文集成引得》中的〈《殷周金文集成》釋文〉（以下簡稱《引得》）[10]和中國社會科學院考古研究所編的《殷周金文集成釋文》（以下簡稱《釋文》）[11]，二書在「子子孫孫」一詞的釋讀上即顯現出嚴重的分歧，而且又與《集成》書末所附的「銘文說明」（以下簡稱「說明」）相牴牾，茲將其差異列表如下：

序號	隸定編號	釋　文	引　得	分　期	說　明
1	1:35	子子孫	子子孫孫	西中晚	重文一

[9] 中國社會科學院考古研究所編：《殷周金文集成》（上海：中華書局，1987年4月）。
[10] 張亞初：《殷周金文集成引得》（北京：中華書局，2001年7月），頁1、2、6、8、9、19、22、23、26、39、40、41、44、45、93、96、140、143、149、150、152、153、156、157。
[11] 中國社會科學院考古研究所：《殷周金文集成釋文》（香港：香港中文大學中國文化研究所，2001年10月），第一卷，頁17、37、134、165、172、467、527、542、552、553、593；第二卷，頁239、258、265、308、319；第三卷，頁501、503、549；第五卷，頁367、376、422；第六卷，頁21、54、99、100、120、148、160。

2	1:66	子子孫孫	子孫	西晚	
3	1:174	子子孫孫	孫	春晚	重文一
4	1:203	子子孫孫	子孫	春晚	重文二
5	1:209	子孫	子子孫孫	西晚	
6	2:428	子子孫	子子孫孫	戰國	重文二
7	3:684	子子孫孫	子子孫	西晚	重文一
8	3:713	子子孫孫	子子孫	春早	重文一
9	3:732	子子孫孫	子子孫	春早	重文二
10	3:734	子子孫孫	子孫	春早	重文二
11	3:945	子子孫	子子孫孫	春早	合文一
12	4:2468	子孫	子子孫孫	西晚	
13	4:2524	子孫	子子孫孫	春早	
14	5:2549	子子孫孫	子子孫孫	西晚	重文一
15	5:2668	子子孫	子子孫孫	春秋	重文一
16	5:2700	子子孫	子子孫孫	西晚	重文一
17	9:4416	子子孫孫	子子孫	西中	重文二
18	9:4422	子子孫孫	子子孫孫	西晚	重文一
19	9:4547	子子孫孫	子子孫	春早	重文二
20	15:9434	孫孫	子子孫孫	春早	重文一
21	15:9453	子子孫孫	子子孫	西中	重文二
22	15:9641	子子孫孫	子子孫	西晚	重文二
23	16:9896	子孫	子子孫孫	西周	重文二
24	16:9980	子子孫孫	子孫	春秋	重文二
25	16:10109	子孫孫	子子孫孫	春秋	重文一
26	16:10112	子孫	子子孫孫	西晚	
27	16:10162	子孫孫	子子孫孫	春早	合文一
28	16:10226	子孫孫	子子孫孫	西晚	重文二
29	16:10263	子子	子子孫孫	春秋	重文二

從這 29 例來觀察，其時代西周 1，西中 3，西晚 10，春秋 4，春早 8，春晚

2，戰國 1，弧線高度集中在西晚、春早時期。而推究這種分歧的現象，其實也不是拓片清晰度的問題而已，其中或則摻雜著黃氏所說的「套語」的解讀成分在內，更增加了解讀的困難與糾葛，何況這種困難糾葛同樣顯現在下舉類型中。

　　如果我們把具有爭議的剔除掉，採用拓片清晰可辨且諸家較無異辭的，可觀察到「子」「孫」二字在金文中豐富多變的形式，且百變不離其宗的「引無極」想望，是不拘泥在傳世典籍的兩種類型而已。而這種「不定於二尊」的用詞，除前黃氏所舉的七種形式外，《集成》中尚存有「孫孫子」（2379：西中）、「子子子」（3900：春早）、「子子子子」（4203：西晚；5423：西中）、「孫孫」（184：春晚；4137：西晚；10218：西晚）、「孫孫孫」（4154：西晚）、「孫孫孫孫」（4025.2：西晚）、「世孫子」（4214、5969：西中）、「世子孫」（9898：西中）、「世孫孫子子」（4270、4271：西中）、「世子子孫孫」（6011：西中）、「世世子孫」（225-237：春晚）、「邁（萬）子孫」（9644：西晚）、「世萬子孫」（4649：戰晚）、「百世孫子」（5976：西早、6516：西中、9897：西中）、「百世子子孫孫」（10168：西早），「百男百女千孫」（4459-4461：西晚）、「百子千孫」（2768：西晚；9716：西中）、「百字（子）千孫孫」（4147-4149、4151：西晚）、「子之子，孫之孫」（9719：戰中；9735：戰晚），加上語意相近的「婦子後人」（4300、4301：西早）、「世世」（2675：春早）[12]等諸種形式，簡直變化多端，組合繁樣，語彙各異，而意義卻朝宗歸海，如此情況，是不是簡單的「子子孫孫」或「孫孫子子」可完全概括涵蓋的呢？而且，可疑的是，此種情況並未平行地出現在先秦其它金文重疊詞的身上。

---

[12] 參見沈寶春：〈西周金文重疊詞探析——以《殷周金文集成》簋鐘類銘文為例〉，載《王叔岷先生學術成就與薪傳論文集》（臺北：臺灣大學中國文學系，2001 年），頁 280-283。

三

　　當然，有關「子子孫孫」及其變化形式的情況，我們應該把黃氏所提出的三種擬測：鑄造時失範、製範時疏漏、有意識簡省等成因考慮進去；但，我們不禁要質疑的是，前兩種情況應當係屬偶發性、暫時性，與少量的疏忽所造成的。可是，如果歸納整理它們出現在《集成》時的情況，依其出現前後次序，按編號、時期、地域分佈排比，只要檢驗所著錄的「子子孫」一詞為例，剔除掉《引得》與《釋文》不同的部分，如 110、112、145-148、945、947、2467、2598、2561、2632、2699、2730、2731、4441、4453、4546、5425、9694-9695、9822、9970、9982、10089、10094 等 26 例外，二書一致釋作「子子孫」者，有：271（春中晚：山西）、714（春早）、937（西晚）、2380（西中或晚：陝西）、2418（西晚：山東）、2442（西晚）、2471（西周）、2508（西中或晚）、2512（西晚：陝西）、2516（西晚：陝西）、2529（春早：河南）、2570-2571（春秋）、2585（西晚）、2599（春早）、2602（春早）、2619（西晚：陝西）、2642（春早：山東）、2644（春早：湖北）、2656（西早：陝西）、2679（西晚：山西）、2697（西晚：陝西）、2704（西早：陝西）、2743-2744（西晚）、2767（西中晚：陝西）、2790（西晚：商州）、2813（西中：關中）、2821、2823（西晚：陝西）、2835（西晚：陝西）、4418（西中）、4428（春早）、4429（西中）、4436（西晚）、4537-4538（西晚）、4539-4541（春早）、5411（西中）、5427（西中）、9429（西中）、9645（西晚）、9688（春早）、9706（春秋）、9969（西晚）、10095（西晚）、10097（西晚）、10118（春秋）、10121（春秋）、10132（春早：河南）、10139（春秋）、10149（西晚）、10242（春秋）、10258（春秋）、10262（西晚）、10268（春早：河南）、10278（春秋）、10311（西中）、10314（西晚）、10335（春秋：河南）等凡 62 例，就可發現，其數量如此之多，並非單文孤證；可知的地域分佈又如此普遍：

山西、陝西、山東、河南、湖北等地所在都有，非僅局限陝西一地；時間從西周早期到春秋晚期皆然，延續頗長久，雖然比較集中在西周晚期，但如果用「鑄造時失範」、「製範時疏漏」與「有意識簡省」來解讀，或許過度簡化其成因，不無疑慮。蓋「子子孫孫」等用詞既不劃一，又非偶發、暫時性的，推擬純粹由此三因素造成，或許有修正之必要。當然，舉一以概其餘，其它類型出現的頻率較少，已如前舉，但這些現象還是存在的。

如果，我們再把黃氏所提出的「從所見著錄的同銘器看來，凡子孫稱謂，不管有無重文號、單重文號、雙重文號，其義皆同，只是結構形式不同而已」的 7 例依《集成》與《考古》所分時期來觀察，〈仲枏父鬲〉為「西中」、〈豐兮簋〉、〈楚公𡞯鐘〉、〈伯喜簋〉[13]、〈仲枏父簋〉、〈楸車父簋〉、〈蔡大膳夫趩簋〉[14]為「西晚」，7 器中有 6 器是集中在西周晚期，而與前所分析的「子子孫」現象相一致。另外，黃氏所舉「重文號以二短橫為標誌，有的銘文出現缺失符號的現象」的 3 例，〈靜卣〉為「西早」、〈曶鼎〉、〈格伯作晉姬簋〉為「西中」，則是比較早期的現象，而且仔細勘驗，其所謂「缺失符號」現象，有可能是與「子」與「孫」字的「橫畫共筆省略」的結果所造成的。

如再與《集成》著錄的其它重疊詞作比較，按《集成》「說明」的時代分期以及重疊詞出現的器號器名，列之如下：

殷商：0 詞 0 器。

西早：顯顯（4330 沈子它簋蓋），共 1 詞 1 器（簋 1）。

西中：戜戜彙彙（49 戜狄鐘、246-250 㝬鐘）、趩趩（246 㝬鐘）、穆穆（2812 師望鼎、2824 致方鼎、2830 師𩰬鼎、5993 作厥方尊、9455 長由盉）、刺

---

[13] 黃氏據《張家坡西周銅器群》圖版二十一作「伯喜父簋」，唯《集成》3837-3839〈伯喜父簋〉「傳出河南」且無「子=孫=」銘，當作「伯喜簋」，《集成》3997-4000 收錄，有「子=孫=」重文二，係 1961 年陝西長安縣張家坡出土。

[14] 黃氏據《考古》，1989 年第 11 期，1043 頁；唯原文係襄樊市博物館：〈湖北宜城出土蔡國青銅器〉，《考古》，1989 年第 11 期，頁 1041-1044，唯其出土僅鼎器與〈蔡大膳夫趩簋〉，是「簋」而非「簋」，文中定為西周末春秋早期器。

刺（6013盠方尊、9899-9900盠方彝），凡 4 詞 9 器（鐘 2、鼎 3、盉 1、方尊 2、方彝 1）。

西晚：穆穆（103遟父鐘、109-111 井人妾鐘、238-244 虢叔旅鐘、2836 大克鼎、4326 番生簋蓋）、憲憲（109、111 井人妾鐘）、數數彙彙（110 井人妾鐘、145-148 士父鐘、188、190汈其鐘、238-241 虢叔旅鐘、4465 善夫克盨）、穆穆異異（187-189、192汈其鐘）、鎗鎗鏓鏓（188、190、192汈其鐘、260馱鐘）、彙彙數數（260馱鐘）、雝雝雍雍（260馱鐘）、趉趉（2833-2834 禹鼎、10173 虢季子白盤）、馴馴（2841 毛公鼎）；鍺鍺鏴鏴（188、190、192汈其鐘），浯浯（4153奠簋）、它它（4160 伯康簋）、陁陁（4317馱簋），凡 13 詞 16 器（鐘 7、鼎 3、簋 4、盨 1、盤 1）。

春秋：敓敓熙熙（153-154 鄬子牆缶缚、182 徐王子旃鐘）、訾訾（182 徐王子旃鐘）、龢龢倉倉、鑰鑰剖剖（193-198 者瀘鐘）、鍺鍺雍雍（267-270 秦公缚）、穆穆、刺刺趉趉、壴壴（270 秦公缚）、它它熙熙（9704鼄公壺）、沱沱熙熙（10280 慶叔匜）、虩虩、嬭嬭（10342 晉公盆），凡 12 詞 7 器（鐘缚 4、壺 1、匜 1、盆 1）。

春早：刺刺、壴壴（262、264、265 秦公鐘，267-269 秦公缚、4315 秦公簋）、鍺鍺雍雍（263、266 秦公鐘）、哀哀（2750 上曾大子鼎）、穆穆、刺刺趉趉（4315 秦公簋）、滂滂（9708 冶仲考父壺）、它它熙熙（10163 夆叔盤、10282 夆叔匜），凡 8 詞 7 器（鐘缚 2、鼎 1、簋 1、壺 1、盤 1、匜 1）。

春中：簙簙（271綸缚）、闌闌獸獸、趎趎（2811 王子午鼎），凡 3 詞 2 器（缚 1、鼎 1）。

春晚：央央雖雖（172-180簹叔之仲子平鐘）、皇皇熙熙（203 沇兒鐘、261 王孫遺者鐘）、雈雈、祇祇（210-211、217-222 蔡侯紐鐘）、束束（223-

224 蔡侯甬鐘）、油油漾漾（224 蔡侯墓殘鐘四十七片）、喬喬（225-237 邵黵鐘）、闌闌、趡趡（261 王孫遺者鐘）、虢虢（275 叔尸鐘、285 叔尸鎛）、截截轟轟（277 叔尸鐘、285 叔尸鎛）、肅肅（278、280 叔尸鐘、285 叔尸鎛）、芍芍（429 九里墩鼓座）、它它熙熙（4645 齊侯作孟姜敦、10159 齊侯盤、10283 齊侯匜）、穆穆亹亹、遊遊（6010 蔡侯尊、10171 蔡侯盤）、甬甬（9733 庚壺），凡 17 詞 16 器（鐘 9、鼓座 1、敦 1、盤 2、匜 1、尊 1、壺 1）。

戰國：穆穆（2746 梁十九年亡智鼎），凡 1 詞 1 器（鼎 1）。

戰早：起起（121-129 者汈鐘）、日日（144 越王者旨於賜鐘）、畲畲（171 之利鐘），凡 3 詞 3 器（鐘 3）。

戰中：柬柬獸獸（9719、9720 令狐君嗣子壺）、犀犀（9719、9720 令狐君嗣子壺），凡 2 詞 1 器（壺 1）。

戰晚：庸庸、憚憚懍懍（2840 中山王嚳鼎）、炏炏、霖霖、汸汸（9734 奵盇壺）、穆穆濟濟（9735 中山王嚳方壺）、祇祇翼翼（9735 中山王嚳方壺），凡 7 詞 3 器（鼎 1、壺 2）。

當然，後出諸器《集成》未及收錄者尚多，如《文物》1991 年第 5 期收有〈宋右師延敦〉：「惟嬴=晶=揚天惻」「永永有慶」[15]即是。但在這頗具代表性的限量材料分析歸納當中，我們可觀察到重疊詞生發起伏的曲線：殷 0→西周 15→春秋 40→戰國 13，春秋時期達到一個顛峰；若以器類分佈來看，鐘鎛鼓 29、鼎 10、簋 6、盨 1、敦 1、尊 3、盂 1、壺 6、方彝 1、盤 4、匜 3、盆 1，其它器類未見，尤其是兵器。由此可見，重疊詞比較集中在樂器類上，禮器類次之，此與重疊詞的摹擬比況特質是相一致的。

但是，「子子孫孫」類的重疊詞又是如何？當然，它的出現相當普遍與

---

15 徐俊英：〈南陽博物館藏一件春秋銅敦〉，《文物》，1991 年第 5 期，頁 88；唯徐氏據李學勤說，以「器銘第三行『惻』字蓋銘作『則』。又蓋銘『晶』、『永』下均無重文符，可證器銘係衍文。」實則蓋銘係脫文，非器銘為衍文。

頻繁，釋讀上又有一些紛歧，數據上很難做到完全準確，但如果透過《集成》將「子子孫孫」類型歸納分析，剔除有出入的，大體模樣粗具，稍能判斷。如以「子子孫孫」論之，其時代分佈為：殷商 0、西周 15、西早 17、西中 149、西晚 475、春秋 50、春早 75、春中 2、春晚 28、戰國 0、戰早 4、戰中 0、戰晚 2，也就是說殷商 0→西周 656→春秋 155→戰國 6；至於「孫孫子子」的時代分佈僅為：西周 1、西早 8、西中 17、西晚 6，即西周共 32 例；而「子子孫」為：西周 1、西早 10、西中 18、西晚 70、春秋 11、春早 13、春中 1，亦即西周 99→春秋 25；「子孫孫」則西中 1、西晚 10、春早 1；至於「孫孫子」：西中 1；「孫孫孫孫」：西中 1、西晚 1；「子子子子」西晚 2、「孫子子」西中 1、西晚 3……由此可知，「子子孫孫」類型的重疊詞，其顛峰時期並不在春秋，而在西周，尤其是西周晚期，相對於其它重疊詞來說，是發展得比較早，出現得比較繁複的類型，即以最早的西周早期情況而論，意思相類的已有：

子孫：4088（簋 1）、5371（卣 1）、5961（尊 1），凡 3 例。

孫子：5354（卣 1）、5941、5948、5970、6007（以上尊 4）、9428（盉 1）、
　　　9892（方彝 1），凡 7 例。

子子孫孫：2468、2486、2488、2629、2749（以上鼎 5）、3764、3993、3994、
　　　4169（以上簋 4）、5408、5426、5431（以上卣 3）、5958、5964、6005、
　　　6009（以上尊 4）、9889（方彝 1）、10091（盤 1），凡 18 例。

孫孫子子：＊2723、2791（以上鼎 2）、4073（簋 1）、5946、5995、6015（以
　　　上尊 3）、9435（盉 1）、9893（方彝 1）、10312（盂 1），凡 9 例。

子子孫：2526、2704、2730、2731（以上鼎 4）、3863、3908、3909、3093、
　　　3991、3992、4150、4201（以上簋 8），凡 12 例。

孫子子：＊6507（觶 1），例 1。

子子：＊5306（卣 1），例 1。

百世子子子孫：10168（盤1），例1。

百世孫子：5976（尊1），例1。

婦子後人：4300-4301（簋2），凡2例。（按：＊表時期及隸定有爭議）

諸種類型中，以「子子孫孫」最為常見（18），「子子孫」次之（12），「孫孫子子」又次之（9），而其器類分佈，鼎11、簋16、卣6、尊13、觶1、盉2、方彝3、盤2、盂1，是比較集中在食器、酒器上，而樂器與兵器則未見，這與其它重疊詞的情況又不一樣。

四

　　通過上面對《集成》裡的重疊詞不憚其煩的整理歸納，而從先秦金文所反映出來的事實，或許我們可以如此推知：

（一）先秦金文重疊詞的產生是從「子子孫孫」諸種類型開展的，時間是在西周早期，器類以飲食器為主，其高峰期在西周晚期；相較於「子子孫孫」類型，其它重疊詞則以樂器為主，產生的時代較晚，春秋時期達到顛峰，主要為摹擬比況之詞。

（二）「子子孫孫」類型因為產生得早，所以形式多變，隨文游轉，顯得相當特殊，而這種不穩定情況持續頗久，是很難用「鑄造時失範」、「製範時疏漏」及「有意識減省」來完全概括的。

（三）透過「子子孫孫」類型的探討，我們看到「民以食為天」，飲食器的製作與傳承是如此的重要，人們以「人」為思考希冀的起點，超越了對事物外貌聲音的描摹比況，符合《列子·湯問》篇中所說：「子又生孫，孫又生子；子又有子，子又有孫，子子孫孫，無窮匱也。」[16]而表達出「器主萬年永遠享用此器的方式，是通過其子子孫孫來體現

---

[16]〔周〕列禦寇：《列子》，（臺北：藝文印書館，1975年影宋刻《列子沖虛至德真經》本），頁65。

的」[17]。

（四）「子子孫孫」後來能取得優勢，主要是其音節調暢，結構對稱完整，重文疊字，既「長音悠揚，有繩繩不絕，綿綿不斷之感」[18]，與「引無極」的希冀密合無間，又與西周昭穆制度暗合，於是在經籍與青銅器銘辭中成為一種固定套語，大家習以為常，反以其變動不定型的階段是無意或有意疏漏的結果。

（五）先秦金文重疊詞既從「＝」重文號來，「顯」字又比「子」「孫」二字晚出[19]，由此推測重疊詞可能是從「子子孫孫」類型開展的，但，殷代重文號是有意且刻意的簡省，這從殷代 5417〈小子𤰬卣〉的「乙子＝令……」（即「乙巳，子令……」）的簡省可見一斑；但周代金文的重文號卻非簡省，而是一種衍繁複沓，堆疊厚積，表現出緜緜不絕，悠悠蕩蕩的情思，而殷、周不同的文化質素，也具體而微的在「子子孫孫」類型中隱約顯現，這是在閱讀經籍中，難以體察窺見的。

原文發表於《第四屆國際中國古文字學研討會論文集——新世紀的古文字學與經典詮釋》，香港：香港中文大學，2003 年 10 月 15-17 日，頁 139-151。（邱郁茹繕打／郭妍伶、洪鼎倫校對）

---

[17] 鄭剛：〈古文字資料所見疊詞研究〉，《中山大學學報（社會科學版）》，1996 年第 3 期，頁 115。

[18] 黃光武：〈金文子孫稱謂重文的釋讀及啟發〉，《中山大學學報（社會科學版）》，1992 年第 4 期，頁 124-126。

[19] 郭沫若釋〈沈子簋〉「顯顯受命」云：「顯即顯字之異，從顯省，尹聲也。」見《兩周金文辭大系圖錄考釋（增訂本）》，（北京：科學出版社，1957 年），頁 48。

論先秦「几」的識別功能與形制的南北差異

一 前言

「几」之為物甚微末，但先秦以來，它卻負載某種訊息，而成為身分階層、年齡及身心狀態的識別標記，這從清人宋翔鳳在《過庭錄》一書中，曾藉此物來作為「孟子去齊年歲」的推論依據可見一斑，其〈孟子事蹟攷‧一辨孟子譜之誤〉條說：

> 俗傳《孟子譜》云：「孟子生周烈王四年四月二日生，赧王二十六年十一月十五冬至日卒，年八十四。」此言誕不足信。〈公孫丑〉篇〈孟子將朝王〉章，稱「惡得有其一以慢其二哉？」是蓋在齊湣王十二年燕人畔、孟子去齊之前。當赧王三年，孟子年宜過七十，故云「齒尊」。〈曲禮〉：「大夫七十而致事，若不得謝，則必賜之几杖，行役以婦人，適四方，乘安車，自稱曰『老夫』，於其國則稱名。」則五十、六十雖在養老之列，而尚無此隆禮，安得以「齒尊」自居？……「孟子去齊，宿于晝，有欲為王留行者，坐而言，不應，隱几而臥。」〈曲禮〉七十賜几杖。孟子對客隱几，正是年過七十之證……則生於烈王四年之說，全不可據也。[1]

宋氏既藉助〈曲禮〉的「七十賜几杖」而對孟子「隱几而臥」的行為配件作出年歲的推證，當然是「几」的本身獨具如此的訊息，才容許宋氏有此推論。其後，錢穆曾批評宋氏「論孟子事多誤」，「獨此條辨舊《譜》孟子生於烈王四年之說，頗為精確有見」，並補充說明云：

> 然其論亦僅足為孟子去齊年過七十之證，未見其必為始踰七十

---

[1] 參見〔清〕宋翔鳳：《過庭錄》（臺北：藝文印書館原刻景印百部叢書集成式訓堂叢書，1968 年），第三冊，卷十，頁 15-16。

也。……致為臣與中國授室，亦未可全據七十致事之禮為說。……且〈曲禮〉亦有「不得謝」之說，則亦非一踰七十必致事也。[2]

錢氏在此的分辨更精細，考量到〈曲禮〉之所以「賜几杖」，是在七十致事「不得謝」的特殊情況下才具足的。仔細推究兩位先生論辨的焦點，是從孟子對客的不尋常姿態「隱几而臥」來的，並引據《禮記‧曲禮》的「大夫七十而致事，若不得謝，則必賜之几杖」的文本，去推敲孟子的去齊與生年。當然，「几」在〈曲禮〉一文中已然傳遞如此的訊息：一、持有者的身分階層是「大夫」，二、年齡已屆七十歲，三、本來為官今將致事，四、有不得謝的有德身尚壯狀態。其中，我們看到宋氏已注意到前二種訊息，而錢氏則兼及後兩種來考量。

那麼，我們不禁要問，「几」這種表面看似微不足道的器物，在淺層的實用價值之外，在先秦的傳世文獻與出土文物中，曾具有那些主要或次要的功能？負載如何的深層識別訊息？而這種功能與識別訊息在時間的跨度中是持續？減弱？抑消失？其形制若何？是否存在南北差異？文獻材料中禮制典章與出土文物是否對應？有否損益變革？種種問題，實有探討之必要，下文將透過先秦文獻材料中，主要是以十三經為主的考索，再結合考古出土的先秦文物，由此二重證據的相互證明補充，來推測先秦（主要是戰國）有關「几」的淺層功用與深層底蘊，及其損益變革的情形。

二　几在先秦文獻中的功能與識別訊息

考察「几」在先秦史料中所呈顯出的功能與識別訊息，先不談超越禮的形式，已非具體事物所能範圍的，所謂「子曰：『師，爾以為必鋪几筵，升降酌獻酬酢，然後謂之禮乎？爾以為必行綴兆，興羽籥，作鐘鼓，然後謂之

---

[2] 參見錢穆：《先秦諸子繫年》（臺北：東大圖書股份有限公司，1990 年 9 月），頁 373，一二二〈孟子去齊攷〉。

樂乎？言而履之，禮也；行而樂之，樂也。」[3]以及「揖讓周旋」的「是儀非禮」[4]外，「几」之為物，其所傳達的訊息有時是相當純粹單一的，是實用器物的一環，不寄寓任何涵義的，如《禮記‧喪大記》、《儀禮‧士喪禮》、〈既夕禮〉中用來「綴足」使不辟戾的「燕几」[5]，（有以為「奉體魄之始」[6]）；或是據以丈量「室」的大小單位，如《周禮‧冬官考工記‧匠人》中談及周人明堂的度量方式，係採取「室中度以几，堂上度以筵，宮中度以尋，野度以步，涂度以軌」[7]，因地制宜，取物方便，「因物宜為之數」之類；甚或重言疊詞虛化成形容比況之詞，而與「几」的關涉微乎其微的，如《詩‧豳風‧狼跋》中「公孫碩膚，赤舄几几」，其中的「几几」係形容「絢貌，

3　〔東漢〕鄭玄注、〔唐〕孔穎達疏：《重栞宋本禮記注疏附校勘記》（臺北：藝文印書館，1979 年 3 月），卷五十，頁 856。

4　參看〔周〕左丘明傳、〔西晉〕杜預注、〔唐〕孔穎達疏：《重栞宋本左傳注疏附校勘記》（臺北：藝文印書館，1979 年 3 月），頁 888，按：《左傳‧昭公二十五年》：「子大叔見趙簡子，簡子問揖讓周旋之禮焉。對曰：『是儀也，非禮也。』」孔疏：「禮是儀之心，儀是禮之貌，本其心謂之禮，察其貌謂之儀，行禮必為儀，為儀未是禮，故云儀非禮也。」一段論「禮」落實於「儀」的情況。

5　根據《禮記‧喪大記》所說：「始死，遷尸于牀，⋯⋯綴足用燕几，君、大夫、士一也。」綴足用的燕几，適用於「君、大夫、士」，但未及庶民階層，孔疏云：「『綴足用燕几』者，為尸應著履，恐足辟戾，亦使小臣用燕几綴拘之，令直也。」又引崔氏之說：「今之燕几，其形曲仰而拘足，與鄭違其義，非也。」詳見〔東漢〕鄭玄注、〔唐〕孔穎達疏：《重栞宋本禮記注疏附校勘記》，卷四十四，頁 769-770。又《儀禮‧士喪禮》亦云：「綴足用燕几」，鄭注：「綴猶拘也，為將履，恐其辟戾也。」孔疏：「几之兩頭皆有兩足，今豎用之一頭以夾兩足，恐几傾倒，故使御者坐持之。」「言燕几者，燕，安也，當在燕寢之內常馮之以安體也。」又《儀禮‧既夕禮》：「綴足用燕几，校在南，御者坐持之。」孔疏：「古者几兩頭各施兩足，今以夾則豎用之。尸南首，足鄉北，故以几腳鄉南以夾足，恐足敧側，故使生存侍御者一人坐持夾之，使足不辟戾，可以著履也。」唯當然，前所述為「周道」，殷人則「毀竈以綴足」，亦即「用毀竈之甓連綴死人足，令直可著履也。」詳見同注 3，頁 136，又〔東漢〕鄭玄注、〔唐〕賈公彥疏：《重栞宋本儀禮注疏附校勘記》（臺北：藝文印書館，1979 年 3 月），卷三十五，頁 409；卷四十，頁 474。

6　參見〔清〕凌廷堪著、彭林點校：《禮記釋例》（臺北：中央研究院中國文哲研究所，2002 年 12 月），頁 392 引張爾岐曰：「喪禮凡二大端：一以奉體魄，一以事精神。楔齒、綴足，奉體魄之始。」

7　〔東漢〕鄭玄注、〔唐〕賈公彥疏：《重栞宋本周禮注疏附校勘記》（臺北：藝文印書館，1979 年 3 月），卷四十一，頁 644。鄭注云：「因物宜為之數，室中舉謂四壁之內。」賈疏：「因物宜者，謂室中坐時馮几，堂上行禮用筵，宮中合院之內無几無筵，故用手之尋也。在野論里數皆以步，故用步。涂有三道，車從中央，故用車之軌，是因物所宜也。」

謂舄頭飾之貌」[8]之類，其餘先秦史料中談到「几」的部分，除具實用功能外，尚存有深層的識別意識，所謂「禮也者，不獨大經大法悉本夫天命民彝而出之，即一器數之微，一儀節之細，莫不各有精義彌綸於其間。」或膳宰屠蒯所說的：「服以旌禮，禮以行世事，事有其物，物有其容」[9]。當然，「几」的有無本身已透露某種訊息，而各式各樣「几」的差別，又別具區分的意義，下面先分這兩大端來細談。

（一）關於「几」的有無具識別功能者

此類「几」的設立，在「有－無」之間是具有深層意義的，如前所舉用以考證孟子年歲的〈曲禮〉一文，是透露訊息的標記，根據《禮記・曲禮》所分人生各個階段的專稱，其中「七十」是「致事」的重要分界點，文云：

> 人生十年曰幼學，二十曰弱冠，三十曰壯有室，四十曰強而仕，五十曰艾服官政，六十曰耆指使，七十曰老而傳，八十、九十曰耄。……百年曰期頤。大夫七十而致事，若不得謝，則必賜之几杖，行役以婦人，適四方，乘安車，自稱曰「老夫」……謀於長者，必操几杖以從之。[10]

《正義》在解釋「操几杖以從之」時說：「操，執持也。杖可以策身，几可以扶己，俱是養尊者之物，故於謀議之時將就也。」[11]而從《禮記・曲禮》與《正義》的詮釋中，已然透露出「几杖」的有與無標記著持用者的四個基本上條件，亦即：1.身分階層是大夫一級；2.年齡大小已屆七十；3.仕宦年資可以致事（致事，鄭《注》：致其所掌之事於君而告老）；4.身心狀態是有

---

[8] 〔漢〕毛亨傳、〔東漢〕鄭玄箋、〔唐〕孔穎達疏：《重栞宋本毛詩注疏附校勘記》（臺北：藝文印書館，1979 年 3 月），頁 304。

[9] 參見〔清〕凌廷堪著、彭林點校：《禮經釋例》，頁 63-64。〔周〕左丘明傳、〔西晉〕杜預注、〔唐〕孔穎達疏：《重栞宋本左傳注疏附校勘記》（臺北：藝文印書館，1979 年 3 月），頁 781。

[10] 〔東漢〕鄭玄注、〔唐〕孔穎達疏：《重栞宋本禮記注疏附校勘記》，頁 16-17。

[11] 〔東漢〕鄭玄注、〔唐〕孔穎達疏：《重栞宋本禮記注疏附校勘記》，頁 18。

德尚壯（不得謝，鄭《注》：謝猶聽也，其有德尚壯則不聽耳）。是此處的「几杖」的存有，係為老者尊者而有德尚壯到不得致事的情況設置的，並非一般階層情況，人人盡有的，以故《禮記‧月令》也有：「養衰老，授几杖」[12]的情景產生，補充了「雖尚壯」，然已「衰」的几杖扶持的作用。

　　另外，若排除了「杖」，純粹就「几」單方面來觀察，如《詩‧大雅‧行葦》：「戚戚兄弟，莫遠具爾。或肆之筵，或授之几。肆筵設席，授几有緝御。」鄭箋說明是：「王與族人燕兄弟之親，無遠無近，俱揖而進之。年稚者，為設筵而已，老者加之以几。」孔《疏》云：「几者所以安身，少不當憑几，而《經》筵、几別文，故知老者加之以几也。……以授几以供老人，故以緝御為致敬踧踖之容。」以及〈公劉〉詩中云：「篤公劉，于京斯依。蹌蹌濟濟，俾筵俾几，既登乃依。」孔《疏》云：「公劉之為君也，既為邑於京地，於此依之而為宮室，宮室既成，則饗燕群臣，其威儀蹌蹌之士，及濟濟之大夫，將來君所。公劉則使人為之設筵，使人為之設几，賓來就燕，既登席矣，乃依几矣。……《箋》云『老者加之以几』，則群臣之中，當有無几者，據有者言之耳。」[13]從中也可看出「几」的設置，係為王族與士大夫階層的老者尊者安身養體以為憑依之物，稚者卑者庶民階層是不得設置的，即連《禮記‧內則》所談的「事父母舅姑之法」中，要「御者舉几」而「不傳」，意思即是：「謂早旦親起之後，御之人則奉舉其几以進尊者使馮之」，且需「停駐常處，不得輒更傳移」[14]，意思都是一樣的，還是要「尊者」才

---

[12] 〔東漢〕鄭玄注、〔唐〕孔穎達疏：《重栞宋本禮記注疏附校勘記》，頁125。

[13] 當然，解詩者體悟不同，可能輕輕放過此等材料，如朱熹於《詩集傳》中言〈行葦〉詩句為：「疑此祭畢而燕父兄耆老者老之詩……戚戚兄弟而莫遠具爾，則或肆之筵，而或授之几矣。此方言其開燕設席之初，而慇勤篤厚之意，藹然已見於言語之外矣。讀者詳之。」其中懷疑燕饗對象則包括「父兄耆老」，惟詩文言「兄弟」，則朱氏「父耆老」的推擬何據，雖沒有細表，然其既以「言語之外」，「讀者」當「詳之」，這其中當有背景因素在。另外，其解〈公劉〉詩章為：「此章言宮室既成而落之，既以飲食勞其群臣，而又為之君，為之宗焉。」詳見〔南宋〕朱熹：《詩集傳》（臺北：臺灣中華書局，1991年3月），頁192。又〔清〕凌廷堪著、彭林點校：《禮記釋例》，頁600-601、619。

[14] 〔東漢〕鄭玄注、〔唐〕孔穎達疏：《重栞宋本禮記注疏附校勘記》，頁519。

有，但在此處，「几」的標識功能卻減弱了。

從上所舉可知，几或與杖結合，當具有四個條件；而單就「几」的有無來看，條件是比較寬疏的，只要尊者老者即可，几本身已能提供一定意義的辨識功能，未必仰賴「杖」的相輔相成不可。

反過來說，有些情況「几杖」的尊崇標識也被壓抑著，尤其不得在君前倚老賣老，驕矜放肆，如《禮記·曲禮》下談及「龜策几杖」等「不入公門」，根據鄭玄的說法，「龜策嫌問國家吉凶，几杖嫌自長老」，孔穎達進一層闡述說：「明臣物不得入君門」，「几杖者，臣之几杖也，若將入，謂欲驕矜，嫌自長老」，在這種防範臣下驕矜長老的措施中，只有在「尸乘以几至廟門，及八十杖於朝」兩種情況，則「几杖得入公門」[15]；或是「几」雖設而不倚，爵雖盈而不飲，用意是來「訓共（恭）儉」的[16]，是几杖的憑恃也有其限制範圍的。

還有一種特殊情況是，「几」的「安體」作用也適用在「士」階層的婦女身上，亦即《儀禮·士昏禮》中談到壻親迎婦時，「壻御婦車，授綏，姆辭不受。婦乘以几，姆加景，乃驅。」鄭《注》：「乘以几者，尚安舒也。」賈《疏》：「乘以几者，謂登車時也。几所以安體，謂若尸乘以几之類，以重其初昏與尸同也。」又云：「婦乘以几，從者二人，坐，持几相對。」鄭《注》：「持几者，重慎之。」賈《疏》：「此几謂將上車時而登，若王后則履石，大夫、諸侯亦應有物履之，但無文，以言今人猶用臺，是石几之類也。」[17]這種乘几之設，基本上是對初婚的「婦」「重慎」的心態來的，也是在重視謹慎的心態下，將初婚之婦的地位提升到與「尸」或「尊」的地位相等，而給

---

[15] 〔東漢〕鄭玄注、〔唐〕孔穎達疏：《重栞宋本禮記注疏附校勘記》，頁74。

[16] 參見〔周〕左丘明傳、〔西晉〕杜預注、〔唐〕孔穎達疏：《重栞宋本左傳注疏附校勘記》，頁459。按：《左傳》之「几」或作「机」，如〈昭公五年〉中作「設机而不倚」，頁746，又頁712《校勘記》云：「《釋文》几本亦作机，案：机者，几之俗。」。

[17] 〔東漢〕鄭玄注、〔唐〕賈公彥疏：《重栞宋本儀禮注疏附校勘記》，頁50、61，又頁67《校勘記》中引段玉裁云：「當作几石，此誤倒也。」

予婦「安體」、「安舒」的禮遇，但這種几的設置是比較特殊的，根據《禮記·曲禮》的記載：「尸必式，乘必以几。」鄭《注》：「尊者，慎也。」孔《疏》：「古者車箱長四尺四寸而三分，前一後二，橫一木下去車牀三尺三寸謂之為式，又於式上二尺二寸橫一木謂之為較，……乘必以几者，几案在式之上，尊者有所敬事，以手據之。几上有幂，君以羔皮，以虎緣之也。」[18]是几設在式之上，係「升車所履之几，非所憑之几」[19]也。

除此之外，「几」的有與無還涉及人、神之辨的問題，「几」是祖先神明憑恃之物，這種情況，透過《儀禮·士昏禮》所說的：「昏禮下達，納采用鴈。主人筵于戶西，西上右几。……賓禮辭，許。主人徹几，改筵東上。」鄭《注》：「主人，女父也。筵，為神布席。戶西者，尊處。將以先祖之遺體許人，故受其禮於禰廟也。席西上右設几，神不統於人。」孔《疏》：「釋曰『筵，為神布席』也者，下文禮賓云『徹几改筵』是為人設席，故以此為神席也。云『戶西』者，以戶西是賓客之位，故為尊處也。必以西為客位者，以地道尊右故也。……云『席西上右設几，神不統於人』者，案鄉、射、燕禮之等設席皆東上，是統於人；今以神尊不統於人，取地道尊右之義，故席西上几在右也。」又「主人筵于戶西，西上右几。」鄭《注》：「主人，女父也。筵為神布席。」賈《疏》：「以先祖之遺體許人將告神，故女父先於廟設神席，乃迎壻也。」[20]根據《禮記·昏義》所說，「昏禮」是合二姓之好，上以事宗廟，下以繼後世，需要「敬慎重正」的事情，而昏禮中無論納采、問名、納吉、納徵、請期，「皆主人筵几於廟」[21]，其意義正相同，也即是《左傳·昭公元年》中所敘述的：

---

[18] 〔東漢〕鄭玄注、〔唐〕孔穎達疏：《重栞宋本禮記注疏附校勘記》，頁54。
[19] 參見〔清〕凌廷堪著、彭林點校：《禮經釋例》，頁550。
[20] 〔東漢〕鄭玄注、〔唐〕賈公彥疏：《重栞宋本儀禮注疏附校勘記》，頁39-41、45。
[21] 〔東漢〕鄭玄注、〔唐〕孔穎達疏：《重栞宋本禮記注疏附校勘記》，頁999-1000。

> 春，公子圍聘于鄭，且娶於公孫段氏，伍舉為介。……圍布几筵，告
> 於莊、共之廟而來。……[22]

雖然孔穎達認為公子圍告廟是「專權自由」的「非正」之事[23]，但其「布几筵告廟」，亦可見几筵之設，係為祖先神明憑依托寄所在也。

當然，這種透過「几」的有、無來判定人、神的區分並非絕對，而是相對的，也有特殊情況，如《儀禮·聘禮》：「聘遭喪，入竟則遂也。不郊勞，不筵几，不禮賓。」鄭《注》：「致命不於廟，就尸柩於殯宮，又不神之。」賈《疏》：「又不神之者，以其鬼神所在曰廟，則殯宮亦得為廟，則設几筵亦可矣！但始死，不忍異於生，不神之，故於殯旁無几筵也。」[24]但基本上，「几」的設置，皆為神的存在而設立的，這在很多祭禮進行中可觀察到，如涉及諸侯之士祭祖禰的〈特牲饋食禮〉中，有「南上几席」、「藉用萑，几席陳于西堂如初」、「祝筵几于室中東面」諸語，鄭《注》云：「為神敷席也。」[25]以及《禮記·檀弓》下：「有司以几筵舍奠於墓左，反，日中而虞。」孔《疏》：「几，依神也。筵，坐神席也。」又「虞而立尸有几筵」下，孔《疏》：「此虞祭而有几，謂士大夫禮，若天子諸侯，則葬前有几，故《周禮·司几筵》云：『喪事素几。』」[26]皆是祭祀時為神設几以為憑依之事。正如《禮記·祭統》所說，祭有十倫：1.見事鬼神之道，2.見君臣之義，3.見父子之倫，4.見貴賤之等，5.見親疏之殺，6.見爵賞之施，7.見夫婦之別，8.見政事之均，9.見長幼之序，10.見上下之際。其中只有「鋪筵設同几」是重要的「交神明之道」，「几」是用來「依神」的憑藉，代表死者夫婦「魂氣同歸於此」[27]，

22　〔周〕左丘明傳、〔西晉〕杜預注、〔唐〕孔穎達疏：《重栞宋本左傳注疏附校勘記》，頁697。

23　〔周〕左丘明傳、〔西晉〕杜預注、〔唐〕孔穎達疏：《重栞宋本左傳注疏附校勘記》，頁74。

24　〔東漢〕鄭玄注、〔唐〕賈公彥疏：《重栞宋本儀禮注疏附校勘記》，頁276。

25　〔東漢〕鄭玄注、〔唐〕賈公彥疏：《重栞宋本儀禮注疏附校勘記》，頁524。

26　〔東漢〕鄭玄注、〔唐〕孔穎達疏：《重栞宋本禮記注疏附校勘記》，頁170、193。

27　〔東漢〕鄭玄注、〔唐〕孔穎達疏：《重栞宋本禮記注疏附校勘記》，頁834。

故為人、神之別的主要標識物，於斯可見。又〈儀禮・聘禮〉云：「小聘曰問。不享，有獻，不及夫人，不筵几……唯大聘有几筵。」鄭《注》：「小聘輕，雖受于廟，不為神位。」[28]亦可觀其輕重有別，相對設「几」的情況。

（二）「几」形制數量上的差異標識身分階層的不同

這種情況是在「几」的存有之後，進一層的分化區別以建立層級識別的標記，如《周禮・春官宗伯・司几筵》一文中所說的：

> 司几筵掌五几五席之名物，辨其用與其位。凡大朝覲、大享射，凡封國命諸侯王位，設黼依。依前南鄉，設莞筵紛純，加繅席畫純，加次席黼純，左右玉几，祀先王昨席亦如之。諸侯祭祀，席蒲筵繢純，加莞席紛純，右彤几。昨席莞筵紛純，加繅席畫純，筵國賓于牖前，亦如之，左彤几。甸役，則設熊席，右漆几。凡喪事，設葦席，右素几。其柏席用萑黼純，諸侯則紛純，每敦一几。凡吉事變几，凶事仍几。[29]

在此，「几」是與席配合來建置社會階層的，〈司几筵〉所掌的五几，是根據「其位」而「辨其用」的，反過來說，也帶有「觀其用」可「辨其位」的識別標記的性質，結合《周禮・天官冢宰・大宰》所說的：「及祀之日，（大宰）贊玉幣爵之事，祀大神示亦如之，享先王亦如之，贊玉几玉爵。大朝覲會同，贊玉幣、玉獻、玉几、玉爵。」鄭《注》：「玉几，所以依神，天子左右玉几。……玉几，王所依也。立而設几，優尊者。」賈《疏》：「廟中有辰前設几法，几為坐設，今立而設几，故云優至尊也。」[30]以及《儀禮・覲禮》所說：「天子設斧依於戶牖之間，左右几。」鄭《注》：「几，玉几也。左右者，優至尊也。」

28　〔東漢〕鄭玄注、〔唐〕賈公彥疏：《重栞宋本儀禮注疏附校勘記》，頁282、291。
29　〔東漢〕鄭玄注、〔唐〕賈公彥疏：《重栞宋本周禮注疏附校勘記》，頁308-310。
30　〔東漢〕鄭玄注、〔唐〕賈公彥疏：《重栞宋本周禮注疏附校勘記》，頁36-37。

[31]又《儀禮·聘禮》所云：「宰夫徹几改筵。」鄭《注》：「宰夫，又主酒食者也。將禮賓，徹神几……左彤几者，則是筵孤也。孤，彤几，卿大夫其漆几乎？」賈《疏》：「鄭必知卿大夫漆几者，〈司几筵〉有五几，從上向下序之：天子玉几、諸侯彤几、孤彤几、卿大夫漆几，下有素几，喪事所用，差次然也。無正文，故云『與』以疑之。」[32]可知「五几」的設立，是「從上向下序之」的層級關係，亦即：1.天子玉几，其材質用玉，几左、右皆設，數量二；2.諸侯彤（雕）几，僅右几，數量一；3.孤（王）彤几，左彤几，數量一；4.卿大夫漆几，右漆几，數量一。

那麼，「士」這階層有「几」之設嗎？觀《儀禮·士虞禮》中談「「士既葬父母，迎精而反，日中祭之於殯宮以安之」，設有「素几葦席在西序下」，或「几在南厞，用席」，「尸出，執几從席從」，「無尸則不餞，猶出几席設如初」[33]諸語，以及《儀禮·士昏禮》：「若舅姑既沒，則婦入三月乃奠菜，席于廟奧東面，右几。席于北方南面。……婦拜扱地，坐，奠菜于几東席上。」鄭《注》云：「《周禮》雖合葬及時同在殯，皆異几，體實不同。祭於廟同几，精氣合。」之說[34]，可見「士」這個階層是有几的，可能用的就是「素几」，而素几也兼喪事用，其數量亦一。

當然，「几」的這種「從上向下序之」的身分階層標識，也可從其它經籍中找到輔證，如在《尚書·周書·顧命》一文中提到周成王將崩的情況云：

　　成王將崩，命召公、畢公率諸侯相康王，作〈顧命〉。……惟四月，

　　哉生魄，王不懌。甲子，王乃洮頮水，相被冕服，憑玉几，乃同召太

　　保奭、芮伯、彤伯、畢公、衛侯、毛公、師氏、虎臣、百尹御事。[35]

[31] 〔東漢〕鄭玄注、〔唐〕賈公彥疏：《重栞宋本儀禮注疏附校勘記》，頁321。

[32] 〔東漢〕鄭玄注、〔唐〕賈公彥疏：《重栞宋本儀禮注疏附校勘記》，頁250。

[33] 〔東漢〕鄭玄注、〔唐〕賈公彥疏：《重栞宋本儀禮注疏附校勘記》，頁494、499、510、511。

[34] 〔東漢〕鄭玄注、〔唐〕賈公彥疏：《重栞宋本儀禮注疏附校勘記》，頁59。

[35] 〔西漢〕孔安國傳、〔唐〕孔穎達疏：《重栞宋本尚書注疏附校勘記》（臺北：藝文印書館，1979年3月），頁275。

周成王「憑玉几」的形象場景，正為《周禮・春官宗伯・司几筵》之文下了一個最好的註解，傳達出「几」作為身分階層標記的側面。

三　出土實物中几的形制與南北差異

其實，對於「几」的形制，先秦文獻材料所能提供的非常有限，再加上一些特殊情況的闌入混雜，使得談論這個課題顯得相當困難。如《春秋公羊傳・昭公二十五年》所說的：「以斝為席，以峯為几」[36]是特例，當然，鞍跟几的形狀有些類似，但畢竟峯是鞍，几是几，兩者不可等同而論。至於《周禮・春官宗伯・司几筵》文中所言及的，僅左、右、數量及玉、雕、彤、漆、素的大別，進一步細加說解則付諸闕如。雖然唐賈公彥疏中曾徵引阮諶、馬融之說云：「凡几之長短，阮諶云：『几長五尺，高三尺，廣二尺。』」馬融以為長三尺。舊圖以為几兩端赤，中央黑也。」[37]又《禮記・曾子問》孔穎達疏引阮諶之說為：「阮諶《禮圖》云：『几長五尺，高尺二寸，廣二尺。』」〈祭統〉中孔穎達將之與席相較，則只粗略說「筵席既長，几則短小」[38]。其中關於「几」的長和高是有一些不同，然各說之間雖然粗略，卻可互相補足。

根據前所徵引「几」的材料推知，其時間以先秦為主，殷商時期則未見，周至秦間所引述的材料又以「三禮」為大宗，可見「几」在傳達禮儀的訊息中獨具的識別功能。但，我們瞭解周秦時代載諸文獻的「三禮」，既是對古典中國文明之文物典章制度的總結，又是對古代中國人民生活禮儀的規範[39]，而這種總結與規範，卻未必在出土實物中能找到完完全全相對應的，也

---

[36] 〔西漢〕公羊壽傳、〔東漢〕何休解詁、〔唐〕徐彥疏：《重栞宋本公羊注疏附校勘記》（臺北：藝文印書館，1979 年 3 月），頁 303。

[37] 〔東漢〕鄭玄注、〔唐〕賈公彥疏：《重栞宋本周禮注疏附校勘記》，頁 311。

[38] 〔東漢〕鄭玄注、〔唐〕孔穎達疏：《重栞宋本禮記注疏附校勘記》，頁 359、835。

[39] 參見周星：〈考古學與民俗學〉，《江漢考古》，1991 年第 4 期，頁 55。

就是說，「實物史料中還存在當時有意排除活文化的現象。墓中隨葬的『明器』，並不是當時的實用器；陪葬品並不是當時器物組合的全部；隨葬『禮器』不一定真實、全面地反映著墓主生前的社會地位。」何況再加上「不同地區不同的自然保存條件，使易腐爛物多數不復存在」，那麼，「作為實物史料的物質文化，其所佔比例遠低于當時的活文化」[40]。雖然如此，出土實物依然是我們探討「几」的形制與南北是否有所差異的最好憑證，也是詮釋禮制史實的最好借鑑。

就目前考古出土所掌握的材料來觀察，奇怪的是，「几」的出土以戰國時期分布於湖北、湖南、河南地區的楚墓為主，並且皆為漆木器，少數鑲嵌玉石，與案、座屏、俎、梳篦、手杖等列入常用漆器的類屬中[41]，周代則僅見饕餮蟬紋銅几一件。[42]觀楚墓中几的基本組合大抵與耳杯、豆、樽配套，有時如江陵望山 M1 還有酒具、案、勺及鎮墓獸等；或兩臺山楚墓還有扁圓盒、虎座飛鳥、曲形盒、方盒等[43]一起出現，舉如天星觀一號墓出土漆木器

---

[40] 參見王紅星：〈談實物史料的鑑別和應用〉，《江漢考古》，1997 年第 2 期，頁 67-72。文中又談到：「遺址中木製工具比石器少，是因為木質不易保存的緣故；墓中的隨葬品，是墓主人帶到陰間去的必需品，沒有必要也不可能將現實生活中的一切物品都帶入地下。」但與木器比較起來，紡織物更難保存，如湖北省京珠公路考古隊孝感組：〈孝感黃土崗戰國楚墓發掘簡報〉中木器有虎座飛鳥和扇柄，保存完好，可是席「已毀，殘存跡痕斜織成縱、橫交錯的人字紋。」見《江漢考古》，2000 年第 3 期，頁 28-29；另，王文又說：「實物史料不像文獻史料那樣訊息穩定，對實物史料一方面要從多角度發掘其所包含的訊息，另一方面又要儘可能地避免主觀性，切忌片面和言過其實。」此觀點對實物材料的解讀與掌握是頗為重要的。

[41] 參見院文清：〈楚與秦漢漆器的幾個問題〉，《江漢考古》，1987 年第 1 期，頁 65，云：「楚漆器的時代大致為春秋中晚期～戰國晚期，……常見的器物有鎮墓獸，虎座飛鳥、臥鹿、木俑、辟邪等隨身明器；有豆、盒、盤、卮、奩、鈁、耳杯、酒具盒等容器；有鐘架、磬架、虎座鳥架鼓、瑟、鹿鼓等樂器；有几、案、座屏、俎、梳篦、手杖等日常用漆器；有甲、盾、弓、劍盒、劍鞘、以及戈矛殳戟的柲柄等兵器。」

[42] 參見《日本刪定泉屋清賞著錄》圖版 41，解說頁 165，又李文信：〈沂南畫像石古墓年代的管見〉，《考古通訊》，1957 年第 6 期，頁 74。其說云：「周饕餮蟬紋銅几，几板長方，兩端微翹起，板足有花紋。」

[43] 參見陳振裕：〈試論湖北戰國秦漢漆器的年代分期〉，《江漢考古》，1980 年第 2 期，頁 42。

多達 100 餘件，種類是相當多，且涵蓋日常生活的各個層面：飲食器類有耳杯、盒、卮、樽、豆、蛋形杯、俎等；日用器類有几、案、杖、扇等；樂器類有鼓、瑟、笙、竽等[44]，從其中可窺見春秋、戰國到秦漢是漆器的大發展階段，從某種層面來說，也即是漆器從禮器之中解放出來轉向實用器的大轉折階段，如曾侯乙墓的時代是戰國早期，正好處在這一大發展大轉折之中，而曾侯乙墓漆器就充分反映了這一特點，從禮器的圈子框架中跳脫出來，廣泛應用于具有實用價值的各方面，如生活用品的箱、盒、桶、杯、豆、勺、禁、案、俎、几、架、杖、扣子、竹笥、竹篋等，其中案、几、禁是用于擱置憑倚的，推測來龍去脈，春秋階段可能是漆器由禮器過渡到實用器的時期。[45]從考古分類的立場來說，這似乎意味著「几」作為標識尊者老者神者以及身分階層的意義趨向崩落消解，其功能與作用也僅只於淺層表面。以故有些文物分類將「几」與牀、椅、案、櫥、櫃、掛屏、立屏及盆景歸入「傢具類」中。[46]或僅知其功用，而忽略其精神意涵，如高至喜所說：

> 几是供人們倚凭休息之用的，是我國家具中較早出現的一種類型。甲骨文和金文中均有從几之字。《說文》：「几，踞几也。象形。」段注：「古人坐而凭几。象其高而上平可倚。有足。」《周書‧顧命》：「敷重筍席，玄紛純，漆仍几。」「皇后凭玉几。」從楚墓出土的木几看，其高正與坐地之身的側靠或前伏的高度相適應。[47]

當然，「几」作為憑倚休息之用的解讀基本上是無庸置疑的，其高度也能與其功用相互應和，但是不是「几」僅只於這樣的實用價值呢？它的深層意蘊的確消解崩頹，不復存在嗎？我們可試著將有關先秦墓葬的考古發掘報告

---

[44] 參見陳耀鈞：〈試論江陵楚墓的特點〉，《江漢考古》，1980 年第 2 期，頁 33。按：有的文物分類將「几」列入傢具類。

[45] 參見郭德維：〈我國先秦時期漆器發展試探〉，《江漢考古》，1988 年第 3 期，頁 71-78。

[46] 參見〈東北博物館清理文物工作的一些辦法和經驗〉，《文物參考資料》，1953 年第 4 期，頁 49。

[47] 參見高至喜：《楚文物圖典》（武漢：湖北教育出版社，2000 年 1 月），頁 314。

或專文專書稍作歸納，先分地域，再分時間，依序排比材料如下表：

出土地	時代	身分	材質	長（cm）	寬（cm）	高（cm）	形制紋飾	備註
1. 湖北隨縣曾侯乙墓	戰國早期	侯王	漆木	60.6	21.3	51.3	由兩塊邊板和一塊面板榫接而成，邊板上端向內側圓捲，下端平齊。通體髹黑漆，朱繪雲紋、回旋紋及粗紅帶紋。[48]	
2. 湖北江陵馬山磚廠二號楚墓	戰國中期前段	大夫	木	I：55 II：60	35 25	43	I 式：几面為長方形，兩端安有三根細長足，連接拱形足座，几面兩端及側面飾鳳鳥紋，三角雲紋，足及足\座飾方紋。II 式：几面微弧，由整木雕成，兩端窄起長方形沿，下有七孔，足已殘。通體髹黑漆，素面。	隨葬有陶器：鼎、敦、簠、盒、壺、鈁、豆、小壺、盤、匜；漆木器有明器鎮墓獸、木俑、實用器：案、几、座屏、酒具盒、樂器瑟、撞鐘棒。木俑、瑟、几、案等排列有序。被盜過。[49]
3. 湖北天星觀1	戰國中期		漆木			55.2	形如 H，面中部微下凹，兩側立	

---

[48] 參見湖北省博物館：《曾侯乙墓》（北京：文物出版社，1989 年），頁 377-378；又高至喜：《楚文物圖典》，頁 314。

[49] 參見荊州地區博物館：〈江陵馬山磚廠二號楚墓發掘簡報〉，《江漢考古》，1987 年第 3 期，頁 30-34 轉 29。

號墓							板頂部捲曲。通體髹黑漆，几面邊沿紅漆繪絢紋，兩側飾∽紋，立板正面雲紋和絢紋，兩側飾 S 紋。[50]	
4. 湖北江陵秦家咀楚墓 M4	春秋晚期～戰國晚期早段		木					1 件，隨葬品有陶器：豆；銅器：鼎、壺、洗、勺、戈、劍、鏃、劍鞘；木器：俑、漆耳杯、豆、漆豆、盒、樽、梳、箆及其它。[51]
5. 湖北江陵棗林鋪楚墓 M2	戰國中期前段	一槨一棺	漆木	55.2	20.8	40	几面下凹，中間寬，兩端窄，邊緣呈弧線，兩端底部各安四根細長足，足橫斷面呈方形，上粗下細，足下部連接拱形足座，通體髹黑漆。	1 件。隨葬有陶器：鼎、簠、壺各2、罍、匜各1；銅器有劍 2；漆木器：豆、梳、箆、手鼓、竽、劍、虎座鳥架鼓、俑、鎮墓獸。[52]
6. 湖北麻城楚墓	戰國中期後段	不詳	木	14.3	2.5		呈衣架形，中間有長方形榫眼。	1 件，僅存二足，餘均殘。隨葬器物陶器有鼎、小

---

[50] 參見高至喜：《楚文物圖典》，頁 315。

[51] 參見荊沙鐵路考古隊：〈江陵秦家咀楚墓發掘簡報〉，《江漢考古》，1988 年第 2 期，頁 36-43。

[52] 參見江陵縣博物館：〈江陵棗林鋪楚墓發掘簡報〉，《江漢考古》，1995 年第 1 期，頁 19-24。

								口鼎、盃、敦、壺、鈁、豆、罐、盤、匜、勺、器蓋、銅器有劍、戈、矛、鏃、削刀、劍鞘、漆木器；被盜過。[53]
7. 湖北荊門十里磚廠一號楚墓	戰國中期偏晚	大夫（上士）（一槨二棺）	漆木				已殘至僅能判別四足及小方木支架，均為榫卯結構，從其形狀上判斷為几架。	1 件，隨葬器物有陶器：鼎 5、敦、簠、壺、鈁各 2、盃、罍、盤各 1；銅器：劍 2、鏡、匕各 1；漆木器：俑 6、几、斗、耳杯、梳、篦各 1 及其它。[54]
8. 湖北襄陽市九連墩 2 號楚墓	戰國中晚期	大夫	漆木					隨葬器物包括禮器、樂器、生活用器、車馬器、喪葬用器共 587 件。[55]
9. 湖南常德德山楚墓墓 25	戰國前期	年七十左右的男性	漆木	88	16.4	34	几兩端底部各三根圓柱式足，足上段突出，似束腰，几足與拱形底座相接。胎髹	1 件，隨葬有陶器：鼎、敦、豆、壺、勺、缽；銅器有劍、戈、印、鏡片；木器有俑、

---

[53] 參見湖北省博物館江陵工作站、麻城縣革命博物館：〈麻城楚墓〉，《江漢考古》，1986 年第 2 期，頁 10-28。

[54] 參見荊門市博物館：〈荊門十里磚廠一號楚墓〉，《江漢考古》，1989 年第 4 期，頁 16-22 轉 39。

[55] 參見湖北省文物考古研究所：〈湖北襄陽市九連墩楚墓〉，《考古》，2003 年第 6 期，頁 10-14。

							黑漆。	盒、梳、篦、木棍、弓、戈柄、天秤砝碼。[56]
10.湖南常德德山10號墓	戰國		漆木[57]					
11.湖南長沙瀏城橋1號楚墓	戰國早期		漆木	56；H：36	中23.8 端18.5 H：14.7	47 H：37.5	几面為整木雕成，作長條形。有四根直立圓撐承托几面，另兩根圓撐交叉形成八字形，有弓形柎木作聯體伏獸形。几面淺刻雲紋，兩檔刻變形獸面紋，柎木亦刻雲紋，通體髹黑漆。[58]	又H形漆几：由三塊長方形薄板拼合而成，兩邊各豎置一塊，中間橫置一板。其几面為兩端窄中間寬的腰鼓形。兩側立板，上端外捲。髹黑漆，無紋飾。[59]
12.湖南長沙南郊掃把	戰國中期		漆木	59.9	4.5-7	31.2	几面與足用方形子母榫，通體髹黃褐色漆。	1件。隨葬有陶器：鼎、敦、壺各2、勺、匜各1；

[56] 參見湖南省博物館：〈湖南常德德山楚墓發掘報告〉，《考古》，1963年第9期，頁461-473轉479。其中〈報告〉云：「漆木几、木弓和車輪的發現，都為長沙等地楚墓中罕見的。」又高至喜：《楚文物圖典》，頁315；湖南省博物館：〈湖南常德德山楚墓發掘報告〉，《考古》，1963年第9期。

[57] 參見高至喜：〈湖南古代墓葬概況〉，《文物》，1960年第3期，頁34、頁26圖20、22。

[58] 參見湖南省博物館：〈長沙瀏城橋一號墓〉，《考古學報》，1972年第1期；又高至喜：《楚文物圖典》，頁314。

[59] 參見高至喜：《楚文物圖典》，頁314。另外河南信陽一、二號楚墓，湖北江陵天星觀一號墓也有出土這種H形几，而以這件几的年代最早。參見河南省文物研究所：《信揚楚墓》（北京：文物出版社，1986年），圖版九四；湖北省荊州地區博物館：〈江陵天星觀1號墓〉，《考古學報》，1982年第1期。

塘　138號墓								木器：箆、劍櫝、俑、棍、戈；漆器：漆羽觴；銅劍、弩機、弓矢、箭矢。[60]
13.湖南長沙市茅亭子楚墓	戰國中期偏早	大夫	漆木	46.4	16.9	？	木胎。几面用一塊整木雕成，為長方形，兩端窄，中間較寬，中部微向下彎曲成弧形。兩端沿平直。通體髹黑漆，表面的朱繪紋飾已脫落。	1件。隨葬器物有陶、銅、漆器共63件。有耳杯、豆、盒、几、梳、箆、鎮墓獸、虎座鳳鳥架鼓、劍櫝、瑟23件漆木器。[61]
14.湖南長沙市馬益順巷一號楚墓	戰國中期中段	下大夫	漆木	54	中22；端18.4	40	几面為一整面雕成，長方形，中間寬，中間向下彎曲成弧狀。几面兩端下部各有5根足撐，承托几面，其下部插入弓形父柎木中，其中一根足撐斜插入几面底部，使其結構更加牢固。撐木橫斷面	1件。隨葬器物有陶、銅、漆、玉、料器及竹、木等器80件（套），其中生活器用有耳杯、豆、盒、案、几、梳、箆等。[62]

---

[60] 參見高至喜：〈記長沙、常德出土弩機的戰國墓──兼談有關弩機、弓矢的幾個問題〉，《文物》，1964年第6期，頁33-36。

[61] 參見長沙市文物考古研究所：〈長沙市茅亭子楚墓的發掘〉，《考古》，2003年第4期，頁33-49。

[62] 參見長沙市文物考古研究所：〈長沙市馬益順巷一號楚墓〉，《考古》，2003年第4期，頁50-73。

							均下圓上扁。几表面髹黑漆，兩端淺刻雲紋。	
15.湖南長沙57長・子17號墓	戰國中晚期	一槨二棺	漆木	75	26	16	外髹黑漆，出土時大部分已剝落。	隨葬有陶器：壺、罐2；漆木器：鎮墓獸座、鼓、勾、俑、鼓棍、銅環。[63]
16.河南信陽縣長臺關1號墓	戰國中期		漆木	60.4	H：16.5 18.1-23.7	H：57 48	由三塊木板合成，兩塊立板中間連一橫板。立板上端外捲，橫板中部微凹成弧形。通體髹黑漆。几面周沿及側棱上繪連續朱色幾何雲紋。	另一件由一塊几面板和兩組並列的四根足組成，連以橫枒。板上雕獸面紋，周邊雕S紋。[64]
17.河南信陽長臺關第2號楚墓	戰國中期	三槨二棺	漆木	55	22	58	由兩塊立板和一塊橫板組成，立板上端外捲。通體髹黑漆，周沿繪朱色卷雲紋。立板外面及橫板側壁上均勻鑲嵌白玉20塊。	雖被盜過，但隨葬品豐富，几出北側室111件中，另有木編鐘、磬、鼓、雕鳳、雙鹿角漆器、瑟、俑、銅鏡、陶匜、盆、罐及編織品等。[65]

---

[63] 參見周世榮、文道義：〈57長・子17號墓清理簡報〉，《文物》，1960年第1期，頁63-64。

[64] 高至喜：《楚文物圖典》，頁315。

[65] 參見河南省文化局文物工作隊：〈信陽長臺關第2號楚墓的發掘〉，《考古通訊》，1958年第11期，頁79-80；又高至喜：《楚文物圖典》，頁314。

從上表中，我們可觀察到戰國時期以長江流域周圍地區為主，包括河南、湖北、湖南地區的南方文明代表——楚墓中「几」的出土情況，比諸「杖」的出土來說，如：1.江蘇邳州九女墩三號墩出土「杖飾」一副（M3：60），根據出土報告的說明，杖分杖首和杖鐓兩部分。杖首頂端有蘑菇狀突起，其內均插有木棍。飾浮雕交龍紋。杖首長 8 公分、直徑 3 公分，杖鐓長 11 公分、直徑 3 公分。係春秋晚期徐國王族墓葬。而在吳國墓葬中，權杖只出自王的墓葬。該墓所出杖飾或即為權杖的構件。與此相符，紐鐘上有「徐王之孫ᵖ Ħ乍」等銘文，可見該墓主為徐國王室中舉足輕重的人物。[66]其杖飾又與丹徒北山頂、紹興漓渚中庄村所出鳩杖外形上雖然有所不同，但二者所表達的含義卻是相同的，都是生殖崇拜的產物，同時也是權力的象徵。[67]2.湖北荊門市包山 M2 戰國大冢出土錯金銀龍首杖，首端為一圓睜怪眼的龍頭，尾端則為一體態嫻靜的鴛鴦，可能跟儀仗有關。[68]3.四川榮經曾家溝戰國墓 M16 出土 136 公分木杖，M12 出土 146 公分木杖。M16、M12 推測是地位較高的長者。[69]可知「几」的出土地較集中，不像「杖」的分布較廣，而「几」的時間分布也集中在戰國時期，尤其是戰國中期，兩者皆跟身分階層有關。

　　尤其我們注意到考古所出土的「几」本身是有其規律性的，除表中編號 17 河南信陽長臺觀第 2 號楚墓所出的「几」另外鑲嵌白玉 20 塊外，其餘皆屬「漆木几」，而其身分階層可知的如編號 1、2、7、8、13、14 皆屬大夫或侯王（當然，這些身分階層的擬定大抵係從棺槨形制與禮器組合情況推測，並不是從「几」的面向切入），其它縱使身分階層不明，但從墓主陪葬品豐

---

[66] 參見孔令遠、陳永清：〈江蘇邳州市九女墩三號墩的發掘〉，《考古》，2002 年第 5 期，頁 19-30。另外在湖北黃崗縣黃州公社太平寺發掘六座秦漢墓，出土「銅雀頭木杖」，見〈湖北省重要考古發現大事記（續）〉，《江漢考古》，1995 年第 3 期，頁 97。

[67] 參見孔令遠：〈試論邳州九女墩三號墩出土的青銅器〉，《考古》，2002 年第 5 期，頁 83。

[68] 參見荊沙鐵路考古隊：〈荊門市包山大冢出土一批重要文物〉，《江漢考古》，1987 年第 2 期，頁 55-56。

[69] 參見四川省文管會等：〈四川榮經曾家溝戰國墓群第一、二次發掘〉，《考古》，1984 年第 12 期，頁 1080-1081。

厚的程度及其種種跡象推測，也能隱約窺見其身分階層的不凡，是非一般庶民階層所能享有僭用的，而此現象，不正透露了前述〈司几筵〉文中「大夫漆几」、「孤彤几」的身分階層標記，禮書與出土實物能相互侔合；當然，我們也注意到編號9的湖南常德德山楚墓的墓主是一位「年七十左右的男性」長者，其中「几」的出現，似乎又與〈曲禮〉「七十賜几杖」之說能若合符節。

　　至於先秦「几」的形制，〈司几筵〉一文中談到的「天子」所用的左、右「玉几」，在考古出土實物中並未見，故其形制也未聞。但關於「孤彤几」與「卿大夫漆几」則可略微窺知。觀察几的長度，最長88公分，最短46.4公分，平均60.4公分；高度從58-16公分都有，平均42.9公分；寬度從35-4.5公分所在都有，平均20.2公分，若以平均值來看，其長—高—寬是60.4—42.9—20.2公分；若以阮諶所說的：「長五尺，高三尺，廣二尺」擬之，按周尺三尺，折合現今69.3公分[70]，那麼，其長—高—廣（寬）應是115.5—69.3—46.2，不太符合孔穎達所說的「几短小」的情況；或如馬融所說「長三尺」，則長—高—寬分別是69.3—69.3—46.2公分，或是阮諶另一說的「高尺二寸」的27.72公分，無論如何，出土實物似都與阮諶、馬融、孔穎達之說有所出入。若純以高度論之，北人高大，南人相對較矮小，推几之高度既配合憑據倚伏之用，那麼，戰國楚几在高度上應與北方之几略微減殺，則阮氏主張的「高三尺」似較「高尺二寸」合理些，因為如此低矮的几，憑倚起來或許不太舒泰，而且出土實物中，除表中編號15的湖南長沙57長·子17號墓的几為高16公分的特例外（疑其為案非几），餘皆31公分以上，我們若將南北人的體型高度差異算進去，那麼，如果北方几如阮諶所說的比例是5：3：2；南方則有可能約是3：2：1的長高寬比例了。至於几足除四足之外，出土實物中還有兩端各三足或五足的（當然，這種型式的几不太適合

---

[70] 高至喜：〈記長沙、常德出土弩機的戰國墓——兼談有關弩機、弓矢的幾個問題〉，《文物》，1964年第6期，頁42。

綴足），甚至是三塊木板組成的 H 形特殊造型，都逸出先秦文獻的範疇，其詳細情況可參酌上表。

談到「几」的紋飾，舊《圖》僅僅說：「兩端赤，中央黑」，這種概括粗略的描述雖稍顯不足，但基本上已掌握住几的顏色主調和特質，其它〈司几筵〉文中所說的「雕」、「彤」、「漆」的分野並不明確，如觀察出土實物的戰國楚几，有面板用整木雕成的，如表編號 2、11、13、14 皆是，如何雕是不甚清楚；其紋飾係以「通體髹黑漆」為基色，只有一例是「通體髹黃褐色漆」，紋飾則有朱繪雲紋、回旋紋、粗紅帶紋、鳳鳥紋、三角雲紋、方紋、絢紋、S 紋、∽紋、獸面紋、變形獸面紋、幾何雲紋、卷雲紋及素面無紋飾等，變化多端，美不勝收，是傳世先秦文獻中未嘗細表的，這些紋飾本身是否有進一層的區分深義，則文獻闕如，無法比勘，但出土實物中几的紋飾的豐富展現，正可補充經傳注疏的不足！

四　小結

總而言之，先秦時期「几」的這種對尊者老者透過形體安舒來表達優寵禮敬的標識，並與行「杖」相輔相成的情景，在漢代的考古出土文物中依然頑強的保留著，馬王堆一號漢墓就是個彰顯較著的例子，所謂：

> 杖就是老者持執的木棍，持杖者的身份一般較高。馬王堆一號墓出土有一件木杖（M1：436），長 1.32，直徑 1.1-2 釐米，上有五道刻痕，杖外還套有絹衣。其形狀、長度均與滎經出土的兩件木杖基本相同。馬王堆一號墓的杖出于北邊箱南壁西端，與漆几、漆屏風等在一起，是「几、杖」並用的佐證。[71]

---

[71]　參見湖南博物館、中國科學院考古所：《長沙馬王堆一號漢墓》（北京：文物出版社，1973年）；四川省文管會等：〈四川滎經曾家溝戰國墓群第一、二次發掘〉，《考古》，1984 年第 12 期，頁 1080-1081。

但，一般人只注意到它表層用途的改變，而未留意到深層精神義涵的逐漸消失減弱，如李鑑昭所說的：

> 商承祚先生在其《長沙出土楚漆器圖錄》一書中說：「几有幾種不同
> 的說法，《左·昭五年》和劉歆《西京雜記》認為是馮倚的，許慎《說
> 文解字》認為是踞坐的，顧野王《玉篇》認為是案。在漢魏六朝，從
> 憑几發展到不同的形狀和不同的用途，各家的註釋也就不一致了；但
> 几這名稱仍然沿用，只是加了一個憑或坐來區別它。」惟楚漆憑几跟
> 六朝陶憑几造形不同……[72]

或姚志國在〈中國古代家具與人生禮儀〉一文中說的：

> 几是長方形的，不甚高，類似現在我國北方地區家庭用的炕几。《孟
> 子·公孫丑上》說孟子「隱几而臥」，《莊子·齊物論》說：「南郭子
> 綦隱几而坐」。几通常是老年人憑倚的，所以古代常以几杖並舉，作
> 為養老敬老的用具。[73]

以及孫機在《漢代物質文化資料圖說》中說的：

> 漢代家具中容易與食案相混的是几。几一般裝曲足。《說文·几部》
> 謂几几字的篆文∏為「象形」，可證。几有兩種：一種是《尚書·顧
> 命》「憑玉几」之憑几；另一種是《釋名·釋床帳》所稱「庋物」之
> 几。……不過漢代還有一種擺在床前的長几名桯，它也裝柵狀曲足，
> 然而其上卻常置酒食，以致几和案的概念在這裡互相交叉。界限變得
> 不清楚了。[74]

都把注意焦點擺在形制用途的變化上，將使用者的身分階層與使用時的崇敬禮遇氛圍降格，而几在先秦時期不管作為人、神之辨，或身分階層的識別

---

[72] 參見李鑑昭：〈試說六朝墓中出土憑几的正名與用途〉，《考古通訊》，1956 年第 5 期，頁61。

[73] 參見姚志國：〈中國古代家具與人生禮儀〉，《中原文物》，1999 年第 4 期，頁76。

[74] 參見孫機：《漢代物質文化資料圖說》（北京：文物出版社，1991 年 9 月），頁216-218。

標識，則在後人的認知中逐漸淡化而飛灰湮滅，其所代表的禮制精神也趨近消失無影，「几」也就從先秦象徵尊崇地位的標勢變成平常日用的家具。但戰國時期出土的楚几，除了在形制紋飾方面提供我們摹想的依據外，更從墓葬規模與隨葬品的豐厚上，幽幽隱隱的吐露出墓主不凡尊貴的一生，在這方面，楚几其實是深具身分階層的標識意義與功能，除與先秦文獻互相輝映外，更具有補苴遺漏的作用，是南方文明中不可忽略的一環。

　　附帶一提的是，今所出戰國之几大抵為木製品，「几」字或作「机」，文字的書寫表露了它所使用的材質特性，而將字義限定得更清楚準確，如《易·渙》：「渙奔其机」，注云：「机，承物者也。」[75]或是《大戴記·武王踐阼》中：「机之銘」，注云：「机者，人君出令所依。」以及《張家山漢墓竹簡〔二四七號墓〕·遣策釋文注釋》：「伏机（几）一，鋌一」，注釋云：「鋌，當讀為『梃』，《小爾雅·廣服》：『杖謂之梃。』」[76]其中的「机」即是「几」的或體。

　　　原文發表於「中國南方文明學術研討會」論文集（慶祝中央研究院歷史語言研究所成立七十五週年），臺北：中央研究院歷史語言研究所，2003 年 12 月 19-20 日。（葉書珊繕打／陳厚任校對）

---

[75] 〔魏〕王弼、〔東晉〕韓康伯注、〔唐〕孔穎達疏：《重栞宋本周易注疏附校勘記》（臺北：藝文印書館，1979 年 3 月），頁 204。

[76] 張家山二四七漢墓竹簡整理小組：《張家山漢墓竹簡〔二四七號墓〕》（北京：文物出版社，2001 年 11 月），頁 304-305。

〈宋右師延敦〉「隹嬴嬴㬎㬎易天惻」解

　　根據徐俊英〈南陽博物館藏一件春秋銅敦〉[1]與尹俊敏、劉富亭〈南陽市博物館藏兩周銘文銅器介紹〉[2]二文，知河南南陽博物館曾於二十世紀六十年代初徵集到一件春秋晚期宋國銅敦，出土地點不詳。銅敦器蓋和器身內各有銘文30字，內容相同。唯器銘第三行「惻」字蓋銘作「則」，而蓋銘於「㬎」、「永」二字下均無器銘的重文符，以致徐氏推知「可證器銘係衍文」，而到底器銘是「衍」文抑蓋銘為「脫」文？則對此敦銘「隹嬴嬴㬎㬎易天惻」一句實有索解之必要。

　　本來，「宋國從春秋時期興起到戰國中期滅亡，歷經400餘年。但是，宋國帶銘遺物發現甚少」[3]，這使得器銘彼此之間的比較顯現一些困難，再加上有銘敦類器數量並不多，《殷周金文集成》（以下簡稱《集成》）著錄的從4633-4649號也不過17器，同屬春秋11器，春秋晚期只有5器[4]。《集成》之後，所見者僅春秋時期的〈益余敦〉（27字）[5]和戰國晚期的〈軌敦〉[6]（1

---

[1] 徐俊英：〈南陽博物館藏一件春秋銅敦〉，《文物》，1991年第5期，頁88-89。以下所引徐氏之說皆出此，不再另注。

[2] 尹俊敏、劉富亭：〈南陽市博物館藏兩周銘文銅器介紹〉，《中原文物》，1992年第2期，頁89。

[3] 徐俊英：〈南陽博物館藏一件春秋銅敦〉，《文物》，1991年第5期，頁88-89。

[4] 中國社會科學院考古研究所編：《殷周金文集成》（上海：中華書局，1988年4月），頁259-272；中國社會科學院考古研究所編：《殷周金文集成釋文》（香港：香港中文大學中國文化研究所，2001年10月），第三卷，頁590-594。以下簡稱《釋文》。

[5] 保利藝術博物館：《保利藏金（續）——保利藝術博物館精品選》（廣州：嶺南美術出版社，2001年12月），頁182-185；〈益余敦〉，李家浩撰文，文中所引出此，不另注。

[6] （北京）故宮博物院：《故宮青銅器》（北京：紫禁城出版社，1999年9月），頁312。按書中郭玉海以其為「河南洛陽西宮秦基出土」，定為「戰國後期」器，而器、蓋各鑄有銘文「軌」字。杜迺松：〈記洛陽西宮出土的幾件銅器〉，《文物》，1965年第11期，頁47，則說是「一九五〇年秋，在洛陽西宮出土（按：《保利藏金》頁158中則作「西工」，誤。）」並說：「唐蘭先生根據『軌』字的書法和器物其它特點，將這幾件器物定為秦器。」並認為「軌」字是器的自名，亦即簋字，「如此簋無小篆銘，容易認為是戰國敦」，則與楊伯達：《故宮文物大典·青銅器》（杭州：浙江教育出版社，1994年12月），頁

字）二器而已。故希冀由同期同器類銘文來推勘考察，材料證據上似乎有些不足。

然據徐氏所釋，〈宋右師延敦〉的器銘是作：

朕宋右帀（師）延，隹（惟）贏贏。盟盟（盟，明）易（揚）天惻，
睿（駿）共（恭）天尚（常），乍（作）齋（粢）䌹（饙）器，天亓
（其）乍（作）市（祓），于朕身永永有慶。

徐氏基本上是站在銘文押韻的立場來立說，故云：「銘文字有韻，如在贏字下斷讀，便可依『贏』、『尚』、『慶』三字為韻。贏，耕部，尚，陽部，慶，陽部，耕陽合韻，或以尚、慶為韻。」故解釋「贏」讀為「盈」，「贏、盈古通，有長、滿之意，盈盈當為形容長久之詞。」至於「盟」字、「永」字的重文符器銘既為「衍文」，故疑「盟」即「盟」字，讀為「明」，「明揚天則」意即大揚天道。「永有慶」則是吉語等等。

雖然徐氏沒有進一步舉證說明，但「贏贏」與「盈盈」自古相通，可無疑議，如《昭明文選》卷二十九〈古詩十九首〉之二：「盈盈樓上女」，李善《注》：「《廣雅》曰：『贏，容也。』盈與贏同，古字通。」《左傳·襄公三十一年》：「以贏諸侯」，《正義》：「贏，賈、服、王、杜皆讀為盈，盈是滿也，故皆訓為受。」《廣雅·釋詁》：「盈，餘也。」王念孫《疏證》：「《漢書·食貨志》云：『蓄積餘贏』，《後漢書·馬援傳》：『致有盈餘』？盈與贏通。」又《國語·越語下》：「贏縮轉化」，宋庠本「贏」作「贏」，《莊子·列禦寇》：「多餘之贏」，《列子·黃帝》「贏」作「贏」，《韓非子·外儲說左下》：「猶贏勝而履𧾷蹻」，《太平御覽》八二九引「贏」作「贏」。故知贏、贏、盈三字古通，唯傳世古籍皆作「盈盈」，未見「贏贏」者，此器銘正可補典籍文獻之不足。另外，根據《淮南子·時則訓》所

1265，張克忠撰文同，以「蓋內器底上銘文各一『軌』，是標準的小篆。唐蘭先生訂為秦器。一九五一年與蟠螭紋鼎、鳥紋壺同在洛陽西宮村出土。」年代則不一。

言：「天地始肅，不可以嬴。」注：「嬴，盛也。」由此推知，嬴用在「天地」上，有充滿盛實之意，至於重文疊字的「嬴嬴（盈盈）」，更增加飽盛充足之感，徐氏所說的「形容長久之詞」，當是進一層的引申。

　　至於「畾」字，《說文解字》無，徐氏「疑即『盟』字，此處讀為『明』。」然《說文解字》皿部盈字下云：「仁也。从皿以食囚也，官溥說。」段《注》云：「凡云『溫和』、『溫柔』、『溫暖』者，皆當作此字，溫行而盈廢矣。水部溫篆下但云『水名』，不云『一曰暖』者，許謂暖意自有囚皿字在也……烏渾切，十三部。」自來字書、韻書皆視「畾」為「盈」的「隸省」、「或體」、「俗書」，如《廣韻》：「盈，今作畾，同。」《集韻》：「畾，盈或省。」《類篇》：「盈，隸省作畾。」《正字通》：「盈，俗作畾。」其實，畾字寫法出現甚早，如《粹》251作 ▦，《集成》04241〈井侯簋〉作 ▦，其結構疑為「从日，皿聲」，段《注》：「皿在十部，今音武永切。」而「明」字《說文解字》云：「明，照也。從月囧。」段《注》：「武兵切，古音在十部。盟，《周禮》曰：國有疑則盟，諸侯再相與會。十二歲一盟，北面詔天之司慎司命，盟殺牲歃血，朱盤玉敦，以立牛耳。從囧，皿聲。」段《注》：「囧，明也。《左傳》所謂昭明於神……鍇皿作血，云聲字衍，鉉因作从血，刪聲字……按盟與孟皆皿聲，故孟津、盟津通用，今音武兵切，古音在十部。」是「畾」、「明」、「盟」古音同為明母十部可通假，如《詩·小雅·黃鳥》：「不可以明。」鄭《箋》：「明當作盟。」《左傳·僖公三十二年》：「召孟明。」《淮南子·人間》作「孟盟」，《左傳·襄公二十三年》：「君恃勇力以伐盟主。」《晏子春秋·內篇·問上》盟作明。《戰國策·燕策一》：「使使盟於周室。」漢帛書本盟作明。雖然典籍中無畾、明、盟三字相通之例，然其音讀既同，「畾」可讀為「明」，於此銘可見[7]。

---

[7] 于省吾主編：《甲骨文字詁林》（北京：中華書局，1996年5月），第三冊，頁2638按語云：「（盟）今本《說文》小篆、古文、籀文均从『血』，段玉裁均改為从『皿』，獨具卓識。商周古文字均从『皿』，不从『血』。徐鍇以為从『囧』聲是正確的。段玉裁

　　至於「皿皿」讀為「明明」一詞，則典籍習見，如《尚書·五子之歌》：「明明我祖，萬邦之君。」〈胤征〉：「百官修輔，厥後惟明明。」〈呂刑〉：「穆穆在上，明明在下。」《詩·小雅·小明》：「明明上天，照臨下土。」〈大雅·大明〉：「明明在下，赫赫在上。」《傳》：「明明，察也。」陳奐《傳疏》：「明明、赫赫，皆是形容文王之德。」是「明明」可以形容君王先祖之德，亦可形容「上天」之德，而明明既為光明貌，標舉著輝煌照耀的意涵。至於《尚書·堯典》：「明明揚側陋」雖與「皿皿揚天側」句法類同，但孔安國《傳》釋此句為：「堯知子不肖，有禪位之志，故明舉明人在側陋者，廣求賢也。」《疏》：「汝當明舉其明德之人於僻隱鄙陋之處。」蔡沈《傳》云：「明明，上明，謂明顯之；下明，謂已在顯位者。」則知〈堯典〉的「明明」兩字詞性不同，其上為動詞，下則為名詞，並非重疊形容之詞，故與「皿皿（明明）揚天側」有別。

　　徐氏以「側」為「則」，「明揚天則」意即大揚天道。按「明揚」用詞，亦見斁盄壺：「胤嗣斁盄，敢明易（揚）告」，明揚即明白宣揚；至於釋「側」為「則」，可從，《長沙楚帛書》：「□敬隹（惟）備，天像是側」，湯餘惠釋：「側，通則；天象是則，謂按照天象預示的吉凶行動。」[8]察「天則」一詞，語出《周易·乾·文言》：「乾元用九，乃見天則。」天為天道，則為法則，天則即天道運行的規律或法則[9]。此處天則當與天道等同。

　　上面透過字義詞義的考察之外，我們還可從其它敦銘文例來比較，一般言之，三句以上的敦銘行文有兩種形式：一是在註明作器者及器名後，以韻語的形式出現，且多以四字句來展現，頗類《詩經》的用語，如《集成》4642〈荊公孫敦〉：「荊公孫鑄其善（膳）敦，老壽用之，大寶無期。」之、期

改為『從皿，皿聲』則不盡然。」本文則以段說可從，從皿與從日義近，同從皿聲，故音同。又可參見高亨：《古字通假會典》（濟南：齊魯書社，1989年7月），頁111、321-322。

[8] 湯餘惠：《戰國銘文選》（長春：吉林大學出版社，1993年9月），頁169。

[9] 張其成：《易學大辭典》（北京：華夏出版社，1992年2月），頁50。

押韻；4645〈齊侯作孟姜敦〉：「……它它熙熙，男女無期，子子孫孫，永保用之」，熙、期、之押韻；4646-4647〈十四年陳侯午敦〉、4648〈十年陳侯午敦〉：「……以烝以嘗，保有齊邦，永世毋忘」，嘗、邦、忘押韻；4649〈陳侯因𪓐敦〉：「……以登（烝）以嘗，保有齊邦，世萬子孫，永為典尚（常）」，嘗、邦、尚押韻；至於另外一種則以散文的方式表達，前後無韻，字句也較不固定，頗似《尚書》的用語，如《集成》4644〈拍敦〉：「唯正月吉日乙丑，拍乍（作）朕配平姬塘宮祀彝，繼母呈用祀，永世毋出。」〈益余敦〉：「邵鼍公之孫益余及陳帝（叔）嬀為其膳敦，眉壽無疆，子子孫孫永寶用之。」以此例彼，〈宋右師延敦〉銘較似後者，似不應以韻語視之，若讀為：「朕宋右市（師）延，隹（惟）贏贏（盈盈）皿皿（明明）易（揚）天惻（則），允（駿）共（恭）天尚（常），乍（作）齋（粢）盨（饗）器，天亓（其）乍（作）市（祓）于朕身，永永有慶」較為合理，「隹贏贏皿皿易天惻」即「惟盈盈明明揚天則」，其句法結構為：「語助詞（惟）（＋省略主語－宋右師延）＋程度增添副詞（盈盈明明）＋動詞（揚）＋賓語（天道）」，意即（宋右師延）充盈顯明地頌揚天道，而與後文的「駿恭天常」頗能前呼後應，語意完足；相反的，果如徐氏所斷「隹贏贏，皿易天惻」，亦即「惟盈盈，明揚天則」，則前句「惟盈盈」句法結構不完整，語意未足，並顯得有些突兀。

　　況且，考察這種「AABB」式的重言疊字、形容譬況之詞，先秦典籍如《詩經》中亦常見，曹先擢把它歸為「甲甲式的並列式」，有：顒顒卬卬、菶菶萋萋、雝雝喈喈、縣縣翼翼、濟濟蹌蹌、儦儦俟俟、嘽嘽焞焞、緝緝翩翩、穆穆皇皇、烝烝皇皇、兢兢業業、赫赫業業、赫赫炎炎、赫赫明明、矜矜兢兢、湝湝訿訿、戰戰兢兢、捷捷幡幡、苾苾芬芬、皋皋訿訿、實實枚枚等，其為數不太多，且只出現在〈雅〉、〈頌〉裡，〈國風〉裡不見這種格

式[10]。至於先秦青銅銘文中，此種AABB式也所在多有，如西周時期的數數彙彙（《集成》49〈戰狄鐘〉）、彙彙數數（《集成》260〈猷鐘〉）、穆穆異異、鍺鍺鑼鑼、鎗鎗鎚鎚（《集成》187-192〈汈其鐘〉）、鵲鵲雍雍（《集成》260〈猷鐘〉）；春秋時期的它它熙熙（《集成》10159〈齊侯盤〉）、刺刺趉趉、鍺鍺雍雍（《集成》270〈秦公鎛〉）、輪輪剖剖、穌穌倉倉（《集成》193-202〈者瀘鐘〉）、闌闌獸獸（《集成》2811〈王子午鼎〉）、戟戟罍罍（《集成》277〈叔尸鐘〉）、戟戟雝雝（《集成》172-180〈篰叔之仲子平鐘〉）、穆穆罍罍（《集成》6010〈蔡侯尊〉）、油油漾漾（《集成》224〈蔡侯墓殘鐘四十七片〉）、煌煌熙熙（《集成》261〈王孫遺者鐘〉）；戰國時期的憚憚漾漾（《集成》2840〈中山王譽鼎〉）、穆穆濟濟、祇祇翼翼（《集成》9735〈中山王譽方壺〉）、束束罍罍（《集成》9719〈令狐君嗣子壺〉）等，雖然不是很多，但也不是單文孤證。觀察AABB式在《詩經》或先秦青銅銘文中，在句子中的成分多作形容性謂語，或是名詞的修飾語，或動詞的修飾語與補語，且多四字一句，但〈宋右師延敦〉的「贏贏晶晶」則作動詞易（揚）的修飾語用的，不同於《詩經》的是，《詩經》係用AA的形式卻無AABB式，如「蕭蕭宵征」、「坎坎伐檀」之類[11]，而「贏贏晶晶」的這種修飾手段，除了重疊複杳的音節之美外，也具有增添強化的功能，連帶使其程度更深厚，情態更切實，而包容涵蓋也能更全面遼闊了。

　　順便一提的是，「永永有慶」句中「永永」一詞常見，表永遠長久之意，如《史記‧文帝紀》：「施于萬世，永永無窮。」《隸釋》三〈白石神君碑〉：「永永番昌。」八〈博陵太守孔彪碑〉：「永永無沂」，《孔子家語‧冠頌》：「率爾祖考，永永無極，此周公之制也。」《漢書‧王褒傳》：「雍容垂拱，永永萬年。」〈匡衡傳〉：「草木昆蟲，可得而育，此永永不易之道也。」

---

[10] 曹先擢：〈《詩經》疊字〉，《語言學論叢》第六輯（北京：商務印書館，1980年），頁16-26。

[11] 曹先擢：〈《詩經》疊字〉，《語言學論叢》第六輯，頁16-26。

《春秋繁露・觀德》：「歷年眾多，永永無疆。」「永永」的重文疊字似比單用「永」字更能表達無窮無盡，綿綿不絕之感，讀起來也較流暢有餘裕，故徐氏以「永有慶」釋之，以下「永」字為衍文，不若讀「永永」重文來得流脈餘裔永受福慶的美好，而與前文的「嬴嬴皿皿」也能聲氣相通，彼此輝映。

如此說來，則徐氏主張的「蓋銘『皿』、『永』下均無重文符，可證器銘係衍文」的說法，似有商榷的餘地，無如將蓋銘視為「脫文」，可能更合理通順些，況且以泥範模鑄情況推想，脫文總比衍文來得更容易產生吧！

原文發表於《古文字研究》第二十五輯，北京：中華書局，2004年10月，頁129-132。（洪鼎倫繕打／莊惠茹、邱郁茹校對）

「人鬲」新解

一　前言

　　在《殷周金文集成》（以下簡稱《集成》）中，「鬲」字出現 204 次[1]，《近出殷周金文集錄》則為 21 次[2]，《新收殷周青銅器銘文暨器影彙編》乃 24 次[3]，觀察這 249 字的字形結構，釋為「鬲」字諸家絕少異說，但其用法，除作為鼎鬲之鬲與人名族名外，少數比較特殊的文例，為「鬲」與數詞、量詞結合成詞組，如《集成》8・4300-4301〈作冊矢令簋〉：「姜賞令貝十朋、臣十家、鬲百人。」或以「人」為「鬲」字定語結合成「人鬲」，在數詞後接單位詞「夫」者，如《集成》3・949〈中甗〉：「厥人鬲廿夫」[4]，《集成》5・2837〈大盂鼎〉：「人鬲自馭至于庶人六百又五十又九夫。賜夷司王臣十又三伯，人鬲千又百人」，其釋義則各家意見紛歧，莫衷一是。

　　關於「鬲」或「人鬲」的說法，凡釋讀〈作冊矢令簋〉、〈中甗〉、〈大盂鼎〉三器者皆會涉及[5]，而討論殷周社會制度[6]、賞賜制度[7]、數量詞者[8]也會

---

[1] 張亞初：《殷周金文集成引得・殷周金文集成單字出現頻度表》（北京：中華書局，2001 年 7 月），頁 1512。

[2] 劉雨、盧岩：《近出殷周金文集錄》（北京：中華書局，2002 年 9 月），第一冊，頁 296-327；第二冊，頁 196。

[3] 鍾柏生、陳昭容、黃銘崇、袁國華編等：《新收殷周青銅器銘文暨器影彙編》（臺北：藝文印書館，2006 年 4 月），第一冊，頁 22-29、50、64、330、395、503；第二冊，頁 767、782、854、911、1066、1125、1144-1145、1160、1181。

[4] 王輝：《商周金文》（北京：文物出版社，2006 年 12 月），頁 93 云：「〈中甗〉『鬲』字本不識，張亞初疑為鬲字之殘。」

[5] 如李學勤：〈大盂鼎新論〉，《金文文獻集成》（香港：明石文化出版社，2006 年 7 月），第二十八冊，頁 257-258。

[6] 如陳夢家：〈西周金文中的殷人身分〉，《歷史研究》，1954 年第 6 期，收錄於《金文文獻集成》（香港：明石文化出版社，2006 年 7 月），第四十冊，頁 234-240。

[7] 如黃然偉：《殷周青銅器賞賜銘文研究》（香港：龍門書店，1978 年 9 月），頁 192-194。

[8] 如林宛容：《殷周金文數量詞研究》（臺北：東吳大學中國文學系碩士在職專班學位論文，2006 年 7 月），頁 54-56。

碰觸到，至於專文討論的也多，如楊寬的〈釋「臣」和「鬲」〉、于省吾的〈關於〈釋「臣」和「鬲」〉一文的幾點意見〉、尚志儒的〈試論西周金文中的人鬲問題〉[9]、殷偉仁的〈「錫……人鬲，自馭至于庶人」解〉[10]、聶新民的〈人鬲辨正〉[11]等，諸家除獨抒己見外，對既有的說解也都作了一定的辨析與修正，但似乎又未盡適洽妥貼，故不揣翦陋，略陳一二。

二　「鬲」、「人鬲」諸家說的檢討

若考察各家之說，可將其大別如下：

（一）主張鬲本義炊具再引申或假借為奴隸者

主張此說者最多，推演也最過。郭沫若在《奴隸制時代》中說：「鬲與人鬲就是古書上的民儀與黎民，黎、儀、鬲（歷）是同音字，鬲就是後來的鼎鍋。推想用鬲字來稱呼這種自馭至于庶人的原因，大概就是取其黑色。在日下勞作的人被太陽曬黑了，也就如鼎鍋被火烟熏黑了的一樣。」[12]或是楊振之認為的鬲由燒水煮飯一般家庭用的炊具沒有定數的名詞，發展出每家每戶不可或缺的私有財產，到不同質地和鑄工顯示所有者不同的身分和地位，之後「人鬲」成為以宗法血緣為依據而連結成的一個個公堂式的宗法家族群體[13]；或是馬承源說的：「人鬲，奴隸的稱謂。鬲，即文獻之中『黎』。《爾雅·釋詁》：黎，『眾也』，即黎民。《說文·黑部》：黔，『秦謂民為黔首，

---

[9] 楊寬：〈釋「臣」和「鬲」〉、于省吾：〈關於〈釋「臣」和「鬲」〉一文的幾點意見〉、尚志儒：〈試論西周金文中的人鬲問題〉，皆收錄於《金文文獻集成》（香港：明石文化出版社，2006 年 7 月），第四十冊，頁 240-242。

[10] 殷偉仁：〈「錫……人鬲，自馭至于庶人」解〉，《人文雜誌》，1983 年第 6 期，頁 70-71。

[11] 聶新民：〈人鬲辨正〉，《文博》，1985 年第 4 期，頁 10-11。

[12] 郭沫若：《奴隸制時代》（北京：人民出版社，1973 年），卷首圖版四〈大盂鼎銘〉釋文，頁 25，〈序言〉。

[13] 楊振之：〈〈大盂鼎銘〉「授民」身份問題——兼論商周時代的社會制度〉，《四川師範大學學報（社會科學版）》，第 22 卷第 2 期（1995 年 4 月），頁 87-95。

謂黑色也。周謂之黎民。』黎民在奴隸制時代的身分是奴隸，在封建時代初期是農奴。人鬲或簡稱鬲，如令簋銘：『姜賞令貝十朋、臣十家、鬲百人。』臣是家內奴隸，鬲包括庶人，不是家內奴隸。」[14]當然也有再細分「人鬲」，認為人就是人，鬲就是鬲，「人鬲」應是「人、鬲」，鬲通隸，指奴隸；人即民，指庶人工商，是「人鬲」應是民和奴隸。[15]又或主張鬲、儀、黎、獻只是一音之轉，鬲相當於後來的「戶」，「人鬲」即「人戶」，是夫妻、父母、子女、但也有在戰爭中獲得的俘虜，或有收養的孤兒以及尚未婚娶而又單身無靠的男女等結合體，係「以鬲為中心的成員」或「同鬲而食的成員」。[16]在這蔓枝衍葉的種種說法中，一個根本的問題是，鬲之作為炊具，難道如臣、妾的等級不用嗎？為何〈令簋〉銘將「臣十家、鬲百人」區分開來？而「鬲」、「隸」不能通讀，上古音二字雖同為來紐，但一屬錫部、一屬質部[17]，韻部有異。

（二）主張「鬲」為國族名者

主張「鬲」是國族名的，則認為鬲是一古國，以製造陶鬲得名，世俗漸次呼成氏族名，鬲人雖不是生成沒有自主權的，只因身受壓迫，屬不能翻身的土田附屬品，是耕奴，故稱夫[18]。或是主張「鬲」雖是族氏，「人鬲」是鬲族中具有平民身分的自由人，並非種族奴隸或戰俘奴隸[19]，而「人鬲，以土

---

[14] 馬承源：《殷周青銅器銘文選》（北京：文物出版社，1990年4月），第三卷，頁40。

[15] 殷偉仁：〈「錫……人鬲，自馭至于庶人」解〉，《人文雜誌》，1983年第6期，頁70-71；殷偉仁：〈大盂鼎銘文補釋〉，《江海學刊》，1995年第4期，頁51。

[16] 羅建中：〈《大盂鼎銘》解讀〉，《四川師範大學學報（社會科學版）》，第24卷第3期（1997年7月），頁80-84。

[17] 郭錫良：《漢字古音手冊》（北京：北京大學出版社，1986年11月），頁84。

[18] 譚戒甫：〈周初矢器銘文綜合研究〉，《金文文獻集成》（香港：明石文化出版社，2006年7月），第二十八冊，頁289-292、297、299。

[19] 尚志儒：〈試論西周金文中的人鬲問題〉，人文雜誌編輯部：《西周史研究》（西安：人文雜誌社，1984年8月），頁340-345；又收錄於《金文文獻集成》，第四十冊。

田言，決為耕種的庶民；以戰陣言，決為步卒的行伍」[20]。「鬲」是可當作國族名用，然以《集成》8‧4241〈焚作周公毁〉（即〈井侯簋〉）：「易（賜）臣三品：州人、重人、庸人」之例來看，則文宜作「鬲人」而非「人鬲」的。

（三）主張鬲為歷為俘虜奴隸或歷數者

此說肇端於孫詒讓，其解說〈盂鼎〉中說鬲「當讀為秝，《周書‧世俘解》謂俘虜為秝，是也。」[21]黃然偉也說：「案《逸周書‧世俘解》云：『武王遂征四方，凡憝（敦）國九十有九國，馘磿億有七萬七百七十有九，俘人三億萬有二百三十。』磿从石秝聲，秝與鬲同音通用，故銘文之鬲為秝（磿）。『鬲』或稱『人鬲』，皆俘虜也。戰爭所獲之俘虜，淪為勝利者之奴隸，以供驅使，作為生產之勞動力，亦為財產之一部份。西周初所賜之人鬲，數量甚大，有達一千多人者。」[22]後來楊寬承此說而發展出的「人鬲」、「鬲」、「歷人」、「磿」的名義都從「櫪」或「櫪斯」而來。楊說之不足為訓，于省吾已力辯其非[23]。另在〈冊三年逨鼎〉中王命逨「官司歷人」，江林昌主張「櫪人」、「歷人」即「鬲人」[24]，王晶亦謂：「『人鬲』和『鬲』出現在西周早期的金文中，『磿』出現在《逸周書》中，『隸』出現在戰國晚期銘文中，此三者應如于省吾先生所說，是通假關係，它們是『奴隸』義的不同寫法。」[25]

個中較特殊的說法是李學勤提出的，他從孫詒讓的說法中得到啟發，「認為『磿』是名冊，未免迂曲，但所引《禮記》等文以『歷』為數，已切中肯綮。《爾雅‧釋詁》：『歷，數也』。『歷』（或『磿』、『鬲』）訓為數，可

[20] 丁山：《甲骨文所見氏族及其制度》（北京：中華書局，1988 年 4 月），頁 36。
[21] 孫詒讓：《古籀餘論》（臺北：華文書局，1971 年 5 月），卷三，頁 51。
[22] 黃然偉：《殷周青銅器賞賜銘文研究》，頁 192-194。
[23] 參註 9，楊寬：〈釋「臣」和「鬲」〉、于省吾：〈關於〈釋「臣」和「鬲」〉一文的幾點意見〉。
[24] 江林昌：〈眉縣新出青銅器與西周王室世系、年代學及相關問題〉，《文史哲》，2003 年第 5 期，頁 5-13。
[25] 王晶：〈冊三年逨鼎銘中的「歷人」即《周禮》中的「校人」〉，《中原文物》，2007 年第 3 期，頁 51-52、63。唯王晶主張「歷人」即《周禮》中的「校人」。

以是動詞，也可以是名詞。引申之，記數之冊也稱為『曆』，〈世俘〉『馘曆』
即首級之數，〈大盂鼎〉『人鬲』即人數。〈令簋〉『臣十家、鬲百人』，即十
家臣僕，人數共一百人，這可能是恰巧百人，也可能是一種約計。」他並認
為讀「鬲」為「隸」是不可能的，因為古音「鬲」在支部而「隸」在祭部。[26]

　　當然，鬲假借為歷，既有傳世典籍與出土文獻的相對應支撐，鬲、歷的
音同假借是不乏其例，如春秋齊靈公〈叔夷鎛〉：「女（汝）雁（膺）鬲（歷）
公家」為連動詞性質，馬承源釋為「親傅」，認為：「雁讀為膺，《爾雅‧釋
言》釋膺為『親也』。鬲，鬲、歷古字通。魏《三體石經‧君奭》歷作𤯈。
《爾雅‧釋言》云歷為『傅也』。」[27]另外〈月令〉和《呂氏春秋‧季冬紀》
都說：「命宰歷卿大夫至于庶民土田之數而賦犧牲。」注：「歷，猶次也。」
疏：「列次畿內之地。」「歷」是統計登記的意思，和《禮記‧郊特牲》：「簡
其車賦而歷其卒伍」的「歷」意義相同。[28]又《尚書‧大誥》：「嗣無疆大歷
服」，蔡《傳》：「歷，歷數也。服，五服也。」《史記‧滑稽列傳》：「桐歷為
棺」，《索隱》：「歷即釜鬲也。」《荀子‧解蔽篇》：「桀死於亭山。」楊《注》：
「亭山或作鬲山。」《尸子》、《淮南子‧脩務篇》並作「歷山」。另外《說文
解字》漢令「鬲」字是從瓦厤聲的，也可說明這一點[29]。《禮記‧喪大記》：
「陶人出重鬲」，《釋文》：「鬲音歷。」二字古音皆為來紐錫部[30]，屬同音假
借，故逕指鬲為歷是有其方便性，但從〈冊三年逨鼎〉中王命逨「官司歷人」
來看，鬲、歷二字並見，不管是孫詒讓解讀的鬲「當讀為厤，《周書‧世俘
解》謂俘虜為厤」，或是李學勤說的「人鬲」即人數，從字義上都不好解讀
也是個事實。尤其〈令簋〉在賞賜「臣十家、鬲百人」之前尚有「貝十朋」，
都是屬於「名詞＋數詞＋量詞」的結構，形成三種齊列並置的情況，「鬲」

---

[26] 李學勤：〈大盂鼎新論〉，《金文文獻集成》，第二十八冊，頁 257-258。

[27] 馬承源：《商周青銅器銘文選》，第四卷，頁 541。

[28] 楊寬：《楊寬古史論文選集》（上海：上海人民出版社，2003 年 7 月），頁 39。

[29] 高亨：《古字通假會典》（濟南：齊魯書社，1989 年 7 月），頁 471。

[30] 郭錫良：《漢字古音手冊》，頁 84。

與「貝」、「臣」都是獨立的，就不好說「臣十家、鬲百人」即十家臣僕，人數共一百人了。

三 「鬲」、「人鬲」作「力」、「人力」解

雖然「鬲」和「歷」的假借在傳世典籍與出土材料中有跡可循，但也不能否定鬲的假借還有其它的可能？而這問題其實是值得再思量的。

在陳夢家的〈西周金文中的殷人身分〉一文中，有一段話是應該仔細推敲的，他說：「襄公九年《左傳》說『庶人力于農穡』，此自是東周時代與工商並立的『庶人』，較西周金文中的『庶人』，其地位或已升高，但兩個時代的『庶人』都是力田的，則似可以無疑。〈大盂鼎〉的『人鬲自馭至于庶人』可以有兩種解釋：一是從馭到庶人的種種等級，一是從馭（御車者）到庶人（力田者）的種種類別。」[31]那麼，從馭者到力田的庶人皆屬非家內的勞力階層，是否有可能「鬲」是「力」的假借呢？

在傳世典籍中，鬲、力是否有通假現象的存在呢？《墨子·耕柱篇》：「三棘六異」，《史記·楚世家》作「吞三翮六翼」；《詩·小雅·斯干》：「如矢斯棘」，《釋文》：「棘，《韓詩》作朸。」[32]翮從鬲聲，古音為匣紐錫部字；棘字古音為見紐職部；朸從力，古音為來紐職部[33]。鬲*liěk、力*iǐ̌k 二字同為來紐，聲母相同，韻部錫、職相近，是有假借的可能，但這層假借關係是輾轉而來，不是那麼直接的。

但從賞賜「鬲」的量詞「人」與「人鬲」的量詞「夫」來看，「人」是一般人，使用的範圍廣；「夫」《說文》釋為「丈夫」，特指成年男子丁壯的單位。而從〈大盂鼎〉的「受民受疆土」與「遷自厥土」觀察，必有耕種田

---

[31] 陳夢家：〈西周金文中的殷人身分〉，頁238。
[32] 高亨：《古字通假會典》，頁386。
[33] 郭錫良：《漢字古音手冊》，頁17、68、83。

地的活動主力，所以《說文》也說「治功曰力」[34]，《國語‧魯語下》：「任力以夫」，注：「力，謂徭役。苦力也。夫役也。」《孟子‧盡心下》：「力役之征」，注：「力役，民負荷廝養之役也。」《孔子家語‧賢君》：「省力役，薄賦斂，則民富矣。」《荀子‧王霸》：「罕舉力役。」《荀子‧富國》：「罕興力役，無奪農時。」《正字通》：「力，凡為人役者曰力。」《管子‧禁藏篇》也說：「舉事而不時，力雖盡，其功不成」，「夫眾人者多營於物而苦其力，勞其心，故困而不贍」[35]，而這種勞動的主力，是「從御（御車者）到庶人（力田者）的種種類別」組合而成的，乃家室外的活動主力，活動的場域推斷應在室外，它不是用鬲燒水炊煮的烹飯主力，楊善群在〈西周銘文中的「師」與「師氏」〉中，也言及管理王家或諸侯、卿大夫各種小官和直屬臣民，負責生產、守衛等雜務的管家稱「師」，〈師毀簋〉中記「余令汝死（尸）我家，辟司我西偏、東偏僕馭、百工、牧、臣妾、東（董）裁內外」，其中「僕馭」和「百工、牧、臣妾」依序並列，又位於百工之上，從中可看其雖屬雜務性質，但與「臣妾」的奴隸性質是有別的[36]，其中的「東（董）裁內外」一語尤可注意，可見其所服雜務性質有分「內外」，「人鬲」應是從外務言之，所以「鬲」字的釋義就不應從其本義出發。郭沫若謂「庶人」即農人，在古乃耕作之奴隸，〈宜侯矢簋〉銘：「易（賜）宜庶人六百又□〔十？〕六夫」，王輝注：「庶人，普通勞動者。《左傳‧襄公九年》：『其庶人力于農穡。』《管子‧五輔篇》：『庶人耕農樹藝。』」又〈裘衛盉〉銘：「矩白（伯）庶人」，王輝注：「庶人，徒役。」[37]這種徒役除馭車外，基本上以「力于農穡」為主，當然，農事也即是戰事的預備，故《管子‧禁藏篇》又言：「繕農具當

---

[34] 〔東漢〕許慎撰、〔清〕段玉裁：《說文解字注》（臺北：藝文印書館，2005 年 10 月），頁 704。

[35] 〔日〕安井衡：《管子纂詁》（高雄：河洛圖書出版社，1976 年 3 月），卷十七，頁 11-12。

[36] 楊善群：〈西周銘文中的「師」與「師氏」〉，《金文文獻集成》，第四十冊，頁 234。

[37] 王輝：《商周金文》，頁 59、136。

器械，耕農當攻戰，推引銚耨，以當劍戟，披蓑以當鎧鑐，菹笠以當盾櫓，故耕器具，則戰器備，農事習，則功戰巧矣。」[38]緣是之故，用以盡地力和人力，甚或擴而充之的人力資源就顯得相當重要了。

徐中舒在名文〈耒耜考〉中曾談及「小耤臣」疑即殷代農奴，亦即《晉語》之隸農，而男从力田，故力字即象耒形（惟省去下端歧出形），力、耒古同來母，於聲亦通。力象耒形，金文中从力之字，有時即从耒，如男、勒。耕所从之耒，與男、勒偏旁形同，即耒、力互通之明證。[39]推測早期金文耒、力互通，力字尚未從耒字明確分化出來，直至春秋晉烈公時〈䲁羌鐘〉銘：「䲁羌乍戎乎辟韓宗戲（徹）……武侄寺力。」馬承源注：「『武侄寺力』，勇武剛堅而得功」，「『寺力』，謂得功……《國語‧晉語六》『吾君將伐知而多力』，韋昭《注》：『力，功也。』又『與力而不靜德』，所《注》並同。……故當作功力解。」又戰國〈中山王䵼鼎〉銘：「寡人庸其德，嘉其力。」注：「稱善其道德，嘉美其勤勞」，「力，勤勞之義。《詩‧大雅‧烝民》『威儀是力』，鄭玄《箋》：『力，猶勤也。』」[40]是春秋戰國時期，「力」已由「耒」字分化發展出來，字義也引申作治功勤勞了。

這種情形在戰國簡帛中也看得非常分明，觀察《郭店楚簡‧緇衣》簡 18-19：「《詩》云：『彼求我則，如不我得。執我仇仇，亦不我力。』」或是〈尊德義〉簡 15：「教以事，則民力嗇以面利。」〈性自命出〉簡 43：「用力之盡者，利為甚。」〈六德〉簡 16：「苟濟夫人之善也，勞其臟腑之力弗敢憚也。」〈語叢四〉簡 24：「雖勇力聞於邦不如材。」[41]已經不指農業的主要生產工

---

[38]〔日〕安井衡：《管子纂詁》，卷十七，頁 14-15。

[39] 徐中舒：〈耒耜考〉，《徐中舒歷史論文選輯》（北京：中華書局，1998 年 9 月），頁 74-75。

[40] 馬承源：《商周青銅器銘文選》，第四卷，頁 590、572。

[41] 荊門市博物館：《郭店楚墓竹簡》（北京：文物出版社，2005 年 4 月），頁 18、56、64、70、106、130、173、180、187、218。（按此用寬式隸定）。又〈六德〉簡 16 釋文採劉釗：《郭店楚簡校釋》（福州：福建人民出版社，2005 年 1 月），頁 108。

具耒耜，而演變成需用力者或力氣[42]，而「人力」在西周的空窗期，就由「人鬲」替代，後來「人力」與財力、物力、地力、貨力並見，如《中庸》：「舟車所至，人力所通」，這在典籍的詞彙中還是有蛛絲馬跡可尋的。

　　順便一提的是，陳曦在〈從甲骨文、銅器銘文看商周時期女性的地位〉一文中，曾以《甲骨文合集》629：「貞：今庚辰，夕，用鬲小臣三十、小妾三十于帚（婦）。九月。」（見附圖）為用奴隸祭祀。鬲，用作隸。鬲小臣即隸小臣，指奴隸中的小臣，而釋作：「今庚辰這一天，向婦進行夕祭，用隸小臣三十及小妾三十（作為祭品）」[43]。但此字形作𦥑，《甲骨文編》視作「虜」不作「鬲」[44]，釋為「鬲」字是可商榷的。「虜小臣」既屬祭品，從「虜小臣」與「小妾」分開對待的文例來觀察，似乎也提供了「虜」字並不用在女性身上，這與「人鬲」的量詞用「夫」，表示的是室外雜役從馭者到庶人力田的人力統稱倒是能配合的。

附圖　《甲骨文合集》629

---

[42] 季旭昇採裘錫圭〈甲骨文中所見的商代農業〉一說，主張「力」為「耜」之象形字，「力」跟「耜」應該是由一語分化的，古代最需用力者為以耜耕田，因此「力（耜）引伸有『力氣』義。」見季旭昇：《說文新證》（臺北：藝文印書館，2004年11月），頁241。

[43] 陳曦：〈從甲骨文、銅器銘文看商周時期女性的地位〉，《中國文化研究》，2007年夏之卷，頁152。

[44] 中國社會科學院考古研究所編：《甲骨文編》（北京：中華書局，1989年3月），頁108。

原文發表於張光裕、黃德寬主編：《古文字學論稿》，合肥：安徽大學出版社，2008 年 4 月，頁 106-113。（高佑仁、莊惠茹校對）

談西周時代的華語教學
——以《周禮》、《禮記》與西周金文互證

一　前言

　　詩是文學最精緻凝鍊的語言，對仗又是為詩的基礎，宋人岳珂《桯史》
卷二〈東坡屬對〉條曾記載著：

> 承平時，國家與遼歡盟，文禁甚寬。豁客者往來，率以談諧詩文相娛
> 樂。元祐間，東坡實膺是選。遼使素聞其名，思以奇困之。其國舊有
> 一對曰：「三光日月星」，凡以數言者，必犯其上一字，於是徧國中無
> 能屬者。首以請於坡，坡唯唯，謂其介曰：「我能而君不能，亦非所
> 以全大國之體，『四詩風雅頌』，天生對也，盍先以此復之？」介如言，
> 方共歎愕，坡徐曰：「某亦有一對，曰：『四德元亨利』。」使睢盱，
> 欲起辨，坡曰：「而謂我忘其一耶？謹閟而舌；兩朝兄弟邦，卿為外
> 臣，此固仁祖之廟諱也。」使出不意，大駭服。既又有所談，輒為坡
> 逆敓，使自愧弗及。迄白溝往反，齚舌不敢復言他。[1]

文中雖有意標榜「大國」東坡的超卓不凡，但就引文來說，我們注意到前段
「介」作為傳遞東坡與遼使間「如言」的媒介，應是兼通漢語與遼語的；而
在後段引文中，我們驚訝地看到「外臣」遼使跨過溝通介面，直接挑戰東坡
的權威「欲起辨」，且「又有所談」的駕馭語言能力，而從自視甚高到「自
愧弗及」到「齚舌不敢復言他」的節節敗退過程，其對華語精髓的掌握與學
習的具體成果，其實是令人感興趣的。而一般關注華語教學者，留意的可能
不是那位才華洋溢，機鋒敏捷的東坡，而是那位嫻熟中國文學精華的遼使。

---

[1] 〔南宋〕岳珂：《桯史》（臺北：臺灣商務印書館，1966 年 10 月），四部叢刊續編子部，
上海涵芬樓景印常熟瞿氏鐵琴銅劍樓藏元刊本，卷二，頁 3-4。

　　把時間推得更遠，其間若合符契的，並有作對賦詩共同交集的，是《左傳‧襄公十四年》記載的春秋時代范宣子細數過往，責備戎子駒支「來姜戎氏，昔秦人迫逐乃祖吾離于瓜……」的種種，戎子駒支的回應也令人印象深刻：「昔秦人負恃其眾，貪于土地，逐我諸戎。惠公蠲其大德，謂我諸戎是四嶽之裔冑也，賜我南鄙之田……我諸戎飲食衣服，不與華同，贄幣不通，言語不達，何惡之能為？不與於會，亦無瞢焉。」最後並賦〈青蠅〉而退，使范宣子相當懾服，並達成「成愷悌，不信讒」的任務。[2]在這一段文獻中，我們看到了戎子駒支如何衝破諸戎「言語不達」、「不與華同」的層層障礙，適洽徵引〈青蠅〉詩以委婉而堅定地表明立場，使他獲得相當的敬重並解除國家的危機。他操縱語言的能力，對《詩》的充分掌握與應用自如，一般人可能對他語言的如何出入自得，也是充滿興趣的。

　　當然，大家熟悉的語言學習法，發軔於《孟子‧滕文公》下「設譬曉喻」的闡述，其已然掌握住語言學習中的環境因素的作用力，相當傳神地舉證出來：

> 孟子謂戴不勝曰：「子欲子之王之善與？我明告子。有楚大夫於此，欲其子之齊語也，則使齊人傅諸？使楚人傅諸？」曰：「使齊人傅之。」曰：「一齊人傅之，眾楚人咻之，雖日撻而求其齊也，不可得矣；引而置之莊嶽之間數年，雖日撻而求其楚，亦不可得矣。」[3]

文中的語言學習者是「楚大夫子」，教的人是「傅」，學習的語言是「齊語」，學習環境與年數是「置之莊嶽之間數年」。這不禁讓我們聯想到，綿邈古代的華語教學情況是從何開始？由誰教？教些什麼？在那兒教？怎麼教？成效如何等諸多的問題來，但要回答如斯的問題，必受限於材料的片面與零碎，可能不是那麼容易追索，今透過傳世文獻與出土材料，勉力稍作探討。

2　〔周〕左丘明傳、〔西晉〕杜預注、〔唐〕孔穎達疏：《重栞宋本左傳注疏附校勘記》（臺北：藝文印書館，1979年3月），頁557-558。
3　〔南宋〕朱熹：《四書章句集注》（臺北：大安出版社，1994年11月），頁376。

二　談《周禮》、《禮記》中的譯官職務

在傳世文獻中，最早記載華語教學的，可能是《周禮》和《禮記》。

根據《周禮》的記載，周代的翻譯官名為「象胥」。在《周禮・秋官・象胥》中有關「象胥」的部分職掌是：「象胥，掌蠻夷閩貉戎狄之國使，掌傳王之言而諭說焉，以和親之。若以時入賓，則協其禮，與其辭言傳之。」注云：「謂蕃國之臣來覲聘者。」疏云：「蕃國之君世壹見，其臣得有覲聘者，彼雖無聘使法，有國事來，小行人受其幣，聽其辭，以中國覜聘況之耳，其實無覜聘也。……云『與其辭言傳之』者，但夷狄之君亦是中國卿大夫夫，有罪使任於彼，計應言辭可知，今言協『其辭言傳之』者，謂若外之眾須譯語者也。」[4]其中言及「掌蠻夷閩貉戎狄之國使，掌傳王之言而諭說焉」及「與其辭言傳之」，就跟語言的傳譯有關，其傳譯的對象為「蠻夷閩貉戎狄之國使」中的「外之眾須譯語者」，象胥負責的是「傳王之言而諭說」，即是以「蠻夷閩貉戎狄」語來疏通、傳佈、曉諭、說明「中國周王」的華語立場，在這任務的傳輸中，兼涉兩方的語言溝通，表面上看起來雖不涉及華語教學的實況，然而檯面上的溝通，深究起來，也必須建立背底下長久的訓練調教過程，才能促成兩造雙方皆有「諭說」的功能。

另根據《禮記・王制》篇來看，〈王制〉計 4339 字，主要記錄了以周朝為主的爵祿、封國、官職、巡守、祭祀、養老等制度[5]。譯官之名已經分化，按東、西、南、北方位的不同而分區負責，各設專職機構與名稱，以示有所區別。《禮記・王制》即說：

---

4 〔漢〕鄭玄注、〔唐〕賈公彥疏：《重栞宋本周禮注疏附校勘記》（臺北：藝文印書館，1979年 3 月），頁 581-582。

5 王鍔：《《禮記》成書考》（北京：中華書局，2007 年 3 月），頁 172-188。文中多方論證，主張〈王制〉在「古者以周尺八尺為步」前的經文部分，大概寫成於戰國中期，與郭店楚簡寫作的年代相近。以後顯然是秦漢人解釋前面經文部分的文字。

中國戎夷，五方之民皆有性也，不可推移。東方曰夷，被髮文身，有
不火食者矣。南方曰蠻，雕題交趾，有不火食者矣。西方曰戎，被髮
衣皮，有不粒食者矣。北方曰狄，衣羽毛穴居，有不粒食者矣。中國
夷蠻戎狄，皆有安居、和味、宜服、利用、備器。五方之民，言語不
通，嗜欲不同，達其志，通其欲，東方曰寄，南方曰象，西方曰狄鞮，
北方曰譯。

注云：「皆俗間之名，依其事類耳。鞮之言知也。」疏云：「此一節論中國及
四夷居處，言語、衣服、飲食不同之事，各隨文解之。……從此以下，至北
方曰譯，揔論四夷中國之異。……五方之民者，謂中國與四夷也。……五方
之民，言語不通，嗜欲不同者，以水土各異，故言語不通；好惡殊別，故嗜
欲不同。『達其志，通其欲』者，謂帝王立此傳語之人，曉達五方之志，通
傳五方之欲，使相領解。其通傳東方之語官謂之曰寄；言傳寄外內言語；通
傳南方語官謂之曰象者，言放象外內之言；其通傳西方語官謂之狄鞮者，鞮，
知也，謂通傳夷狄之語，與中國相知；其通傳北方語官謂之曰譯者，譯，陳
也，謂陳說外內之言。」正義言：「言寄、象、狄鞮、譯，皆是四夷與中國，
皆俗間之名也。……中國通傳之人，各依其當方事之，比類而言：說之即寄
者，寄付東方之言；象者，象似南方之言，是依其事類者也。云今冀部有言
狄鞮者，今日之言必有從於古，欲證古有狄鞮之言，鞮與知聲相近，故鞮為
知也。」[6]

　　在前段引文中，我們注意到「五方之民，言語不通」的事實，也造成中
國和四夷之民言語溝通上的障礙；歸結它的成因，係地理因素「水土各異，
故言語不通」形成的；面對這種阻絕隔閡的情況，為了彼此之間交流會通
「使相領解」的需求，於是各設立了東、西、南、北四個方位的語言官屬來
負責傳寄、放象、陳說「外內之言」，使「與中國相知」，就語言學習來看，

---

[6] 〔漢〕鄭玄注、〔唐〕孔穎達疏：《重栞宋本禮記注疏附校勘記》（臺北：藝文印書館，1979
　　年 3 月），頁 247-248。

中國和四夷之民之間是純屬內外的差別，而無高下優劣、文明與野蠻的差距。

但是，參稽《周禮・秋官・大行人》所說的：「九州之外謂之蕃國，世壹見，各以其所貴寶為摯。」注云：「九州之外，夷服、鎮服、蕃服也。《曲禮》曰：『其在東夷、北狄、西戎、南蠻，雖大曰子。』《春秋傳》曰：『杞，伯也，以夷禮，故曰子。』然則九州之外，其君皆子男也，無朝貢之歲，父死子立及嗣王即位乃一來耳，各以其所貴寶為贄。」〈大行人〉又說：「七歲，屬象胥諭言語協辭命。九歲，屬瞽史諭書名聽聲音。」注云：「七歲省而召其象胥，九歲省而召其瞽史，皆聚於天子之宮教習之也……鄭司農云：象胥，譯官也。……此官正為象者，周始有越重譯而來獻，是因通言語之官為象胥，云諝，謂象之有才知者也。」「……皆聚於天子之宮教習之也者，既言屬明聚於天子之宮，若不聚于天子之宮，焉得諭言語，諭書名，聽音聲之等乎？明是皆聚于天子宮教習之也。玄謂胥讀為諝者，欲取諝為有才智之意也。」那麼，始於周代的「象胥」之官，除了「諭言語協辭命」之外，還具有「教習」九州之外蕃國的任務，地點就在「天子之宮」，以當時學校制度言之，小學設在王宮東南，大學設在郊外的情況來看，也就是說，九州之外蕃國的語言教習活動，有可能就在王宮東南的小學裡進行的。

其後，對古翻譯各方語言之官，與異族溝通傳譯的人，稱呼不一，或單用「譯」者，如《說文解字》的「譯，傳四夷之語者。」或用「象」者，如《漢書・禮樂志》的「象來致福。」注云：「李奇曰：象，譯也。」或連用「象胥」者，如《後漢書・馬融傳》云：「朔狄屬象胥而來。」朱德潤〈雪獵賦〉：「斥候盡職貢之道，象胥講獻納之方。」或用「象譯」者，如唐・陳子昂〈送著作佐郎崔融等從梁王東征序〉：「虎符不發，象譯攸同。」宋・蘇轍〈送林子中安厚卿二學士奉使高麗詩〉：「魚龍定示知忠信，象譯何勞較齒牙。」或「象譯狄鞮」連用而不別者，如《呂氏春秋・慎勢》篇所說「凡冠

帶之國，舟車之所通，不用象譯狄鞮，方三千里。」[7]甚或另造新詞，採用
「舌人」一詞，如《國語・周語》中：「且唯戎、狄則有體薦。夫戎、狄，
冒沒輕儳，貪而不讓。其血氣不治，若禽獸焉。其適來班貢，不俟馨香嘉味，
故坐諸門外，而使舌人體委與之。」注：「舌人，能達異方之志，象胥之官。」
[8]名稱雖異，但都集中在傳譯的功能上，並未見有教習情景的描述。

但是，語言溝通傳譯功能的建立，並非一朝一夕、且非單方面可成就的。
它理應有個教育機構來負責，並有教學人員依全套完整的教學系統按部就
班，循序漸進，克底於成。而這教學機構的設置，推想西周時期本設於王宮，
或許由象胥來負責，其後推廣於東、西、南、北四方，各有專屬，所謂的「東
方曰寄，南方曰象，西方曰狄鞮，北方曰譯」即是如此形成的。而其教學內
容，有可能剛開始採取類似西周宣王時期所編的《史籀篇》性質，四個字押
一個韻，大約三千字左右的字數，假設以「周代遺留下來的主要文獻是十三
經，據《十三經集字》統計，十三經共用單字 6544 個。十三經由於後世的
傳抄刊刻，用字情形已不完全是原貌，但在單字總數方面大體上總還是能夠
反映周代的情況」[9]來作比較，甚或以目前一般使用漢字五、六千字數量來
衡量，根據學者的統計，現代書報刊物的用字數為 6335 個，若掌握了 3800
個漢字，就能閱讀一般書刊內容的 99.9%；掌握了 5200 個漢字，就能閱讀
一般書刊內容的 99.99%左右[10]。漢字實際應用上是保持一定的穩定度，三
千多字對個「匪我族類」的異方人士來說，應是很合理的學習數字的。另一
方面，透過前引《左傳・襄公十四年》戎子駒支引〈青蠅〉詩的情況觀察，
有可能懷疑西周時期的學習教本也存有《詩》的部分。

---

[7] 陳奇猷校釋：《呂氏春秋校釋》（上海：新華書店，1990 年 12 月），頁 1108、1112。
[8] 〔周〕左丘明、〔吳〕韋昭：《國語》（臺北：九思出版有限公司，1978 年 11 月），頁 62-63。
[9] 參見裘錫圭：《文字學概要》（臺北：萬卷樓圖書有限公司，1995 年 4 月），頁 45；陸錫興：《漢字傳播史》（北京：語文出版社，2002 年 9 月），頁 19。
[10] 陳明遠：〈數理統計在漢語研究中的應用〉，《中國語文》，1981 年第 6 期，頁 468。

這其中關於《周禮》、《禮記》成書的年代與內容性質,歷來爭議頗多。一般認為《周禮》是不能反映周代全盤的面貌,但卻有絕大部分的影子,狀況不能一概而論。《周禮》可能是儒家者流編著的一部理想化的政典,分述各級官職及其相關的典章制度。漢代劉歆認為它是「周公致太平之跡」,何休又「以為六國陰謀之書」(《周禮》賈公彥疏)。清代康有為等人認為出於劉歆偽造。實際上現今學者主張是戰國時代儒家的著作,而以西周、春秋的制度為基礎,經過整齊劃一,加以系統化和理想化而編成的,因此內容複雜,但是其中還是保存了不少有價值的古代史料[11]。錢玄在錢穆以時代思想、文化特點的基礎上,依九州稱名異同補證《周禮》必成書于戰國晚期。[12]那麼,關於〈象胥〉與〈大行人〉之說是否可信?可質諸西周金文來加予推敲。

三 從西周金文「執訊」構擬華語教學背景

商代對四方用兵頻繁,戰爭頗多,但對戰果收穫大抵用「擒」、「獲」二字,如:「己酉卜,貞:雀往征犬,弗其擒□。十月」(《卜通》543,《鐵》181.3》),即在十月己酉日卜問殷代將領雀率兵征討犬方,沒有擒獲吧?或是「缶不其獲犬。十月」(《卜通》543,《前》3.3.34),也是某年十月貞問是否會獲得犬方的人?[13]即連從字數最長的記事刻辭小臣墻刻辭來觀察,若依據商代甲文的行文習慣與敘述結構而言,其「記敘擒獲的順序是先首領、後渠帥,接下來是活著的族眾(人),然後才是被殺的人(馘)。」如小臣墻刻

---

[11] 楊寬:《戰國史》(臺北:臺灣商務印書館,1998 年 10 月),頁 668-669。關於《周禮》的成書年代,郭沫若《金文叢考・周官質疑》主張不是西周作品,應是戰國著作「蓋趙人荀卿子之弟子所為」;楊向奎〈周禮的內容分析及其制作時代〉則主張戰國時代齊國作品,《山東大學學報》,1954 年第 4 期,頁 1-32;顧頡剛〈周公制禮的傳說和《周官》一書的出現〉則主張出於齊國以及別國的法家,見《文史》第六輯(北京:中華書局,1979 年 6 月),頁 1-40。

[12] 錢玄:《三禮通論》(南京:南京師範大學出版社,1996 年 10 月),頁 31-33。

[13] 劉桓:〈甲骨、金文中所見的犬戎與獫狁〉,《殷都學刊》,1994 年第 2 期,頁 1-2。

辭中：「小臣比伐，擒危髦□廿，人四，馘千五百七十」，擒獲物的次序「是按照危族的部族首領、危族的渠帥、活著的俘虜（人）、戰死的人（馘）的順序記錄的，這以上記錄的是『人』，且按重要程度的高低為序。」[14]對人俘的級別雖有高低輕重程度的差別，但如何處置則僅止於擒獲數量的記載而已。

　　有別於殷代卜辭的，西周金文開始出現「執訊」一詞，尤其用在對四夷的戰爭方面。關於前此尚未出現過的「訊」字，《金文編》作如下諸形：

〈虢季子白盤〉　　〈黼簋〉　　〈黼簋〉　　〈揚簋〉
〈五祀衛鼎〉　　〈敔簋〉　　〈翏生盨〉　　〈多友鼎〉
〈兮甲盤〉　　〈不娶簋〉　　〈不娶簋〉　　〈盠駒尊〉
〈師同鼎〉[15]

字形象以繩（糸）反縛戰俘雙手於背之形，下作女形乃止形的訛變，從口蓋取審問之義，即吳大澂所說的「執敵而訊之」的意思[16]，之後引申為戰俘而所執之敵方戰俘則非泛泛之輩，依《詩‧小雅‧出車》：「執訊獲醜，薄言還歸。」朱熹集注說：「訊，其魁首當訊問者也。醜，徒眾也。」[17]這從西周金文對四夷的征伐中所俘獲數量的比差也可推一二。

　　西周早期金文中，康王時的〈小盂鼎〉乃記載征伐鬼方的，銘文中提到「執嘼三人」及「執嘼一人」，「執嘼」即是「執酋」，指生擒鬼方的首領[18]，而生執的目的則在於「訊」，但這目的與殷代甲骨刻辭一樣，並沒有很明顯的被凸顯出來。倒是同屬西周早期金文的〈菁簋〉，係與「戎」敵的戰爭，

---

[14] 劉釗：〈「小臣墻刻辭」新釋－－揭示中國歷史上最早的祥瑞記錄〉，《復旦學報（社會科學版）》，2009 年第 1 期，頁 5-6。

[15] 容庚編著：《金文編》（北京：中華書局，1989 年 8 月），頁 141。

[16] 詳細情形請參周法高主編：《金文詁林》（京都：中文出版社，1981 年 10 月），上冊，頁 389-390；王晶：〈西周金文「訊」字解〉，《西南民族大學學報（人文社科版）》，2007 年第 4 期（總第 188 期），頁 206-207。

[17] 〔南宋〕朱熹：《詩集傳》（臺北：臺灣中華書局，1991 年 3 月），頁 108。

[18] 馬承源主編：《商周青銅器銘文選》（北京：文物出版社，1988 年 4 月），第三卷，頁 42。

已明顯地標舉出「執鑷（訊）」了。西周中期之後，例子漸多，如穆王時的〈彧簋〉記載與「戎」、「戎馭（胡）」的戰爭而「執訊二夫」；厲王時的〈多友鼎〉係與玁狁的戰爭，而「折首執訊」、「執訊廿又三人」、「執訊二人」、「執訊三人」；更後的宣王時〈兮甲盤〉、〈不其簋蓋〉、〈虢季子白盤〉都是跟玁狁的戰爭而「折首執訊」、「執訊五十」，其詳細情形，可參下表：

時代	器　名	戰爭對象	執鑷（訊）	俘虜／馘首
西周早期	小盂鼎（康王）	鬼方	執酉（嘼）三人；執酉（嘼）一人	馘四千八百又二馘；馘二百卅七馘
	𦭜簋	戎	執鑷（訊）	隻（獲）馘
西周中期	彧簋	戎	執鑷（訊）二夫	馘百
西周晚期	師同鼎	戎	執鑷（訊）	折首
	多友鼎	玁狁	執鑷（訊）廿又三人；執鑷（訊）二人；執鑷（訊）三人	折首二百又□又五人；折首卅又六人；折首百又十又五人
	敔簋	南淮尸（夷）	執鑷（訊）卅（四十）	俘人四百／馘首百
	翏生盨	南淮尸（夷）	執鑷（訊）	折首
	伯戔父簋	南淮尸（夷）	執鑷（訊）十夫	馘廿
	晉侯穌鐘	夙夷	執鑷（訊）廿又三夫；執鑷（訊）十又一夫；執鑷（訊）廿夫；	折首百又廿；折首百；折首百又一十；

			執嶧（訊）六十夫	折首百又五十
	兮甲盤	南淮尸（夷）	執嶧（訊）	折首
	不嬰簋	玁狁	執嶧（訊）	折首
	師寰簋	淮夷	執嶧（訊）	折首
	四十二年逨鼎	玁狁／戎	執嶧（訊）	獲馘
	虢季子白盤	玁狁	執嶧（訊）五十	折首五百
	柞伯鼎	戎	執嶧（訊）二夫	馘十人

從這些銘文觀察起來[19]，呈顯出一規律性的特殊現象：即對內戰爭並無「執訊」的必要，但凡涉及對外戰爭，如〈小盂鼎〉的與鬼方；〈䇢簋〉、〈敔簋〉、〈師同鼎〉、〈柞伯鼎〉的與戎方；〈多友鼎〉、〈不嬰簋〉、〈四十二年逨鼎〉、〈虢季子白盤〉的與玁狁；〈敔簋〉、〈翏生盨〉、〈兮甲盤〉、〈伯氒父簋〉的與南淮尸（夷）；〈師寰簋〉的與淮夷；〈晉侯穌鐘〉的與夙夷，都是對四夷的戰爭，則有「執訊」的特別記載，人數則從「執酋（䣄）一人」、「執嶧（訊）二夫」到「執嶧（訊）六十夫」都有，但不像「俘人四百」、「馘四千八百又二馘」。[20]其所反映的事實，可能是在征四夷時，才有問訊之需求，也就是必須透過翻譯的介面才能溝通，這裡所透露出的，是西周時期，已有華語教學中雙向溝通的必要，而從酋與訊的對應關係來看，訊的對象既為敵方的酋長首領或高階軍事人員，理應具有貴族的身份，此與西周中土的教育對象可能是一致的，並回應了《周禮》、《禮記》與《詩・小雅・出車》：「執訊獲醜」中朱熹的註解。

---

[19] 詳細年代，可參彭裕商：《西周青銅器年代綜合研究》（成都：巴蜀書社，2003 年 2 月）。

[20] 王輝：《商周金文》（北京：文物出版社，2006 年 1 月），頁 185 中言及懿王時的〈師訇簋〉有「夷訊三百人」一詞，《商周青銅器銘文選》以為是奴隸身份的專名，字或摹寫有誤。張亞初隸作允，讀為訊。但以銘文體例言之，張氏「讀為訊」恐不確。

另外，《禮記‧王制》篇中記載：「天子命之教，然後為學。小學在公宮南之左，大學在郊。天子曰辟廱，諸侯曰頖宮。天子將出征，類乎上帝，宜乎社，造乎禰，禡於所征之地，受命於祖，受成於學。出征執有罪，反，釋奠于學，以訊馘告。」注云：「訊馘，所生獲、斷耳者，《詩》曰：『執訊獲醜』，又曰：『在頖獻馘。』」疏云：「『受成於學』者」謂在學謀論兵事，好惡可否，其謀成定，受此成定之謀，在於學裏，故云『受成於學』。『出征，執有罪』者，謂出師征伐，執此有罪之人還反而歸，釋菜奠幣在於學，以可言問之訊，截左耳之馘告先聖先師也。」又：「云『訊馘，所生獲、斷耳者』者，以『生獲』解『訊』，以『斷耳』解『馘』。按〈釋言〉云：『訊，言也。』故《詩》注云：『執其可言問者』。〈釋詁〉云：『馘，獲也。』訊是生者，馘是死而截耳者。云『《詩》曰：「執訊獲醜」者，《詩‧小雅‧出車》篇也。」[21]其中載及「出征執有罪」生獲的「訊」，「以可言問」的審訊地點在「學」，不也隱約露隙，表明能溝通敵我雙方的語言必須在「學」中進行，而學正是教育機構。

另外，朱鳳瀚曾懷疑〈鈇鐘〉銘文在征伐南國艮子後，「子乃遣閒，來逆昭王」中的「閒」字含義，即有居中為雙方調和之人的「居閒者」[22]性質。而《官制研究》中將師氏的職掌歸納為七項，三個方面，說師氏是軍事、行政、教育長官，《周禮‧地官‧師氏》的職掌之一有：「使其屬帥四夷之隸各以其兵服守王之門外，且蹕。」[23]與金文所見相合，此銘師氏屬文職。[24]既要調和雙方，要「屬帥四夷之隸」，都必須站在語言雙向交換溝通無誤的情況下進行才有可能，這也側面反映出語言學習機構設置之必要來。而從西周中晚期開始，因應戰爭攻伐的不斷發展與需求，這整套的語言教育系統理應

---

[21] 〔東漢〕鄭玄注、〔唐〕孔穎達疏：《重栞宋本禮記注疏附校勘記》，頁 236-237。

[22] 朱鳳瀚：〈由伯𢼸父簋銘再論周厲王征淮夷〉，《古文字研究》第二十七輯（北京：中華書局，2008 年 9 月），頁 192-196。

[23] 〔東漢〕鄭玄注、、〔唐〕賈公彥疏：《重栞宋本周禮注疏附校勘記》，頁 212。

[24] 王輝：《商周金文》，頁 158〈師𧺍簋〉注解 2。

更臻成熟，「東方曰寄，南方曰象，西方曰狄鞮，北方曰譯」也就不是空穴
來風了。

　　還要說明一點的是，「執訊」的對象往往涉及軍事，對於西周時期的軍
制、軍禮、軍事活動、軍事用語，各有專書專文討論，而且數量龐大豐富，
在此不贅[25]；而對華夷之辨，四夷觀念的發展演變，情況也一樣，討論得更
為熱烈，本文也無法論及[26]。一般來說，殷商社會應該已建立一個以王室貴

---

[25] 舉如何樹環：《西周對外經略研究》（臺北：政治大學博士學位論文，2000 年）、陳恩林：
《先秦軍事制度研究》（長春：吉林文史出版，1991 年）、陳高志：《西周金文所見軍禮
探微》（臺北：臺灣大學博士學位論文，2002 年）、商豔濤：《西周軍事銘文研究》（廣州：
中山大學博士學位論文，2006 年）、張永山：〈試論金文所見宗周的軍事防禦體系〉，《考
古學研究（六）——慶祝高明先生八十壽辰暨從事考古研究五十週年論文集》（北京：科
學出版社，2006 年）、趙巖：《幾組上古漢語軍事同義詞研究》（長春：東北師範大學碩
士學位論文，2006 年）、鄧飛：《兩周金文軍事動詞研究》（重慶：西南師範大學碩士學
位論文，2003 年）、郭旭東：〈商代的軍情觀察與傳報〉，《殷商文明論集》（北京：中國
社會科學出版社，2008 年）、劉紹祥主編：《中國軍事制度史（第一卷）：軍事組織體制
編制卷》（湖南：大象出版社，1997 年）、羅蓓蕾：《左傳軍事詞語研究》（桂林：廣西師
範大學碩士學位論文，2004 年）、莊惠茹：《兩周金文軍事動詞研究》（臺南：國立成功
大學中國文學研究所博士學位論文，2009 年）等等。

[26] 舉如李白鳳：《東夷雜攷》（開封：河南大學出版社，2008 年）、楊寬：《西周史》（上海：
上海人民出版社，1999 年）、李峰：《西周的滅亡——中國早期國家的地理和政治危機》
（上海：上海古籍出版社，2007 年）、李凱：《周伐淮夷相關問題研究》（北京：北京師
範大學碩士學位論文，2007 年）、商豔濤：〈從西周金文材料看先秦時期的戰爭原因〉，
《華南農業大學學報（社會科學版）》，2008 年第 4 期、孫斌來：〈關於周昭王伐楚原因
和結果的探討〉，《松遼學刊（社會科學版）》，1995 年第 1 期、楊東晨：〈淮夷變遷〉，《鐵
道師院學報》，1996 年第 12 期、張懋鎔：〈西周南淮夷稱名與軍事考〉，《人文雜誌》，
1990 年第 4 期、王人聰：〈宣王時期周王朝與淮夷關係考略〉，原載《中國文化研究所學
報》，1992 年第 1 期，後收入氏著：《古璽印與古文字論集》（香港：香港中文大學文物
館，2000 年 8 月）、沈長雲：〈由史密簋銘文論及西周時期的華夷之辨〉，《河北師院學報
（社會科學版）》，1994 年第 3 期、王暉：〈西周蠻夷「要服」新證——兼論「要服」與
「荒服」、「侯服」之別〉，《民族研究》，2003 年第 1 期、尹盛平：〈犬夷與犬戎〉，《周
秦社會與文化研究——紀念中國先秦史學會成立 20 週年學術研討會論文集》（西安：
陝西師範大學出版社，2003 年）、劉志虎：〈鬼方、玁狁同為塞種說〉，《周秦社會與
文化研究——紀念中國先秦史學會成立 20 週年學術研討會論文集》（西安：陝西師範
大學出版社，2003 年）、江林昌：〈姬周族「竄於戎狄之間」與涇水流域考古遺存〉，《齊
魯學刊》，1999 年第 5 期、劉桓：〈甲骨、金文中所見的犬戎與玁狁〉，《殷都學刊》1994
年第 2 期、苗威：〈山戎、東胡考辨〉，《中國邊疆史地研究》，2008 年第 4 期、徐祗朋：
〈西周時期的北方民族及其與周王室的關係〉，《內蒙古社會科學（漢文版）》，2002 年第
5 期、楊文山：〈青銅器臣諫簋與「邢侯搏戎」——兩周邢國歷史綜合研究之五〉，《文物

族血緣為核心的商人統治階層，並有所謂「中商外方國蠻夷」的觀念。[27]至於「中國」一詞，最早見於周初成王的〈何尊〉銘文，其初義誠如裴駰引劉熙所說「帝王所都為中，故曰中國」（按：「國」的本義為國都）。「中國」是跟四方四隅相對而言的，而隨著詞義的演變，「中國」的含義已用于統稱包含九州在內的廣大地域，「華」和「夏」由于其地理位置的緣故，逐漸成為中土的代稱，而與「四方」、「四裔」、「四夷」相對，「華夏」和「戎狄蠻夷」這類名稱，都是從地域文化上的意義來說的。[28]然而從西周早期金文來看，「執訊」一詞的出現，雖未見與四方對應得相當整齊的情況，但推想區分「外、內語言」的分際已形然成，就語言的關係來說，「蠻」、「夷」、「戎」、「狄」是個他語者[29]，指與我語有所區別，兩者的關係可透過語言的學習來加予溝通調整。

　　總而言之，「蠻」、「夷」、「戎」、「狄」被排斥在「諸夏」圈外[30]，是個他語者，而透過傳世文獻與出土材料的互證，可推知早在西周早期，已有語言教學機構的設置，地點就在「學」，當時「訊」的對象為「鬼方」、「戎」；西周中期以後則「戎」、「胡」、「玁狁」與「夷」所在都有，針對戰俘審訊的需

春秋》，2005 年第 6 期、劉寶才、梁濤：〈周族與西戎〉，《人文雜誌》，1997 年第 6 期、彭裕商：〈周伐玁狁及相關問題〉，《歷史研究》，2004 年第 3 期、侯紹莊：〈論「四夷」稱謂的變化〉，《貴州民族研究（季刊）》，1995 年第 3 期、張光裕：〈冠尊銘文與西周史事新證〉，《文物》，2009 年第 2 期、任曉晶：〈論春秋時期晉國與戎的民族融合〉，《滄桑》，2009 年第 1 期；黃漢文：《春秋時代秦穆公稱霸西戎之研究》（臺北：中國文化大學史學研究所碩士學位論文，2002 年）、吳東黎：《春秋時代諸夏戎狄衝突與融合之原因初論》（長春：吉林大學碩士學位論文，2004 年）、李凱：《周伐淮夷相關問題研究》（北京：北京師範大學碩士學位論文，2007 年）、徐峰：《西周時期的淮夷——以安徽、江淮地區為中心》（南京：南京師範大學碩士學位論文，2007 年）、楊浥新：《春秋時期諸夏與戎狄關係》（成都：四川大學碩士學位論文，2006 年）等等。

27 朱歧祥：《圖形與文字》（臺北：里仁書局，2004 年 10 月），頁 34。

28 詹鄞鑫：《華夏考——詹鄞鑫文字訓詁論集》（北京：中華書局，2006 年 12 月），頁 352-353。

29 相關論述，可參見張其賢：〈春秋時期族群概念新探〉，《政治科學論叢》第三十九期（臺北：國立臺灣大學政治學系，2009 年 3 月），頁 103-104。

30 王仲孚：〈試論春秋時代的諸夏意識〉，《中國上古史專題研究》（臺北：五南圖書出版有限公司，1996 年 12 月），頁 595-618。

求，有個溝通彼此的雙向語言官員的設立如「象胥」，其後雖未必等同「東方曰寄，南方曰象，西方曰狄鞮，北方曰譯」的東南西北四分法，但「戎」、「胡」、「玁狁」與「夷」的語言既然不同，當有分置的必要。而從「執訊」的對象非屬魁首的酋即針對軍中高級將領來看，也許學習華語者也必須屬貴族階層才有其可能。至其所用教材，疑類似宣王時的《史籀篇》般，可作為教授學子識字的教材，[31]並至少有學習韻文如《詩》的情況產生矣。

原文發表於「2009 華語文與華文化教育國際研討會」論文集，新竹：玄奘大學中國語文學系、應用外語學系、海華基金會聯合主辦，2009年 12 月 11-12 日，頁 119-128。（郭妍伶校對）

---

[31] 何清谷：〈西周籀文與秦文字〉，收入陝西歷史博物館：《西周史論文集》（西安：陝西人民教育出版社，1993 年 6 月），下冊，頁 1183。

金文釋讀與史實的互涉

——以〈何尊〉「初遷宅」為例

一 前言

　　關於西周史實的探討，大抵根據傳世典籍與出土文物的互證，加上考古遺址的比觀，企圖利用三方面向以剪裁出具體輪廓，釐清眉目，還原真相，在相當部分取得很好的成績。然而在典籍的根據有限，出土文物的釋讀又各家理解不同的情況下，反而治絲益棼，陷入歷史糾結的泥淖中，誤導訊息，形成理解的障礙，這在西周早期具有相當重要價值的青銅器〈何尊〉銘文的釋讀上，就明顯的呈現出如斯典型的現象。

　　考察歷來討論〈何尊〉銘文的[1]，根據《青銅器論文索引・器銘考釋・西周早期》收錄有：楊寬〈釋何尊銘文兼論周開國年代〉、徐喜辰〈〈何尊〉銘中的「王」當指周公說〉、李仲操〈何尊銘文補釋〉、陳福林〈何尊銘考釋補訂〉、〈關於何尊銘文的幾點新補證〉、王人聰〈何尊銘文解釋與成王遷都問題〉、孫彬來〈何尊銘文補釋〉、馬承源〈何尊銘文和周初史實〉、李民〈何尊銘文與洛邑——中國古代文明探索之二〉、〈何尊銘文與洛邑的興建〉、何幼琦〈關於〈何尊〉的年代問題〉[2]諸文，其中容或受時空的限制，前有失收的，如唐蘭〈𨗉尊銘文解釋〉、馬承源〈何尊銘文初釋〉及〈有關周初史實的幾個問題〉、張政烺〈何尊銘文解釋補遺〉[3]；中有遺漏的，

---

[1] 王光永曾以〈寶雞市博物館新徵集的饕餮紋銅尊〉一文首次公布，但此時尚未發現銘文，見《文物》，1966 年第 1 期，頁 4；又可參見吳克敏：〈何尊：廢品堆裡的「中國」〉，《青銅散》（北京：紫禁城出版社，2009 年 4 月），頁 66-74。

[2] 張懋鎔、張仲立：〈器銘考釋・西周早期〉，《青銅器論文索引（1983-2001）》（香港：香港明石文化國際出版有限公司，2005 年 5 月），第二冊，頁 517-518。

[3] 唐蘭：〈𨗉尊銘文解釋〉，原載《文物》，1976 年第 1 期，頁 60-63，後收入氏著：《唐蘭先生金文論集》（北京：紫禁城出版社，1995 年 10 月），頁 187-193；馬氏之文見《文

如李學勤〈何尊新釋〉[4]、陳昌遠〈有關何尊的幾個問題〉[5]、李民〈何尊銘文補釋──兼論何尊與洛誥〉[6]、劉蕙孫〈宗周與成周──兼探何尊「隹王初鄻宅于成周」的含義〉[7]、蔡運章〈周初金文與武王定都洛邑──兼論武王伐紂的往返日程問題〉[8]、劉桓〈金文五則〉第一則「釋何尊隹王初鄻宅于成周」[9]；後待補苴的，如段德新〈國寶何尊與「中國」〉[10]、朱鳳瀚〈〈召誥〉、〈洛誥〉、何尊與成周〉[11]、鄭憲仁〈關於何尊銘文考釋的探討〉[12]等，有些論文雖不直接指陳，但關涉到〈何尊〉銘文釋讀與史實者亦所在多有，如李仲操〈京室基址辨〉[13]、劉桓〈殷墟卜辭「大賓」之祭及「乍邑」、「宅邑」問題〉[14]、江林昌〈由「武庚之亂」所引起的周代國家形態之變化〉[15]、郝麗君〈西周王城存在辨偽〉[16]……凡此種種，不勝枚舉，而諸文具在，可不贅述。由此也可略窺〈何尊〉的重要性，是解開西周史的鈐鍵之一。

物》，1976 年第 1 期，頁 64-65、93，又載氏著：《中國青銅器研究》（上海：上海古籍出版社，2002 年 12 月），頁 238-248；張氏之文見《文物》，1976 年第 1 期，頁 66。

[4] 李學勤：〈何尊新釋〉，《中原文物》，1981 年第 1 期，頁 35-39、45。

[5] 陳昌遠：〈有關何尊的幾個問題〉，《中原文物》，1982 年第 2 期，頁 52-57。

[6] 李民：〈何尊銘文補釋──兼論何尊與〈洛誥〉〉，《中州學刊》，1982 年第 1 期，頁 116-121。

[7] 劉蕙孫：〈宗周與成周──兼探何尊「隹王初鄻宅于成周」的含義〉，《人文雜誌》，1984 年第 1 期，頁 88-90、98。

[8] 蔡運章：〈周初金文與武王定都洛邑──兼論武王伐紂的往返日程問題〉，《中原文物》，1987 年第 3 期，頁 88-97。

[9] 劉桓：〈金文五則〉，《文博》，1992 年第 3 期，頁 16-17。

[10] 段德新：〈國寶何尊與「中國」〉，《文博》，2005 年第 6 期，頁 30-31。

[11] 朱鳳瀚：〈〈召誥〉、〈洛誥〉、何尊與成周〉，《歷史研究》，2006 年第 1 期，頁 3-14。

[12] 鄭憲仁：〈關於何尊銘文考釋的檢討〉，《第十八屆中國文字學國際學術研討會論文集》，臺北：輔仁大學中國文學系，2007 年 5 月，頁 103-117。

[13] 李仲操：〈京室基址辨〉，《文博》（周秦研究專號），1993 年第 6 期，頁 29-31。

[14] 劉桓：〈殷墟卜辭「大賓」之祭及「乍邑」、「宅邑」問題〉，《中國史研究》，2005 年第 1 期，頁 6。

[15] 江林昌：〈由「武庚之亂」所引起的周代國家形態之變化〉，《齊魯學刊》，2006 年第 1 期，頁 100。

[16] 郝麗君：〈西周王城存在辨偽〉，《滄桑》，2009 年第 3 期，頁 28-29。

　　〈何尊〉銘文涉及的問題相當多元，引起的關注和討論也相當熱烈，觀點也相當多樣紛歧。本文所欲討論的，是踵接前緒，只針對〈何尊〉「隹王初遷宅于成周」的「初遷宅」問題來進一步探究，至於其它衍生出的課題則暫付闕如。

二　歷來關於「遷宅」的解說

　　唐蘭在 1976 年首將〈何尊〉銘文第一句中的「遷宅」轉譯成「遷都」，「宅茲中或（國），自之（茲）辥（乂）民」解為「我要住在中央地區，從這裡來治理民眾」。依據的除〈何尊〉銘文外，又引證《尚書‧召誥》、〈洛誥〉、〈多士〉、〈書序〉、《史記‧魯世家》、《逸周書‧世俘解》以及《左傳》「定鼎于郟鄏」的說辭，確立「成王親政五年時間開始遷都」，但卻留個問題在後說：「但是後來不知由於什麼原因，周王朝的政治中心，還是在宗周，一直到幽王時西周朝覆滅，平王才真正東遷」[17]的疑點。

　　那麼，「遷宅」即「遷都」說就露出點破綻來，同年馬承源改以「遷」作「堙之環城」之「堙」的本字，指「堆土造城」的「築城」，係開始建築成周城之意，「遷宅」是「營造洛邑，而不是東遷洛邑」[18]；張政烺則主張「遷宅」即「相宅」，「相宅即相土，是勘察地址」[19]；之後楊寬（1983 年）另將此句分作兩句解讀，斷為「隹王初遷，宅于成周」，遷為登基、踐祚之義，意為成王踐祚之初，即置成周[20]；劉蕙孫則主張「遷」為「遷邑」合文，凡「遷都」、「築城」、「相宅」、「踐祚」諸說皆誤，當係遷商的大邑，即「將曾封祿父的殷之故邑墮掉，另建成周，將殷之頑民遷于此，以便監視」

---

[17] 唐蘭：〈何尊銘文解釋〉，《唐蘭先生金文論集》，頁 187-191。關於唐氏的觀點，王人聰〈何尊銘文解釋與成王遷都問題〉有進一步的論證和推闡，可參看《考古與文物》，1990年第 3 期，頁 47-51，認為成王遷都成周，到了周室大定之後，又復都於鎬京。

[18] 馬承源：〈何尊銘文初釋〉，《文物》，1976 年第 1 期，頁 64-65。

[19] 張政烺：〈何尊銘文解釋補遺〉，《文物》，1976 年第 1 期，頁 66；另高明以「舁」、「相」古讀音相同，故可通假，〈何尊〉「遷宅」即「相宅」，見《中國古文字學通論》（北京：文物出版社，1987 年 4 月），頁 443〈何尊〉。

[20] 楊寬：〈釋何尊銘文兼論周開國年代〉，《文物》，1983 年第 6 期，頁 53-54。

21。劉桓在〈金文五則〉第一則「釋何尊『隹王初遷宅于成周』」中，針對斷句與釋讀作全面的爬梳，尤其著重在釋讀方面。基本上，句讀從楊寬作：「隹王初遷，宅于成周」二句，屬前後相因之兩事；釋讀則討論「遷」的隸定與字義。以字之右端從骨即邑之繁文，邑乃指人所聚居之地（邑落），字當為「䢿」即「遷」字，指邑之遷。並主張「遷」非「遷都」，實際上應釋為「遷殷頑民」，乃由原來的天邑商（邘、庸）遷來成周洛邑，且至少包括「遷鼎」與「遷師」兩項，而成周建成後的成王五年，成王便親自坐鎮成周。22而「宅」為居住之義，「隹王初遷，宅于成周」是與「宅邑」有關的遷徙行動。23

其後「遷都」說有繼承者，如 1982 年陳昌遠提出的「䢿」字就像人們共同搬巢假借為遷徙的「遷」字，「隹王初遷宅于成周」，那自然是表示周初周人有遷都之事。因此文獻記載周人新遷的都城曰新都，或稱為新洛邑24。或是 2006 年朱鳳瀚所主張的〈召誥〉、〈洛誥〉中的「相宅」、「卜宅」、「定宅」之「宅」理解為「居住區域」是對的，係指王之居所，即王居住之宮室、宗廟所在。宅作動詞是居住，作名詞是居處。並以〈召誥〉、〈洛誥〉及〈多士〉所言均為攝政第七年事，時在武王卒後第七年。是年周公致政成王。洛邑始建於周公攝政五年，作以上三〈誥〉時洛邑已建成，時稱新邑。〈召誥〉、〈洛誥〉所言召公、周公先後在新建的洛邑內「相宅」、「卜宅」之「宅」指成王的王宮，此年始在洛邑內為成王修建王宮，是為了落實武王在洛邑建東都之遺志。而在洛邑內所建王宅（即王宮）包含有多種王室宗廟與宮寢，是西周王朝為治理四土而在天下之中位置設立的祭祀中心與政治中心。至於洛邑之具體位置當在澗水東、洛水北岸之瀍水東西兩岸。洛邑亦即成周，其

---

21 劉蕙孫：〈宗周與成周——兼探何尊「隹王初遷宅于成周」的含義〉，《人文雜誌》，1984 年第 1 期，頁 88-90、98。

22 劉桓：〈金文五則〉，《文博》，1992 年第 3 期，頁 16-17。

23 劉桓：〈殷墟卜辭「大賓」之祭及「乍邑」、「宅邑」問題〉，《中國史研究》，2005 年第 1 期，頁 3-6。

24 陳昌遠：〈有關何尊的幾個問題〉，《中原文物》，1982 年第 2 期，頁 52。

有「成周」之稱約始於成王以洛邑為東都後。〈何尊〉所云成王「遷宅」于成周，實際是將王朝政治統治與軍事指揮中心遷至成周。〈何尊〉銘末「惟王五祀」是指周成王親政五年。此年洛邑內王宅（即王宮）已建成，周成王遂能遷宅于此[25]。皆是主張遷都，只是朱氏的遷都年代有先後的差別。

而主張「非遷都」說亦眾說紛陳，如 1981 年李學勤主張「遷」字怎麼隸定，尚難定論，不過，凡從「畢」的字都以之為聲，此字左側從「畢」是肯定的，所以不管右側怎麼寫，總該是从「畢」聲的字，並讀為「禋」，不好讀作「遷」，以周王重要的祭祀仍在鎬京，沒有遷到成周，是〈何尊〉所遷者非「都」。[26]或是 1982、1991 年李民從唐蘭釋「遷」，但認為將「遷宅」釋為「遷都」與史實不合，蓋因周初並未有遷都之舉。「遷」為「徙也」，「宅」為「居也」，「鄭宅」就是徙居，并非遷都。當周人克殷之後，為削弱殷人的反抗而大規模的遷徙了殷人，其中有相當大的一部分殷人被遷居到洛邑。故〈何尊〉「隹王初遷宅于成周」譯成今語，當為：周王既遷居殷人于成周[27]。即屬此類。

也有繼續主張「建宅」說者，如 1984 年孫斌來以「鄩」係從「㠯」表示建築意義的形符，聲符「畢」與「建」上古同音，故「鄩」為「建」的本字，「隹王初建宅于成周」與《史記・周本紀》及《尚書・召誥》記載成王營建洛邑的史實是一致的[28]。或是依循「度宅」說的，如 1991 年陳福林主張「初遷」為「剛剛徙移」，「宅成周」即「度成周」，意為「周王（成王）剛剛遷移，去成周進而謀劃」，與遷都沒有關係[29]。但「踐阼」說則在後來的

---

[25] 朱鳳瀚：〈《召誥》、〈洛誥〉、何尊與成周〉，《歷史研究》，2006 年第 1 期，頁 14。

[26] 李學勤：〈何尊銘文新釋〉，《中原文物》，1981 年第 1 期，頁 36。

[27] 李民：〈何尊銘文補釋——兼論何尊與〈洛誥〉〉，《中州學刊》，1982 年第 1 期，頁 116-121。

[28] 孫彬來：〈何尊銘文補釋〉，《吉林師範大學學報（人文科學社會版）》，1984 年第 2 期，頁 45-46。

[29] 陳福林：〈關於何尊銘文的幾點新補證〉，《貴州社會科學》，1991 年第 8 期，頁 45-48；又陳福林、任桂芝：〈何尊銘考釋補訂〉，《考古與文物》，1992 年第 6 期，頁 72-76。

闡發推演論述中較乏迴響了。

三　關於〈何尊〉「初遷宅」的釋讀

請循其本復其初，〈何尊〉「遷」字銘作（《集成》6014），形體左从䙴旁，清晰可辨，基本上無異議；但右旁所从除「㠯」形外，尚存一或釋卩旁、或釋燕旁[30]、或釋魚旁[31]的部件，以整字結構空間安排的布局來分析，䙴旁右下角的「又」形所餘空間是相當有限的，並無法擠進燕旁或魚旁；若以殘餘筆劃的彎曲弧度搭配字義來推敲，是有可能作「⿰䙴卩」或「⿰䙴殳」形的，作「殳」形用以表示夯打建築的工具的特質，正如季旭昇所言：「甲骨、金文中有很多手持某物，後來都類化為殳，如段當從極形、磬當從磬極等」[32]，至於作「卩」形則與上部「㠯」結合成「邑」的繁體，也能表達成周洛邑的特徵，然以殘餘筆劃的長度觀之，從「殳」旁的可能性較少，故此字還是以釋「⿰䙴邑」作「遷」最為合理。[33]

細繹〈何尊〉銘文，可體會到諸家所據文本基本相同，解讀卻有很大的差異，其中說解或未免有增字解經，踵事增華，過度比附之嫌。其「遷都」說、遷「殷遺民」說、遷「九鼎」說又皆出自史傳典籍注疏所言，是否應全然接受而硬加在〈何尊〉銘文的釋讀上，是值得思考檢驗的課題。

〈何尊〉首銘既言「惟王初遷宅于成周」，所謂「初」，即首次、第一次，是最開始的一個步驟，《易・乾》「初九潛龍勿用」，《正義》曰：「居

---

30 馬承源：〈何尊銘文和周初史實〉，《中國青銅器研究》，頁 226。

31 張亞初：《殷周金文集成引得》（北京：中華書局，2001 年 7 月），頁 115；鄭憲仁：〈關於𠤳尊銘文考釋的檢討〉，《第十八屆中國文字學國際學術研討會論文集》，頁 103-117，唯其「䙴」作「䙴」。

32 季旭昇：《說文新證》（臺北：藝文印書館，2004 年 11 月），上冊，頁 212。

33 洪燕梅：〈周家臺 30 號秦墓竹簡與《說文解字》書體比較研究〉，行政院國家科學委員會專題研究計畫成果報告（NSA94-2411-H-004-047），2006 年 10 月。嘗論及「部分相同之字」，周家臺簡牘與《說文》小篆使用不同的偏旁，舉「竆」字的聲符「躳」的部件「呂」，周家臺簡牘則作「阝」為例，可資比觀。

第一之位，故稱初；以其陽爻，故稱九。」[34]也即是說，在「初遷」之後可能有「二遷」，甚或「三遷」之種種情況。而在這首次的遷宅中，由誰先去？如果是周成王已然在成周，按金文體例必當明言「惟王在成周」，而不會云「惟王初遷宅于成周」，難道成王有「二」遷宅于成周，「三」遷宅于成周的可能嗎？這是第一個問題。其次，既是「王初遷宅」，這是何等重要大事，又是上承武王之遺志，為何不先在宗周告廟祭祖，卻到「成周京室」舉行，以程序先後言之，似乎有違情理，此即李仲操質疑的，〈何尊〉銘文載「王誥宗小子于京室」，唐蘭據〈令彝〉說：「這個京室顯然是成周的宗廟」。但〈令彝〉所記為「京宮」而不叫京室，說京室在成周顯然無據。且〈何尊〉作於成王五年，成周的營建在成王七年，比〈何尊〉晚兩年，這怎能把五年已有的京室，說成是七年才新建的成周京宮！很明顯的唐先生在這裡忽略了兩宮室年代的先後。[35]另根據《詩‧大雅‧下武》：「下武維周，世有哲王。三后在天，王配于京。」毛傳：「三后，大王、王季、文王也。王，武王也。京，謂鎬京也。」[36]那麼，祭祀應在鎬京祖廟進行的，怎會跑到成周洛陽呢？祖先的靈魂又不在那兒。此《禮記‧祭義》所謂：「祿爵慶賞，成諸宗廟」，即應「於宗廟命之」相違背。[37]這是第二個問題。

　　追究「遷宅」之說，《史記‧周本紀》曾載武王言：「自洛汭延于伊汭，居易毋固，其有夏之居」，及「營周居于雒邑而後去」，《集解》云：「夏居河南，初在陽城，後居陽翟。」《索隱》云：「言自洛汭延于伊汭，其地平易無險固，是有夏之舊居。」《正義》引《括地志》云：「自禹至太康與唐、虞皆不易都城」，然則居陽城為禹避商均時，非都之也。」《汲塚古文》：

---

[34] 〔東漢〕鄭玄箋、〔唐〕孔穎達疏：《重栞宋本周易注疏附校勘記》（臺北：藝文印書館，1979 年 3 月），第一冊，頁 8。

[35] 李仲操：〈京室基址辨〉，《文博》（周秦研究專號），1993 年第 6 期，頁 29。

[36] 〔西漢〕毛亨傳、〔東漢〕鄭玄箋、〔唐〕孔穎達疏：《重栞宋本毛詩注疏附校勘記》（臺北：藝文印書館，1979 年 3 月），第二冊，頁 581。

[37] 〔清〕孫希旦：《禮記集解》（臺北：文史哲出版社，1990 年 8 月），下冊，頁 1233。

「太康居斟尋，羿亦居之，桀又居之。」[38]觀其用詞，皆用「居」而不用「都」或「邑」之詞，且「居」並「非都之也」，這段話非常值得注意。

　　將「遷宅」解為「遷都」或許是受史傳典籍注疏的影響，但多少也源出於楊樹達《積微居金文說》中的說法，卷二載〈師虎殷跋〉云：

　　《周金文存》卷三拾六葉上載師虎殷，銘文云：「唯元年六月既望甲戌，王在杜居。」按蔡殷云：「唯元年既望丁亥，王在離居。」舀鼎云：「王在遷居。」農卣云：「隹正月甲午，王在禤居。」與此銘文云王在杜居句例並同。按金文記王之所在者，或為王都，如同殷云：「王在宗周」，敔殷云：「王在成周」是也。或云某京，遹殷云：「穆王在葊京」是也。或記某邑，如明公殷云：「唯王令明公遣三族伐東國，在獻邑」是也。或曰某𣣓，如南宮中鼎云：「隹十又三月庚寅，王在寒𣣓」是也。以上皆記地方者也。亦有記其所在之宮室者：趞曹鼎云：「王在周般宮」，頌鼎云：「王在周康邵宮」，何殷云：「王在華宮」是也。此器及蔡殷、舀鼎、農卣皆云某居，此為地方之名歟？抑亦宮室之名歟？尋《詩·大雅·篤公劉》五章云：「篤公劉，既溥既長，既景迺岡，相其陰陽，觀其流泉，其軍三單，度其隰原，徹田為糧，度其夕陽，豳居允荒。」此詩記公劉由邰遷豳之事，既詳記公劉經營相度之狀，而終言之曰豳居允荒，豳為地名，知杜居、離居、遷居、禤居之杜、離、遷、禤亦地名也。然其某居猶言某都也。觀此，知鄭箋釋豳居為豳之所處者，其為誤說，蓋不待辯而明矣。

又〈師虎殷再跋〉云：

　　余於一九四二年跋此器，明居為都字之義，以釋諸銘文之居字及《詩·大雅·篤公劉》之豳居矣。近溫經傳，有足以證明吾說者。《書·盤庚上篇》：「盤庚遷于殷，民不適有居」，有居之稱與有夏有殷同，此

38 〔西漢〕司馬遷撰、〔南朝宋〕裴駰集解、〔唐〕司馬貞索隱、〔唐〕張守節正義：《史記》（臺北：鼎文書局，1975年），第一冊，卷四，頁129-130。

言盤庚遷於殷，民不樂其都也。《史記・周本紀》云：「自洛汭延於伊汭，居易毋固，其有夏之居」，此言洛汭至伊汭為有夏之舊都也。又云：「我南望三塗，北望嶽鄙，顧詹有河，粵瞻洛伊，毋遠天室，營周居于雒邑而去」，營周居謂營周都也。都為都邑之通稱，不必謂京師也。[39]

楊氏認為「某居猶言某都」，準此而言「民不適有居」為「民不樂其都」，「有夏之居」為「有夏之舊都」，「營周居」為「營周都」，但也因其所認定的「都」不等同一般所認定的「凡邑有宗廟先君之主」的「京師」，而所舉的地名不見得都是「都城」，故再補充說明說其所謂的「都」，為「都邑之通稱，不必謂京師」，而混同了「都」與「居」的差別。

其實金文中用語是相當謹慎小心、準確清楚的，其不言「遷都」而言「遷宅」，自有其用意在。胡厚宣嘗舉古籍有「居」、「邑」、「都」、「盟」、「會」、「遷」、「徙」、「奔」、「逃」、「歸」于某丘之語，卜辭中有言「宅丘」者，並言「卜辭中言居住之義者，有『宅』字。《說文》：『宅，人所託居也。』《爾雅・釋言》：『宅，居也。』《詩・皇矣・閟宮》毛傳並云：『宅，居也。』《尚書・堯典》：『宅嵎夷』，『宅南交』、『宅西』、『宅朔方』，《史記・五帝本紀》並作居。卜辭中或言『宅𡅏』（殷綴272）、或言『宅畎』（乙6404）、或言『于沘宅』（乙6403）𡅏、畎、沘地名，言居于這些地方。」[40]也不把「宅」等同於「都」。

根據《說文》：「宅，人所託尻也。」《釋名・釋宮室》：「宅，擇也，擇吉處而營之也。」《左傳・昭公三年》：「初景公欲更晏子之宅曰：『子之宅近市，湫隘囂塵，不可以居。』」何晏〈論語集解序〉：「魯恭王時，嘗欲以孔子宅為宮。」《荀子・大略》：「故家五畝宅。」注：「宅，居處也。」《詩・大雅・文王有聲》：「宅是鎬京。」《禮記・坊記》：「度是

---

[39] 楊樹達：《積微居金文說（增訂本）》（北京：中華書局，1997年12月），頁49-50。

[40] 胡厚宣：〈說「宅丘」〉，《史學月刊》，1989年第2期，頁18-19。

鎬京。」《書‧禹貢》：「降邱宅土」注：「謂依邱之民，下居平地也。」
《書‧顧命》：「延入翼室，恤宅宗。」居中定命也。《儀禮‧士相見禮》：
「凡自稱於君，士大夫則曰下臣，宅者在邦，則曰市井之臣。」注：「宅者，
謂致仕者去官而居宅。」可見典籍中的「宅」皆作「居」義，而非「都」義。

　　若以《殷墟甲骨刻辭類纂》[41]、《殷墟花園莊東地甲骨》[42]、《周原甲
骨文》[43]來看「宅」字詞條，有「宅畎」（《合集》685 正）、「宅凡」（《合
集》6597 正）、「宅𢀭丘」（《合集》8119 正）、「宅唐（《合集》8229）、
「宅丘」（《合集》8487）、「宅崔」（《合集》8720 正）、「王宅新室」
（《合集》13563）、「宅東寢」（《合集》13569、13570）、「宅𣊟」（《合
集》13663 甲正、13663 乙正）、「我宅茲邑」（《合集》14206 正）、「三
帚宅新寢」（《合集》34951）、「癸丑卜甲寅有宅土燎牢雨」（《屯》4400）、
「其宅北室」（《花》3）、「宅商西」（《周》H11：8）[44]諸語，而甲文
「宅」字共出現 16 次[45]，與金文、小篆同為「从宀乇聲」結構，其用法有
三：如《合集》295：「乎帚奏于……宅」者，係為名詞，即《玉篇》：「人
之居舍曰宅」；或用為動詞，即《釋名》：「宅，擇也。擇吉處而營之也。」
居宅為宅，營建居宅亦謂之宅，如《契》595：「今二月宅東帚」；又有「帚
宅」（《師友》2.22）為人名；「宅土燎牢」為祭名。[46]尤其作動詞用時，
前會省略「王」僅作「乎（呼）」某「宅」某之語；至於金文除用為人名，
如〈宅簋〉、〈公父宅匜〉、〈封孫宅盤〉中的「宅」外，「宅」當名詞作

[41] 姚孝遂：《殷墟甲骨刻辭類纂》（北京：中華書局，1992 年 8 月），中冊，頁 765。

[42] 中國社會科學院考古研究所編：《殷墟花園莊東地甲骨》（昆明：雲南人民出版社，2003
年 12 月），頁 1156。

[43] 曹瑋：《周原甲骨文》（北京：世界圖書出版公司北京公司，2002 年 10 月），頁 8。

[44] 按：劉釗、洪颺、張新俊編：《新甲骨文編》（福州：福建人民出版社，2009 年 5 月），
頁 425 收「宅」凡 16 字形，其末字「西周 H11：34」根據曹瑋《周原甲骨文》，頁 29 作
「守」字隸定，僅一字。

[45] 劉釗、洪颺、張新俊編：《新甲骨文編》，頁 425。

[46] 于省吾主編：《甲骨文字詁林》（北京：中華書局，1996 年 5 月），第三冊，頁 2015 姚孝
遂按語。

「住所」解，如〈秦公鐘〉：「我先且（祖）受天令（命），商（賞）宅受或（國）」；動詞則作「居住」解，如〈何尊〉：「余其宅茲中國」[47]、〈秦公簋〉：「受天命鼏宅禹責」、〈晉公盤〉：「一宅京曰」，〈者汈鐘〉：「哉弼王啓」[48]、〈逑盤〉：「匍有四方，竝（？）宅厥堇疆土」之類即是。所以李學勤說：「銘文『宅于成周』，『宅』，《爾雅・釋言》：『居也。』古代講到定都，有時用『宅』字，如《書序》『欲宅洛邑』即欲居洛邑，本銘『宅茲中國』即居茲中國。但是這只是『宅』訓為『居』的一種應用，不能說『宅』字本身即有定都的涵義。比如殷墟卜辭有『三婦宅新寢』，《尚書・多士》：『今爾惟時宅爾邑』，〈多方〉『今爾尚宅爾宅』，都是一般的『居』，沒有定都的意思。本銘『宅于成周』，也就是居于成周。」[49]在在說明「宅」為「居」而不能等同「都」的道理。

若從〈宜侯夨簋〉王命宜侯夨遷於宜，所賜有「厥宅邑卅又五」，可見「宅邑」是周朝貴族居處之所，那麼，〈何尊〉的「惟王初遷宅于成周」如果不是成王遷居于成周，有沒有一種可能是遷徙「周王室宗族」中的「年輕宗族成員」所謂「宗小子」呢？江林昌曾指出，西周在武庚之亂後，一方面「遷徙殷族遺民」政策，將殷族及其聯盟集團瓦解分散到各地，以摧毀其族群的集團力量；另一方面為「同姓同宗分封」政策，將周民族的血源關係盡量放大，然後分散到各地，使普天之下都能流動周族的血脈，以致形成「一國兼含多族」的多層次聯結[50]。成周的建立，既有利於周人對中原及東都廣大地區的統治，也有利於對遷到成周之郊的「殷多士」與「有方多士」的監督，那麼，負責監督管理的「同姓同宗分封」的周王室貴族的遷徙就有其必

---

[47] 王文耀：《簡明金文詞典》（上海：上海辭書出版社，1998年12月），頁145。

[48] 容庚編著：《金文編》（北京：中華書局，1985年7月），卷七，頁511。〈者汈鐘〉「弼王佇」，讀宅或佇，為居之意，見何琳儀：《戰國古文字典：戰國文字聲系》（北京：中華書局，1998年9月），上冊，頁524。

[49] 李學勤：〈何尊新釋〉，《中原文物》，1981年第1期，頁36。

[50] 江林昌：〈由「武庚之亂」所引起的周代國家形態之變化〉，《齊魯學刊》，2006年第1期，頁99。

要性。陳昌遠曾指出「小子」可作為「職官」、「謙卑之詞」、「對年輕人的稱號」解讀，但〈何尊〉銘文中的「宗小子」正是指西周宗法社會與王同宗的支子小宗之後的稱謂。今〈何尊〉銘文：「王誥宗小子于京室」，「何賜貝卅朋」，可知何是與王同宗的。西周重視宗法，如果不是同宗的人，周王絕不會在京室講這一番話。[51]或是李民所說「宗小子」之釋有二：一是指主祭祀的小吏；另一是指宗族小子。「小子」係尊者命下之詞，但被命者也決非一般之平民，是具有一定社會地位和社會身份的人。〈何尊〉銘文所說的「宗小子」，則又非一般之貴族、官正所能當之者，應是指與周王同宗同姓的貴族和正長而言。銘文曰：「昔在爾考公氏」，足見何的一家乃是周王朝的世襲權貴。銘文中又說，何的父親曾「克逑文王」，即跟隨過周文王；也跟隨過周武王，參加過「既克大邑商」，即滅商的事業，由此更見何之身份的顯赫。[52]則此次的「初遷宅于成周」，即有可能就是遷此「同祖曰宗；同姓曰宗」的「與周王同宗同姓的貴族和正長」而言，而「何」是屬於其中的一個成員。

　　另一方面，根據洛陽地區的考古挖掘，也可側面反映出這一點，徐昭峰曾指出：

> 一、史家溝東至瀍河兩岸豐富的西周文化遺存合於文獻所載周公所卜及營建處；二、在今瀍河以東延伸至塔灣一帶，發現有大量的「殷遺民墓」；三、在瀍河以西的北邙村一帶發現有近四百座西周貴族墓，其南是西周平民墓；四、緊南鄰西周貴族墓的洛陽東火車站一帶是西周初期的大型鑄銅遺址。另外，在該區域還發現了車馬坑、圓形祭祀坑、大型夯土基址、魚窖及一條南北向的西周早期大道。[53]

---

[51] 陳昌遠：〈有關何尊的幾個問題〉，《中原文物》，1982 年第 2 期，頁 55。

[52] 李民：〈何尊銘文補釋──兼論何尊與〈洛誥〉〉，《中州學刊》，1982 年第 1 期，頁 117。

[53] 徐昭峰：〈成周與王城考略〉，《考古》，2007 年第 11 期，頁 62-70；郝麗君：〈西周王城存在辨偽〉，《滄桑》，2009 年第 3 期，頁 28-29。

這種「一邑多族」的墓葬結合型式,尤其是「在瀍河以西的北邙村一帶發現有近四百座西周貴族墓,其南是西周平民墓」,也折射出「西周貴族」遷徙的足跡。當然,成周的建立的本身兼具軍事與政治兩方面的目的,早在武王克殷之後即有建立成周的打算,而真正興建洛邑的工作是在周公東征後才實施的,〈何尊〉銘文的「宅于成周」、「余其宅茲中國,自之乂民」等語,可與〈召誥〉「其作大邑,其自時配皇天,毖祀于上下,其自時中乂」相印證,這從「成周」之名實與「新大邑」、「新邑洛」、「洛邑」同義異稱也可略窺一斑。周初則因新的政治策略與形勢,必須將殷遺民與周同姓同宗的遷徙一併進行,而欲遷殷遺民的前提,則必先遷周宗室貴族以部署好監督管理的機制,個中最獲寵信和勝任的,當然是曾輔助文、武二王功業的同族同宗重臣之後了,〈何尊〉中成王訓誥「宗小子」所呈現的,即是勉勵他們效法先人(「視于公氏」),並要貫徹使命(「徹令」),即指明這屬同姓同宗的遷居行為,或許只是第一階段的徙居移動的過程記載罷了。

準此而言,〈何尊〉首句的「初遷宅」實非成王自遷,而是命令「宗小子」們遷宅,以故要在「京室」舉行訓誥儀式,並策勉他們效法「爾考公氏」,貫徹使命,最後還要「咸」誥。其中「宗小子」、「爾考公氏」[54]都是集合名詞,以致副詞用「咸」皆字;其中「何」與「□公」才是專指個人。以此解讀〈何尊〉銘末的「隹(唯)王五祀」,才不致於與《尚書·洛誥》成王營造成周洛邑是「七年」相牴牾,又可以調合《尚書大傳》所說:「周公攝政,一年救亂,二年伐殷,三年踐奄,四年封衛侯,五年營成周」的說法。而從〈何尊〉銘文的解讀上,我們似乎看到,當書缺有間時,對於過程的表述,可能因各有去取,也各有所偏,以致於摸象造詞,各有一得了。對於西周初

---

[54] 根據《尚書·多士》:「成周既成,遷殷頑民,周公以王命誥,作〈多士〉。〈多士〉:惟三月,周公初于新邑洛,用告商王士。王若曰·爾殷遺多士……」《傳》:「所告者即眾士,故以名篇。」文中用「爾」以指稱「殷遺多士」與〈何尊〉稱「爾考公氏」類同,參〔西漢〕孔安國傳、〔東漢〕鄭玄箋、〔唐〕孔穎達疏:《重栞宋本尚書注疏附校勘記》(臺北:藝文印書館,1979 年 3 月),第一冊,頁 236。

期遷成周洛邑的史實，或許非僅一次的遷徙被過度簡化或推衍，也或許在多次的遷徙與前後的修建過程中，我們把它們全部擺在同一個層面上來處理看待，以致於「遷都」說、遷「殷遺民」說、遷「九鼎」說形成圓鑿方枘，扞格難入的局面，而金文釋讀與史實的互涉關係，於斯可見矣！

口	不	亯	公	虘	宅	邑	王	爾	王	武	佳
公	每	戈	氏	爾	茲	商	受	考	㝬	王	王
寶	王	叀	有	有	中	則	茲	公	宗	豐	初
障	咸	王	㽙	唯	或	廷	大	氏	小	裸	遷
彝	亯	辥	于	小	自	告	命	克	子	自	宅
唯	啻	德	天	子	之	于	唯	逨	于	天	于
王	易	谷	令	亡	𧻚	天	武	文	京	才	成
五	貝	天	敬	戠	民	曰	王	王	室	四	周
祀	卅	順	我	視	鳥	余	既		曰	月	復
	朋	我		于		其	克		昔	丙	兩
	用					大	文		才	戌	
	乍										

附圖　何尊[55]

原文發表於「商周文明學術研討會」論文集，北京：北京師範大學歷史學院，2010 年 5 月 15-16 日，頁 73-79。（邱郁茹、葉書珊校對）

[55] 漢達金文資料庫：https://www.chant.org/scripts/jinwensql/view.php?cid=6014&pid=6014。

由容庚先生談〈史信父（仲枏父）甗〉

　　容庚先生是大家敬佩的學者。他傾一輩子心力編成的《金文編》，是研究古文字必用的參考工具書；他撰的《商周彝器通考》，是鑽研青銅器必讀的經典之作。他巍巍峨峨、浩浩淼淼的學問高度與淵深閎通的器識，啟迪後學既深遠又廣大，有關此方面的論述，曾憲通先生的〈容庚先生學術貢獻述評〉已有相當精準的描述與論斷。本文限於篇幅，恐萬不及一，僅就《容庚選集·宋代吉金書籍述評》中涉及到的〈史信父甗〉加以討論。容先生認為：「宋代古銅器之研究，始於真宗時。咸平三年（西元 1000 年），乾州獻古銅鼎，狀方而有四足，上有古文二十一字，詔儒臣考正。而句中正、杜鎬驗其款識以為〈史信父甗〉。中正引《說文》「甗，甑也」文，引《墨子》夏后鑄鼎四足而方，《春秋傳》晉侯賜子產二方鼎，云此其類也（《金石錄》十一：二〈甗銘〉引《真宗皇帝實錄》，雅雨堂本）。」[1]也就是說，有宋一代研究青銅器之始，是從獻〈史信父甗〉及儒臣們的探索來鑿開鴻蒙的，這其中潛存一些小小的問題，值得進一步深究。

　　本人先前撰〈從古文字的構形規律談「信」字六書的歸屬問題〉一文，分析「信」字結構類型的演變，得知殷商時期可能存在作「大人之言」的「㐰」與作「眾人之口」的「佲」，而「眾人之口」的「佲」形「信」字一直持續到西周時期，春秋戰國以後，「信」字的構形隨地域語言的差異有二十種以上的類型，字形紛繁，[2]變化很大。而容先生所描述的〈史信父甗〉既屬西周時器，摹本所勾勒的「信」字頗為可疑。後來吳鎮烽先生在《商周青銅器銘文暨圖像集成》收錄「食器·甗」，編號 03351 已將器名改成〈仲枏父甗〉

---

[1] 曾憲通編選：《容庚選集》（天津：天津人民出版社，1994 年），頁 4。

[2] 崔彥、潘碧絲主編：《跨越古今——中國語言文字學論文集（古代卷）》（吉隆坡：馬來亞大學中文系、馬來亞大學中文系畢業生協會，2013 年 10 月），頁 178-179。

（《集成》00942），而與〈仲信父甗〉、〈史信父甗〉並稱。[3]確立是器的時代為「西周中期後段」，「出土時地」為「咸平三年好畤令黃郫獲是器」，其尺度為「口橫12、口縱8.5、腹深8.4寸」，其形制紋飾為連體式。長方形甗，口沿上有一對立耳，頸微束，腹壁斜收，束腰，鬲部分襠，足下部呈圓柱形。甗頸飾為變形獸面紋，甗壁飾為弦紋兩道，鬲腹飾獸面紋。曾經著錄在「考古圖2.17，薛氏156.1，集成00942，斷代749頁148.3」，關於銘文字數是「內壁鑄銘文21字（其中重文2）」，銘文釋文作：「隹（唯）六月初吉，中（仲）枏父乍（作）旅獻（甗），弋（其）萬年子孫孫永寶用。」[4]但回顧此器從宋代以來著錄的情況，正展現出古文字在釋讀方面漫漫長途、波瀾起伏的延長線圖。

　　關於甗上銘文，根據《宋史》本傳來看，杜鎬（938-1013）雖「博聞強記」，但未載及此事；至於句中正（929-1002）傳中述及「中正精於字學，古文、篆、隸、行、草無不工。太平興國二年，獻八體書」，並「與徐鉉重校定《說文》」，「時乾州獻古銅鼎，狀方而四足，上有古文二十一字，人莫能曉，命詔中正與杜鎬詳驗以聞，援據甚悉。」[5]可見當時即使是「儒臣」，對青銅銘文的解讀是有限的，「人莫能曉」已呈現出當時的窘境，而句中正應是那個時代釋讀古文字的名家，他的釋讀是經過「詳驗」的，並有全面的根據（「援據甚悉」），只不過傳中沒有道出他的根據為何罷了。落實到宋代著錄青銅器的書籍，首推宋神宗元祐年間呂大臨所撰的《考古圖》，在卷二第二十、二十一頁中收錄內府典藏的〈仲信父方旅甗〉，將銘文釋讀為：「維

---

[3] 吳鎮烽：《商周青銅器銘文暨圖像集成》（上海：上海古籍出版社，2012年9月），第七卷，頁232。正文引自《殷周金文集成》之青銅器銘僅標其器號，引自他書者則標出原書名。

[4] 吳鎮烽：《商周青銅器銘文暨圖像集成》，第七卷，頁232。

[5] 〔元〕脫脫：《宋史》（臺北：藝文印書館，1958年），卷二百九十六，頁3813，〈杜鎬傳〉；卷四百四十一，頁5357-5358，〈句中正傳〉。

六月初吉，史（仲）信父作旅瓶，其萬年子子孫孫永寶用」[6]；其後，薛尚功在《歷代鐘鼎彝器款識法帖》則稱器名為「〈仲信父方瓶〉」，銘文釋讀也作：「惟六月初吉，仲信父作旅瓶，其萬年子孫孫永寶用」，並進一步針對釋讀為「史」或「中（仲）」的問題作辨析云：「惟『♀』字楊南仲謂不必讀為『史』，當作『中』，音仲。然以愚考之，恐只是史字。『史信』者，如史頌、史黎之類，『史』言其官；『信』言其名。『父』則尊稱之耳。」[7]他依文例比觀，懷疑中帶確定口吻定為「史」字，並分析「史信父」的結構是：官名＋人名＋男子尊稱，說法大抵可信。

此後沉寂幾達千年，釋文也相沿成習，如福開森《歷代著錄吉金目》〈仲信父方瓶〉下云：「銘文二十。惟六月初吉，仲信父作旅瓶，其萬年子孫孫永寶用。薛氏十六‧二。周器。咸平三年好時令黃鄆獲是器，詣闕以獻。考古二‧十七至十八。名作『仲信父方旅瓶』。內藏。得於好時。」[8]材料係從宋代《考古圖》與《歷代鐘鼎彝器款識法帖》而來，說法則完全遵照薛氏。

直至陳夢家撰《西周銅器斷代》一書，重新審視這件傳世器，並綜合出土所見同名諸器，而有全新的解讀。他在 1957 年 10 月 30 日所寫的〈中枏父瓶〉與〈中枏父鬲〉、〈中枏父簋〉合觀，列入「懿王銅器」，並在 1964 年 10 月 15 日撰上海博物館藏的〈中枏父鬲〉時云：「1964 年該館得此器，與 1962 年陝西永壽縣好時河村所出鼎、匕、盂（文物 1964：7：20-23）者實為同人所作。」將器名改稱為「〈中枏父瓶〉」，釋文則作：「隹六月初吉，中枏父乍旅瓶，其萬年子子孫孫永寶用。」考釋作器者說：「作器者名枏，《說文》訓曰「梅也」，字從冉，《說文》訓曰「毛冄冄也，象形。」今或隸作冄，枏或作楠。我初見匕銘，以其字近於枏，後見此鬲枏字從冉甚清楚，《金文

---

6 〔北宋〕呂大臨：《考古圖》，《欽定四庫全書》（臺北：臺灣商務印書館，1986 年），子部譜錄類，頁 840-121、840-122。

7 〔北宋〕薛尚功：《歷代鐘鼎彝器款識法帖（線裝本）》（北京：中國書店，1995 年），第四冊，卷十六，頁 155-156。

8 福開森：《歷代著錄吉金目》（北京：中國書局，1991 年），頁 951。

編》所無。作器者是師湯父的有司，師湯父鼎有新宮、射廬乃共、懿時所習見，據其花紋可定為共王時（本書 118）。今因此鬲的出現，需加修改。」[9]雖因銘文與花紋而在分期斷代上有不同的意見，[10]但對作器者與銘文的修正，卻已取得共識，皆用「中（仲）枏父」之稱而不再移易了。[11]

關於「中（仲）枏父」諸器，陳佩芬曾有詳細的記載和總括，其數「至少一七、二簋和七鬲」[12]，推溯源頭，實從「仲信父方甗」發軔。令人好奇的是，從宋代以來，直至 1933 年 1 月容先生撰〈宋代吉金書籍述評〉，到 1963 年 5 月他又做了修改補充，大約同時陳夢家已改隸作「中枏父甗」，為何他還持用「史信父甗」而不稍加動搖呢？觀察他在評述胡俣（公謹）著《古器圖》時，說：「案皇祐內府古器十一器，此得五銘，非其全也。其所定器名，翟氏以宰辟父敦為辟父，以內公簋為太公，以史信父旅甗為仲信父，亦誤。」[13]可見他是相當堅持隸作「史信父」的。當然，容先生稱器名為「史信父甗」也是有根據的，他不從《考古圖》所稱的「仲信父方旅甗」或《歷

---

[9] 陳夢家：《西周銅器斷代》（北京：中華書局，2004 年），上冊，頁 208-210；下冊，頁 747-749，148 中枏父組器。

[10] 吳鎮烽、朱捷元、尚志儒：〈陝西永壽、藍田出土西周青銅器〉，《考古》，1979 年第 2 期，頁 120。根據郭沫若因〈師湯父簋〉銘有「周新宮」，斷師湯父為恭王時人（見《兩周金文辭大系圖錄考釋》，卷六，頁 70），而主張「仲枏父的銅器當鑄於恭王時期」；張懋鎔，〈新版《殷周金文集成》新意迭出〉，《古籍整理出版情況簡報》，2007 年第 12 期，則說：「編號為 4154-4155 的仲枏父鬲，原版《集成》定其年代為西周晚期或春秋早期，新版《集成》則改定為西周中期」；另有宣王說，如彭裕商：《西周青銅器年代綜合研究》（成都：巴蜀書社，2003 年），頁 478。詳細討論，可參見韓為：〈西周金文中的「異人同名」現象及其對斷代研究的影響〉，《東南文化》，2009 年第 6 期，頁 115-116。

[11] 如中國社會科學院考古研究所編：《殷周金文集成釋文》（香港：香港中文大學出版社，2001 年），第一卷，頁 592，器名作「942 仲信父甗」，釋文則作：「唯六月初吉，仲枏父作旅甗，其萬年子子孫孫永寶用。」字數：一九（又重文二），時代：西周晚期，出土：咸平三年好畤令黃鄿獲是器。

[12] 陳佩芬：〈新獲兩周青銅器〉，《上海博物館集刊》，2000 年第 8 期，頁 126-128。文中述及「最近又見到在美國的一位收藏家，他說也買到了一件仲枏父鬲，我還未見過實物」，想必指的是范季融《首陽吉金》中著錄的，香港中文大學文物館編：《首陽吉金──胡盈瑩、范季融中國古代青銅器》（上海：上海古籍出版社，2008 年），頁 96。

[13] 曾憲通編選：《容庚選集》，頁 60。

代鐘鼎彝器款識法帖》用的「仲信父方甗」器名，而是根據《金石錄》來敘述一段研究青銅器銘文濫觴的歷史，對古文字考釋來說是相當重要的里程碑，而不是根據《籀史》[14]來的。《金石錄》卷十一「古器物名第四‧甗銘」下云：「右甗銘。案：《真宗皇帝實錄》：『咸平三年，乾州獻古銅鼎，狀方而四足，上有古文二十一字，詔儒臣考正。而句中正、杜鎬驗其款識，以為史信父甗。中正引《說文》「甗、甑也」文，又引《墨子》夏后鑄鼎四足而方，《春秋傳》晉侯賜子產二方鼎，云此其類也。』余嘗見今世人家所藏古甗，形製皆圜，而此器其下正方，故中正等疑為方鼎之類，然方鼎與甗自是兩器名，今遂以為一物，非也。」下注又引楊南仲語曰：「史當讀為中，音仲。」[15]但不為容先生所採耳。

有趣的是，將作器者首字「𢆶」形釋作「史」或「中（仲）」皆各有文例支撐，張亞初《殷周金文集成引得》整理金文中稱「史某父」的，有「史盠父」（2196）、「史斿父」（2373）、「史宜父」（2515）、「史𢼸（煬）父」（3789）諸人[16]，除「史斿父」外，其他皆見於西周晚期，西周中期則未見；至於作「中某父」者，西周早期有「仲酉父」（902、3547）、「仲隻父」（3543）、「仲

---

14 按：〔宋〕翟耆年：《籀史》，《叢書集成初編》（北京：中華書局，1985年），第1513冊，「皇祐三館古器圖」有「仲信父圜甗」，卷上，頁10；又「胡俛古器圖」條云：「熙寧戊申歲，司封員外郎知和州胡俛公謹，取所賜器篆五銘……以仲信父旅甗為煮甗，徒刻其文，而不載元叔所釋之字」，卷上，頁11；又「周秦古器銘碑一卷」條云：「釋云：咸平三年五月，同州民湯善德于河濱獲方甗一，上有十二字。九月，好畤令黃傳（《考古圖》無「傳」字）鄠獲方甗一，銘二十一字，詣闕以獻，詔示直昭文館句中正、秘閣校理杜鎬。中正識其刻書，以隸古文訓之。」卷上，頁18。記載為句中正所釋。

15 〔宋〕趙明誠：《金石錄》，《石刻史料新編》（臺北：新文豐出版社，1982年），第十二冊，頁8871。

16 張亞初：《殷周金文集成引得》（北京：中華書局，2001年），頁954-957。按：若根據吳鎮烽：《金文人名彙編（修訂本）》（北京：中華書局，2006年），頁90-93。「史盠父見史盠父鼎（集成02196），西周晚期人，字盠父，擔任周王朝史官」、「史斿父見史斿父鼎（集成02373），西周早期前段人，字斿父，擔任周王朝史官」、「史宜父見史宜父鼎（集成02515），西周晚期人」、「史𢼸父見史𢼸父簋蓋（集成03789），西周晚期人」，大抵見於西周晚期，西周中期則未見。另外有「史伯碩父見史伯碩父鼎（集成02777），即史顠，名顠，字碩父，西周晚期人，史氏家族族長，父親為釐仲，母親為泉母」。

畲父」（曲村 440 頁圖 611.9、10）；西周中期有「仲伐父」（931）、「仲㠱父」（2046）、「仲辛父（辛父）」（4114）、「仲南父」（9642、9643）、「仲追父」（9882）、「仲佣父」（4246-4249）、「仲幾父」（3954）、「仲叔父」（4102、4103）、「仲樂父」（三代 17.15.3）、「仲爯父」（2183）、「仲競父」（6008、《北京文物精粹大系·青銅器卷》110）、「仲鑠父」（4399）、「仲󱿙父」（544）；西周晚期則有「中友父（中義）」（3755、3756、10102、10244）、「仲五父」（3757、3758、3759）、「仲吃父（仲涿父）」（2533）、「仲生父」（729）、「仲言父」（3548）、「仲其父（宗仲）」（4482、4483）、「仲更父」（3956、3957）、「仲爯父」（2529、4188、4189）、「仲夏父」（668）、「仲殷父」（2463、2464、3964-3970）、「仲宦父」（2442）、「仲儵父」（2734）、「仲閔父」（4398）、「仲義父」（2207-2211、2541-2545、4386、4387、9964、9965，北圖拓 53-54）、「仲駒父」（3936-3938）、「仲邊父」（《北窯墓》281 頁、《文物》1986 年 7 期 60 頁圖 11）[17]，當然，這些人名未必都見於宋代金石著錄，而前此《後漢書·竇憲傳》也有「仲山甫（父）」鼎[18]，可見不管稱「史某父」或「中某父」皆有其合理的依據。進一步要考慮的，可能就是摹本與哪種字形較能契合的問題。仔細觀察此字，推想釋作「史」的，係因左下半多了類似「𠂇」形的部分；至於釋作「中」的，猜想應是認為左下半為摹寫失真的羨筆，不能攔入字體的。如果以容先生最後編的四版《金文編》收字規律來看，「中」字豎筆上部大抵作橢圓圈形如「ф」（〈仲㪔父鼎〉例外）；反觀「史」字上部則作橢圓形內含橫筆作「屮」形[19]，兩者分別劃然。何況此左手形與第三字「父」所從「又」形筆畫也有所區別。以今觀之，釋「中」已成定局，指作器者的排行，則摹本也許被鏽蝕所誤，以致本來面目混淆不清。

至於今日的釋讀，皆從陳夢家在 1957-1964 年所釋的作器人名「枏」字，

---

[17] 吳鎮烽：《金文人名彙編（修訂本）》，頁 48-49、120-124。

[18] 〔南朝宋〕范曄：《後漢書》（北京：中華書局，1965 年），頁 817。

[19] 容庚編著：《金文編》（北京：中華書局，1985 年），頁 30、195-197。

「🔲」雖描摹未精，但與今所見仲枏父諸器形構作🔲、🔲（《集成》4154〈仲枏父簋〉）、🔲、🔲（《集成》979〈仲枏父匕〉）、🔲（《集成》746〈仲枏父鬲〉）、🔲（《新見金文字編》頁 173）、🔲（《新見金文字編》頁 173）[20] 是比較接近的；但從宋代至陳夢家之前，為何都沒有懷疑釋「信」的問題？實頗值得探究。推察今所見西周金文「信」字，僅見於 1973 年陝西省藍田縣出土的西周中期〈𣪕叔鼎〉的「信」字作「🔲」，[21]陳初生認為「《說文》古文一與𣪕叔鼎字同」，主張在〈𣪕叔鼎〉「𤔲（𣪕）弔（叔）伯（信）姬乍（作）寶鼎」中，「信」作「伯」為𣪕姬的「人名」。[22]這是最早出現與《說文》古文能相合的「信」字，由此也可推知，宋人釋「🔲」為「信」當另有所據。若從《宋史》句中正本傳所言，當器物獻給真宗時，「人莫能曉，命中正與杜鎬詳驗以聞，援據甚悉」，時他「改著作郎，與徐鉉重校定《說文》，模印頒行。太宗覽之嘉賞」，那麼，釋讀的依據首先當推《說文》，「人莫能曉，命中正與杜鎬詳驗以聞，援據甚悉」，那二人又「援據」哪些可能的字書？當時郭忠恕在宋太宗太平興國二年（977 年）已編成《汗簡》一書，至於夏竦的《古文四聲韻》要晚至宋仁宗慶曆四年（1044 年）才完成[23]，故不可能及目。觀察《說文》「信」字收古文二形作「🔲、🔲」[24]，《汗簡》收「🔲、🔲、🔲」三形[25]，相較之下，字形都不接近，勉強說之，可能是由《說文》「信」字古文第二形再加上「史」與「信」的意義（「直筆在史

---

20 陳斯鵬、石小力、蘇清芳編：《新見金文字編》（福州：福建人民出版社，2012 年），頁 173。

21 尚志儒、樊維岳、吳梓林：〈陝西藍田縣出土𣪕叔鼎〉，《文物》，1976 年第 1 期，頁 94；馬承源主編：《商周青銅器銘文選》（北京：文物出版社，1988 年 4 月），第三卷，頁 258。

22 陳初生編：《金文常用字典》（高雄：復文圖書出版社，1992 年），頁 248-249。

23 沈寶春：〈段、桂注證《說文解字》古文引《汗簡》、《古文四聲韻》的考察〉，《漢學研究之回顧與前瞻國際學術研討會論文集》，臺北：國立臺灣師範大學國文學系，2006 年 4 月 8-9 日，頁 219-220。

24 〔東漢〕許慎撰、〔清〕段玉裁：《說文解字注》（臺北：藝文印書館，2005 年），頁 93。

25 〔北宋〕郭忠恕撰、〔清〕鄭珍箋：《汗簡箋正》（臺北：廣文書局，1974 年），卷一，頁 117、403；黃錫全：《汗簡注釋》（武漢：武漢大學出版社，1993 年），頁 134、373。

臣」）連結關係推求出來的結果。

　　無論如何，從宋代「〈史信父（中桐父）甗〉」所開展出來的古文字研究風氣，至今尚餘波盪漾，討論未休，充分張顯出它蓬勃的生命力。而容先生的先見之明，揭櫫此器千年多（1000-2013）來在整條歷史縱線的起點，既展現出古文字釋讀過程中漫長而艱辛的歷程，同時在出土文物日豐與多方整合的努力下，不斷修正補苴以臻正確無誤的孜孜矻矻耕耘，容先生既掀開歷史燦爛的一頁，並提點後來追索者，從這個幽微而具體的剖面圖，也值得緬懷再三，低迴不已矣！

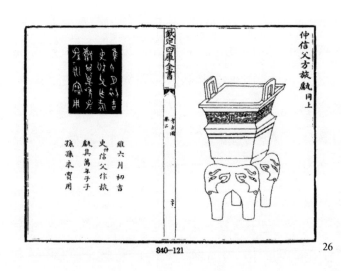

26

27

　　原文發表於《古文字研究》第三十輯，北京：中華書局，2014 年 9月，頁 35-40。（張宇衛、陳厚任校對）

26　〔北宋〕呂大臨：《考古圖》，《欽定四庫全書》（臺北：臺灣商務印書館，1986 年），子部譜錄類，頁 840-121。

27　〔北宋〕薛尚功：《歷代鐘鼎彝器款識法帖（線裝本）》，第四冊，卷十六，頁 155-156。

由周法高先生金文三編按語談起
——以「𠂤」字為例

一　前言*

　　余與周法高先生素昧平生，亦無由受教請益。唯先生主編的《金文詁林》（以下簡稱《詁林》）[1]、《金文詁林附錄》（以下簡稱《附錄》）[2]、《金文詁林補》（以下簡稱《補》）[3]乃研究古文字——尤其是金文的重要必備工具書。余撰碩士論文《商周金文錄遺考釋》、博士論文《王筠之金文學研究》期間，因其資料收集得豐贍完備，安排得有條不紊，學者取資援用，皆蒙受相當大的助益與啟迪。根據先生於 1974 年 6 月寫的《詁林・序》，曾自道此書係「羅列諸家之說于每字之下」，基本上跟丁福保的《說文詁林》有所不同，「丁書彙聚群言，不著己見」，但此書雖「付印匆促，未遑詳考，然亦間加按語」，當時先生「間加」了多少按語？實際上他並沒有全盤地統計和掌握，精確數據也就不得而知。另外，他在〈序〉中又自注說：「余舊

---

* 余間接與先生有關而印象深刻者，是在撰寫《王筠之金文學研究》時，需清人許瀚所著《攀古小廬雜著》孔急，此書國內僅中央研究院傅斯年圖書館有典藏，國外則見於日本。當時書由先生借閱，假如當時膽大魯莽些，或許與先生能有一面之緣；唯素來靦覥怯懦，只能委請時在九州的連清吉教授代為影印，因影費不貲，特別令人珍愛！今此書則有《山東文獻集成》面世，首輯有「許印林遺書二十種附一種」，其中《攀古小廬雜著》分「光緒年間吳重熹刊本」十二卷四冊、山東博物館庋藏「稿本」不分卷四冊、北京圖書館所藏「稿本」三卷一冊，可資參酌。見王獻堂輯：《山東文獻集成》（濟南：山東大學出版社，2006 年），第一輯。又上海古籍出版社於 2002 年出版《續修四庫全書》第 193 冊亦收錄〔清〕許瀚《攀古小廬雜著》一書。

[1] 周法高主編、張日昇、徐芷儀、林潔明編纂：《金文詁林》（京都：中文出版社，1975 年）。

[2] 李孝定、周法高、張日昇編著：《金文詁林附錄》（京都：中文出版社，1977 年 4 月）。

[3] 周法高編撰：《金文詁林補》（臺北：中央研究院歷史語言研究所，1982 年 5 月），中央研究院歷史語言研究所專刊之七十七。

著《金文零釋》（以下簡稱《零釋》）十萬言，泰半采入本書，又新加按語若干條」[4]，那麼，他採入多少條《零釋》的資料？「新加」了「若干條」的按語？也並未明確地匯聚指陳出來。以此之故，先生的精言卓論，也無法得窺豹斑了。

若試加檢索，其實《詁林》中「采入」《零釋》一書者凡 35 例，為：中、司、征、造、延、古、言、僕、叡、故、爽、者、百、賫、脜、剛、于、缶、嗇、責、旒、室、害、居、頜、令、邵、執、馘、戀、播、姰、絲、康、疑。至於「新加按語」的部分則有 73 例，為：王、曾、周、造、足、穌、世、言、興、巩、秉（2）、叔、史、妻、卟、罘、蔑、賢、剛、簋、曹、旨、豐、益、盍、會、享、藁、嗇、來、夏、榮、某、期、年、安、呂、散、作、似、弔、北、襄、尸、服、兄、令、奉、夫、洛、湡、雷（2）、生、졸、욱、戎、匼、甾、壺、凡、土、細、勿、銅、阜、康、辥、子、疑、以、亥。其中兩者兼收者有：造、言、秉、賢、剛、嗇、令、雷、康、疑等 10 例，而「秉」、「雷」二字則收有 2 個按語[5]，以《詁林》總收 1,894 字而言，扣除一字兩引先生「按語」者，實得引先生按語者 98 字，引用率居 5.17%；至於「新加按語」為 73 例，則其頻率更低，僅 3.85%而已。

另外，《附錄上》收文 562 字、重 751 文；《附錄下》則收 638 文、重

---

[4] 周法高主編、張日昇、徐芷儀、林潔明編纂：《金文詁林》，上冊，頁 33。

[5] 《金文詁林》引《金文零釋》部分見頁 158、233-234、295、298、344、384-385、427-428、550、602、641-642、644-645、726、729、745、834-835、937、974、1090、1134-1135、1222-1223、1255-1256、1409、1448、1477、1479、1610、1627-1628、1645-1647、1746、1789-1790、1926、2112、2147-2148。「周法高按語」部分見頁 134、190、245、298、352、358、383、384-385、447、478、501-502、505、520、530、576、608、678、726、750、773、812、837、850、885、896、932、957、960、974、980、985、1002、1005、1161、1208、1229、1280-1281、1334-1335、1335、1338、1353-1354、1370、1386、1407、1420、1431-1432、1477、1618-1619、1624-1625、1656、1659、1691、1691-1692、1755、1792、1820、1827、1869、1876、1939、1942、1943-1944、1964、1977、1984、2033、2112-2113、2123、2142、2148、2169、2201。

234 文[6]，共計 1,200 文，含重文則多至 2,185 文之數，唯收先生「按語」者凡 60 文，其中⿰、⿰二字各存 2 條，實得 58 文，以《附錄》總 1,200 文計，引用率為 4.83%，若加上重文計，僅存 2.65％爾！至於收錄先生《零釋》者僅 5 條，為編號 3063⿰、3079⿰、3348⿰、3354⿰、3411⿰[7]，引用率則更低，僅 0.5％而已，其餘皆先生新加按語。[8]從這些引據加按語的總體現象觀察起來，正落實了先生自我表白的，其耗時七年的《詁林》編纂過程，先生執行的是屬於「策劃、監督、搜集、選材」的工作，坦承其中「實未嘗以全力為之」。[9]爾後繼續編纂的《附錄》，雖也自道「校讀一過」，並有「思之慨然因倩學長李孝定教授草考釋千條，左右逢源，創獲獨多。余亦因之，草札記若干條」的無奈之感，但在感受同儕間彼此激盪的「切磋之樂」，所謂：「附錄中多不可識之字，聊誌友朋切磋之樂」[10]，其中的「草札記若干條」，即上引的 55 條「札記」是也。

前此讀《上海博物館藏戰國楚竹書（九）》中〈陳公治兵〉一篇，簡 16 中涉及到「陣法」的布局，句末所談的「女（如）御追，必𣃟（慎）……」，原整理者陳佩芬解釋說：「讀為『如御追』，使馬駕車去追擊。『必𣃟』，讀為『必慎』。」[11]後來蘇建洲以「包山 55、窮達 06、景公瘧 12」改釋為

---

6 李孝定、周法高、張日昇編著：《金文詁林附錄》，頁 2423、2719。
7 李孝定、周法高、張日昇編著：《金文詁林附錄》，頁 2753、2765、2940、2945、2979。
8 李孝定、周法高、張日昇編著：《金文詁林附錄》，頁 2445、2457、2460、2462、2463、
   2509、2577、2579、2590、2597、2618、2662、2682（3）、2690、2703、2717、2719、
   2731、2749、2752、2754、2762、2782、2790、2802、2815、2817、2818、2820、2825、
   2828、2833、2838、2851、2856、2884、2892、2915、2929、2931、2952、2960、2961、
   2979（2）、2996、3007、3008、3018、3032、3055、3060。
9 周法高主編、張日昇、徐芷儀、林潔明編纂：《金文詁林》，上冊，頁 33。
10 李孝定、周法高、張日昇編著：《金文詁林附錄》，頁 3133。
11 馬承源主編：《上海博物館藏戰國楚竹書（九）》（上海：上海古籍出版社，2012 年 12
   月），頁 184。

「從辵從亘的字」。[12] 張崇禮則認為「從字形上看，兩說皆有可能」。[13]由此可見，戰國時期的「㣟」、「亘」二字存在著混用的情況，以致諸家難以定奪。當然，歷來談文字構形及演變大都由《說文》追溯起，再緣甲骨文、金文、戰國文字的路徑來窮源索因，個中金文正發揮了鈐鍵的作用，於是又回到先生主編的《詁林》、《附錄》、《補》等金文三編的光環中尋尋覓覓，此論文也從此處展開論述，以「㣟」字起例，從中窺見三編影響之深遠及有待補苴的未足之處！

二　以金文三編收錄「㣟」字起例

觀察《詁林》、《附錄》、《補》等金文三編所收錄「㣟」字的情況，《詁林》纂輯了清代至民國以來的眾多說法[14]，依序輯錄了徐同柏的《從古堂款識學》、方濬益的《綴遺齋彝器款識》、阮元的《山左金石志》〈孫詒讓引〉、孫詒讓的《古籀拾遺》及《名原》、林義光的《文源》、丁山載於《中央研究院歷史語言研究所集刊》第二本第四分中的〈㣟敦跋〉、徐中舒載於《中央研究院歷史語言研究所集刊》第三本第二分的〈㣟敦考釋〉，以及載於《考古學報》1959 年第 3 期的〈禹鼎的年代及其相關問題〉、郭沫若《兩周金文辭大系攷釋》中的小臣單觶、吳闓生《吉金文錄》的南宮中鼎、周萼生在《文物參考資料》1957 年第 8 期發表的〈郿縣周代銅器銘文初釋〉、于省吾在《考古》1964 年第 3 期發表的〈略論西周金文中的六㣟和八㣟及其屯田制〉、張與仁在《中國文字》第十九冊發表的〈巳己文字與彝器畫紋考

---

[12] 蘇建洲：〈初讀《上博九》箚記（一）〉，武漢大學簡帛網：http://www.bsm.org.cn/show_article.php?id=1776（發布時間 2013 年 1 月 6 日）。

[13] 張崇禮：〈讀上博九《陳公治兵》箚記〉，上海復旦大學出土文獻與古文字研究中心：http://www.gwz.fudan.edu.cn/SrcShow.asp?Src_ID=2009（發布時間 2013 年 1 月 29 日）。

[14] 此部分可參閱《金文詁林附錄》中收錄的〈引用書籍論文目錄〉、〈引用書籍論文索引總目〉、〈引用書籍論文索引〉、〈引用諸家索引總目〉、〈引用諸家索引〉，搜集豐碩，體例完善，頁 2310-2388。

釋〉以及劉節的《中國古代宗族移殖史論》等諸多說法[15]，其中有單獨論述
「𠂤」字形義的，也有隨文討論的，最後先生做個總結說：

> 周法高曰：「關於六𠂤與八𠂤，參徐中舒〈禹鼎的年代及其相關問題〉
> 《考古學報》一九五九年第三期六三至六四頁。白川靜〈釋師〉一文，謂 𠂤 乃戠
> 之初文，象純肉之形《甲骨金文學論叢》三集一一頁。師之初文 𠂤 乃古之氏族
> 共同體為畋獵軍旅等事離自己之邑所行宜祭之肉也。其形與表示宜
> 祭之宜 𠂤 之俎中之多同為肉之形象同上，八七頁。案：白川氏之說 𠂤 乃戠
> 之初文，據周氏《上古音韻表》戠隸之部之韻去聲，照紐二等，古音
> 為 tsiəɣ，𠂤隸微部灰韻端紐，古音為 twər，師隸脂部脂韻審紐二等，
> 古音為 sier，戠與𠂤韻部相去懸遠，不可能為𠂤之初文，至𠂤是否象肉
> 形，乃另一問題。」[16]

係用平列的方式，補充了白川靜在《甲骨金文學論叢》中提出的新的看法，
先生透過上古聲韻的檢視，指出韻部聲紐中無法密縫合轍的問題，提出質疑
說「戠與𠂤韻部相去懸遠，不可能為𠂤之初文」，基本上是否定了白川靜的
說法；至於其他諸說則未見其提出分解與批判。雖然後來先生在《補》中對
白川靜的說法又有所補充，收錄纂詳，並補充了日本學者加藤常賢在《漢字
之起源》中引用《漢書·武帝紀》：「立后土祠于汾陰之脽上」，顏師古注：
「脽者，以其形高起，如人尻脽，故以名云。」所展開的創新論述：「脽，
尻也。如顏師古所言，此一土地如人之臀尻之高起，故呼為脽，而且本音為
郊，音轉而為脽者也。是則尻之蠹地高起之形音癸也。」及「葵之音乃稱从
平地蠹地高起之小丘，而𠂤為臀尻之形，而不能得出結論。然 𠂤 之形無論如
何不是高起之小丘或臀尻形，然 𠂤 字橫放作 ⌒⌒，則為脽尻高起之形，殆不
誤也。」以及說「字義，𠂤為臀尻之蠹地高起之形，即臀尻之形也。篆文之

---

[15] 周法高主編、張日昇、徐芷儀、林潔明編纂：《金文詁林》，下冊，頁 2030-2033。

[16] 周法高主編、張日昇、徐芷儀、林潔明編纂：《金文詁林》，下冊，頁 2033。

𠂤乃从𨸏（阜金文作𨸏）減少一段而作成，不過乃秦漢之際之字，原始字與𠂤並無關係也。」[17]此說後來影響深遠，但先生也存而不論，未做進一步的處理，顯見係屬資料的排比臚列整理會通的成分居多。倒是與先生有「切磋之樂」的李孝定先生卻在《金文詁林讀後記》中有所論略說：

> 𠂤字金文習見，本書从郭沫若氏之說讀為「屯」，似有可商；按《說文》「師」从帀，从𠂤，𠂤四帀，眾意也。是以會意說師字。嚴可均氏《說文校議》：「眾意也下，當有『𠂤亦聲』」。嚴說是也，𠂤、師同在段氏古音十五部，古文假「𠂤」為師，後加「帀」為形聲者，師主攻戰，帀有匝徧之義，圍敵有匝帀義，故从帀耳。《說文》官下曰：「从宀，从𠂤，𠂤猶眾也，此與師同意」。𠂤下云：「小阜也，象形。」既云𠂤象小阜，又云猶眾也，蓋𠂤下言本誼，官下言借義，下又云與師同意者，言借𠂤為師也。至金文八𠂤、六𠂤之義，于省吾氏之說是也。張與仁氏謂殷文「𠂤」亦蛇也，其說未聞。[18]

可說是對《詁林》眾說的批駁與定奪，亦即在先生自白的「因倩學長李孝定教授草考釋千條，左右逢源，創獲獨多」之後，李先生衍其後緒大加發揮的結果，而友朋相互間的切磋激盪，影響所及於斯也可窺見一斑！又若取先生之說與于省吾先生在《甲骨文字詁林》及何琳儀先生的《戰國古文字典》「𠂤」字下的按語作比較，更可見先生解說文字的特質，于先生按語作：

> 按：戴侗《六書故》云：「側 ΛΛ 為𨸏，側 ⋈ 為𨸏，𠂤，小阜也。故其文眠𠂤而殺。別作堆。」其說似是而非，核諸初文，實有未然。𠂤既非山之側書，𠂤亦非丘之側書。契文𠂤作ϟ、ϟ，與𠂤之或作𨸏者有別。𠂤體屈，而𠂤體直，此其大別。參見𠂤字條。金甲文「𠂤」皆假作「師」。

---

[17] 周法高：《金文詁林補》，第六冊，頁3480-3489。春按：引文中「尻」字皆當作「尻」，《說文》釋「尻」為「䐿」，釋「尻」為「処」，文中「臀尻」皆當作「臀尻」。

[18] 李孝定：《金文詁林讀後記》（臺北：中央研究院歷史語言研究所，1982年6月），中央研究院歷史語言研究所專刊之八十，頁469-470。

卜辭云：「王乍三𠂤，右、中、左。」《粹》五九七。「三𠂤」猶金文之「六𠂤」、「八𠂤」，為師旅之組織，亦猶晉之作「三軍」。每「𠂤」人蓋一百，《周禮》二千五百人為師，非殷制。……然「𠂤」字費解，待考。契文「𠂤」與訓「小𨸏」之「𠂤」有別，金文始漸混同。[19]

何先生的按語則作：

𠂤，甲骨文作𠂤（鐵一○○‧四），構形不明。讀若師。西周金文𠂤（盂鼎）；春秋金文作𠂤（曾仲大父螽簠追作𠂤）。戰國文字承襲兩周金文。《說文》「𠂤，小𨸏也。象形。（都回切）」（十四上二十一）[20]

從中觀察三家之說，不管是李先生、于先生或何先生，大抵作形義演變的追索，並不涉及上古音韻的運用，更不用說對域外古文字研究的徵引援用了，眼目所及，自有不同。微形知著，於斯彰顯出先生精通音韻，眼界寬廣，洵有別於諸家所擅。

三　有關金文三編的後續發展

其後，考古發掘日多，新說迭起，劉釗釋「𠂤」為「臀」[21]，說「『𠂤』字本來就是『脽』的古字，本象尻形，『堆』是其引申義。『堆』、『師』古音相近，𠂤字在卜辭和金文中又用作『師旅』之『師』」[22]，與加藤常賢的看法不謀而合，也為大家所接受，如季旭昇在撰《說文新證》時，即採是

---

[19] 于省吾主編：《甲骨文字詁林》（北京：中華書局，1996 年 5 月），第四冊，頁 3042。

[20] 何琳儀：《戰國古文字典：戰國文字聲系》（北京：中華書局，1998 年 9 月），下冊，頁 1213。

[21] 劉釗：〈卜辭所見殷代的軍事活動〉，《古文字研究》第十六輯（北京：中華書局，1989 年 9 月），頁 67-140。劉釗：〈讀史密簋銘文中的「𠂤」字〉，《考古》，1995 年第 5 期，頁 434-435。

[22] 劉釗：〈談史密簋銘文中的「𠂤」字〉，頁 434。另外，穆海亭在〈䣄史屚壺蓋銘文考釋〉一文中，以「屚字，《說文》亦無，从尸、从𠂤、从𠀤，應讀為𠂤。此字與永盂中的『𠂤人司工』，可能是一字同名，是否同屬一人，待考。」可參《周秦文化研究》（西安：陝西人民出版社，1998 年 11 月），頁 383。

說加予梳理其演變過程，云：

> 甲骨文「𠂤」字象人臀部之形，堂基高於地面，有似於臀，因此「𠂤」
> 引伸有「殿堂」的意義。再引伸則為小阜；軍隊駐紮地多在高起的丘
> 陵地，因此引伸為軍師，甲骨文也刻意把殿堂義寫成 1-3 形（春按：
> 即𠂤、𠂤、𠂤形）、把軍師義寫成 4 形（春按：即𠂤形），稍作區別（參
> 「殿」字條）。
>
> 劉釗指出「𠂤」即是「脽（屍也）」的古字，金文加尸、加丌，「𠂤」
> 形或訛變為「目」形，師寰簋進一步訛變成「爪」形（〈讀史密簋銘
> 文中的「眉」字〉）。楚文字繼承這種訛形。
>
> 六書：甲骨初文為象形，金文以下為形聲。[23]

一派則遵從舊說，並說明其所由，如孫海波以「𠂤之本意為小阜，古者都邑
必賓附丘陵，都邑為王者之居，軍旅所守，故𠂤有師意，更引申而有眾意。」
[24]此即胡厚宣主張的「殷代確常有大水及洹河氾濫之患，其人民不能不營為
崗阜，或擇丘陵而居」[25]，與古人的「居丘之俗」有關，故金文的「在杼𠂤」、
「在牧𠂤」、「在鰲𠂤」的「𠂤」即在此情形下造成的[26]，西周金文凡與軍旅
有關的地名多增置「師」字詞尾，表示某地為駐紮軍隊的地方，如：《集成》
05352〈作冊夨令簋〉銘「唯王于伐楚伯，在炎」，《集成》11802〈召尊〉、
13325〈召卣〉則作「在炎師」，或如《集成》11803〈朿致尊〉、13331〈朿
致卣〉銘即作「汝其以成周師氏戍于古師」。[27]因此，陳夢家指出「卜辭金

---

[23] 季旭昇：《說文新證》（臺北：藝文印書館，2004 年 11 月），下冊，頁 259。

[24] 于省吾主編：《甲骨文字詁林》，第四冊，頁 3037。

[25] 胡厚宣：〈卜辭地名與古人居丘說〉，《甲骨學商史論叢初集：外一種》（石家莊：河
北教育出版社，2002 年 11 月），頁 504。

[26] 何樹環：《西周對外經略研究》（臺北：花木蘭文化事業有限公司，2010 年 9 月），頁
134-135。

[27] 吳鎮烽：《商周青銅器銘文暨圖像集成》（上海：上海古籍出版社，2012 年 9 月），第
十二卷，頁 96，05352〈作冊夨令簋〉；第二十一卷，頁 277，11802〈召尊〉；第二十
四卷，頁 275，13325〈召卣〉；第二十一卷，頁 279，11803〈朿致尊〉；第二十四卷，

文某𠂤之𠂤乃是師戍所在」[28]，是正確的。從此發展而來的，論述也越來越詳盡[29]，區分也越來越清楚，如將「𠂤」分作「堆」與「師」，李學勤認為原來有兩個「𠂤」字，一為古「堆」字，一為古「師」字，後來在文字演變過程中逐漸混淆，許慎也未能分清，《說文》有𠂤字，訓為「小阜」義，豎過來則是「山」、「丘」二字，許慎並將「追」當作形聲字，其實「追」應是會意字。訓小阜的「𠂤」和「追」字本無關聯，僅是偶爾音同。「追」、「官」、「師」所从，是古「師」字的這個字形，和「阜」字以及豎過來的「山」、「丘」有所不同。[30]裘錫圭也有相同的看法，他說：「訓『小阜』的『𠂤』，一般都認為是『堆』的古字。『堆』、『師』的古音還算相近，『師』這個詞原來可能確實就是用訓『小阜』的『𠂤』字表示的。那麼甲骨文把表示『師』的『𠂤』字寫作𠂤，便是有意跟『𠂤』字的其他用法相區別。也有可能寫作𠂤跟𠂤本來是兩字，後來才混而不分。」[31]其中，裘錫圭還認為「『𠂤』是『堆』的古字，在古代有可能用來指稱人工堆築的堂基一類建築。堆是高出於地面的。……『𠂤』（堆）與『殿』也應是同源詞。『𠂤』堆之轉為『殿』，猶『脽』之轉為『臀』。……『𠂤』很可能是指殿堂而言的。」那麼，「𠂤：西」跟「庭門塾」一樣，是可以舉行儀式的地方，「𠂤」也應

頁 288，13331〈𢼸簋〉。文中簡稱《集成》，並採寬式隸定，其中「某師」之「師」銘皆作「𠂤」，與〈𢼸尊〉或〈𢼸簋〉銘中出現的「師氏」銘皆作「師」有所區別。

[28] 陳夢家：《西周銅器斷代》（北京：中華書局，2004 年 4 月），上冊，頁 10，3.〈小臣單觶〉「才成𠂤」解；又蔡運章：〈𪔂師新解〉，《中原文物》，1988 年第 4 期，頁 58。又董蓮池編著：《商周金文辭彙釋》（北京：作家出版社，2014 年 6 月），中冊，頁 820-821。

[29] 詳細情形參見于省吾主編：《甲骨文字詁林》，第四冊，頁 3036-3042。

[30] 李學勤：〈論西周金文的六師、八師〉，《華夏考古》，1987 年第 2 期，頁 207-208。又李學勤：《李學勤學術文化隨筆》（北京：中國青年出版社，1999 年 1 月），頁 273-285。

[31] 裘錫圭：〈釋殷墟卜辭中與建築有關的兩個詞──「門塾」與「𠂤」〉，《出土文獻研究續集》（北京：文物出版社，1989 年 12 月），頁 1；又裘錫圭：〈釋殷墟卜辭中與建築有關的兩個詞──門塾與𠂤〉，《古文字論集》（北京：中華書局，1992 年），頁 192，又裘錫圭：《裘錫圭學術文集》（上海：復旦大學出版社，1992 年），第一卷，頁 301-302。

該代表著一個與建築有關的詞。[32] 說法也有一定的道理在。

當然，因金文持續的時間長，跨越的年代多，有時還得考慮時間所造成的改變因素，如戰國時代的金文中，普遍將「𠂤」當「官」字簡體用，如董蓮池在《金文編校補》中收錄有三個「𠂤」形，作：

並說：「此第一文見𨒗公壺銘：『𨒗公左○』，第二文見東周左○壺，第三文見公朱右○鼎。第一、二文第三版《金文編》釋如此，第四版《金文編》因之，第三文為第四版《金文編》所增收。今按：此三文並為戰國器銘中文字。朱德熙、裘錫圭二先生在《戰國銅器銘文中的食官》（載《文物》一九七三年第十二期）一文中指出這類𠂤字以往多釋為師，左師、右師固有此官名，但以『𠂤』為『師』是商代和西周文字的習慣，戰國時代的兵器銘辭和璽印文字裡，『師』字通常都寫作『帀』，從來沒有寫作『𠂤』的，這些『𠂤』字都是官字簡體，以古璽文而論，『安官』之『官』字作𠖄，或又簡化作𠂤，『私官』之『官』字作𠖄，又作『𠂤』，凡此均可證所謂左師右師之『𠂤』應為『官』之簡體，應讀為左官右官。又指出見於古璽之𨟻𨟻等類從𠂤之字，即從『官』之簡體，即應是『館』、『輨』等字，這也是戰國以𠂤為官的重要證據。至於左官與右官的職分則均應是食官。所說極是。故此三文並應釋為『官』之簡體。入官字條下。」[33] 由此可見，字形雖同，隨著時代的不同，其用法也會隨著轉換，在釋讀時也應考慮用字簡化這一環的。

若我們試圖往上追索甲骨文的字形分野，裘先生已觀察過，他說：「商承祚先生認為《佚》67 第一期卜辭裡的𨸏和𨸏『即古師字』，恐怕有問題。因為第一期卜辭裡表示『師』的『𠂤』字通常都寫作𠂤，不但不寫作𨸏，而且也不寫作𨸏。……第三期以後的卜辭裡，𠂤、𨸏的區分就不那麼嚴格了。……

---

[32] 裘錫圭：〈釋殷墟卜辭中與建築有關的兩個詞──門塾與𠂤〉，《古文字論集》，頁 192；又裘錫圭：《裘錫圭學術文集》，第一卷，頁 301-302。

[33] 董蓮池：《金文編校補》（長春：東北師範大學出版社，1995 年 9 月），頁 367-368。

𠂤，更是甲骨文中已知的表示『師』的『𠂤』字所沒有的寫法。所以它們也不能讀作『師』。訓『小阜』的『𠂤』，一般都認為是『堆』的古字。『堆』、『師』二字的古音還算相近，『師』這個詞原來就有可能確實就是用訓『小阜』的『𠂤』字表示的。那麼甲骨文把表示『師』的『𠂤』字寫作𠂤，便是有意跟『𠂤』字的其他用法相區別。也有可能𠂤跟𠂤本來是兩個字，後來才混合而不分。」[34]他已注意到在甲骨分期中，「𠂤」字隨著字義的變化寫法從區別嚴格到區分不嚴格的演變過程。

　　回頭檢驗劉釗等編纂的《新甲骨文編》卷十四所收的「𠂤」字例，字形可分四種如下：

　　　　（1）𠂤、𠂤：𠂤組、賓組、歷組、出組、無名組、子組
　　　　（2）𠂤、𠂤：𠂤組、賓組、無名組
　　　　（3）𠂤、𠂤：無名組、無名黃組、黃組
　　　　（4）𠂤、𠂤、𠂤：黃組、何組、子組、西周[35]

（1）是曲筆兩斜三角形的結合。（2）是曲筆中兩三角形有間隔。（3）是直筆的兩三角密合。（4）是直筆或直筆偏斜的兩三角形或半橢圓形有間隔。依據殷墟甲骨文的分期與分組的對應關係[36]，可見（1）、（2）形的字體較早；（3）、（4）形的字體大抵出現得較晚，甚至晚到西周。另根據朱歧祥《甲骨文詞譜》視「𠂤」為「或𠂤字異體，即師字」，而釋「𠂤（𠂤）」。《通釋稿》：『隸作𠂤。即師字之初文。殷人軍旅，師分左中右三支。一師約百人。又，卜辭有名詞作『𠂤般』，即『師般』，或相當文獻中的武丁功臣甘盤。』」收的詞條有：師般、師獲、師屖、在師、出師、師人、叀師、師出

---

34 裘錫圭：〈釋殷墟卜辭中與建築有關的兩個詞──「門塾」與「𠂤」〉，《出土文獻研究續集》，頁3。

35 劉釗、洪颺、張新俊編：《新甲骨文編》（福州：福建人民出版社，2009年5月），頁751-752。

36 參見李學勤、彭裕商：《殷墟甲骨分期研究》（上海：上海古籍出版社，1996年12月），頁27。

剟、師亡其工、師亡其災、涉師、師告、師往、雀師、𠂤師、我師、癸師、至師、以師、從師、師不余我見、妙師、𠦏師、虎師、其師、三師、𠦏師、𤐫師、師方位詞（西北東）、京師、戍師、犬師、鼓師、師亡禍、師辟、王師、師亡歔寧、令師、步師，文例凡 39 種，另舉「花東甲骨字作𠂤，讀如師。文例作『魚師』，為〈花 236〉魚𠂤。」則共 40 類型[37]；但是，關於「或𠂤字異體」的「𠂤」字，文例卻只有 2 種類型，作：

  （1）于𠂤某　　《合集》28086　王其尋二方白于𠂤辟

  （2）𠂤貯　　《合集》28089 正　𠂤貯其乎取美，邙

比起「𠂤（𠂤）」琳瑯滿目四十種的文例類型，「𠂤」字文例類型非常少，而且沒有重複的類型，甚為怪奇，則「𠂤」字是否為「𠂤（𠂤）」之「異體」，是可以再考慮的。到了西周甲、金文，「𠂤」大抵從上舉（4）的類型演變而來，或許是較近於事實的。另外，根據李宗焜的《甲骨文字編》還收錄兩種跟上舉四種不同的字形作：「𠂤」《合集》20136（A1）及「𠂤」《合集》00635 反（A7）[38]，在考慮「𠂤」字的初形本義時，還需要仔細斟酌的。

  更需要延伸考量的，是「𠂤」的造字功能相當強，以它為部件的構字在先秦非常的發達，如《甲骨文字編》收錄有：嫧（𤔲）、𠂤、𨸰、追（𠂤）、𠂤（𠂤）、栢（𣏟）、𠂤、𠂤、歸（𠂤、𠂤、𠂤、𠂤、𠂤、𠂤）、貼（𠂤）、辥／薛（𠀷、𠂤）、𠂤、次／𠂤（𠂤）、𠂤（𠂤）、𠂤（𠂤、𠂤、𠂤、𠂤、𠂤）、𠂤、餘（𠂤）、醉（𠂤）、𠂤、𠂤、𠂤、遣（𠂤、𠂤、𠂤）、𠂤、𠂤（𠂤）、官（𠂤）、宦（𠂤）[39]、寡（𠂤）、洎（𠂤）、𠂤、啟（𠂤）、卽（𠂤）、暜（𠂤）、飢（𠂤）、旅（𠂤）、鼻（𠂤、𠂤）、偁（𠂤）、

---

[37] 朱歧祥：《甲骨文詞譜》（臺北：里仁書局，2013 年 12 月），第五冊，頁 157-161。
[38] 李宗焜：《甲骨文字編》（北京：中華書局，2012 年 2 月），下冊，頁 1178、1179。
[39] 按：此字李宗焜《甲骨文字編》僅收錄 34158（B1）1 例，釋作「宦」，唯字形與從「𠂤」者有別，疑為闌入或誤植。

骽（𤼲）、儓（𤼲）[40]，凡 38 字，數量相當地多。至於金文的部分，則有：歸（𡥻、𡥻）、遣（𤔲、𤔲、𤔲）、追（𤞤）、師（𠂤、𠂤）、眉（𡇥）、綰（𡇥）、官（𡇥）、睦（𡇥）、練（𡇥）、𦥑（𤔲、𤔲）、辟（𤔲）、棺（𤔲）等 12 字，有些承襲甲骨文，有些是新見的。[41]至於戰國文字，則更形豐富，除何琳儀在《戰國古文字典》中收有：𦥑（𤔲）、追（𤞤、𤞤）、坦（𡥻、𡥻）、𡇥（𡇥）、洎（𡇥）、鴝（𡇥）、棺（𤔲、𤔲）、館（𡇥）、歸（𡥻、𡥻）[42]、歸（𡥻、𡥻、𡥻）、躝（𤞤）、鑴（𡇥、𡇥、𡇥）[43]等凡 12 字外，還有逭（𤞤 B）、倌（𡇥 B）、棺（𤔲 A）、宣（𡇥 C、𡇥 C）、棺（𤔲 A）、遣（𤔲 B）、管（𡇥 A）、綰（𡇥 A、𡇥 C）、賠（𡥻 D）、輨（𡇥 C）、辟（𤔲 A、𤔲 C）、轁（𡇥 C）、儓（𤼲 B）、館（𡇥 C）、孽（𤔲 A）、譴（𤔲 A）、𦥑（𡇥 A）、樌（𡇥 B）、繏（𡥻 B）、壟（𤔲）、懿／懿（𤔲）、懿（𤔲）、坦（𡥻）[44]、官（𡇥、𡇥）[45]、嵒（𡇥）[46]等 25

---

[40] 李宗焜：《甲骨文字編》，上冊，頁 164、189、281、308-309；中冊，頁 501、520、610、698-701、721；下冊，頁 977-978、1070、1188、1210-1211、1178-1183。

[41] 容庚編著：《金文編》（北京：中華書局，1985 年 7 月），頁 85、99-100、102-103、418-419、605、860、935-937、941、975、402。董蓮池：《新金文編》（北京：作家出版社，2011 年 10 月），頁 147-148、184-185、189-191、772-777、1200-1201、1799、1999-2005、2014-2015、2127、741。

[42] 何琳儀：《戰國古文字典：戰國文字聲系》，下冊，頁 1214-1215，云：「歸，甲骨文作𡥻（甲三三四二）。从帚，𠂤聲。西周金文作𡥻（矢令彝），或从追作𡥻（不𡢁簋），與三體石經《僖公》𡥻吻合。或作𡥻（應侯鐘），𠂤旁加上𢆶緣嵒字而類化，參嵒字。春秋金文作𡥻（歸父盤），𠂤旁譌作𠂤形。戰國文字承襲西周金文，或省辵為止作歸，為小篆所本。或省𠂤作辿。《正字通》：『辿，同歸。』在驟字中或省𠂤、止作歸，僅憑詞例辨識。《說文》：『歸，女嫁也。从止，从婦省，𠂤聲。（舉韋切）𡥻，籀文省。』（二上二十一）」說法觀察入微，可參。

[43] 何琳儀：《戰國古文字典：戰國文字聲系》，下冊，頁 1213-1215。

[44] 李守奎：《上海博物館藏戰國楚竹書（一）～（五）文字編》（北京：作家出版社，2007 年 12 月），頁 83、115、429、606。

[45] 李守奎：《上海博物館藏戰國楚竹書（一）～（五）文字編》，頁 625。清華大學出土文獻研究與保護中心：《清華大學藏戰國竹簡（壹）》（上海：中西書局，2010 年 12 月），頁 258。

[46] 清華大學出土文獻研究與保護中心：《清華大學藏戰國竹簡（貳）》（上海：中西書局，2011 年 12 月），頁 211、263-264。

字，造字功能更形豐富。倒是到《說文解字》時，「𠂤」部下僅收「𨺉」、「官」而已。[47]其他如：師、遣、管、館、琯、輨、悬、滔……則分置他部，造字功能依然強勁，在討論追溯「𠂤」字形音義演變的來龍去脈時，必須通盤檢視，簡直是曠日費時的大工程一件，但唯有如此，才有可能抽絲剝繭，直搗核心。唯若溯其字源，本文較傾向裘先生主張的「𠂤跟阝本來是兩字，後來才混而不分」，甲骨卜辭「𠂤」、「阝」早期有別而晚期混同的看法，以及李先生認為的，「原來有兩個『𠂤』字，一個為古『堆』字，一為古『師』字，後來在文字演變過程中逐漸混淆」的情況，但又與裘先生主張的「𠂤」是「堆」的古字，在古代有可能用來指稱人工堆築的堂基一類建築，很可能是指殿堂而言的，是可以舉行儀式的地方，「𠂤」也應該代表著一個與建築有關的詞[48]的說法卻略有不同。

　　若稍微留意傳世文獻的記載，在《史記》卷一〈五帝本紀〉中，曾敘述到黃帝在涿鹿之戰擒殺蚩尤後，「未嘗寧居」，從而征伐東西南北天下四方不順的諸侯，「而邑于涿鹿之阿，遷徙往來無常處，以師兵為營衛。官名皆以雲命，為雲師。」《正義》解云：「環繞軍兵為營以自衛，若轅門即其遺象。」《集解》引張晏說曰：「黃帝有景雲之應，因以名師與官。」[49]這給予我們很大的啟發，古代軍隊環營以宿衛，一對轅門是其最具代表性的象徵。《說文解字》訓「轅」為「輈」，又訓「輈」為「轅」，蓋「許渾言之者，通偁則一也。」其實二字是有別的，段《注》只說出「轅之言如攀援而上也」以及引〈攷工記〉言「輈人為輈，車人為大車之轅，是輈與轅別也」

---

47 〔東漢〕許慎撰、〔清〕段玉裁：《說文解字注》（臺北：藝文印書館，2005 年 10 月），頁 737。

48 裘錫圭：〈釋殷墟卜辭中與建築有關的兩個詞——門塾與𠂤〉，《古文字論集》，頁 192；又裘錫圭：《裘錫圭學術文集》，第一卷，頁 301-302。

49 〔西漢〕司馬遷撰、〔南朝宋〕裴駰集解、〔唐〕司馬貞索隱、〔唐〕張守節正義：《史記》（臺北：鼎文書局，1975 年），頁 5-7。

50，透過音訓來說明「轅」可「攀援」的特質，及根據〈攷工記〉用以分別製作專業人員與大小車的從事不同。其實二字的分法是因為「轅直而輈曲，轅兩而輈一，轅施之大車以駕牛，輈施之小車以駕馬」，區分得更加仔細，從中可知「轅」是用在大車上，有左右「兩」木平而直，輈則僅一木前端微曲上鉤。[51]《左傳‧宣公十二年》曾記載：「軍行，右轅左追蓐。」《注》：「在車之右者，挾轅為戰備。在左者，追求草蓐為宿備。」[52]又《穀梁傳‧昭公八年》記「秋蒐于紅」，「因蒐狩以習用武事」，而「置旃以為轅門。」《注》：「轅門，卬車以其轅表門。」[53]可見，古代「軍行」或「蒐狩以習用武事」時，軍隊是設有類似轅門的用以宿衛的設施，卜辭的「𐤁」正象其形，因「環營以宿衛」，故設門形曲而相對以守；後以四帀營衛，故增從「帀」之形構而成「師」字，以會「師」為軍隊四帀守衛之意。又軍與官的設施地緣緊密，所謂「以師兵為營衛。官名皆以雲命，為雲師」、「黃帝有景雲之應，因以名師與官」，以故增「從宀」結構而成「官」字，本為機構設施之謂，許訓「官，吏事君也」為引申意，而「從宀𠂤」正可會其意，後言「此與師同意」則將此中緣由隱約托出，故余意以「𐤁」為古「𠂤」、「師」、「官」字的共同來源[54]；至於「𐤁」則為古「𠂤」、「堆」字的來源，後來兩者殊途卻合轍，混淆了本來面目及其音韻，以致於異說紛起，莫衷一是，其實，「𐤁」者為音「師」的來源；「𐤁」者為音「堆」的來源；「𐤁」者為音「官」的來源，而到戰國時期，又與「亘」作𐤁（〈景公瘧〉12.29𐤁／趙）、

---

50 〔東漢〕許慎撰、〔清〕段玉裁：《說文解字注》，頁732。

51 〔清〕朱駿聲：《說文通訓定聲》（武漢：武漢市古籍書店，1983年6月），頁251。

52 〔周〕左丘明、〔西晉〕杜預注、〔唐〕孔穎達疏：《重栞宋本左傳注疏附校勘記》（臺北：藝文印書館，1979年3月），第六冊，頁390。

53 〔西晉〕范甯集解、〔唐〕楊士勛疏：《重栞宋本穀梁注疏附校勘記》（臺北：藝文印書館，1979年3月），第七冊，頁168。

54 〔東漢〕許慎撰、〔清〕段玉裁注：《說文解字注》，頁275，云：「師，二千五百人為師。從帀從𠂤，𠂤四帀眾意也。」頁737，云：「官，吏事君也。從宀𠂤。𠂤猶眾也，此與師同意。」

▉（〈陳公治兵〉簡16▉／逗）相混，分辨不清矣！

四　結語

　　由此可見，對一字一義的追索本身是個龐雜的工程，無法輕易地下結論的，「按語」的形式也是如此。先生處在那個資料相對匱乏的年代，能就眼目所及，擴及方外異域，已屬難得；又能透過對古音的精深掌握，真切應用，得其神髓。以今視之，可能有所不足，但《詁林》的編纂已耗時七年，之後的《附錄》與《補》更耗盡先生無數的心血，先生雖謙遜自抑說「未嘗以全力為之」，然所標舉的「策劃、監督、搜集、選材」的工作，其登高遠呼，啟迪深遠，實非常人所及的，先生曾於 1977 年 2 月 17 日《附錄・後記》中推崇「容（庚）教授為當今南閣祭酒」，並「聊誌欽慕之忱」[55]，今撰此文，亦同興此懷矣！

---

[55] 李孝定、周法高、張日昇編著：《金文詁林附錄》，頁 3134。

附圖[56]

此文承蒙兩位匿名審查委員提供寶貴的意見而作部分的修正與補苴，
謹此致謝。

原文發表於《東海中文學報》第二十八期，臺中：東海大學中文系，
2014 年 12 月，頁 35-54。（陳雅雯校對）

---

[56] 劉釗、洪颺、張新俊編：《新甲骨文編》，頁 751-752。

戰國行氣玉器的用途與銘文性質芻議

關於戰國行氣玉器的銘文內容與性質探討，專文論述如郭沫若的〈行氣銘釋文〉、〈古代文字之辯證的發展〉[1]、王季星的〈行氣完劍珌銘文考釋〉[2]、沈壽的〈《行氣玉佩銘》今釋與研究〉、毛良的〈《行氣玉佩銘》及其釋文的討論〉[3]、陳邦懷的〈戰國《行氣玉銘》考釋〉[4]、周法高的〈讀「戰國行氣玉銘考釋」〉[5]等，諸家論說意見紛呈，難有一致，說者游移其辭，如何琳儀在《戰國文字通論》中，談及「以往學者多認為是我國最早有關氣功的銘文，近來或以為與房中術『還精返腦』有關，似乎前說更為穩妥」[6]，他以「似乎」來判奪，在語氣上不是篤定的，而保留了相當的謹慎。

當然，內容與性質其實是跟此器的形制用途有關，行氣玉器最早見於鄒安的《藝賸》一書，標題名為「玉刀珌」，文中敘述：「全文四十四字，均為道家言。末云：『從則生，逆則死』，正見其為『刀銘』，當為未改小篆前六國時文字。前年河南出土。康某攜以南來，土花斑駁……僅覓得墨本一紙，竟以末兩句列前，非此玉之真知己也，特改印於此。」末署「辛卯四月杭州鄒安」[7]，辛卯年為清德宗光緒 17 年（1891），書在 1920 年刊行，他

---

[1] 郭沫若：〈行氣銘釋文〉，《中國建設》，第 4 卷第 5 期（1947 年 8 月）；又載氏著：《天地玄黃》（上海：新文藝出版社，1951 年）；此據《郭沫若全集・考古編》（北京：科學出版社，2002 年 10 月），第十卷，頁167-172。郭沫若：〈古代文字之辯證的發展〉，《考古》，1972 年第 3 期，此據《郭沫若全集・考古編》，第十卷，頁 59-115。

[2] 王季星：〈行氣完劍珌銘文考釋〉，《學原》，第 2 卷第 3 期（1948 年），頁46-52。

[3] 沈壽：〈《行氣玉佩銘》今釋與研究〉，《中華醫學史雜誌》，第 10 卷第 2 期（1980 年），頁 112；毛良：〈《行氣玉佩銘》及其釋文的討論〉，《中華醫學史雜誌》，第 12 卷第 2 期（1982 年），頁 121-123。

[4] 陳邦懷：〈戰國《行氣玉銘》考釋〉，《古文字研究》第七輯（北京：中華書局，1982 年 6 月），頁 187-193。

[5] 周法高：〈讀「戰國行氣玉銘考釋」〉，《大陸雜誌》，第 68 卷第 2 期（1984 年），頁 51-53（1-3）。

[6] 何琳儀：《戰國文字通論（訂補）》（南京：江蘇教育出版社，2003 年 1 月），頁 141。

[7] 鄒安：《藝賸》，（上海：廣倉學窘印行，1920 年），頁 3-4。

之所以名為「玉刀柲」（柲為刀鞘下飾），係從末句的「從則生，逆則死」推敲而來的。其後，于省吾於《雙劍誃吉金文選·坿錄·刀珌銘》也說：「通體祇四十五字，而子部精義涵括於內，習技而兼以論道之語，蓋藝進於道，所謂神乎技矣。」另在眉批處引吳北江先生說：「此決為晚周兵家言，非漢人所能及。」[8]或是楊樹達在《積微居金文說》卷四〈附刀珌銘跋〉中，主要是改正于氏的訓「巡」為「循」，並主張「銘文假巡為順耳」，亦稱「刀珌銘」。[9]這些稱名，基本上是認為行氣玉器係為刀柲（珌）之屬，不管它是「道家言」、或是「子部精義藝進於道」之言、或是「晚周兵家言」，一體適用。

　　類此說法的，是羅振玉在《三代吉金文存》卷二十目錄〈雜兵〉類「九十有一」種銘拓中，有題為「劍珌四十字」者，拓本作長方形（10.6×4.8cm），並無器形。[10]但根據書名及丙子年重九自序可知，羅氏書雖晚出（丙子年為1936年），但卻將玉器誤認為銅器，放在「雜兵」類，屬「劍珌」，且不論它的重文數。[11]雖如此，羅氏並沒有進一步提出歸類的理據何在？僅將「刀柲（珌）」改為「劍珌」而已。

　　後來，郭沫若在〈行氣銘釋文〉、〈古代文字之辯證的發展〉二文中，開始懷疑所謂「劍珌」之說，改稱「行氣玉佩」，[12]他先質疑：「尊古齋黃濬所編《古玉圖錄初集》第四卷第十二葉收錄此銘，[13]原書雖未注明何物？

---

[8] 于省吾：《雙劍誃吉金文選》（北京：中華書局，1998 年 9 月），坿錄，頁 8（385-386）。

[9] 楊樹達：《積微居金文說》（北京：中華書局，1997 年 12 月），卷四〈附刀珌銘跋〉，頁 101。

[10] 羅振玉：《三代吉金文存》（京都：中文出版社，1971 年 8 月），（四）卷二十，頁 49。

[11] 羅氏在《三代吉金文存》書首自序中嘗言：「及移居遼東，閉門多暇，又以限于資力，始課兒子輩，先將所藏金文之未見諸家箸錄者，編為《貞松堂集古遺文》，先後凡三編夙諾仍未克踐也。去年乙亥，馬齒既已七十，慨念四十年辛苦所蒐集，良朋所屬望……編為《三代吉金文存》二十卷……丙子重九貞松老人書于七經堂。」

[12] 郭沫若：〈古代文字之辯證的發展〉，《考古》，1972 年第 3 期，頁 2-13。

[13] 黃濬：《古玉圖錄初集》（上海：上海古籍出版社，1993 年 10 月），第四卷，頁 12（343）。

然既錄於「玉圖」，且與剛卯為類，則固是所謂「玉佩」無疑……余敢斷言，黃《錄》「玉佩」實係作偽者摹刻，死字上一小圓孔，亦即刻者所留下之一漏洞，蓋如為玉佩之穿，則至少須現於二面，今只露一面，正顯示摹刻者之無頭腦。原物未見，是否『劍珌』不得而知。」「然行氣之術銘於『劍珌』，頗覺不甚倫類。珌者，《說文》以為『佩刀下飾』，經余考證知即劍柄與劍身相接處之玉飾，無隙可容四十餘字之長銘，是則原物是否為『劍珌』實屬疑問。」[14]他從黃氏分類上去類推，懷疑「劍珌」的合理性，但也受了黃氏「與剛卯為類」的影響，以「玉佩」稱名。

但所謂「剛卯」，本是用以辟邪的佩物，材質不限用玉，形制也不太一樣，根據《漢書・王莽傳》中「今百姓咸言皇天革漢而立新，廢劉而興王，劉之為字卯金刀也，正月剛卯，金刀之利，皆不得行。」注引服虔說：「剛卯，以正月卯日作佩之。長三寸，廣一寸，四方。或用玉，或用金，或用桃，著革帶佩之。今有玉在者，銘其一面曰：『正月剛卯。』」晉灼說：「剛卯，長一寸，廣五分，四方。當中央從穿作孔，以采絲茸其底，如冠纓頭蕤，刻其上面，作兩行書，文曰：『正月剛卯既央，靈殳四方，赤青白黃，四色是當，帝令祝融，以教夔龍，庶疫剛癉，莫我敢當。』其一銘曰：『疾日嚴卯，帝令夔化，順爾固伏，化茲靈殳，既正既直，既觚既方，庶疫剛癉，莫我敢當。』」顏師古曾就兩說與地下出土情形相印證而判定說：「今往往有土中得玉剛卯者，案大小及文，服說是也。莽以劉字上有卯，下有金，旁又有刀，故禁剛卯及金刀也。」[15]是剛卯本漢制漢俗，正月佩戴，用以辟鬼逐鬼之物，

---

[14] 郭沫若：〈行氣銘釋文〉，《郭沫若全集・考古編》（北京：科學出版社，2002 年 10 月），第十卷，頁 167-172。末云：「本篇最初發表於《中國建設》第四卷第五期（1947 年 8 月 1 日），現據《天地玄黃》，上海新文藝出版社 1951 年新 1 版編入。另外，在氏撰〈古代文字之辯證的發展〉，頁 94-95，《郭沫若全集・考古編》，第十卷，文中稱「石刻文中有《行氣玉佩銘》，是在一個十二面體的小玉柱上刻有『行氣』銘文……這是古人所說的『道引』，今人所說的氣功。……可證戰國時代，確實有這一派講究氣功的養生家。」

[15] 〔清〕王先謙：《漢書補注》（北京：中華書局，1993 年 11 月），下冊，頁 1698。

但「當中央從穿作孔，以采絲茸其底」則與此有別，以故陳邦懷在〈戰國《行氣玉銘》考釋〉一文中就指出：「玉的形制為楞柱狀，中空，頂端未透。過去名之為玉刀柲，或名劍珌，又名玉佩，似乎都不妥當。究為何物，還有待進一步研究。今姑以〈行氣玉〉名之。」[16]即用「似乎都不妥當」來否定前說，至於玉為何物，也無從定奪。

除此之外，孫稚雛在《金文著錄簡目・其他》附 7309 號則另外起了一個名稱，題為「行氣十二棱玉管」[17]，著錄雖來自《文選》、《安徽金石》、《三代》、《積微》諸書，但從名稱上也可看出他是不認同舊稱的，只好從銘文形制上去立稱。

頃近，李零在《中國方術考・行氣銘與丹田學說》中，提出他新的看法說：「〈行氣銘〉是刻於一圓柱形十二面體的小型玉器上，高約 5 釐米、徑約 4 釐米左右。這件玉器舊為安徽合肥李木公收藏，過去著錄於鄒安《藝賸》和羅振玉《三代吉金文存》20.49.1，被誤稱為「玉刀柲」或「劍珌」（後書是以拓本入錄，誤為銅器）。另外，黃濬《古玉圖錄初集》4.12 也收有此銘，則屬偽刻。現在此器收藏於天津藝術博物館，從器形觀察，與劍珌絕不相類。它下端有孔上通，但頂端並未穿透，作筒狀，原先可能是套於木柄上，其側有一小圓孔，可以穿釘固定，似是杖首（李學勤先生則懷疑是畫軸）。在缺乏自名和用途不明的情況下，按考古學界的命名慣例，我們可以按器形暫時稱之為「觚形玉器」。「觚」是一種與簡牘類似的書寫工具，形狀作多棱圓柱體，正與此器相似。」[18]李氏從器形上去推敲，認為「原先可能是套於木柄上，其側有一小圓孔，可以穿釘固定」，而斷定是「杖首」，相當具有見地。

---

[16] 陳邦懷：〈戰國《行氣玉銘》考釋〉，《古文字研究》第七輯，頁 187、192。
[17] 孫稚雛：《金文著錄簡目・其他》（北京：中華書局，1981 年 10 月），頁 411。
[18] 李零：《中國方術考》（北京：人民中國出版社，1993 年 12 月），頁 320-322。

　　早在良渚文化大型墓葬如反山墓地即有發掘出隨葬玉器「杖端飾」[19]，〈青海湟源縣大華中庄卡約文化墓地發掘簡報〉一文中，曾登錄出土鳩首牛犬銅杖首兩件，鞏為圓筒形，上為鳩頭，嘴端承托一犬，翹尾張嘴作吠母牛狀，鳩首則承托一母牛，牛下一小牛吃奶，其造型逼真，構造巧妙。[20]另外在漢代，除在〈洛陽發掘的四座東漢玉衣墓〉中有 1 件杖形器，「扁方形，一端有蘑菇狀凸起」外，[21]最常見的出土是鳩首杖，如河南南陽拆遷辦出土漢代鳩形杖首，[22]而最具代表性的，即是甘肅武威磨咀子漢墓有鳩杖 13 根，是長 1.94 公尺的木竿，圓徑 4 公分，竿端以母卯鑲一木鳩。[23]根據《續漢書‧禮儀志》所說：「仲秋之月，縣道皆案戶比民，年始七十者，授之以玉杖，餔之糜粥，八十、九十禮有加，賜玉杖，長尺，端以鳩鳥為飾。鳩者，不噎之鳥也，欲老人不噎。」與同出王杖十簡所說：「年七十受王（玉）杖者」相合。[24]而與四川三星堆出土的金杖性質功能上有別，雖然「杖的上端有一段 46 釐米長的平雕圖案，分為三組，用雙勾法雕刻出魚、鳥、人頭、羽箭等圖案。」[25]其中的金杖，不是扶老之具，卻是王權、神權、財富壟斷權的表徵。但無論如何，從中可觀察到出土的杖首，大抵是有裝飾物的。

　　行氣玉器傳出河南，三星堆金杖的王權、神權、財富壟斷權可能不適用

---

[19] 張得水：〈新石器時代典型巫師墓葬剖析〉，《中原文物》，1998 年第 4 期，頁 30。

[20] 青海省湟源縣博物館等：〈青海湟源縣大華中庄卡約文化墓地發掘簡報〉，《考古與文物》，1985 年第 5 期，頁 23。

[21] 洛陽市文物工作隊：〈洛陽發掘的四座東漢玉衣墓〉，《考古與文物》，1999 年第 1 期，頁 10。

[22] 李琴：〈考古碩果建設豐碑——「河南重點項目和基本建設考古成果展」簡介〉，《中原文物》，2004 年第 3 期，頁 88，。

[23] 甘肅省博物館：〈甘肅武威磨咀子漢墓發掘〉，《考古》，1960 年第 9 期，頁 15、19、圖版 7。

[24] 考古研究所編輯室：〈甘肅武威磨咀子漢墓出土王杖十簡釋文〉，《考古》，1960 年第 9 期，頁 29-30；陳直：〈甘肅武威磨咀子漢墓出土王杖十簡通考〉，《考古》，1961 年第 3 期，頁 160 162，唯幼伯係 68 歲受王杖。

[25] 參見段渝：〈商代黃金製品的南北系統〉，《考古與文物》，2004 年第 2 期，頁 36-37，又載氏著：《玉壘浮雲變古今——古代的蜀國》（重慶：四川人民出版社，2001 年 8 月），頁 272。

於它，但甘肅武威磨咀子漢墓王杖十簡與《張家山漢簡·二年律令·傅律·355》所說的：「大夫以上年七十，不更七十一，簪裊七十二，上造七十三，公士七十四，公卒、士五（伍）七十五，皆受仗（杖）。」[26]所說的就具有參酌價值了。假若杖係老者長者扶持之物，在漢字形體上也得到證明，如「長」字的最初形構即像一個手持拐杖的長髮飄飄老者之形[27]，「老」、「考」在商代甲骨文的形構中又何嘗不是「象老者倚杖之形」，[28]行氣玉器既是一個十二面體，一個穿孔是不便繫帶佩戴的，它的下端有孔上通，但頂端並未穿透，作筒狀形，當作「刀柲」、「劍柲」是可以，但銘文方向牴牾，內容也扞隔不入，以它高約 5 公分、徑約 4 公分左右，下通上不通，最適合套在杖首，也跟漢墓有鳩杖長 1.94 公尺的木竿，圓徑 4 公分頗能相合。尤其特出的十二面體，既能表彰製作的精良細緻講究外，以實用機能來看，的確是比圓形或方形來得牢靠，何況「死」字上的穿孔，正如卡榫母卯的性質，可用卯釘固定，使它套得更穩妥堅牢，而與甘肅武威磨咀子漢墓鳩杖竿端以母卯鑲一木鳩的方式也有異曲同工之妙，是頗具巧思的。

如以「杖首飾」來看這一篇銘文，郭氏稱《行氣玉佩銘》中的行氣是古人所說的道（導）引；王君謂係形上劍氣之論；沈氏則認為是中國和世界上現存最早的一篇體育療法專著；周法高則認為「此銘蓋受道家之影響，乃修真養性之術，既非郭氏所謂導引行氣之術，亦非王君所謂形上劍氣之論」……諸說都不如銘文開宗明義，提綱挈領直指的「行氣」之法。本來，「道引」是古代道家所提倡的一種養生方法，該「道」字係老子與莊子所推崇的「道」。道引包括有兩個主要內容：一是有意識的呼吸運動，即「吹呴呼吸，吐故納新」的行氣（又曰食氣、調氣、吐納等）；一是有意識的肢體

---

[26] 張家山二四七號漢墓竹簡整理小組：《張家山漢墓竹簡〔二四七號〕》（北京：文物出版社，2001 年 11 月），頁 181。

[27] 劉曉梅：〈「長」字新釋〉，《考古與文物》，2000 年第 4 期，頁 90-91。

[28] 于省吾：《甲骨文字詁林》（北京：中華書局，1996 年 5 月），第一冊，頁 77。

運動，即「熊經鳥申」的導引。行氣與導引各有其側重的內容，又往往聯合在一起進行。[29]在此，我們應該特別留意時代約略相同的《莊子》一書上所說的，〈刻意篇〉上曾指出說：「吹呴呼吸，吐故納新，熊經鳥申，為壽而已矣；此道引之士，養形之人，彭祖壽考者之所好也。」成玄英疏曰：「吹，冷呼而吐故；呴，暖吸而納新。如熊攀樹而自經，類鳥飛空而伸腳，斯皆導引神氣以養形魂，延年之道，駐形之術，故彭祖八百歲，白石三千年壽考之人，即此之類。」[30]《抱朴子內篇·微旨篇》：「凡養生者，欲令多聞而體要，博見而善擇……明吐納之道者，則曰唯行氣可以延年矣；知屈伸之法者，則曰唯導引可以難老矣……又患好生之徒，各仗其所長：知玄素之術者，則曰『唯房中之術可以度世矣』；明吐納之道者，則曰『唯行氣可以延年矣』；知屈伸之法者，則曰『唯導引可以難老矣』；知草木之方者，則曰『唯藥餌可以無窮矣！』」這其中所強調的呼吸吐納的調養結果，都集中在它的延年益壽，「壽考難老」效用上，而與行氣玉器放在杖首上的用意想望，應是相合的。

所以，行氣玉器按照它的外在形制與銘文內容來推測，最有可能是杖首，以目前出土的杖首數與時間地域的分佈來看，還無法為杖首排定一個完整全面的發展序列，但至少李氏懷疑的「畫軸」之說，也就僅僅是個懷疑罷了。

原文發表於《古文字研究》第二十六輯，北京：中華書局，2006 年 11 月，頁 396-400。（陳厚任繕打／洪鼎倫校對）

---

[29] 毛良：〈《行氣玉佩銘》及其釋文的討論〉，《中華醫學史雜誌》，第 12 卷第 2 期（1982 年），頁 121。

[30] 〔西晉〕郭象注、〔唐〕陸德明釋文、〔唐〕成玄英疏、〔清〕郭慶藩集釋：《莊子集釋》（臺北：臺灣中華書局，1973 年 3 月），第二冊，卷六上，頁 1-2（280-281）。

試論上博七〈吳命〉簡的抄手與底本的
時代地域特徵[*]

一　前言

2008 年 12 月出版的《上海博物館藏戰國楚竹書（七）》（以下簡稱《上博七》）收有〈武王踐阼〉、〈鄭子家喪〉、〈君人者何必安哉〉、〈凡物流形〉及〈吳命〉。其中〈吳命〉於第 3 簡簡背有原篇題，其存簡九支，第九簡為完簡，餘則殘缺。全篇文字 375 字（計合文，缺文不計），內容則涉及兩方面：「第一章記述吳王親自率領軍隊北上，到達陳國境內，引起晉國恐慌，晉君派遣三位大夫作為使臣與吳交涉。吳王以關心陳國為藉口，反而質問晉國何以派師徒前來。晉使則以指責楚人無道，並轉述周天子告讓之辭，與吳臣巧妙周旋，最後終於使吳軍離開陳國。第二章是吳王派臣下告勞於周天子之辭（文句大致同於今本《國語·吳語》）。」「說明」中並認為此篇的吳王為夫差，時間點約在魯哀公十三年吳、晉黃池爭霸期間，「從文章內容到體例，〈吳命〉篇有可能為《國語·吳語》佚篇」[1]。但單育辰根據分章分節的長方形大墨釘懷疑大墨釘前的那些短語如「吳請成於楚」、「吳走陳」等，都是用幾個字來敘述某件歷史事件，是在本章節說話者所說的外交辭令之外的，而認為這些短語應該是標示此章節所載的外交辭令是在什麼歷史事件下發生的。或者說，他們充當著補充文義的小標題的作用。所以，〈吳命〉此篇也應有關於吳國的外交辭令之彙抄（「吳命」猶言「吳國的辭令」），而

* 本文承日本科研「出土資料と漢字文化研究會」、日本女子大學文學部·同文學研究科、中國出土資料學會補助及島根大學教育學部福田哲之教授講評賜正，間受國科會「補助人文及社會科學研究圖書計畫（NSC97-2420-h-006-044-2E2）」協助，謹此致謝。

1 參見馬承源主編：《上海博物館藏戰國楚竹書（七）》（上海：上海古籍出版社，2008 年 12 月），頁 303。

並非如整理者曹錦炎認為的那樣，是記載某一件或某兩件的歷史事件。[2]

　　除了〈吳命〉內容性質的討論外，復旦大學出土文獻與古文字研究中心發布的文章依序有：復旦大學出土文獻與古文字研究中心研究生讀書會〈《上博七·吳命》校讀〉（2008.12.30）、魏宜輝〈論戰國楚系文字中「緜」字之省體〉（2009.1.1）、劉剛〈再說美字〉（2009.1.3）、單育辰〈佔畢隨錄之八〉（2009.1.3）、沈培〈《上博（七）》字詞補說二則〉（2009.1.3）、大丙〈〈吳命〉「暑日」補說〉（2009.1.5）、劉雲〈說《上博七·吳命》中的「先人」之言〉（2009.1.7）、楊澤生〈《上博（七）·吳命》中的「先人」之言補釋〉（2009.1.8）、張崇禮〈釋〈吳命〉的「度日」〉（2009.1.14）、楊澤生〈《上博七》補說〉（2009.1.14）、侯乃峰〈《上博（七）吳命》「姑娌」小考〉（2009.1.15）、劉雲〈說《上博七·吳命》中所謂的「走」字〉（2009.1.16）、張崇禮〈釋「瘟氣」〉（2009.1.16）、孟蓬生〈〈吳命〉一得〉（2009.1.16）、侯乃峰〈上博（七）字詞雜記六則〉（2009.1.16）、趙平安〈釋〈吳命〉7 號簡「業」字〉（2009.1.16）、張崇禮〈〈吳命〉短箚一則〉（2009.1.20）、張崇禮〈〈吳命〉5 號簡上考釋〉（2009.1.22）、蘇建洲〈〈吳命〉簡 4「桃迕」試解〉（2009.2.6）、劉雲〈說《上博七·吳命》中的「引」字──兼談簡 5 下段的標點、文意問題〉（2009.2.25）；以及武漢大學「簡帛網」可見者，如：宋華強〈《上博（七）·吳命》「姑姊大姬」小考〉（2009.1.1）、魯家亮〈〈吳命〉箚記二則〉（2009.1.1）、高佑仁〈釋〈吳命〉簡 3「天不中」〉（2009.1.1）、陳偉〈讀〈吳命〉小箚〉（2009.1.2）、何有祖〈〈吳命〉小箚〉（2009.1.2）、林文華〈也說〈吳命〉「天不中」〉（2009.1.3）、林文華〈〈吳命〉「孜亡爾社稷」解〉（2009.1.4）、蘇建洲〈也說〈吳命〉「孜亡爾社稷」〉（2009.1.5）、范常喜〈《上博七·吳命》「殃」字補議〉（2009.1.6）、林文華〈〈吳命〉1、3 號簡文補說〉（2009.1.9）、禤健聰〈《上博（七）》零箚三則〉（2009.1.14）、禤健聰〈也談《上博七·吳

---

[2] 參見單育辰：〈佔畢隨錄之八〉，復旦大學出土文獻與古文字研究中心網，http://www.guwenzi.com/SrcShow.asp?Src_ID=606（發布時間：2009 年 1 月 3 日）。

命〉的「祥」字〉（2009.1.16）、蘇建洲〈〈吳命〉「孜亡爾社稷」補說〉（2009.1.16）、
禤健聰〈說〈吳命〉簡 1 的「駭」〉（2009.1.16）、劉雲〈上博七詞義五箚〉
（2009.3.17）、陳偉〈「刉」字試說〉（2009.4.15）、陳偉〈上博楚竹書〈吳命〉
「緯綺」試說〉（2009.4.25）、單育辰〈上博七〈凡物流形〉、〈吳命〉箚記（修
訂）〉（2009.6.5）等，眾說雜議，意見紛呈；甚至施此及爾，偶有涉入者，
比如 2009 年 6 月 27 日於臺灣玄奘大學所舉行的「楚系簡帛文字字典編纂
計畫基礎工程」會議中，季旭昇〈也談〈容成氏〉簡 39「德惠而不失」〉一
文，順帶剖析〈吳命〉「度日」的問題，然諸說種種大抵探討字形、詞義與
句讀的個別問題，回應也都相當地熱烈，意見也很多元。但關於〈吳命〉抄
手是否與他篇相涉的探討則較少著墨，尤其是屬戰國楚系文字的〈吳命〉篇
抄寫時代若何？是否存有非楚系的地域特徵？從中是否聯繫上《國語・吳
語》，都是值得深究的課題，也是本文嘗試展開的論述。

二 先秦兩漢有關吳國的出土文字材料

首先，談到先秦吳國出土文字材料除 2008 年《上博七・吳命》外，金
文部分則有：董楚平所輯的《吳越徐舒金文集釋》[3]中第一章收有「吳國金
文」的禮樂、兵器銘文集釋凡 27 器 65 件；另如施謝捷所集錄的 1996 年底
前春秋戰國時期吳、越兩國文字，裒輯成《吳越文字彙編》一書，中編收錄
禮樂、日用雜器及兵器的原器銘拓本、照片及摹本的「吳越文字彙編圖版」，
吳器從「者減鐘一」至「大戈」凡 93 器；下編則是根據中編次序各臚列「釋
文」、「出土」、「現藏」、「著錄」、「說明」而成的「吳越文字彙編圖版的著錄
與說明」以及彙集所有吳越文字而成的「吳越文字彙編正文」，計收可識或
可隸定單字 432 字，合文 4 例，附錄存疑字 143 字，係「對研究古文字和

---

[3]　參見董楚平：《吳越徐舒金文集釋》（杭州：浙江古籍出版社，1992 年 12 月），頁 1-149。

吳越歷史文化的人極為有用的一部好書」，也因「春秋戰國時期吳越兩國文字極富地域特色，是戰國文字的重要組成部分，對於古文字特別是戰國文字的研究與吳越地區歷史文化的研究，具有十分重要的意義。」[4]另外單篇論文的，如杜迺松〈春秋吳國具銘青銅器匯釋和相關問題〉舉有銘吳國銅器約20件[5]；或是記載吳國重要事件的，如〈番邛王壺〉2件，傳河南輝縣出土，現藏英國倫敦不列顛博物館，有銘文19字，記載公元前482年吳王夫差與晉定公、魯哀公黃池之會事。[6]本來，先秦時期的金文材料時間跨度長，分布遼闊，涉及國別階層繁多，所反映的字體演變現象是很豐富的參照，但有關吳史的出土青銅器材料並不多，且器類有所偏重，字體的多樣性相對地受限制，並無法全面反映當時文字使用的面貌。

至於春秋戰國竹簡涉及吳史者，陳萬康曾在太湖北岸，無錫與武進接界處的吳闔閭城遺址中，發現八枚春秋後期吳國都城宮殿廢墟竹簡，據陳萬康的描述，吳簡與楚簡相比，長度不及一半，寬窄、厚薄不一，也沒有串連成冊的編痕契口，各片的長寬及字數為：145x12 存 6 字；95x17 存 5 字；140 x18 存 8 字；100x16 存 3 字；135x19 存 3 字；128x14 存 8 字；182x18 存 7 字；130x18 存 5 字，共約 45 字，係在竹簡青面塗漆後再刻字，而推測這批竹簡可能比戰國楚簡還原始，應是春秋吳國都城的官方藏書。並說其字體既不屬金文篆書，與楚簡略扁、帶隸書筆意的楚文字也不同，而比較接近春秋時流行於吳、越、楚、蔡、徐、舒等南方諸國的鳥蟲書，橫劃均有蠶頭雁尾之勢，確為隸書的春秋筆法。文中並附有照片與摹本。[7]苟如陳先生所述，

---

4 參見施謝捷：《吳越文字彙編》（南京：江蘇教育出版社，1998 年 8 月），頁 1 裘錫圭〈序〉文；頁 629 施謝捷〈後記〉。

5 杜迺松：〈春秋吳國具銘青銅器匯釋和相關問題〉，載江蘇省吳文化研究會：《吳文化研究論文集》（廣州：中山大學出版社，1988 年 8 月），頁 133-143。

6 勞伯敏：〈從有銘吳越青銅器看吳越與晉的文化交流——兼談春秋時期晉國和越國在爭霸鬥爭中的策略〉，《東方博物》，2006 年第 4 期，頁 77。

7 參陳萬康：〈闔閭城吳簡的發現〉，《江南論壇》，2008 年第 7 期，頁 58-59。又言：「無錫、蘇州、常州是吳國腹地，但自古以來沒有出土過一個吳文字。據董楚平先生所著《吳越

這是吳地首度發現的「真正吳國文字」,可惜照片與摹本皆難以釋讀,無法據以為討論的有利憑藉。

另外,1987 年在湖南慈利戰國楚墓中出土竹簡約一千枚,殘簡 4371 件,約兩萬一千多字,內容為記事性的古書,「竹簡中屢屢出現『王曰』、『是謂』、『可謂』等字條,文理具有夾敘夾議性質。記載有楚和吳、越兩國的史料,如『攻吳王夫差』、『(越)王曰:吳為不道□□□社稷宗廟』等等。其所載『吳齊黃池之盟』、『吳越爭霸』等內容,與《國語》、《戰國策》、《越絕書》等大體吻合。」[8]但竹簡殘損嚴重,文字模糊,尚在整理中,至今僅見湖南省文物考古研究所和慈利縣文物保護管理研究所合撰的〈湖南慈利石板村36 號戰國墓發掘簡報〉、〈湖南慈利縣石板村戰國墓〉發表。[9]

時代較晚的,如 1972 年山東臨沂銀雀山漢墓出土一批竹簡,墓葬年代上限應在漢武帝元光元年(公元前 134 年),下限不會晚於漢武帝元狩五年〈公元前 118 年〉,其書體為漢代文人的手抄墨跡,並非一時一人之作,書法風格明顯不同,字體結構多數為規整的漢代隸書,有些仍存在著明顯的篆意,還有一部分是較草率的隸書(草隸),反映秦漢之際漢字演變和發展的

文化志》統計,吳國具銘青銅器八十一件,其中出土地點明確者六十四件,按出土地點分,安徽 21 件,江西 10 件,河南 6 件,山西 5 件,山東 3 件,湖北和浙江各 2 件,陝西 1 件,吳國核心所在地江蘇共 14 件,其中寧鎮地區 13 件,蘇北的盱眙 1 件,蘇錫常地區一件都沒有……八枚刻字竹簡是真正的吳文字在吳地的首度發現。」

[8] 此根據湖南省文物考古研究所等:〈湖南慈利縣石板村戰國墓〉,《考古學報》,1995 年第 2 期,頁 199-202;另駢宇騫、段書安:《本世紀以來出土簡帛概述》(臺北:萬卷樓圖書有限公司,1999 年 8 月),頁 93 所述竹簡約 800-1000 枚左右,清理後的殘簡有 4557 片約兩萬字;何琳儀:《戰國文字通論(訂補)》(南京:江蘇教育出版社,2003 年 1 月),頁 161 言「出土殘簡 4371 片」,內容為典籍,「其中一類與《國語·吳語》、《逸周書·大武》等傳世文獻可以印證,另一類可能是《管子》、《寧越子》等佚文。」二說在數據與內容上有若干出入,大抵因所根據有前後的不同,此以〈湖南慈利縣石板村戰國墓〉一文為主要依據。

[9] 湖南省文物考古研究所、慈利縣文物保護管理研究所:〈湖南慈利石板村 36 號戰國墓發掘簡報〉,《文物》,1990 年第 9 期,頁 37-47、105;湖南省文物考古研究所、慈利縣文物保護管理研究所:〈湖南慈利縣石板村戰國墓〉,《考古學報》,1995 年第 2 期,頁 199-202。

一些面貌。[10]其中〈吳問〉一篇，大抵記載公元前 514-512 年孫武入吳後，與吳王闔廬對晉國六卿分守晉地後「孰先亡，孰固成」的問對，反映了闔廬急於富國強兵、爭霸天下的政治背景和複雜心理，其內容與歷敘春秋末期吳、越兩國史事的《吳越春秋》有關[11]，可惜書體在篆隸之間，不屬戰國古文系統。

另外，1983-1984 年間湖北江陵縣張家山 M247、249、258 三座西漢早期墓中出土 1600 餘枚漢簡，內容包括〈二年律令〉、〈奏讞書〉、〈蓋廬〉、〈脉書〉、〈引書〉、〈算術書〉、〈日書〉、〈歷譜〉、〈遣策〉等書篇。其中〈蓋廬〉一篇，共有竹簡 55 枚，全篇共九章，涉及吳國歷史，各章皆以蓋廬的提問為開頭，申胥（伍子胥）的回答為主體，該篇除涉及治理國家和用兵作戰的理論外，有濃厚的兵陰陽家色彩。[12]曹錦炎曾推估其成書年代不會早於春秋末期晚於戰國中期，當在戰國早期，而抄寫的具體時間很有可能在漢高祖劉邦卒後不久。[13]

以上這些材料對我們瞭解《上博七‧吳命》的內容與文字系統，是有或多或少的助益，尤其是〈蓋廬〉的成書年代在春秋末期戰國中期之間，與上博七〈吳命〉是最能夠相對應的。

三 關於〈吳命〉簡與上博一〈緇衣〉、上博三〈彭祖〉為同一抄手的問題

復旦大學出土文獻與古文字研究中心研究生讀書會在〈《上博七‧吳命》校讀〉一文中，主張〈吳命〉從「書法風格」上看，當與上博一〈緇衣〉、

---

[10] 參見駢宇騫：〈前言〉，《銀雀山漢墓文字編》（北京：文物出版社，2001 年 7 月），頁 8。

[11] 參見陸允昌：〈從竹簡〈吳命〉考孫武入吳時間〉，《蘇州教育學院學報》，1999 年第 1、2 期，頁 76-78、140。

[12] 參見張家山二四七號漢墓竹簡整理小組：《張家山漢墓竹簡〔二四七號墓〕》（北京：文物出版社，2001 年 11 月），頁 275。

[13] 參見曹錦炎：〈論張家山漢簡〈蓋廬〉〉，《東南文化》，2002 年第 9 期，頁 62-69。

上博三〈彭祖〉為同一抄手所寫。[14]此說一出，並未見學者有任何異議。[15]然而，從文章上來看，其所依據的，僅僅是「從書法風格上看」一句，並沒有任何的歸納分析和比較，或許是累積一定的經驗而得出的結果，但論證的闕如容易引發疑竇，故不揣窮陋，略作梳理分辨。

純粹從「書法風格」來看，也就是「書法體勢」的「勢」，即由行筆時速度的快慢、用力的輕重所造成的長短、方圓、肥瘦[16]、銳鈍，以及起筆的方向、轉筆的壓力、收筆筆鋒角度所形成的書法風格，透過〈吳命〉、〈緇衣〉、〈彭祖〉三篇整簡風格的比較以及有交集的同用單字來分析，可整理出三篇具有的單字凡 33 字，其中因〈吳命〉的「古」字作 ▨（7.01）、「女」字作 ▨（4.26），字跡較為模糊不清或殘缺破損，難以定奪外，其餘有交集的同用單字共 31 字為：「一」、「告」、「君」、「周」、「是」、「行」、「言」、「臣」、「皮」（〈吳命〉加攴旁）、「自」、「於」、「則」、「开」、「可」、「既」、「矣」、「之」、「多」、「甬」、「白」、「人」、「褮（勞）」、「而」、「心」、「愳」、「不」、「弗」、「五」、「也」、「子」、「呂」等，則字跡清晰，可作為比較之資，觀察是否為同一抄手所為？

就三篇的整枚書簡行筆速度來看，〈吳命〉簡下筆速度相當快捷，起筆收筆較不藏鋒，用力輕而形成尖銳的「鼠尾」筆觸相當明顯，與〈彭祖〉簡的速度適中，〈緇衣〉簡的速度舒緩所形成的風格並不完全相同，舉如「告」、「言」、「臣」字即是如此：

---

[14] 復旦大學出土文獻與古文字研究中心研究生讀書會：〈《上博七・吳命》校讀〉，復旦大學出土文獻與古文字研究中心網站，http://www.gwz.fudan.edu.cn/srcshow.asp?srcm-id=577（發布時間：2008 年 12 月 31 日），跟帖又加上〈競公瘧〉。

[15] 如蘇建洲：〈〈吳命〉簡 4「桃迻」試解〉，復旦大學出土文獻與古文字研究中心網站，http://www.gwz.fudan.edu.cn/SrcShow.asp?Src_ID=686（發布時間：2009 年 2 月 6 日）。

[16] 參見周鳳五：〈郭店楚簡的形式特徵及其分類意義〉，載武漢大學中國文化研究院：《郭店楚簡國際學術研討會論文集》（武漢：湖北人民出版社，2000 年），頁 57-59。

[16] 周鳳五：〈郭店楚簡的形式特徵及其分類意義〉，《郭店楚簡國際學術研討會論文集》，頁 59、61。

	吳命	緇衣	彭祖
告	吳 1.31　吳 3.20 正　吳 7.15	24.8	2.31
言	吳 1.19　吳 2.16	15.29　15.37　17.18　17.46	2.1
臣	吳 9.49	1.18	4.12　11.17　12.19

若進一步細察，可用歐陽詢的九宮格或蔣驥的九宮新式三十六格筆畫部位，〈吳命〉、〈彭祖〉與〈緇衣〉是有別的，結體部分〈吳命〉和〈彭祖〉較扁方，屬於漢隸的系統；而〈緇衣〉則將結體拉長，屬於小篆的系統；但在起筆習慣、轉筆幅度、收筆筆鋒的頓捺挑趯技巧的變化，三篇也存有一些差異，比如「丌」字表列如下：

	吳命	緇衣			彭祖
丌	吳 4.13	3.4	4.16	4.22	2.17
	吳 4.17	8.25	8.31	10.9	4.16
	吳 5.57	10.14	15.32	15.40	

吳 7.04	兀 17.5	兀 17.11	兀 17.51
吳 9.08	兀 18.3	兀 18.7	兀 20.4
吳 9.45	兀 20.27	兀 21.3	兀 21.40
吳 9.54	兀 21.47	兀 22.8	

在這之中，〈吳命〉9.54 簡的行筆就值得關注，其起筆與末筆的挑趯顯得相當特殊，起筆橫畫較長，收筆先捺後上挑；左下方的撇筆，收筆上挑且幅度較大；末筆則先豎後橫形成一個折角後側鋒下壓又隨即上挑，形成漢隸典型的「雁尾」，是其它二篇未見的筆法；甚或彎曲幅度存有不同，如〈吳命〉「也」字形作 ▨（3.09），末筆於反 S 形後上揚[17]，〈緇衣〉則直下向右撇作 ▨、〈彭祖〉卻於中間曲折作 ▨ 形，筆法殊異，且在上體部分，〈吳命〉與〈緇衣〉也有方圓的些微差異及與末筆銜接點在中或側的不同，如 ▨ 吳 8.19 ▨ 緇 2.25 之類即是。

　　另一方面，〈吳命〉與〈緇衣〉、〈彭祖〉不僅存在筆勢的差異，其字形也不盡相同，尤其是頻繁出現的字，〈緇衣〉與〈吳命〉、〈彭祖〉的寫法明顯不同，舉如「而」字在〈緇衣〉簡中凡出現 17 次，字形一律，可見這是書手的習慣使然，有其一致性，非偶然為之，而方諸〈吳命〉3 次，〈彭祖〉2 次的寫法，卻無一形雷同，且無一例外，其區別是顯而易見的，字形如下表所示：

---

[17] 這樣的寫法也見諸上博六〈競公瘧〉12.30，馬承源主編：《上海博物館藏戰國楚竹書（六）》（上海：上海古籍出版社，2007 年 7 月），頁 29。但仔細區分，其上體口形空間比例及末筆彎曲幅度還是有些微差別，「▨」的前段曲筆以較強的力量下壓，後半段的曲筆則小心的收束，形成秦篆中鋒的筆觸，書法風格也是不同。但兩字乍看之下類似，以故復旦讀書會下的跟帖又以為〈競公瘧〉與〈吳命〉、〈緇衣〉、〈彭祖〉是同一書手。見 http://www.gwz.fudan.edu.cn/SrcShow.asp?Src-ID=577。

	吳命	緇衣				彭祖
而	吳 1.09	1.18	2.23	2.30	8.29	1.23
	吳 2.14	10.12	11.27	15.9	17.19	1.28
	吳 5.23	17.49	18.5	19.35	19.41	
		19.47				
		22.19	22.36	23.2	23.34	

餘如「則」字 左下作二形、「既」字 右旁、「弗」字 上不加兩短劃，構形也與〈緇衣〉作「 」、「 」、「 」有別。

　　藉由上面個別字例簡單的比對，我們不禁懷疑起〈吳命〉與〈緇衣〉、〈彭祖〉是同一抄手的主張，而論證其是否為同一抄手的問題為什麼這麼重要？主要緣於春秋戰國時期書手多不具名，字體的地域特色成為其鮮明的表徵，馮勝君曾多次撰文提到「郭店簡〈唐虞之道〉、〈忠信之道〉、〈語叢〉一～三以及上博簡〈緇衣〉為具有齊系文字特點的抄本」，果如所說，經過係聯，就會共構出〈吳命〉、〈緇衣〉、〈彭祖〉與郭店簡〈唐虞之道〉、〈忠信之道〉、〈語叢〉一～三為同一書手所抄，〈吳命〉也因如此的緣故，可能變成具有「齊系文字特點」的抄本，而從字體特徵上證成「〈吳命〉篇有可能為《國語‧吳語》佚篇」的這個命題，與「從文章內容到體例」去考察的這個路徑就互相合轍了。可見這是值得進一步追索確立的議題。

四　關於〈吳命〉簡的抄寫時代與底本的地域特徵

（一）關於〈吳命〉簡的抄寫時代

　　在戰國文字中，楚系文字的特徵之一是常見贅筆，贅筆則以小圓點、短橫畫、平行二短畫、短斜畫與鳥蟲形部件為主，「皆非文字結構所必需，純粹為求字體之美觀而添加」，其中小圓點多寡不拘，大多附加在較長的直筆或曲筆之上，或填入較大的書寫空隙間，具有補白的意味，這種繁飾法，其實以三晉文字最多，楚、蔡、越次之[18]，楚國則從春秋中期到戰國早期，以這種美術風格的書體為代表，而其出現的位置，主要分布在：（1）加於起筆橫畫之上、（2）加於豎畫或「人」形部件之上、（3）加於「口」形或「○」形部件之中、（4）加於末筆橫畫之下、（5）加於「↑」三叉形部件的中豎畫上。[19]但稍作留意，也不難觀察到戰國齊系文字中如〈齊陳曼簠〉（《三代》10.20.1）、〈陳侯午敦〉（《錄遺》168）、〈十四年陳侯午敦〉（《三代》8.42.1）、〈陳侯因𩡉敦〉（《三代》9.17.1）、〈陳貼簠〉（《三代》8.46.2）、〈陳猷（純）釜〉（《三代》18.23.1）、〈子禾子釜〉（《三代》18.23.2）的齊國青銅器銘文中，也不乏具有如斯的特色。

　　若統計〈吳命〉簡字頭，可得如下：天、上、下、社、福、禩、三、王、中、若、每、尔、必、介、告、君、命、唯、喪、前、𠭯、走、此、是、進、逆、道、後（後）、速、怋（禍）、達（避）、余（舍）、徒、行、言、戈、童、羹、共、承、為、臣、𦣞、又、右、父、卑、事、敓、牧、敚、敢、相、自、會、皆、羿、佳、於、幾、胃、訓、則、曰、箮、刀、异、左、虞、虖、可、豊、盍、青、既、今、坴、逨、矣、桃、東、楚、才、之、盞、帀、生、𧹒、

18　參閱林素清：《戰國文字研究》（臺北：國立臺灣大學博士學位論文，1984年6月），頁55；又林素清：〈論戰國文字的增繁現象〉，《中國文字》新十三期（臺北：藝文印書館，1990年2月），頁27。

19　參見林清源：《楚國文字構形演變研究》（臺中：東海大學博士學位論文，1997年12月），頁16-19、95。

賞、賽、矓、邑、邦、昔、昏、晉、多、鼕、安、完、窒、嶔、輟、疾、姻、
兩、番、白、窋、人、佳、份、咎、表、胄、墾、（履）、居、先、而、馬、
瀍、獻、猷、能、思、大、吳、亦、卲、心、志、愁、忈（慎）、惜、惪、
慫、江、海、雷、非、不、至、閒、聶、女、好、姑、毋、或、戬、戫、戈、
我、系、醫、綺、望、弗、它、堣、二、城、隆、陳、力、加、劈、釜、所、
慾、軒、五、六、也、孫、孤、辱、呂、酒，共計 179 個字頭，其中出現小
圓點贅飾的，有：

（5.47／社）、 （8.05／福）、 （5.48／禩）、 （5.58／中）、
（5.46／尔）、 （5.43／必）、 （2.09／唯）、 （5.42／余）、
（8.43／徒）、 （7.11／速）、 （5.44／戕）、 （9.05／隹）、
（9.19／矣）、 （8.40／篤）、 （5.51／東）、 （8.42／帀）、
（8.50／邦）、 （9.10／昏）、 （1.29／嶔）、 （1.04／疾）、
（1.05／姻）、 （5.54／表）、 （9.56／獻）、 （5.39／江）、
（5.52／海）、 （3.29 正／不）、 （7.07／毋）、 （2.04／系）、
（8.13／裘），共 29 字。

　　若將〈吳命〉與《郭店楚墓竹簡》[20]的〈語叢〉一至三篇相較，〈語叢〉
一至三篇中字頭凡 326 字，加小圓點贅飾的有：春、尔、善、異、章、與、
友、專、用、菊、昔、虘、虗、虞、青、內、矣、亳、厚、弟、桓、生、族、
兼、豪、怀、衣、競、饇、絕、而、罩、槷、不、至、卭、民、望、宔、緜、
繰、凡、型、毀、埣、里、成、罕，共 48 字（按：餘如「聖」、「叝」、「日」
3 字則為筆畫填實，不計）。若再與上博一的〈緇衣〉篇比較，其總字頭為
309 字，其中加小圓點綴飾的有：臺、至、共、壘、邦、悉、古、克、叝、
不、型、燮、墜、由、緡、信、鑒、爽、氏、生、守、卭、屋、少、聖、矞、
牟，共 27 字（又「嬒」字筆畫填實）。個中小圓點綴飾比重的多寡，其實也

20　荊門市博物館：《郭店楚墓竹簡》（北京：文物出版社，1998 年 5 月），頁 193-219。

幽微地透露出其時代先後的訊息。

關於〈吳命〉簡成書的年代，曹錦炎從內容分析，認為此篇的「吳王」是「夫差」，事件的發生時間約在「魯哀公十三年吳、晉黃池爭霸期間」[21]，也即是公元前 481 年。以吳國於公元 473 年為越國所滅，越國於 306 年為楚國所滅的情況推測，〈吳命〉的底本應是春秋末年戰國初期的產物，編者應是吳、越的史官，後被採進《國語‧吳語》，而沾染上齊系語彙文字的書寫特點。若以〈吳命〉簡抄手書寫時強調的小圓點特徵來看，其分布在 179 個字頭中有 30 字之多，比例達 17%，是其它楚簡少見的，且由「不」字、「陳」字、「干」旁小圓點與短橫畫並存的情況來看，正是文字朝筆畫化線條化的一個進程，以楚國從春秋中期到戰國早期採取這種美術風格的書體為代表比觀，那麼，〈吳命〉簡的抄寫年代應該較早；若與《郭店楚墓竹簡》〈語叢〉一至三篇比較，其綴小圓點雖多，但比重卻是 14%強爾，略遜〈吳命〉簡一籌；至於上博一的〈緇衣〉篇，小圓點綴飾比重更少，僅佔 8%爾。以《郭店楚墓竹簡》的墓葬年代為戰國中期偏晚，上博一〈緇衣〉為戰國晚期來看，那麼推測〈吳命〉的抄寫年代，或許應該是在戰國中期偏早，甚或更早了。

（二）關於〈吳命〉簡底本的地域特徵

吳國從文明形態言之，係在黃河文明與長江文明的交匯點上[22]，春秋吳國被越國滅亡後，吳文化[23]也由越文化繼承，吳越文化的揉合交融，在楚簡中是否有所反映？另一方面，楚為南方大國，較早地較直接地吸收了中原文

---

[21] 馬承源主編：《上海博物館藏戰國楚竹書（七）》，頁 303。

[22] 參吳恩培：〈釋「吳干」——春秋時期吳國與周邊國家關係之一〉，《蘇州職業大學學報》，2002 年第 3 期，頁 55。

[23] 陳玉寅說吳文化是指商代晚期相傳吳太伯奔吳時始，至春秋末期吳王夫差二十三年（公元前 473 年）越滅吳的七百年左右時期在春秋吳國範圍內的物質文化史，它開創了長江下游、太湖之濱第一個文明古國的光輝歷史。參陳玉寅：〈吳文化研究綜述〉，載江蘇省吳文化研究會：《吳文化研究論文集》（廣州：中山大學出版社，1988 年 8 月），頁 261。

化，文化水平較高，吳楚兩國常常兵戎相見，戰爭不斷，文化上也客觀地存在著吸收、交流、傳播和融合。[24]記載著吳王率軍北上到吳軍離開陳國以及吳王派臣下告勞周天子之辭的〈吳命〉，是否也受這些前沿歷史及不同材質間的文字影響，而留下一些蛛絲馬跡呢？又假若〈吳命〉為《國語‧吳語》佚篇的話，也就是說，它有可能採用齊系文字為底本而用楚系文字書寫的再傳本或轉抄本，在書寫字體時可能會「保留較多齊國文字的特徵」，而事實是不是如此呢？

周鳳五曾將郭店竹簡的字體區分成四種：「第一類為楚國簡牘的標準字體；第二類出自齊、魯儒家經典，但已經被楚國所『馴化』，而帶有『鳥蟲書』的筆勢，為兩漢以下《魏三體石經》、《汗簡》、《古文四聲韻》等所見古文之所本；第三類與服虔所見的『古文篆書』完全吻合，應當比較接近戰國時代齊、魯儒家經典文字的原始面貌；第四類保留齊國文字的特徵最多，可以為當時楚國學者新近自齊國傳抄的儒家典籍。」[25]其中可特別留意的，是周先生所主張的第四類字體「保留較多齊國文字的特徵」[26]這一點，他說：

> 第四類字體主要見於《唐虞之道》與《忠信之道》。這類字體與第三類比較接近，但筆畫更形肥厚，「豐中首尾銳」的特徵更為顯著，其中「仁」、「而」、「皇」、「情」、「皆」、「用」、「甚」、「者」、「治」等字保存齊國文字的結構，與楚國簡帛文字迥然有別。估計其底本出自齊國儒家學者之手，傳入楚國為時尚暫，未經輾轉抄寫「馴化」，因而保留較多齊國文字的本來面貌。[27]

---

[24] 林留根：〈試論吳文化的多元性〉，載江蘇省吳文化研究會：《吳文化研究論文集》（廣州：中山大學出版社，1988 年 8 月），頁 258。

[25] 周鳳五：〈楚簡文字的書法意義〉，《第三屆國際漢學會議論文集文字學組——古文字與商周文明》（臺北：中央研究院歷史語言研究所，2002 年 6 月），頁 195-221。

[26] 周鳳五：〈郭店竹簡的形式特徵及其分類意義〉，載武漢大學中國文化研究院：《郭店楚簡國際學術研討會論文集》（武漢：湖北人民出版社，2000 年），頁 57-59。

[27] 周鳳五：〈郭店竹簡的形式特徵及其分類意義〉，《郭店楚簡國際學術研討會論文集》，頁 59、61。

這個說法別開生面，涉思多方，考慮到文本的書寫時代、流布傳抄過程與字體的特殊關係，給人很多啟發。文本字體由原生型切換成傳抄再製型時，會在文字表層中透露出傳布的深層軌跡塗轍，字體所彰明的訊息，除了書寫者的書寫習慣與個人風格外，似乎也與文本作者所處的地域特徵密不可分。但可惜的是，文中並沒有明言「仁」、「而」、「皇」、「情」、「皆」、「用」、「甚」、「者」、「治」等字是如何保存齊國文字的結構，而與楚國簡帛文字迥然有別？只是輕輕的一筆帶過，或僅列如「者」字形演變表，任由讀者自行領會。另外，周先生在〈郭店楚簡〈唐虞之道〉新釋〉一文中，僅在摘要部分提及「（〈唐虞之道〉）簡文的若干字體具有齊、魯的特徵」，但在正文中卻對這個論題跳脫掠過，僅在討論（13）「咸有此也」下云：「咸字从虎，今聲，訛作君聲，裘錫圭也為『皆』字之訛。其實本篇出自齊魯儒家之手，傳入楚國，此處『咸』字的用法與《尚書》相同，正反映其為儒家的著作，由於非楚人所素習，且輾轉傳抄，故不免文字訛誤」[28]，吉光片羽，實無法饜足人意。

關於這一點，馮勝君是有些補充與討論，但所舉字例卻沒有交集。他在〈有關戰國竹簡國別問題的一些前提性討論〉一文中，舉「必」字以及從「宀」、「厚」、「廟、朝」為例，透過楚簡與齊系文字構形的差異作比對，也得出「郭店簡〈唐虞之道〉、〈忠信之道〉、〈語叢〉一～三以及上博簡〈緇衣〉為具有齊系文字特點的抄本」的結論。[29]而歸結形成如此現象的原因，是因為底本與抄本在可能一次，也可能轉錄多次的抄寫過程中，因書手對底本文字的不熟悉或不認識，而導致「同一書手抄寫的簡文在文字形體和用字習慣

---

[28] 參見周鳳五：〈郭店楚墓竹簡〈唐虞之道〉新釋〉，《中央研究院歷史語言研究所集刊》第七十本第三分（臺北：中央研究院歷史語言研究所，1999 年 9 月），頁 739、748。

[29] 參見馮勝君：〈有關戰國竹簡國別問題的一些前提性討論〉，載古文字研究會、華南師範大學文學院：《古文字研究》第二十六輯（北京：中華書局，2006 年 11 月），頁 314-319。另根據「附記」所說，此係其博士後工作報告《論郭店簡《唐虞之道》、《忠信之道》、《語叢》一～三以及上博簡〈緇衣〉為具有齊系文字特點的抄本》（北京大學博士後工作報告，2004 年）。

方面存在如此大的差別」[30]，舉的正是〈緇衣〉與〈彭祖〉「慮」、「大」、「智」、「夫」、「者」、「終」、「厚」、「于（春按：當作「於」）」諸字形體有別；「必」、「向」、「矣」、「聞」用字不同的例子。但是，這會不會把本是分屬不同的抄手，卻強不同以為同所造成的現象和形成的誤解呢？

　　對於抄手與文獻傳布的各種情況，馮勝君也有很深入的探討，他在 2008 年芝加哥大學國際學社舉行的「2008 年國際簡帛論壇」中，發表了〈從出土文獻看抄手在先秦文獻傳佈過程中所產生的影響〉會議論文[31]，文中也舉了「純粹楚文字的非楚地文獻」，抄手所依據的底本是完全被「馴化」[32]或未被完全馴化的例子，未被完全馴化也以上博簡〈緇衣〉、〈彭祖〉、〈競公瘧〉「三篇為同一抄手所抄寫」，而上博簡〈緇衣〉的底本來源於齊魯地區，且基本未被「馴化」，齊系文字特點鮮明，並舉了「大」、「亦」、「不」、「終」、「內」、「厚」等字，以及「糸」、「宀」、「虍」、「心」、「目」等偏旁的寫法，很多都與〈彭祖〉和〈競公瘧〉篇截然不同。他所提出的理由認為是「抄手在盡量摹仿底本的形體特點，而非其自身的書寫習慣。在摹仿的過程中，抄手逐漸習得了某些字（特別是常用字，因為這些字反覆出現，抄寫的次數多）的新的寫法。這種新的寫法雖然與其固有寫法頗有距離，但也融入其書寫習慣中，並在抄寫其他簡文時不自覺地體現出來」了。

　　苟若〈吳命〉是《國語‧吳語》的佚篇，根據傳統的說法，《國語》二十一卷，是周左丘明所作。《漢書‧司馬遷傳贊》說：「孔子因魯史記而作《春秋》，而左丘明論輯其本事以為之傳，又纂異同為《國語》。」韋昭《國語敘解》：「丘明復采前世穆王以來，下訖魯悼、智伯之誅，以為《國語》，其文

---

[30] 馮勝君：〈有關戰國竹簡國別問題的一些前提性討論〉，頁 316。

[31] 參見馮勝君：〈從出土文獻看抄手在先秦文獻傳佈過程中所產生的影響〉，「2008 年國際簡帛論壇」，http://cccp.uchicago.edu/pages_tw/conf_papers_tw.shtml。

[32] 周鳳五：〈楚簡文字的書法意義〉，《第三屆國際漢學會議論文集文字學組——古文字與商周文明》，頁 195-221。

不主於經，故號曰《外傳》。」[33]但是關於《國語》的作者，歷來卻聚訟紛紜，爭議頗多，甚至成書年代也頗受質疑，主張左丘明、左氏門人弟子、左史倚相、吳起等所在多有[34]；成書於春秋末年或戰國早期也有不同主張，那麼，〈吳命〉底本也應屬齊系文字系統，一如〈緇衣〉的情況。假使抄手又屬同一人，則〈吳命〉理當有顯露齊系文字殘跡的可能，一如周氏或馮氏所說，除非這個底本已全然的「馴化」。

我們注意到〈吳命〉簡1「馬將走，或童（動）之，速逆（仰）」的「速」字，曹錦炎釋為：「『速』，字作楚簡常見之構形。『速』，招致。《詩‧召南‧行露》：『誰謂女無家，何以速我訟？』朱熹《詩集傳》：『速，召致也。』《國語‧楚語下》：『是之不恤，而蓄聚不厭，其速怨於民多矣』」[35]；又簡7「毋敢有又（有）逆（遲）速之羿（旗）」，曹錦炎釋「逆（遲）」為「避」，是避免、防止；釋「速」為「召，請。《易‧需》：『有不速之客三人來。』陸德明《釋文》：『速，馬（融）云：召也。』《詩‧小雅‧伐木》：『既有肥羜，以速諸父。』」[36]。其實「逆」金文常見，不應釋作「避」，當作「遲」解；「速」為「迅速」、「急速」義，與「遲」為反義詞。《國語‧齊語》作「肅」，出現4次「不肅而成」，「肅」與「速」通[37]，根據

---

[33] 其實《左傳》與《國語》是編纂目的各不相同的兩本書，「外傳說」與「史料說」皆不足據，詳見程水金：〈從鑒古思潮看《國語》之編纂目的及其敘述方式——兼論《國語》與《左傳》之關係〉，《武漢大學學報（人文科學版）》，第61卷第4期（2008年7月），頁473-478。另外，《國語》的性質是先秦「語」類作品之集大成者，詳參黃麗麗：〈《國語》的性質與價值〉，《蘇州大學學報（社會科學版）》，第8卷第1期（2006年1月），頁43-48。

[34] 參見邵毅平：〈《國語》的作者與時代〉，《圖書館雜誌》，2004年第4期，頁73-76轉56；劉麗文：〈左丘明與《左傳》《國語》關係考論〉，《聊城大學學報（社會科學版）》，2004年第3期，頁11-18。梁濤：〈20世紀以來《左傳》《國語》成書、作者及性質的討論〉，《邯鄲學院學報》，第15卷第4期（2005年12月），頁75-79；李寶通：〈「左丘失明，厥有《國語》」新解〉，《西北師大學報》，第43卷第6期（2006年11月），頁63-67。

[35] 馬承源主編：《上海博物館藏戰國楚竹書（七）》，頁306。

[36] 馬承源主編：《上海博物館藏戰國楚竹書（七）》，頁320。

[37] 陳長書：〈《國語》齊方言詞拾零〉，《管子學刊》，2005年第2期，頁47。

《方言》卷二：「速、逞、搖扇，急也。東齊海岱之間曰速，燕之外鄙朝鮮冽水之間曰搖扇，楚曰逞。」可見「速」為東齊海岱之間的方言詞，楚是用「逞」，但「速」卻出現在《國語‧楚語》中，且「速」字又作楚簡常見之構形，可見東齊海岱之間的方言詞如何的與楚文字交通融會的一斑了。

另外〈吳命〉簡4有個「逆勞」之詞，整理者以「逆」為迎，並引《說文》：「逆，迎也。從辵，屰聲。關東曰逆，關西曰迎。」是迎接、迎候的意思。[38]陳長書在〈《國語》方言詞研究〉曾根據丁啟陣《秦漢方言》將《國語》的八個國別與《方言》的六個方言區相對應成：「周、鄭」為「周洛方言區」、「魯、齊」為「海岱方言區」、「晉」為「趙魏、秦晉方言區」、「楚」為「楚方言區」、「吳、越」為「吳越方言區」。其中「逆」字在《國語》中出現11次：《晉語》5次、《周語》4次、《魯語》和《齊語》各1次，晉、周、魯、齊都位于函谷關以東[39]，即《說文》簡稱的「關東」。而「逆」是個被關東方言區使用的方言詞，自然也是個齊方言詞[40]。更特別的是，「《國語》中沒有吳越方言、楚方言和周洛方言中特有的方言詞」，而海岱方言詞在《國語》中卻有強勢的主導地位，表明《國語》編者的海岱方言背景影響到了《國語》方言詞的使用，《國語》的編者極有可能是魯國人而不是趙國人。[41]以此言之，〈吳命〉「逆勞」一語的出現，正和《國語》的方言詞特性若合符契，將〈吳命〉視為《國語‧吳語》的佚篇，也就不是無的放矢，至其底本為齊系文字也就有其可能了。

若以字體結構與書寫方式仔細檢驗，〈吳命〉反而更接近〈孔子詩論〉與〈子羔〉、〈中弓〉篇，如下表所列「隹」、「則」、「走」、「不」、「而」諸例：

---

[38] 馬承源主編：《上海博物館藏戰國楚竹書（七）》，頁312。唯蘇建洲在〈〈吳命〉簡4「桃迱」試解〉一文中主張「逆」應釋作「迱」，即〈昭王與龔之膞〉的「逃琊」，皆為地名。見復旦大學出土文獻與古文字研究中心網站，http://www.gwz.fudan.edu.cn/SrcShow.asp?Src_ID=686（發布時間：2009年2月6日）。蘇氏所釋較可採。

[39] 陳長書：〈《國語》方言詞研究〉，《古籍整理研究學刊》，2007年3月第2期，頁72-76。

[40] 陳長書：〈《國語》齊方言詞拾零〉，《管子學刊》，2005年第2期，頁47。

[41] 陳長書：〈《國語》方言詞研究〉，《古籍整理研究學刊》，2007年3月第2期，頁72-76。

	吳命	緇衣	孔子詩論、子羔、中弓
隹	吳 6.14 吳 9.05 吳 9.14	3.11　5.1 6.14　6.24 14.21　23.8 21.36　5.33	孔·3.37　孔·6.15 孔·6.19〔雀〕 孔·20.44　孔·27.5
則 正	吳 2.20 吳 3.05	2.2　2.33 3.25　4.25 3.32　6.32 1.14　5.19 9.36　10.30 11.22　12.17 13.12　13.25 13.35　13.43 13.50　16.23 17.3　17.9 17.14　17.38	孔·8.46　孔·9.29 孔·9.47　孔·9.55 孔·11.8　孔·11.7 孔·11.26　孔·11.36 孔·14.6　孔·16.48 孔·18.14　孔·21.9 孔·23.25　孔·24.13

		22.41　7.5〔勛〕　4.8　17.53	
走	吳 1.23　吳 9.36		孔·8.51〔書〕　孔·7.5　孔·10.28
不	吳 3.16 正　吳 3.29 正　吳 4.21　吳 5.18　吳 5.32　吳 5.56　吳 9.15　吳 9.41　吳 9.43　吳 9.57	14.37　17.40　1.20　11.25　1.20　11.25　2.5　2.35　2.39　3.6　4.10　4.18　4.20　4.27　8.23　9.5　9.7　9.30　10.7　10.32　10.39　11.19	孔·1.7　孔·4.33　孔·6.17　孔·6.25　孔·8.27　孔·8.36　孔·11.28　孔·12.6　孔·12.17（殘）　孔·13.3　孔·13.5　孔·13.8　孔·13.19　孔·17.12　孔·17.14　孔·20.4　孔·20.35　孔·21.12　孔·23.17　孔·25.6　孔·25.21

262

		11.35　12.1	不 孔·27.34　不 孔·27.41
		12.3　12.12	不 孔·28.4　不 孔·28.12
		12.20　14.8	不 孔·29.3　不 子·7.8
		14.33　15.4	不 子·7.14　不 子·9.22
		16.9　16.17	
		16.26　16.29	
		16.38　17.55	
		18.23　19.20	
		19.25　21.15	
		21.20　22.17	
		22.22　22.44	
		23.4　23.10	
		24.6	
而	吳1.09　吳2.14	1.18　2.23　2.30　8.29	孔·2.23　孔·2.28　孔·3.5　孔·4.10

263

吳 5.23	10.12　11.27	孔・19.16　孔・23.6
	15.9　17.19	孔・23.13　孔・25.16
	17.49　18.5	孔・26.19　孔・28.11
	19.35　19.41	孔・29.2　孔・29.11
	19.47　22.19	孔・2.18　孔・10.31
	22.36　23.2	孔・20.25　孔・20.31
	23.34	孔・22.8　孔・28.3
		子・1.26　子・6.7
		子・9.17　子・9.21
		子・9.37　子・10.6
		子・10.8　子・11.6
		子・12.25　中・8.33
		中・10.14　中・10.17
		中・13.5　中・16 正.7
		中・26.11

尤其〈吳命〉的「走」（或害）[42]字寫法在「夭」下兩撇中間加半弧顯得相當特殊，是其它楚簡未見的，卻見於〈孔子詩論〉簡和〈魯邦大旱〉簡 2 的「愛」字所從「旡」旁，應當不是巧合，顯見〈吳命〉與〈孔子詩論〉、〈子羔〉、〈中弓〉、〈魯邦大旱〉諸篇的底本都屬齊系文字的底本，推測可能由嫻熟齊系文字底本的抄手負責書寫的。

　　又曹錦炎曾指出〈吳命〉簡中用《說文》古文的字有：簡 1「𢇍（絕）」、「牆（醬）」，簡 4「袈（勞）」，簡 5「祑（社）」，簡 6「閖（閉）」，簡 7「盒（答）」，簡 8「袈（勞）」、「䚔（楚系寫法／昏）、睧（《說文》古文／昏）、「顗（楚系寫法／履）、顳（《說文》古文／履）、「墬（地）」，簡 9「异（期）」。[43]其中若舉「社」字來說，李守奎《楚文字編》[44]與《上海博物館藏戰國楚竹書（一～五）文字編》[45]收所錄「社」字皆作從示從土之形，僅湯餘惠《戰國文字編》有收錄屬晉系文字的〈中山王𡮉鼎〉作■[46]。另外《殷周金文集成》9734〈姧蚉壺〉「祑」省作「✦」。然而，〈鬼神之明〉簡 2 背「祑」字作■，「祑」字在新蔡葛陵簡中也出現不少，字形作■（乙四：88）、■（乙三：53）、■（乙四：74）、■（乙四：76）、■（甲三：329）、■（甲三：334）。其中也出現兩條「社稷」文例作：

---

[42] 關於「走」字，劉雲：〈說《上博七·吳命》中所謂的「走」字〉，2009 年 1 月 16 日，http://www.gwz.fudan.edu.cn/SrcShow.asp?Src_ID=663；劉雲：〈上博七詞義五箚〉，2009 年 3 月 17 日，http://www.bsm.org.cn/show_article.php?id=1004；禤健聰：〈說〈吳命〉簡 1 的「駭」〉，2009 年 1 月 16 日，http://www.bsm.org.cn/show_article.php?id=973 皆主張釋為「害」，為驚駭之意。

[43] 馬承源主編：《上海博物館藏戰國楚竹書（七）》，頁 305、312、316、318、320、322、324、325。

[44] 李守奎：《楚文字編》（上海：華東師範大學出版社，2007 年 12 月），頁 14。

[45] 李守奎、曲冰、孫偉龍編：《上海博物館藏戰國楚竹書（一～五）文字編》（北京：作家出版社，2007 年 12 月），頁 13。

[46] 湯餘惠主編：《戰國文字編》（福州：福建人民出版社，2001 年 12 月），頁 8。

☐□社（社）禝（稷）𦏪（羍），山義（犧）[47]☐（零 163）

☐亓（其）社（社）禝（稷）、芒社（社），命發（祓）☐（零 338＋零 24）

又如楚簡中從「土」偏旁的，如曾侯乙墓簡「駐」作「**𨌗**」（《曾》197）、「**𨍋**」（《曾》197）、「**𨍾**」（《曾》197），在包山簡中則作「駐」，字形作「**𨌗**」（《包》12）、「**𨍾**」（《包》73），都有加上「木」旁的情形[48]。但不管是上博五〈鬼神之明〉或新蔡葛陵簡、曾侯乙墓簡、包山簡在「示」旁、「土」旁都以短橫畫代之，而未見小圓點的出現。關於《說文》古文的系統與國別，學界爭議頗多，但基本上主張為戰國齊魯文字應不會離題太遠。[49]〈吳命〉簡「社」字從《說文》古文的系統，不正隱約透露出底本屬齊系文字的身影；且從與〈中山王𗥑鼎〉的關係來看，又可以觀察到齊系、晉系文字混雜會通的情景。

另外可以作為輔證材料的，是在雨無正的〈論〈保訓〉簡可能為具有齊系文字特點的抄本〉一文中，曾舉清華簡〈保訓〉篇中簡文形體與傳抄古文形體相同者 11 例、與齊魯系出土銘文形體相同者 8 例、與具有齊系文字的抄本文獻形體相同者 4 例[50]，其中所舉「今」字寫法與〈吳命〉簡同，其言

---

[47] 簡文的意思大概是祭禱社稷用一羍，祭禱山用一犧。

[48] 按：此處的「土」旁，實為牡器之形，後與「土」旁形混。

[49] 彭鶴立曾指出《說文》古文隨著地下古文字資料的不斷發現，人們已認識到它是戰國東方的文字，但其究竟是哪國文字，或者說與哪國文字更親緣，在學術界也是引起爭論。王國維在《《桐鄉徐氏印譜》序》中指出：「魏石經及《說文解字》所出之壁中古文以為當時齊魯間書。」何琳儀說：「以現代文字學的眼光看，壁中書屬齊魯系竹簡。」李學勤則認為：「孔家壁藏的竹簡書籍，很可能是用楚文字書寫的，從孔壁流傳的古文和郭店簡類似是自然的。」張傳旭在博士論文《楚文字形體演變的現象與規律》中有專門一章「從楚文字看古文籀文的性質」，對這一問題也有所涉及。李家浩也選取《說文》古文的一些字形與戰國各系文字對比，證明古文屬於戰國齊魯文字。近來楊澤生在〈孔壁竹書的文字國別〉也撰文肯定這一說法，並又舉以例證。從郭店楚簡等古文字資料來看，《說文》古文與齊魯系文字的確有相近之處。但是，仍有許多《說文》古文的形體來源不明。詳見彭鶴立：《《說文解字》古文形體研究》（北京：北京師範大學碩士學位論文，2007 年 5 月），頁 70。

[50] 雨無正：〈論〈保訓〉簡可能為具有齊系文字特點的抄本〉，復旦大學出土文獻與古文字研究中心學術討論區，網址：http://www.guwenzi.com/ShowPost.asp?threadID=1708（發布時間：2009 年 7 月 11 日）。

「簡文『今』字寫法與典型的楚文字區別明顯，已見前『念』字，與傳抄古文形同。只有上博簡〈曹沫之陣〉『今』字帶有非楚因素，不是典型的楚文字。上博簡很多篇章都或多或少帶有這種非楚因素」，說法不謀而合。

　　總而言之，〈吳命〉簡的抄寫年代應該較早，既然〈吳命〉與葛陵簡（公元前 445-395 年）[51]、曾侯簡（公元前 433 年或稍晚）[52]、包山簡（公元前 316 年）[53]及中山王器（公元前 316-306 年）[54]在「社」字的古文上有交集，而其它諸簡雖從《說文》古文，但卻作短橫畫來看，推測〈吳命〉的抄寫年代或許是在戰國中期偏早，甚或更早。至於抄手雖為楚人，但底本應為齊魯文字系統，以故在方言詞或字體的選用上，明顯受齊系文字的影響，而在流傳過程中，寫者不斷的加工，以致〈吳命〉篇雖純然用楚系文字來書寫，但也不免雲間露隙，隱約綻現一些齊系文字的訊息，而與《國語‧吳語》有了更緊密的聯繫矣！

　　　　原文發表於「戰國秦漢出土文字資料と地域性——漢字文化圈の時空と構造研討會」論文集，2009 年 9 月 19 日，頁 1-18，修改後收錄於《出土文獻と秦楚文化》第五號，東京：東京大學文學部東洋史學研究室，2010 年 3 月，頁 64-82。（葉書珊校對）

---

[51] 由於推斷平夜君成卒年為楚悼王元年到七年之間，即公元前 401-395 年。參見宋華強：《新蔡楚簡的初步研究》（北京：北京大學博士學位論文，2007 年 5 月）。

[52] 譚維四：《曾侯乙墓》（北京：文物出版社，2003 年 3 月），頁 43。

[53] 劉彬徽：〈從包山楚簡紀時材料論及楚國紀年與楚曆〉，載湖北省荊沙鐵路考古隊編：《包山楚墓》（北京：文物出版社，1991 年 10 月），頁 544。

[54] 何琳儀：《戰國文字通論（訂補）》，頁 134。

郭店《語叢》四「一王母保三嬰婗」解

　　郭店《語叢》四25-27簡中有「罷（一）豕（家）事乃又（有）鬲：三雄一雌，三铦一莛，一王母保三殹（嬰）兒（婗）」句，最近大家注意的焦點都擺在處理前句的「鬲」[1]和「三铦一莛」[2]上，對於「一王母保三殹（嬰）兒（婗）」的釋讀則爭議不多，甚有共識。然而，細究其餘，實未有完全密合之處，問題出在對「王母」的釋讀上。

　　林素清謂「王母」猶「祖母」，《爾雅·釋親》曰：「父為考，母為妣。父之考為王父，父之母為王母。」《禮記·曲禮》下曰：「祭王父曰皇祖考，王母曰皇祖妣。父曰皇考，母曰皇妣。」[3]陳偉與林氏同[4]，都主張「王母」就是「祖母」。另外，關於「保」字，劉釗讀為「抱」，以古文字「保」本象人背負小兒形，即「抱負」之「抱」的本字[5]；林素清讀如本字，作「養育」解。[6]至於「殹（嬰）兒（婗）」，李零讀為「嬰婗」，亦即「嬰兒」，《釋名·釋長幼》：「人始生曰嬰兒，胸前曰嬰，抱之嬰前，乳養之也。或曰嬰婗」，大家意見頗一致。

　　但是，不管解讀為「一個祖母抱負三個嬰兒」、「一個祖母養育三個嬰兒」或「三個嬰兒可以由一個祖母來帶養」，都有些異乎尋常，且能力似有所未逮。雖然傳世典籍如《爾雅》、《禮記》有明文記載，且證據確鑿，而在西周

---

[1] 如季旭昇：〈說釛〉，《戰國秦漢出土文字資料と地域性——漢字文化圈の時空と構造》研討會論文集，東京：日本女子大學，2009年9月19日，頁1-18。

[2] 張崇禮：〈郭店楚簡〈語叢四〉解詁一則〉，簡帛網，網址：http://www.bsm.org.cn/show_article.php?id=544（發布時間：2007年4月7日）。

[3] 林素清：〈郭店竹簡〈語叢四〉箋釋〉，《郭店楚簡國際學術研討會論文集》（武漢：湖北人民出版社，2000年5月），頁394。

[4] 陳偉：《郭店竹簡別釋》（武漢：湖北教育出版社，2003年1月），頁242。

[5] 劉釗：〈讀郭店楚簡字詞札記〉，《郭店楚簡國際學術研討會論文集》（武漢：湖北人民出版社，2000年5月），頁81；劉釗：《郭店楚簡校釋》（福州：福建人民出版社，2003年12月），頁234。

[6] 林素清：〈郭店竹簡〈語叢四〉箋釋〉，《郭店楚簡國際學術研討會論文集》，頁394。

金文中如〈仲叔父毁〉：「仲叔父乍朕皇考遲白王母遲姬隣毁。」（西周中期）、〈散季毁〉：「橄季肇乍朕王母弔姜寶毁。」（西周晚期）、〈王乍王母鬲〉：「王乍王母曾宮隣鬲。」（西周晚期）、〈召白毛鬲〉：「召白毛乍王母隣鬲。」（西周晚期）、〈畾毁〉：「畾乍王母媿氏饙毁。」（西周晚期）……諸家也將「王母」視同「祖母」（其中〈仲叔父毁〉與「皇考遲白」並列的「王母遲姬」，可能指母親），似無異辭。

　　然而，《語叢》四的「王母」之解可如此便宜行事嗎？《詩‧小雅‧北山》有謂：「溥天之下，莫非王土。率土之濱，莫非王臣。」既然土地臣民都屬君王，那麼，「王母」是否可另作解釋呢？《國語‧越語》上曾記載著：「（句踐）將帥二三子夫婦以蕃。令壯者無取老婦，令老者無取壯妻。女子十七不嫁，其父母有罪；丈夫二十不取，其父母有罪。將免者以告，公令醫守之。生丈夫，二壺酒，一犬；生女子，二壺酒，一豚。生三人，公與之母；生二人，公與之餼（食也）。」其中「生三人，公與之母」，注云：「母，乳母也。人生三者亦希耳。」[7]而這一段記載，並未見於《史記‧越王句踐世家》，《史記》卷四十一談及此事，只作「吳既赦越，越王句踐反國，乃苦身焦思，置膽於坐，坐臥即仰膽，飲食亦嘗膽也，曰：『女忘會稽之恥邪？』身自耕作，夫人自織，食不加肉，衣不重采，折節下賢人，厚遇賓客，振貧弔死，與百姓同其勞」[8]而已。《國語‧越語》的「生三人，公與之母」給了我們解讀此句的鑰匙，也就是說，在「人生三者亦希」的稀有情況下，君王或國家會撥給乳母來撫育照顧這三胞胎，而「一王母保三啟（嬰）兒（婗）」，此「王」指的是「君王」，「母」則指「乳母」，實際上是三胞胎的嬰兒可由君王給一個保母來撫育帶養。而從這條材料與簡文對應看來，郭店《語叢》四可能跟《國語‧越語》有些許關係吧！

---

[7] 〔周〕左丘明、〔吳〕韋昭注：《國語》（臺北：九思出版有限公司，1978 年 11 月），頁635。

[8] 〔西漢〕司馬遷撰、〔南朝宋〕裴駰集解、〔唐〕司馬貞索隱、〔唐〕張守節正義：《史記》（臺北：鼎文書局，1975 年），第二冊，頁1742。

原文發表於《中國文字》新三十五期，臺北：藝文印書館，2010 年
6 月，頁 43-45。（郭妍伶、邱郁茹校對）

從夫婦合葬、「塼」與「至俑」論上博（四）〈昭王毀室〉中「君子」的身份意義

一　前言

　　《上海博物館藏戰國楚竹書（四）》[1]有篇 196 字的〈昭王毀室〉，整理者陳佩芬說明這篇內容主要是陳述：「昭王新宮建成後與大夫飲酒，有一位穿喪服的人踰廷而入，並訴說他父母的屍骨就埋葬在新宮的階前，現新宮建成，他就無法祭祀父老，昭王聞此即令毀室（「室」即「宮」）。」[2]簡文原作：

　　邵（昭）王為室於死泜（滑）之滬（滹），室既成，牆（將）祫（格）之。王戒（誡）邦夫=（大夫）吕（以）歓=（飲，飲）既。酓条之，王內（入）牆（將）祫（格），又（有）一君子疨（喪）備（服）曼（踰）廷，牆（將）迊（跖）閨。寏（稚）人屰（止之），曰：【簡1】「君王台（始）內（入）室，君之備（服）不可吕（以）進。」不屰（止），曰：「少（小）人之告繧牆（將）剚（專）於含（今）日，尔必屰（止）少=人=（小人，小人）牆（將）訋寇（寇）。」寏（稚）人弗敢屰（止）。至【簡2】閨，迀（卜）命（令）尹陳省為見日告：僮（僕）之母（毋）辱君王不趺（逆），僮（僕）之父之骨才（在）於此室之隋（階）下，僮（僕）牆（將）垓亡老【簡3】，吕（以）僮（僕）之不昇（得），并僮（僕）之父母之骨厶（私）自塼（敷），迀（卜）命（令）尹不為之告，君不為僮（僕）告，僮（僕）牆（將）訋寇（寇），迀命（令）尹為之告【簡4】曰：虗（吾）不訋（知）丌（其）尔蓁（葬）▪，尔古須（鬚）既祫（格），安從事。王遅（徙）尻（居）於坪（平）滿（漫），

[1] 馬承源主編：《上海博物館藏戰國楚竹書（四）》（上海：上海古籍出版社，2004 年 12 月）。
[2] 馬承源主編：《上海博物館藏戰國楚竹書（四）》，頁 181。

卒（卒）呂（以）夫=（大夫）歙=（飲酒）於坪（平）滿（漫）▪，因
命（令）至俑毀室。▬邵（昭）王迈【簡5】[3]

此簡文批露後，學者對陳佩芬的說法有些不同的理解，經孟蓬生、劉樂賢、
董珊、陳偉、魏宜輝、鄭玉姍、陳劍、單育辰、袁國華、鄒濬智、邱德修、
大西克也、黃人二、史杰鵬、季旭昇等[4]學者分別對簡文的釋讀作多方深入
的討論，已解決絕大部分的問題，諸文具在，不再細表。而對簡文首句的「邵
王」，亦能確指是《史記・楚世家》中繼承楚平王位的「楚昭王珍」（B.C.515-
489），時代屬春秋晚期。但若要理解簡文描述的背後其所欲傳達的意義與目
的何在？則必先確立它的性質，而要確立此簡的性質，則必得解釋簡文的主
要核心人物之一，亦即在傳世文獻中未曾載錄名諱的「君子」身份階層為何

---

[3] 馬承源主編：《上海博物館藏戰國楚竹書（四）》，頁182-186。

[4] 孟蓬生：〈上博竹書（四）閒詁〉，簡帛研究網，2005年2月15日；劉樂賢：〈讀上博（四）
札記〉，簡帛研究網，2005年2月15日；董珊：〈讀《上博藏戰國楚竹書（四）》雜記〉，
簡帛研究網，2005年2月20日；陳偉：〈關於楚簡「視日」的新推測〉，簡帛研究網，
2005年3月6日；魏宜輝：〈讀《讀上博藏楚簡（四）》箚記〉，簡帛研究網，2005年3
月10日；鄭玉姍：〈《上博四・昭王毀室》箚記〉，簡帛研究網，2005年3月31日；陳
劍：〈釋上博竹書《昭王毀室》的「幸」字〉，美國芝加哥大學「中國古文字：理論與實
踐」國際學術研討會，2005年5月29日，CHINESE PALEOGRAPHY, Theory and Pra
ctice, The University of Chicago, May 28-30 2005, http://ealc.uchicago.edu/earlychina/p
aleography2005/papers/chenjian_figures.pdf，又中國文字學會、河北大學漢字研究中心：
《漢字研究》第一輯（北京：學苑出版社，2005年6月）；單育辰：〈佔畢隨錄之五〉，
復旦大學出土文獻與古文字研究中心：http://www.gwz.fudan.edu.cn/SrcShow.asp?Src_ID
=316（2008年1月17日），頁2-3，又單育辰：《楚地戰國簡帛與傳世文獻對讀之研究》
（長春：吉林大學博士論文，2010年4月），頁123；袁國華：〈上博楚竹書（四）〈昭王
毀室〉新釋〉，《第三屆簡帛學術討論會論文集》，臺北：中國文化大學，2005年5月18
-19日，http://nuhm.pccu.edu.tw/seminar2005/papers/08.htm；鄒濬智：〈《上海博物館藏戰
國楚竹書（四）・昭王毀室》校注——兼談楚昭王的歷史形象〉，《東方人文學誌》，第4
卷第3期（2005年9月），頁41-55；邱德修：〈《上博》（四）〈楚昭王毀室〉簡「戠条
之」〉，「出土簡帛文獻與古代學術國際研討會」論文，臺北：國立政治大學，2005年12
月2日；〔日〕大西克也：〈試釋上博楚簡《昭王毀室》中的「刑剭」——楚簡文字中的
「夂」「升」「旡」〉，「簡帛研究」網站：http://jianbo.sdu.edu.cn/admin3/2008/daxikeye001.
htm；黃人二：〈上博藏簡《昭王毀室》試釋〉，《考古學報》，2008年第4期，頁461-47
4；史杰鵬：〈昭王毀室〉，《中華文化畫報》，2006年第3期，頁71-73；季旭昇主編、袁
國華協編，陳思婷、張繼凌、高佑仁、朱賜麟合撰：《《上海博物館藏戰國楚竹書（四）》
讀本》（臺北：萬卷樓圖書股份有限公司，2007年3月），頁54、60。

的問題，而透過春秋晚期楚國喪葬禮制可否確立服喪服的「君子」身份階層？從而推演出楚昭王在簡文的形象凝塑建構角度當如何切入？以上種種問題，本文企圖從簡文涉及到的夫婦合葬、「塼」與「至俑」這三點上，進一步回溯確立上博（四）〈昭王毀室〉中「君子」的身份階層，以釐清環繞其身份所衍生出的諸多課題。

二　從夫婦合葬禮制的形成解讀〈昭王毀室〉的「君子」身份

　　其實，注意到〈昭王毀室〉中「君子」身份的並不乏其人，如袁國華在〈上博楚竹書（四）〈昭王毀室〉新釋〉一文中已有所討論，他主張：「文中君子所服應為母喪而非父喪。依文意係君子之母新喪，故服喪服，而君子擬將其母與其父屍骨合葬同一地方。」至於「君子」身份，袁氏認為：「簡文此處君子可以自由逕行王廷，並輕易接近閨門、得見卜令尹與楚昭王，若非聞世之大德，則應擁有貴族或官員身份，甚或兩者兼具。」並由簡文編連的安排推測「從〈昭王毀室〉與〈昭王與龔之脾〉合書在一處考察，疑二文以楚昭王對待才德出眾的人與臣子的故事為主題，突顯楚昭王治國的英明。」[5]張繼凌在《讀本》中也談及「君子」一詞最早的涵義是「君之子」，是指古代階級社會其中一部分貴族的通稱。到了春秋晚期時，「君子」本由統治的中高層的地位轉成具有道德內涵的人。本簡的「君子」可以逕自到達閨門，能夠透過卜令尹向楚王陳述，但是其身份當時為顯貴人家，為何父親的墓地被楚王興建宮室而渾然不知，故「君子」應指家道已中落的貴族。另言就出土考古資料中，可知楚墓有用「木俑」殉葬的制度，俑葬在楚國早期只有上層貴族才有，如依袁說，則可證明「君子」的身分並不低。袁國華對此用按語的形式解讀為：「也有可能是君子本來當朝為官，因為父喪而停職在家」。

5　袁國華：〈上博楚竹書（四）〈昭王毀室〉新釋〉，《第三屆簡帛學術討論會論文集》，中國文化大學，2005 年 5 月 18-19 日。

⁶乃是透過簡文內容所述「君子」行徑與對應人物的反應，配合考古出土資料進一步推斷「君子」的身份問題。

除上所述以簡文內證為主，考古資料為輔用以推斷「君子」身份外，也有採用其它簡文與傳世文獻來比對確立的，如黃人二在〈上博藏簡《昭王毀室》試釋〉一文中，即以「漢簡、傳世文獻中常有『一男子』、『大男子』、『不知何一男子』、『不知何二男子』之語，地位不如『君子』，但語涉輕佻蔑視，同也。」從而認為簡文中的「君子」是「表示為士階級以上之貴族」⁷。但關於「君子」一語是否涉及「輕佻蔑視」，可能需經審慎考慮檢視證據外，他也認為「君子」的身份並非一般平民百姓所可比擬的，至少是在「士」階級以上的貴族。

又或採簡文人物的稱謂用詞以及簡文提供的語境加予推敲發覆，如史杰鵬在〈昭王毀室〉一文中，考究了「闖宮者的身份是『一君子』」、「召寇的『寇』既可以理解為普通群盜，也可以理解為他國的軍隊」、「對守宮門的人自稱『小人』這個自稱不代表他們的社會身份，只代表官階高低」、「闖宮人對守門人的稱呼是『爾』，這是一種不很客氣的稱呼，這至少說明，那個守門人的地位不見得比他高」、「以『小人』自稱又至少說明他也不是什麼大人物」、「見到卜令尹自稱『僕』，楚國的所有民眾無論貴賤對於他們的君王來說都是僕人」等稱謂用詞，以及透過「墳墓封土規格」、「飲宴在被邀請行列與否」等面向做分析考察，結論則推斷簡文的主要用意在傳達「楚昭王善於容受直辭的一個表彰罷了」⁸。

---

⁶ 季旭昇主編、袁國華協編，陳思婷、張繼凌、高佑仁、朱賜麟合撰：《《上海博物館藏戰國楚竹書（四）》讀本》，頁54、60。其中，季旭昇按語則以陳劍「致庸」和袁國華「致俑」說「皆可從，姑並存」，不置可否。另鄒濬智：〈《上海博物館藏戰國楚竹書（四）·昭王毀室》校注——兼談楚昭王的歷史形象〉，《東方人文學誌》，第4卷第3期（2005年9月），頁45，也以此推斷「君子應擁有貴族或官員身份……由此可見楚國『君子』地位之高。」

⁷ 黃人二：〈上博藏簡《昭王毀室》試釋〉，《考古學報》，2008年第4期，頁464。

⁸ 參見史杰鵬：〈昭王毀室〉，《中華文化畫報》，2006年第3期，頁71-73。

　　除了透過稱謂用詞與簡文內容的語境推闡論證外，較全面地利用考古學的角度來進行考察的，是在《上博楚簡研究》的第十章，由湯浅邦弘所撰的〈父母の合葬──『昭王毀室』〉一章中所採用的[9]，他透過「楚地域代表墓地‧墓葬形態的確認」後，內外求索的結果，而得出如下的結論：

> こうした考古学的知見をまとめれば、合葬には少なくとも三種の型があったと概括できるであろう。第一は、古代文化墓に見られたような公共墓地における合葬であり、棺椁は伴わず、複数の屍体を同一墓坑に埋葬するものである。第二は、多くの楚墓に見られる例で同一墓地内に密集して墓坑を掘り、その墓室の中に一体ずつ埋葬するという家族墓‧同族墓の形態である。そして第三は、葛陂寺楚墓や雨台山楚墓に見られたように、同一墓坑内あるいは同一外椁内に二つの内棺を併置するというものである。

> では、こうした考古学的知見を基にすわば、『昭王毀室』の合葬はどのように理解されるであろうか。まず、春秋時代の楚の昭王の治世においても、父母の合葬は一定の現實を反映する行為であったと推測される。舊楚地からの出土例では、多くの墓群が家族墓‧同族墓として捉えられた。

> ただ、『昭王毀室』において合葬を願い出る人物が「君子」と表現されていることには注意を要するであろう。「君子」と言われるからには、一定の身分を備えた人物が想定されているはずである。とすれば、その「君子」が求めた合葬とは、右の第一の型のような、共同墓地に棺椁を伴わずに屍体を埋葬するというものではなかっ

---

[9] 〔日〕湯浅邦弘編：《上博楚簡研究》，（東京：汲古書院，2007 年 5 月），頁 266。湯浅邦弘於〈父母の合葬──『昭王毀室』〉一章云：「また、本文献の背景として、楚地域における合葬の实態も問題となるであろう。これについて、近年の考古學的知見を基に，楚地域における代表的な墓地‧墓葬形態を確認し、『昭王毀室』の持つリアリティについて検討する。」

たと推測される。恐らくここで想定されているのは、第二の型、または第三の型であったと思われる。一方、昭王はここに墓所があることを知らずに宮室を建設した、とされている以上、その墓はそれほど大きな規模ではなく、封土も自然地形と見分けがつかない程度のものが想定されていたと考えられる。

これらのとから、『昭王毀室』は、特定の思想家や「孝」「悌」「仁」「義」などの倫理的要素を宣揚するために広く世界に向けて発信された思想的文献というのではなく、楚の王、太子、あるいは貴族などを主な読者対象として編纂された楚の現地性の文献である可能性が高いと考えちれる。昭王の知性と決斷とは、まずはこの楚地でこそ讃えられるべきものだったはずである。[10]

然而，回頭檢視各家所言，其實關於「喪葬禮制」的主張，陳佩芬的說明與袁國華的論述是有些不一樣的。

　　陳氏主張「君子」的「父母的屍骨就埋葬在新宮的階前，現新宮建成，他就無法祭祀父老」，也就是說君子的父母已然「埋葬」，要祭祀的可能不僅只於「父母」，尚且包括「父老」，儼然建宮處是他們的族墓，但是陳氏所謂的「祭祀父老」，應是根據後文第三簡對「埮亡老」解讀為「是為亡父唉食，就是祭祀亡父」而來，實際上「祭祀父老」只是「祭祀亡父」，那麼，君子的喪服係為誰而服呢？陳氏並未提出明確的說法。

　　至於袁氏雖主張簡文乃「君子擬將其母與其父屍骨合葬同一地方」，但在解讀「儓（僕）之母（毋）辱君王不軷（逆）」一句時，先將「不軷」下讀作「不察」解，並質疑劉樂賢將「母（毋）」原字讀[11]，以為「若從劉說則簡文應意指階下之墓為君子之父母合葬墓，但一則先秦不流行夫妻合葬，二則君子之父母既已合葬，下文何須言『併僕父母之骨屍』？」故仍主張「母」

---

[10] 〔日〕湯淺邦弘：〈父母の合葬——「昭王毀室」〉，《上博楚簡研究》，頁278、280。

[11] 劉樂賢：〈讀上博（四）箚記〉，簡帛研究網，2005年2月15日。

作「毋」解。「儳（僕）牆（將）埲亡老」則從劉樂賢之說，解「埲」為「掩」、「揜」，句意謂「君子之母新喪，君子擬埋葬亡母」。但將「呂（以）儳（僕）之不尋（得），并儳（僕）之父母之骨厶（私）自塼（敷）」數句斷為「呂（以）儳（僕）之不尋（得）并儳（僕）之父母之骨厶（屍），自塼（赴／訃）」，並以董珊據《禮記·檀弓》季武子成寢事與《晏子春秋》卷二景公路寢臺成事為證，認為「併父母之骨屍」不宜理解為將父母合葬，此與古禮不合，而解為「併父母之骨厶（屍）」是說「君子之母亡故後，君子打算將亡母的屍體埋葬於亡父墓穴附近，而非合葬。」[12]

《讀本》中，季旭昇認為「緥」字目前沒有很好的解釋，但卻從寬解釋此句為「告知其他人把母親的屍骨合葬（即「窆」）的日子」。[13]

那麼，楚昭王所處的春秋晚期到底有無「夫婦合葬」的禮俗呢？《禮記》所依憑的理據與考古出土實況能若合符節嗎？

早在1957年，劉仕驥談〈殯葬的方式·夫婦和親子合葬〉一文中，說「在古書上，漢以前也有關於合葬的記載，但歷來各地的古墓發掘中都沒有得到實物的證明。西漢初期的墓葬，仍和以前一樣，多是單身葬，從西漢中葉以後，就流行夫婦合葬，並逐漸成為普遍的葬俗。」[14]當然，劉氏那時西漢以前出土資料不多，無法據以討論漢以前的夫婦合葬情況，故得出夫婦合葬墓的流行，蓋起始於西漢中葉由流行漸普遍的結論，之後經町田章〈漢河南縣城墓葬考〉[15]、田村晃〈樂浪郡地域の木槨墓──漢墓綜考二〉第四節「中国における夫婦合葬墓」[16]進一步歸納綜理，但反映的僅止漢代，對其

---

[12] 袁國華：〈上博楚竹書（四）〈昭王毀室〉新釋〉，《第三屆簡帛學術討論會論文集》，中國文化大學，2005年5月18-19日。

[13] 季旭昇主編、袁國華協編，陳思婷、張繼凌、高佑仁、朱賜麟合撰：《《上海博物館藏戰國楚竹書（四）》讀本》，頁56。

[14] 劉仕驥：《中國葬俗搜奇（三）》（香港：上海書局，1957年），頁24-25。

[15] 〔日〕町田章：〈漢河南県城墓葬考〉，《考古学雑誌》，第54卷第2號（1968年10月），頁8（138）。

[16] 〔日〕田村晃：〈樂浪郡地域の木槨墓──漢墓綜考二〉，《三上博士頌寿記念論集》，（京

前沿的情況就較少觸及。

其實，完顏紹元在〈從兄妹相配到周公禮制——中國婚俗〉中曾根據考古研究證明個體婚在中國出現的時間，距今約四千至五千年之前。鄭州滎陽青臺仰韶文化遺址、陝西華陰橫陣村等地的龍山文化遺址、山東大汶口文化遺址等處都發現了成對的成年男女合葬墓。[17]另外，在尹盛平《周原文化與西周文明》「導論」中，也述及「客家庄二期文化（陝西龍山文化）墓葬中發現成年一男一女合葬例子，可能當時已出現一夫一妻制」[18]。太田有子則進一步從考古資料綜合考察中國古代的夫妻合葬墓，得出如下的結論：

> 殷商至戰國時期的合葬墓以傳統的豎穴木槨墓居多，也有陪伴殉葬的情況，墓葬的主人是屬于貴族和大夫等統治階級；與當時普遍流行的單人葬相比，殷商至春秋，合葬墓只是極少數，夫妻合葬只在統治階層極少數的一部分人中間流行；合葬還未成為一般觀念在整個社會得到普及。
>
> 夫妻合葬在殷周開始，只是在政治階層極少數的一部分人中間流行。
>
> 這一風俗最終滲透到一般民眾中，得到廣泛普及，則是戰國晚期至西漢墓葬制度發生大轉變時期的事情。[19]

結論中確立了殷商至春秋時期，夫婦合葬墓僅在「極少數」的「統治階層極少數的一部分人中間流行」；另根據劉潔在〈周代的夫妻合葬墓〉中的考訂，也可確立周代夫妻合葬的現象是比較普遍，結合文獻與考古發掘相佐，也證明了周代夫妻合葬之風的流行（見附表）[20]。

都：朋友書店，1979 年），頁 615-622。

[17] 完顏紹元：〈從兄妹相配到周公禮制——中國婚俗〉，《古籍新書報》，2010 年 4 月 28 日，頁 7。

[18] 尹盛平：《周原文化與西周文明》（南京：江蘇教育出版社，2005 年 4 月），「導論」，頁 9。

[19] 〔日〕太田有子：〈中國古代的夫妻合葬墓〉，《華夏考古》，1989 年第 4 期，頁 105、110。

[20] 表據劉潔：〈周代的夫妻合葬墓〉，《青島大學師範學院學報》，第 26 卷第 2 期（2009 年 6 月），頁 79 與〔日〕太田有子〈中國古代的夫妻合葬墓〉整理。

　　附表中透過考古發掘匯聚的現象，呈現出「夫妻合葬墓的主人多屬於貴族或大夫一類的上層階級，而且此類墓地多分布在中原、周王畿及其附近的廣大區域內。這說明，此時夫妻合葬還沒作為一種一般性觀念在整個社會中得到廣泛普及。」[21]而「楚為周之封國，至春秋時期崛起，成為南方的霸主，並一度問鼎中原。楚雖自稱蠻夷，但其禮制，特別是貴族墓的葬制及隨葬品的特徵與周禮頗相類似」，[22]而就已發掘的春秋、戰國楚墓超過 6000 座。如曹家崗 M5 戰國晚期前段下大夫等級墓葬，該墓槨室明顯偏小，用鼎數量也不足，這或許與墓主為女姓（春按：劉氏「性」字皆誤作「姓」）有關，《禮記・雜記上》：「凡婦人，從其夫之爵位」，鄭玄《注》：「婦人無專制，生禮、死事以夫為尊卑。」從考古發掘楚墓的實際情況看，夫妻異穴合葬墓或族墓地同等級男、女墓中的女姓（春按：當作性）墓在喪禮等級方面較男姓（春按：當作性）墓略低。[23]就考古出土材料種種情形觀之，楚國貴族墓的葬制及隨葬品的特徵，仍屬「夫婦合葬」性質的，以此推斷簡文中的「君子」屬貴族階層理當毋庸置疑，頗有共識的。當然，到了漢代，漢人大抵認為「合葬源於周代，是『先王之制』，因而從之。正是由於漢人多認為合葬興之於周，當屬先王之制，因此合葬在儒學興盛的漢代才成為普遍習俗。」[24]也因為後來成為「普遍習俗」，有時墓葬為了配合夫妻合葬，可能不惜破壞原先結構是有例可循的，如河南省文物考古研究所在〈河南省濟源市桐花溝漢墓

---

[21] 見劉潔：〈周代的夫妻合葬墓〉，《青島大學師範學院學報》，第 26 卷第 2 期（2009 年 6 月），頁 80。

[22] 丁蘭：《湖北地區楚墓分區研究》（北京：民族出版社，2006 年 1 月），頁 222。

[23] 劉國勝：《楚喪葬簡牘集釋（修改本）》（武漢：武漢大學博士論文，2005 年 3 月），頁 1、頁 144 注 2。另劉潔：〈周代的夫妻合葬墓〉，《青島大學師範學院學報》，第 26 卷第 2 期（2009 年 6 月），頁 80 亦云：「事實上，各種傳統禮儀都是要按男左女右，輩分親疏，依次排列……生時，行禮坐席講究『男左女右』，以示男尊女卑，死後合葬也不能破壞這個規矩。夫妻死時有先後，築墓時就需要或虛左以待男，或虛右以待女，這是不許搞錯的。」

[24] 譚燕：〈漢代夫妻合葬習俗的思想史解讀〉，《重慶師範大學學報（哲學社會科學版）》，2009 年第 3 期，頁 40。

發掘簡報〉一文中即指出：「（M37）洞室的前部北側另有一小側室……側室前端的墓道呈不規則長方形，這可能是為了合葬而將墓道重新挖開，另築側室，從而打破了原墓道與洞室北部。」[25]以故回頭讀《晏子春秋‧內篇諫下》曾載齊景公建成路寢之臺，卻逢于何遭喪。路遇晏子訴說曰：「于何之母死，兆在路寢之臺墉下。願請合骨。」可見「合骨」係當時之「禮」，晏子才能據「禮（理）」力爭，指責景公說：「今君使侈為宮室，奪人之居，廣為臺榭，殘人之墓。是生者愁憂，不得安處；死者離易，不得合骨。豐樂侈遊，兼傲生死，非人君之行也。」且振振有辭的說：「削人之居，殘人之墓，凌人之喪，而禁其葬，是于生者無施，于死者無禮。詩云：『穀則異室，死則同穴』，吾敢不許乎？」[26]由此可見，「合骨（合葬）」在當時已然形成一種禮制，即連一國之君也得尊重體制，無法抗衡的。

三　關於「塼」的釋讀

「塼」字在傳世字韻書僅作人名用[27]，對於簡文「塼（敷）」字的釋讀無法提供有效的幫助。整理者讀「塼」為「敷」意為「處理」[28]；袁國華懷疑是與喪禮有關的儀節，用音韻去推證的「塼」、「赴」音近可通假，即告喪之「訃」，「自赴」猶言「自告喪以來」；鄒濬智從整理者讀「敷」，但指的是「先人遺留下來供後人憑弔的骨骸」[29]；黃人二讀作「摶」，認為是「謂其服母喪期滿，將母骨入父骨摶聚一起并葬，欲其父母合葬，是吉禮也，而非喪禮」

25　河南省文物考古研究所：〈河南省濟源市桐花溝漢墓發掘簡報〉，《文物》，1999 年第 12 期，頁 19。

26　〔日〕谷中信一：《晏子春秋》（東京：明治書院，2000 年 4 月），上冊，頁 196-197。

27　《集韻‧姥韻》：「塼，關。人名，衛有石塼。」〔宋〕丁度等：《集韻附索引》（臺北：學海出版社，1986 年 11 月），頁 337。

28　馬承源主編：《上海博物館藏戰國楚竹書（四）》，頁 185；季旭昇主編、袁國華協編，陳思婷、張繼凌、高佑仁、朱賜麟合撰：《《上海博物館藏戰國楚竹書（四）》讀本》，頁 56。

29　鄒濬智：〈《上海博物館藏戰國楚竹書（四）‧昭王毀室》校注——兼談楚昭王的歷史形象〉，《東方人文學誌》，第 4 卷第 3 期（2005 年 9 月），頁 51。

30；張崇禮先讀「穿地」，後改訓為「甫」為「陳」，「意思是向君上報告」[31]，其中以單育辰結合《禮記》和《晏子春秋》來比觀推證「塼」釋為「祔」字最值得考慮。

單育辰已指出梁靜將「塼」釋為「施行合葬父母之骨的行為」[32]是對的，「但並未破讀『塼』為『祔』，可謂失之眉睫」，「塼」、「祔」字聲符「專」、「付」同屬幫母，韻部魚、侯旁轉，音韻關係相當密切，並以《古字通假會典》中從「專」旁與從「付」旁相通的詞例窺知一斑，舉如「付」與「傅」條：《周禮・秋官・士師》：「正之以傅別約劑。」鄭《注》：「鄭司農云：『傅或為付』。」又如「拊」與「搏」條：《史記・禮書》：「尚拊膈。」《集解》引徐廣曰：「一作搏膈。」又如「附」與「傅」條：《墨子・備城門》：「今之世常所以攻者臨、鉤、衝、梯、堙、水、穴、突、空洞、蟻傅、轒轀、軒車。」《孫子・謀攻》：蟻傅作蟻附。[33]又如「符」與「縛」條：《呂氏春秋・恃君覽》：「縛婁、陽禺、驩兜之國，多無君。」《逸周書・王會》縛婁作符婁。又如「符」與「傅」條：《周禮・天官・小宰》：「聽稱責以傅別。」鄭《注》：「傅別，鄭大夫讀為符別。」又如「怤」與「慜」條：《列子・力命》：「墨尿、單至、嘽咺、憋懯四人相與游於世。」《方言》：「憋怤，急性也。」[34]之類，不勝枚舉，可證兩字關係匪淺。

那麼，以聲符「付」替代「專」旁來說，則「塼」當是初與「坿」通而非為「祔」字，《說文解字》訓「坿」為「益也」，段《注》引《呂氏春秋・

---

30 黃人二：〈上博藏簡《昭王毀室》試釋〉，《考古學報》，2008 年第 4 期，頁 468。

31 張崇禮：〈讀上博四〈昭王毀室〉箚記〉，武漢大學簡帛網，2007 年 4 月 21 日，http://www.bsm.org.cn/show_article.php?id=551；張崇禮：〈釋《景公瘧》中的「敷情不偷」〉，簡帛研究網，2007 年 7 月 24 日，http://jianbo.sdu.edu.cn/admin3/2007/zhangchongli003.htm。

32 梁靜：《上博（四）〈采風曲目〉等六篇集釋》（武漢：武漢大學碩士學位論文，2006 年 6 月），頁 46 注 1。

33 單育辰：〈佔畢隨錄之五〉，http://www.gwz.fudan.edu.cn/SrcShow.asp?Src_ID=316（復旦大學出土文獻與古文字研究中心），2008 年 1 月 17 日，頁 2-3。

34 高亨：《古字通假會典》（濟南：齊魯書社，1989 年 7 月），頁 365-368。

七月紀〉：「坿城垣」，高《注》：「坿，讀如符，坿猶培也。」〈十月紀〉：「坿城郭」，高《注》：「坿，益也，令高固也。」[35]《說文解字》則訓「祔」為「後死者合食於先祖」，段《注》引〈士虞禮〉：「卒哭，明日以其班祔。」又引《春秋左氏傳》曰：「凡君薨，卒哭而祔，祔而作主，特祀於主，蒸嘗禘於廟」[36]，可見「祔」指卒哭之後祔於先祖之廟以合食，重在祭祀部分；至於「坿」字，則偏重在起造營建的築土增益工程上，如城垣城郭的加厚（培）加高工程上，簡文的「私自塼」指的是私自將墓室因合葬所需增添加築，義符「土」旁與其將從事的墓壙土封敷治正合符契。

推本溯源，「坿」、「塼」二字甲、金文皆未見，戰國文字中則二字俱存。「坿」字多見於璽印文字[37]，作官府之「府」用[38]。唯上博三《周易》51、52 有〈豐卦〉簡文作「九四：豐丌坿，日中見斗」、「上六：豐丌芾，坿其家（家），闚丌屎」之句，「坿」字於句中可當名詞或動詞用。唯二句馬王堆漢墓帛書作「豐丌剖」、「剖丌家」；今本則作「豐其蔀」、「蔀其家」。若依今本「蔀」字採《釋文》引馬、鄭、薛所解，訓為「小」或「小席（蓆）」[39]，一如《讀本》所採「小席」、「席蔽」[40]，則「坿」、「剖」皆為假借；若依《周易注疏》採「覆曖鄣光明之物」、「覆蔽」用王弼注、孔穎達疏為說[41]，一如整理者所採，則「坿」為本字，即《說文》訓「益也」，高《注》：「坿猶培」、「坿，益也，令高固也」所引申出來，那麼，「剖」、「蔀」就成了假借用法。

---

[35] 按：段注《呂氏春秋》「七月紀」、「十月紀」蓋指〈孟秋紀〉、〈孟冬紀〉。陳奇猷：《呂氏春秋校釋》（上海：學林出版社，1990 年 12 月），頁 376、516。

[36] 〔東漢〕許慎撰、〔清〕段玉裁：《說文解字注》（臺北：藝文印書館，2005 年 10 月），頁 696、4。

[37] 湯餘惠主編：《戰國文字編》（福州：福建人民出版社，2001 年 12 月），頁 887。

[38] 何琳儀：《戰國古文字典：戰國文字聲系》（北京：中華書局，1998 年 9 月），頁 392。

[39] 張立文：《帛書周易註譯》（鄭州：中州古籍出版社，1992 年 9 月），頁 292-293。

[40] 季旭昇主編：《上海博物館藏戰國楚竹書（三）讀本》（臺北：萬卷樓圖書股份有限公司，2005 年 10 月），頁 148、152。

[41] 〔魏〕王弼、〔東晉〕韓康伯注、〔唐〕孔穎達疏：《重栞宋本周易注疏附校勘記》（臺北：藝文印書館，1979 年 3 月），第一冊，頁 126。

其中差異，在「蔀」為草或席覆，至於「坿」字則為土矣！

　　至於讀「塼」字，除見於〈昭王毀室〉外，又見於上博六〈競公瘧〉第4簡：「吏（使）聖（聽）獄於晉邦，塼情而不慇（愉）」，並可參照第7簡：「毋塼青忍皋（親）唐（乎）」。濮茅左以「專」為「布也」，或作「溥」，讀「青」為「情」；而將「塼」讀為「溥」，訓作大也、廣也、塗也、施、施行諸意。[42]劉信芳進一步詮釋「塼」為「敷」，有「徧」、「廣」的周匝、全面之意，「敷情」指窮盡性的了解全部情況，故「敷情而不隱」正與《左傳・襄公二十七年》：「言于晉國無隱情」相合。[43]董珊則讀為「迫」，訓作「逼迫」，「迫情而不偷」意謂范武子私吏聽獄能「迫近實情，而無私情」，即《左傳・昭公二十年》：「竭情無私」[44]。張崇禮讀「塼」為「敷」，為「敷陳、報告」之意[45]。陳偉讀為「薄情」猶「輕情」，《左傳》的「竭情無私」的「竭」應訓作「止」，與「薄」相關。[46]然考察簡文內容語意與《左傳》所載略同者，如《左傳・襄公二十七年》載：「子木問於趙孟曰：『范武子之德何如？』對曰：『夫子之家事治，言於晉國，無隱情，其祝史陳信於鬼神，無愧辭。』」另《左傳・昭公二十年》有：「夫子之家事治，言於晉國，竭情無私，其祝史祭祀，陳信不愧，其家事無猜，其祝史不祈。」《晏子春秋・外篇・景公有疾梁丘據裔款請諸祝史晏子諫》篇文字大抵相同，亦作「竭情無私」。[47]可知「塼情而不慇」意同「竭情無私」、「無隱情」，若將此句釋為「合情而

---

[42] 馬承源主編：《上海博物館藏戰國楚竹書（六）》（上海：上海古籍出版社，2007年7月），頁174、178。

[43] 劉信芳：〈上博藏六《景公瘧》簡4、7試解〉，簡帛研究網，2007年7月28日。

[44] 董珊：〈讀《上博六》雜記（續二）〉，武漢大學簡帛網，2007年7月11日。

[45] 張崇禮：〈釋《景公虐》中的「敷情不偷」〉，簡帛研究網，2007年7月24日。高榮鴻從張崇禮、董珊之說訓此句為：「據實情以報而不怠惰」，參高榮鴻：《上博楚簡齊國史料研究》（臺中：中興大學碩士學位論文，2008年5月），頁23、160-161。

[46] 陳偉：〈讀《上博六》條記〉，武漢大學簡帛網，2007年7月6日。

[47] 〔周〕左丘明、〔西晉〕杜預注、〔唐〕孔穎達疏：《重栞宋本左傳注疏附校勘記》（臺北：藝文印書館，1979年3月），第六冊，頁647、857；〔日〕谷中信一：《晏子春秋》，下冊，頁192。

不偷」，意即「合實情而不苟且」，則既合情實，即能「無隱情」，也能「竭」盡其「情」，而「不苟且」才能「無私」，達到合情合理而問心無愧的地步，亦即《韓詩外傳》四所謂的：「不恤乎公道之達義，偷合苟同，以持祿養父者，謂之國賊也」的反差。

《說文》「附」字訓為「附婁」，是「小土山」的意思，《說文》引《春秋傳》曰：「附婁無松柏。」段《注》曰：「玉裁謂土部『坿，益也』，增益之義宜用之，相近之義亦宜用之，今則盡用附，而附之本義廢矣。」按：《說文》訓「附」為「附婁」，《左傳·襄公二十四年》則作「部婁」，係與「阜陵」相對，《玉篇》：「培塿，小阜也」，《集韻》則引《博雅》則作「培塿」，訓為「冢也」[48]，《廣雅·釋丘》亦云：「培塿，冢也」，《方言》十三：「小者謂之塿」，注：「培塿，亦堆高之貌」。另《說文》釋「駙」字為：「副馬也。一曰近也。一曰疾也。」在「一曰近也」下段《注》：「附近字今人作『附』，或作『傅』，依此當作駙。」《正字通》認為「附與坿通」，《集韻》以「附通作搏」，由此種種推想，則從「付」、從「尃」諸字因聲符音近可通，典籍常互相為用如前所述。那麼，推本溯源，上博四〈昭王毀室〉的「私自塼」的「塼」字義係從「附」字而來，亦即「墓冢」之意；至於上博六〈競公瘧〉「塼情而不偷」的「塼」字義，也從「附」字來，「附」釋為「合」，如《史記·張儀列傳》中的「是我一舉而名實附也」，「附」有「合」義。「附」則從「小土堆」引申「墓塚」，再由「墓塚」引申為「增益」，因「增益」而「堆高」，「堆高」是因土與土的「相合」，透過詞義的層層引申而不斷擴充，再加上從「阜」與從「土」義近形旁通作在古文字與《說文》中是常見的現象，如《說文》「阯」或作「址」即是，於是造成「塼」、「附」、「坿」通用不別矣。

雖然在《說文》中，「坿」、「袝」、「附」的本義分別劃然，但在簡文與

---

48 〔北宋〕丁度等編：《集韻附索引》，上冊，頁438。上聲四十五〈厚韻〉收「培」、「附」同音「薄口切」，下引《博雅》：「培塿，冢也」，或作「附」。春按：「愽」當作「博」。

傳世典籍中，合葬的「附」、「坿」、「塼」或合食的「祔」則通用而不別，如
《禮記·檀弓下》：「孔子曰：『衛人之祔也離之。魯人之祔也合之，善夫！』」
鄭氏曰：「祔，合葬也。離之，有以間其椁中。善夫，善魯人也。祔葬當合。」
孔氏曰：「衛人離之者，象生時男女須隔居處。魯人合之者，言死異於生，
不須復隔，『穀則異室，死則同穴』，故善魯之祔也。」孫希旦《集解》曰：
「愚謂離之者，穿為二壙，夫婦之棺椁各藏一壙也。合之者，穿一壙，而以
夫婦之棺椁合藏於其中也。離之則乖祔之義，故孔子善魯。」[49]或是《禮記·
雜記下》：「猶是附於王父也」，注：「附，皆當作祔」，正是混用通作的反映。
然尋根振葉，〈昭王毀室〉的「私自塼」「塼」本字係「附」字，為聯緜詞「附
妻」，即釋「小土山」的墓塚，此處當動詞用，指私自合葬父母使同壙。單
育辰受梁靜[50]啟發解讀「塼」為「祔」字是相當有見地的，可惜個中的曲折
轉變，則尚未達一閒耳。

四　「因命至俑毀室」的「至俑」解讀

　　〈昭王毀室〉五簡末句「因命（令）至俑毀室」的「至俑」，原考釋者
理解為「人名或職官名」，理由是「因其能受王命之故」；陳劍〈釋幸〉作「至
（致）俑（庸）解」為「給人力」解，袁國華以「至」通「致」，「俑」為「偶
人」、「木俑」，季旭昇以陳、袁兩說皆可從。但兩說中宜有一說成立從而排
拒另一說，「至俑」的解讀，也牽涉到「君子」的身份等級差異，誠如張繼
凌引證發揮的「如依袁說，則可證明『君子』的身分並不低」。

　　但從竹簡內文來推敲，其稱人依序作「昭王」、「王」、「君王」、「寵人」、

49　〔清〕孫希旦：《禮記集解》（臺北：文史哲出版社，1990年8月），上冊，頁308。
50　梁靜：〈《上博六·景公瘧》重編新釋與版本對比〉，武漢大學簡帛網，2008年11月25
　　日，「釋文與校釋」中作「塼（溥）情而亻愈（遇）」，對應《左傳》分作「無隱情」、「竭
　　情無私」，解為「這兩句話都可以有兩種解釋。一種是范武子的私吏治獄公正無私；另一
　　種是范武子的私吏在治獄過程中能儘可能地瞭解全部事實，沒有遺漏。」

「辻命尹陳省」、「辻命尹」以及集合名詞的「邦夫＝（大夫）」、「夫＝（大夫）」等，皆為職官名或「職官＋人名」，而未見有逕稱人名的例子，故將「至俑」視作「人名」似乎不合簡內行文慣例；反過來說，作「職官名」是最有可能的，但「至俑」是何官名？史籍文獻中卻未能找到相對應的，頂多只能依據陳劍所解讀的，「至（致）俑（庸）」為「給人力」，如《易·繫辭》：「備物致用」，係給用來「毀室」的人力，但還是不符其稱名的原則。

那麼，有無可能如袁國華認為的，「至」通「致」，「俑」為「偶人」、「木俑」呢？一般來說，「令」、「命」同源分化[51]，「令」字在殷商甲文中已當「命令」來解[52]，其句式變化相當紛繁，但發出「令」這一動作的主體，一般是「王」或「帝」，他們都是大權在握者，而且「王令」是王正式下命令[53]，那麼，「王命」下理應有個施事對象，「命」或「令」句作職事動詞的語法結構為：「S（王）＋V1（「命」或「令」）＋O（某）＋V1P（所令之事）＋V2P（所令之事）」，但此句施事主語承上省略，「命（令）」字前又受「因」字修飾，表「因而」、「於是」、「然後」、「就」義的接續性副詞，但因王正式所下的命令一個接一個來，「致俑」與「毀室」是連續兩個所令之事，而各司所掌的職責又不同，以故造成「O（某）」的省略，直接承續兩個所令之事，也是蠻合理的。進一步推想，以簡文所述的當時處境來說，楚昭王在受侵害人「君子」遭母喪正欲尋求合葬父母的同時，「致俑」就時間點來說是合乎人情的，並隱含補償虧欠過失賠不是的「代為致意」用義；另一方面，「毀室」則對當時「夫婦合葬」制的一種尊重，也側面反映出昭王寬宏大量的襟懷，體恤民情。簡文從兩方面進行描述，顯得昭王身為明理之君，思慮處置得何其圓轉周全。

---

[51] 洪家義：〈令命的分化〉，《古文字研究》第十輯（北京：中華書局，1983 年 7 月），頁 122-126。

[52] 陳年福：《甲骨文動詞詞彙研究》（成都：巴蜀書社，2001 年 9 月），頁 116。

[53] 張玉金：《甲骨文語法學》（上海：學林出版社，2001 年 9 月），頁 252-253。

　　且就「至」與「致」的關係來說，傳世典籍與出土文獻不乏相通的文例[54]，如《周禮·春官·太卜》：「一曰致夢」，注：「致夢，言夢之所至」，《禮記·禮器》：「禮也者，物之致也」，注：「致之言至也」，《上博·柬大王泊旱》簡4：「贅尹至命於君王」，《說文》訓「致」為「送詣也」，有致賜存問之意，如「致奠」、「致福」、「致膰」指贈祭物，「致贄」、致贈則贈送禮物，有如《禮記·檀弓下》：「虞人致百祀之木，可以為棺槨者。不至者，廢其祀，刎其人」，孔安國傳：「既殯旬而布材，故虞人斬百祀之木可以為周棺之椁者送之」，吳澄曰：「廢其祀，刎其人，蓋設此辭以令，以見王喪尤重於神祀。」[55]可見動詞「致」字具有贈送存問之意，「至俑」作「致俑」解，是有其合理性的。

　　當然，我們也注意到，這是「俑」字第一次出現在記錄春秋晚期史料的戰國文字中。本來，中國出土的「俑」數量龐大，早在2007年陝西省考古研究院發掘梁帶村西周晚期 M502 西周大墓中，首次發現最早的四個隨葬木俑[56]。雖然，春秋戰國時期儒家基本上是反對陪葬用「俑」的，如大家熟知的《孟子·梁惠王上》：「仲尼曰：『始作俑者，其無後乎！』為其象人而用之也。」朱熹《集注》：「俑，從葬木偶人也。古之葬者，束草為人以為從衛，謂之芻靈，略似人形而已。中古易之以俑，則有面目機發，而大似人矣。故孔子惡其不仁，而言其必無後也。孟子言此作俑者，但用象人以葬，孔子猶惡之，況實使民飢而死乎？」[57]或是在《禮記·檀弓下》：「哀哉！死者而用生者之器，不殆於用殉乎哉！『其曰明器，神明之也。』塗車、芻靈，自古有之，明器之道也。孔子謂『為芻靈者善』，謂『為俑者不仁』，不殆於

---

[54] 參見中文大辭典編纂委員會：《中文大辭典》（臺北：中國文化大學出版社，1990年9月8版），第七冊，頁 1208-1211；《戰國楚簡帛電子文字編》，http://cjbnet.org/drupal/node/3?destination=node/3、《中國古代簡帛字形辭例數據庫》，http://www.bsm-whu.org/zx.index.php。

[55] 〔清〕孫希旦：《禮記集解》，上冊，頁 297。

[56] 雷少：〈梁帶村西周木俑的清理與修護〉，《文博》，2009 年第 3 期，頁 71-75。

[57] 〔南宋〕朱熹：《四書章句集注》（臺北：大安出版社，1994 年 11 月），頁 284-285。

用人乎哉者！」鄭玄《注》：「神明之，神明死者，異於生人。芻靈，束茅為人馬。謂之靈者，神之類。俑，偶人也，有面目機發，似於生人。孔子善古而非周。」孫希旦《集解》：「愚謂此又譏周末為俑之非也……。俑，木偶人也。偶，寓也。以其寄寓人形於木，故曰偶。俑，踊也，以其有機發而能跳踊，故謂之俑。由芻靈而為俑，蓋周末之禮然也。孔子以其象人而用之，故謂為不仁。」[58]所謂「俑，踊也」，蓋出自《埤蒼》[59]，雖未必是，但孔子所說的「以其象人而用之」則與「俑」字從人從甬（用）的字形結構能夠密合。孔子、孟子的儒家站在「似人」的立場上，以存心起念能否符合仁道來考量，認為「周末」興起的「為俑之非」，而「是古而非周」。

但是，春秋戰國時期，南方楚國陪葬用「俑」卻是常見的，尤其是在貴族階層。邱東聯曾將各地楚墓中級別較高的墓葬列表綜合考察，論證殉人與殉俑的關係，而體現楚文化的特殊喪葬形式——俑葬，是濫觴於春秋晚期至戰國早期，崛起於戰國中期約 50%，而鼎盛於戰國晚期，至戰國晚期俑葬率幾乎接近 100%。[60]楊茂進一步說：

> 楚俑葬產生於春秋晚期，戰國中期得到發展，戰國後期達到鼎盛，它是春秋戰國社會變革的體現，是喪葬制度由奴隸制社會向封建社會過渡的結果……俑葬迎合了楚上層貴族的心理，表現了楚人的浪漫思想，一旦被確立就迅速在楚貴族階層盛行起來，到戰國晚期，楚國「士」以上墓的俑葬率近 100%。[61]

---

[58] 〔清〕孫希旦：《禮記集解》，上冊，頁 264-265。

[59] 《廣韻·腫韻》：「俑，木人送葬，設關而能跳踊，故名之，出《埤蒼》。」〔北宋〕陳彭年等：《新校宋本廣韻》（臺北：洪葉文化事業有限公司，2001 年 9 月），頁 238-239。

[60] 邱東聯：〈楚墓中人殉與俑葬及其關係初探〉，《江漢考古》，1996 年第 1 期，頁 75，並可參閱所附表二「楚墓中俑葬一覽表（本表限「士」以上貴族階層墓）」，頁 79-80。另參于保田：〈楚俑研究〉，《東南文化》，1998 年第 4 期，頁 89 附表-11「春秋戰國時代楚俑發現一覽表」、〔日〕小澤正人：〈荊州地区における楚俑についての一考察〉，《社会イノベーション研究》，第 2 卷第 2 號（2007 年 3 月），頁 25，第 1 表「荊州地区出土の木俑 1」。

[61] 見楊茂：〈楚人牲、人殉試探〉，《西南農業大學學報（社會科學版）》，2009 年第 5 期，

就簡文內容首次出現「致俑」的時間點在春秋晚期來說，與考古出土所反映的現象若合符節，這些「人俑基本上是模擬主人生前擁有的奴僕，象徵墓主人地位等級與權力」[62]的，是少數貴族的特權，且是「楚人未受儒學束縛而養就的」[63]。依據戰國時期楚國墓葬情形來觀察，比如 1957 年河南信陽長臺關戰國早期具有封君貴族身份 M1 墓主，後室陪葬有木俑、1965-66 年湖北望山戰國中期晚段楚悼氏貴族女家族成員 M2 墓葬，邊箱陪葬有木俑、1992 年湖北黃岡市曹家崗戰國晚期下大夫身份等級女性墓葬 M5，頭箱陪葬有木俑、1951 年湖南長沙市五里牌戰國楚墓大夫一級 M406 墓葬，墓內殘剩有木俑。新蔡葛陵楚墓、而在遣策中，也登記了可能用來下葬的木俑，如望山遣策中的「九亡（盲）童」，劉國勝《校釋》云：「《整理》：《吳越春秋·夫差內傳第五》：『梧桐心空，不為用器，但為盲僮，與死人俱葬也。』『盲僮』當即簡文之『亡童』。此墓出木俑十六件，頭上有假髮，身著絹衣，簡文所記九亡童當在其中。」[64]凡在戰國楚簡與西漢遣策簡中出現的「明童」、「亡童」、「盲僮」，都是指隨葬木俑。[65]那麼，逆推春秋晚期楚昭王不循儒家反對陪葬用「俑」的立場，「致俑」給「君子」以下母葬，則「君子」的身份地位或許在士大夫一級或之上的可能。

五　結語

綜合以上三個面向的迴溯考察，除證成時賢推定的「君子」身份為貴

頁 94-95。

[62] 傅有舉：〈湖南出土的「俑」〉，《湖南省博物館開館三十周年暨馬王堆漢墓發掘十五週年紀念文集》，長沙：湖南省博物館，1986 年 10 月，頁 109-115。文中區分楚漢俑為侍俑、歌舞俑和奏樂俑、生產俑、雜役俑、武士俑、臣屬俑、少數民族人俑等七類。

[63] 于保田：〈楚俑研究〉，《東南文化》，1998 年第 4 期（總 122 期），頁 87。

[64] 劉國勝：《楚喪葬簡牘集釋（修改本）》（武漢：武漢大學博士學位論文，2005 年 3 月），頁 11、102、144、147、154、123。

[65] 李明曉：〈試談戰國、西漢遣策中的「亡童」與「明童」〉，武漢大學簡帛網，2010 年 2 月 16 日。

族階層外，並進一步確認「君子」的身份地位在士大夫一級或之上的可能。至於如何解讀簡文所欲傳達的訊息？如何確立它的性質？以及簡文所刻劃的楚昭王形象若何？時賢以墓葬與宮室地點相衝突在不同國家有不同的版本[66]，唯大同小異，簡文所欲訴求的，有說是標舉楚國在喪葬禮制上的改革變異[67]；有說是建立楚昭王能傾聽下意而從善如流、愛臣愛民且以身作則，堅持「楚國無以為寶，惟善以為寶」的執政理念與精神[68]；有說是楚昭王因受「君子」「召寇」的威脅而妥協，但為政治上美化的需求，成此簡文以表彰「楚昭王善于容受直辭」的形象[69]；有說「編纂『昭王毀室』之目的並非宣傳性的思想文獻，即宣揚特定思想家或以『孝』、『悌』、『仁』、『義』為主的倫理思路的書籍。很可能這篇所設想的讀者是楚國的君王、太子及貴族等，可說它是相當重視當地社會的文獻。昭王的理性及決定，應在楚國當地社會獲得高度讚揚的事。」[70]

其實，就簡文敘述的內容來看，君子「召寇」威脅的對象並非楚昭王，而是「罹（稚、寺）人」與「辻（卜）命（令）尹陳省」，所以說楚昭王礙於政治現實，屈服在貴族燄熾氣勢的脅迫下並不能成立；而楚昭王之所以「容受直辭」，「傾聽下意而從善如流」，有理性的決定，應是有其社會文化背景的底襯。一般來講，「死生大事」，尤其喪葬是何等大事，此從《禮記·檀弓上》所載：「季武子成寢，杜氏之葬在西階之下，請合葬焉。許之。入宮而不敢哭。武子曰：『合葬，非古也，自周公以來，未之有改也。吾許其大而不許其細，何居？』命之哭。」[71]季武子認知合葬「許其大」係大事一

---

[66] 董珊：〈讀《上博藏戰國楚竹書（四）》雜記〉，簡帛研究網，2005 年 2 月 20 日。

[67] 黃人二：〈上博藏簡《昭王毀室》試釋〉，《考古學報》，2008 年第 4 期，頁 469-471。

[68] 鄒濬智：〈《上海博物館藏戰國楚竹書（四）·昭王毀室》校注——兼談楚昭王的歷史形象〉，《東方人文學誌》，第 4 卷第 3 期（2005 年 9 月），頁 52-55。

[69] 史杰鵬：〈昭王毀室〉，《中華文化畫報》，2006 年第 3 期，頁 72-73。

[70] 〔日〕湯淺邦弘：〈父母の合葬——『昭王毀室』〉，《上博楚簡研究》，頁 280，此段譯文由黃川田修博士翻譯，謹此致謝。

[71] 孫希旦：《禮記集解》，上冊，頁 166。

椿，與楚昭王之所以成室毀室應如出一轍，皆出自對禮俗之「大」的制約力量的尊從，而以「死者為大」的普遍認知在決策主導的。

觀察簡文中「君子」係在「守母喪」期間，而「守喪是孝道的實踐及教化推廣的重要時機，長期以來一直為儒家所重視」，在「死者下葬之前由於遺體尚在，故著重事死如事生，未能視為祖先之列；但畢竟不同於生人，因此亦無法完全以生人之法待之。初死者既非人亦非祖先神，既無法有生人般的相親，亦無法如祖先神般定期透過時享、大祭與其溝通，由於其存在狀態處於變化、中介狀態，仍無穩定管道可以與之溝通，將之馴化，因此恐懼心理最強，其所具有的禁忌性與危險感亦最強。」[72]出於如斯強烈的恐懼心理與危悚之感，再加上已死的君子之父靈正在宮殿階梯之下，上下夾擊的結果，摻雜著尊崇禮教、畏懼鬼神的複繁情懷，即連楚昭王堂堂王者之尊也得屈服了。

另一方面，喪禮形式過程以外表內滲透著禮教的浸潤膚受，統治者藉喪葬奠祭來籠絡人心，尤其是以此為基調的貴族，在立文稱情底下，喪葬形式變成一個文化象徵的符碼，也是文化教養、德性的表露，楚昭王在此重要時刻與場域中，藉成室毀室的驚人之舉以表態行教，不失為明智選擇，也間接宣示了「以禮治國」的旗纛，標舉一國明君的堂偉形象了。此與〈鄭子家喪〉所欲建立的禮教意義，基本上精神是一致的。順便一提的是，夫妻合葬現象在春秋晚期所反映的，讓人重新思考《郭店楚簡・六德》講的夫婦、父子、君臣相互間的關係，文中認為在人類的社會關係中，最重要的是夫、婦、父、子、君、臣六種人，他們各有不同的職責和不同的道德要求[73]。但在排序上，竟將「夫、婦」一倫擺在首位，此種安排，或許也間接表現出何以戰國以後

---

72 林素娟：〈喪禮飲食的象徵、通過意涵及教化功能──以禮書及漢代為論述核心〉，《漢學研究》，第27卷第4期（2009年12月），頁10。

73 《簡帛書法選》編輯組：《郭店楚墓竹簡・老子》（北京：文物出版社，2002年10月），「概說」，頁57。

夫妻合葬現象的翕然成風，普遍流行了！

附表　考古發掘夫妻合葬墓概況表

名　稱	時　代	地　域	類　別	墓主身分
李家嘴 1 號墓	殷商	湖北	並穴合葬	
寶雞茹家莊	西周	陝西	並穴合葬	魚伯
曲沃北趙	西周	山西	並穴合葬	晉侯
浚縣	西周	河南	並穴合葬	衛侯
張家坡	西周	陝西	並穴合葬	多為小型墓
侯馬上馬	西周	山西	並穴合葬、異穴合葬	
輝縣琉璃閣	春秋	河南	並穴合葬	魏國貴族
安陽後崗 26 號墓	春秋早期或中期	河南	同穴合葬	
長治分水嶺	春秋戰國	山西	並穴合葬	推估為士大夫階層
邯鄲	戰國	河北	並穴合葬	
鄭州二里岡	戰國	河南	並穴合葬	
鄭州二里岡 421 號墓	戰國早期至中期	河南	同墳異穴合葬	
侯馬澮河北岸丘陵	戰國中期至晚期	山西	同墳異穴合葬	
鄭州二里岡 271 號墓	戰國末期至西漢初期	河南	同穴合葬	
滿城陵山	西漢	河北	橫式崖墓並穴合葬	中山王劉勝及其妻竇綰
北京大葆臺	西漢	河北	橫穴式木室墓並穴合葬	燕王劉旦及其妻華容夫人
孝義張家莊	西漢	山西	豎穴並穴合	

			葬	
臨沂銀雀山	西漢	山東	豎穴並穴合葬	小地主或地方官吏
陝縣後川2010號墓	西漢	河南	追葬同穴合葬	
北京懷柔	西漢	河北	同墳異穴合葬（8座）、同穴合葬（4座）	
營城子	西漢	遼寧	同墳異穴、同穴合葬	
洛陽燒溝	西漢中期	河南	同穴合葬	
金谷園	西漢中期	河南	拱頂墓式合葬	
高縣古堡城	西漢後期	山西	木室合葬	
武威磨嘴子	西漢末年至東漢	甘肅	土洞墓合葬	

原文發表於《出土資料と漢字文化圈》，東京：汲古書院，2011 年 3 月，頁 342-321（左翻頁 51-72）。（高佑仁校）

論清華簡〈程寤〉篇太姒夢占五木的象徵意涵

一 前言

新近出版的《清華大學藏戰國竹簡（壹）》，收有〈程寤〉篇九支簡，所載與《逸周書・程寤》篇、《潛夫論》、《博物志》、《竹書紀年》、《冊府元龜》、《藝文類聚》、《太平御覽》的內容息息相關[1]，都涉及到周革殷命太姒夢占吉凶與否，最後確立文王與太子發「並拜吉夢」的重要文獻，其中與此夢占五木有關的簡文作：

> 隹王元祀貞（正）月既生朗（魄），大（太）姒夢見商廷隹（惟）棘（棘），廼埣_（小子）鬙（發）取周廷杍（梓）桓（樹）于年（厥）閒（間），惷_（化為）松柏棫柞。【一】惠（寤）敬（驚），告王_（王。王）弗敢占，霅（詔）大（太）子發，卑（俾）需（靈）名茪（凶）敚（祓）。祝忞（忻）敚（祓）王，啬（巫）銜（率）敚（祓）大（太）姒，宗丁敚（祓）大（太）子發。敝（幣）告【二】宗方（祊）坴（社）禝（稷），忥（祈）于六末山川，攻于商神脛（望）承（丞），占于明堂。[2]王及大（太）子發並拜吉夢，受商命【三】于皇帝_（上帝）。興，曰：「發，女（汝）敬聖（聽）吉夢。朋棘（棘）戬（鼓）杍_松_（梓松，梓松）柏副，棫橐（覆）柞_（柞柞），惷_（化為）脵。於（嗚）唬（呼），可（何）敬（警）非朋，可（何）戒非【四】商，可（何）甬（用）非桓_（樹，樹）因欲，不達芽（材）。女（如

---

[1] 李學勤主編、清華大學出土文獻研究與保護中心編：《清華大學藏戰國竹簡（壹）》（上海：中西書局，2010 年 12 月），頁 138-139；孫娟：〈《詩經》棫柞詩與西周禮樂文明〉，《陰山學刊》，2010 年第 1 期，頁 53。

[2] 據邢文：〈清華簡〈程寤〉釋文所見祭禮問題〉，武漢大學簡帛研究中心網站論文：http://www.bsm.org.cn/show_article.php?id=1374（發布時間：2011 年 1 月 9 日）。

）天墜（降）疾，旨味既甬（用），不可藥，哢（時）不遠。隹（惟）
商感才（在）周_（周，周）感才（在）商，【五】睪（擇）用周，果
拜不忍，妥（綏）用多福。隹（惟）杍（梓）敝不義，迖（芃）于商
，卑（俾）行量亡乏，明_（明明）才（在）向，隹（惟）容內（納
）楝（棘），意（億）【七】³欲隹（惟）柏夢，徒庶言迹，引（矧）
又勿亡縣（秋）明武禩（威），女（如）棫柞亡菫（根）。於（嗚）唐
（呼），敬才（哉）……⁴

原考釋者在解讀簡文中涉及的木名，如商廷中的「楝（棘）」木、種在商廷
中間的周廷「杍（梓）」木，以及變化成「松柏棫柞」的四木，認為簡四應
作：「朋棘虣梓，松柏副，棫柞覆，化為膡」，這是很有見地的，並簡約地說
明「以棘比喻奸佞朋黨，以松柏比喻賢良善人」而已⁵。

　　然而，承此說法延伸而出以人事對立面來分解的，如王寧主張：「柏夢，
有關柏樹的夢，實際上就是指太姒之夢。太姒的夢境有梓樹化為松柏棫柞之
事，松柏是良材，棫柞惡木，二者又與商廷的荊棘共處，因此文王說：居在
上位要善于明察，是想容納荊棘呢？還是想考慮松柏之夢的寓意呢？接受
荊棘就是說要啓用小人，深思松柏之夢就是說要分清松柏和棫柞，也就是明
辨賢人與小人，起用賢才，摒除小人。」⁶或是袁瑩用以區分論略人才優劣
賢不肖，認為「該篇簡文中有六種木名：『棘』、『梓』、『松』、『柏』、『棫』、
『柞』……這六種木名，實際可分為兩類，『棘』與『棫』、『柞』為一類，
都是低矮的灌木，可用作薪火之材，是樹木中低劣的品種；『梓』與『松』、
『柏』為一類，都是高大的喬木，是樹木中尊貴的品種。從文獻中我們也能

---

³ 全篇簡序調整作：1＋2＋3＋4＋5＋7＋6＋8＋9，係依復旦大學出土文獻與古文字研究中
　心研究生讀書會：〈清華簡〈程寤〉簡序調整一則〉，復旦大學出土文獻與古文字研究中
　心網站論文：http：//www.gwz.fudan.edu.cn/SrcShow.asp?Src-ID=1343。
⁴ 李學勤主編、清華大學出土文獻研究與保護中心編：《清華大學藏戰國竹簡（壹）》，頁 136。
⁵ 李學勤主編、清華大學出土文獻研究與保護中心編：《清華大學藏戰國竹簡（壹）》，頁 137。
⁶ 王寧：〈讀清華簡〈程寤〉偶記一則〉，復旦大學出土文獻與古文字研究中心網站論文：
　http：//www.gwz.fudan.edu.cn/SrcShow.asp?Src-ID=1386（發布時間：2011 年 1 月 28 日）。

找到『松柏』、『棫柞』相對立的用例，如《詩・大雅・皇矣》『柞棫斯拔，松柏斯兌』。所以我們認為簡文中『棘』、『棫』、『柞』比喻小人庸才，『梓』、『松』、『柏』比喻賢良善人」。連帶的觸及到如何理解太姒的「寤驚」與文王的「弗敢占」，袁瑩的解釋是：「整理者和讀書會都沒有解釋『棫柞』的含義，他們似以為『松柏棫柞』都是好的東西。如果這樣理解的話，太姒所夢顯然是吉夢，為何又言太姒『寤驚』，『王弗敢占』呢？按照我們的理解，『松柏』與『棫柞』是對立的兩種事物，並不都是好的東西。正因為太姒夢中化為的是『松柏棫柞』，並不都是『松柏』這種美好的事物，所以太姒才會『寤驚』，王才會心有驚懼而不敢貿然占卜，而是舉行一系列祓除不祥的祭祀之後，才敢在明堂占卜。」[7]程浩則僅處理「『棘』與『柏』是一組對立的概念」[8]，如此通讀簡文是否就可全無罣礙呢？

問題是，依簡文來看，「棶（棘）」與「杍（梓）」的對立是明顯可據的，但「杍（梓）」既化為「松柏棫柞」，那麼，要將「松柏」和「棫柞」拆解二分以對立的概念去看待，似乎有些勉強。設若不採對立面去看待，又該如何詮釋夢中四木與梓木彼此之間的依存關係？其中是否另藏形義知解外的深一層寓意，是頗值得探索的；除此之外，我們也需思考的是，作夢者何以是「太姒」而不是「文王」或「太子發」？這裡面是否也有它潛藏的作用在呢？

二　談關於太姒寤夢的象徵意涵

先秦經籍中提到太姒對周武王政治上的影響，如《論語・泰伯》篇記載武王曾說：「予有亂臣十人」，孔子的解讀是：「有婦人焉，九人而已」，意思是將那位「婦人」排除在另一類性別的「九人」之外。馬融進一步確立「十

---

[7] 袁瑩：〈清華簡〈程寤〉校讀〉，復旦大學出土文獻與古文字研究中心網站論文：http://www.gwz.fudan.edu.cn/SrcShow.asp?Src-ID=1376（發布時間：2011 年 1 月 11 日）。

[8] 程浩：〈清華簡〈程寤〉研讀札記〉，復旦大學出土文獻與古文字研究中心網站論文：http://www.gwz.fudan.edu.cn/SrcShow.asp?Src-ID=1364（發布時間：2011 年 1 月 8 日）。

人」當中的唯一「婦人」指的是「文母」，而《正義》明指「文母」是「文王之后大姒」，因係「從夫之謚，武王之母」，所以稱為「文母」[9]。但今人不解的是，「太姒」以武王母親之「尊」，為何變成武王的「亂（治）臣」？何況「太姒」既為「文王之后」，但卻用「文母」稱之？再加上《論語・泰伯》篇的注疏中，都將「文母」殿在周公旦、召公奭、太公望、畢公、榮公、太顛、閎夭、散宜生、南宮适九人之後，其呈顯的是否因後人在男尊女卑的觀念作祟下，不自覺或有意的安排編次，已非原來面目呢？

其實追溯《論語・泰伯》篇的來源，唐人孔穎達在疏《尚書・泰誓中》篇曾指出：「《論語》引此云：『予有亂臣十人』，而孔子論之有一婦人焉，則十人之內，其一是婦人，故先儒鄭玄等皆以十人為文母、周公、太公、召公、畢公、榮公、太顛、宏夭、散宜生、南宮括也」[10]。也就是說，從漢儒鄭玄到唐代孔穎達，都把「十人」當作一個整體，甚至是將「文母」擺在首位，而非殿後的，其中分殊，值得進一步推敲。

另一方面，我們也注意到周武王在商郊牧野誓師時，有一段《尚書・泰誓中》的文字是《史記・周本紀》不採錄的，即周武王誓師之辭中，有：「天其以予乂民，朕夢協朕卜，襲于休祥，戎商必克。受有億兆夷人，離心離德；予有亂臣十人，同心同德」這一大段。根據孔安國說，這是「言我夢與卜俱合於美善，以兵誅紂必克之占。」孔穎達也說夢是「事之祥，人之精爽先見者也」，夢的未確定性，表現在「吉凶或有其驗」，但「聖王採而用之」的目的何在？旨在聖人雖「逆知來物，不假夢卜」，但夢卻有「以強軍人之意」[11]的作用。

但是，若依清華簡〈程寤〉篇來看，武王所說的「朕夢協朕卜」實際上

---

[9] 〔魏〕何晏集解、〔北宋〕邢昺疏：《重栞宋本論語注疏附校勘記》（臺北：藝文印書館，1979 年 3 月），頁 72-73。

[10] 〔漢〕孔安國傳、〔唐〕孔穎達疏：《重栞宋本尚書注疏附校勘記》（臺北：藝文印書館，1979 年 3 月），頁 155。案：「大」作「太」、「閎」作「宏」、「适」作「括」為異文。

[11] 以上諸引俱見〔漢〕孔安國傳、〔唐〕孔穎達疏：《重栞宋本尚書注疏附校勘記》，頁 155。

是有出入的。夢的主角其實是「太姒」而非「武王」，夢的時間點也有些推遲。而這個夢的重要性，是在確立「太姒」位居「亂臣十人」至高點的理據，雖說「溥天之下，莫非王土；率土之濱，莫非王臣」[12]的寫照，實質上屈於「王臣」之位的，想當然也包括王母在內。而武王之所以利用攫取太姒之夢以善加轉接，充分開展夢占在社會心理的鼓盪說服作用。可是，〈程寤〉篇的夢者何以設定為「太姒」，而不是「文王」或「太子發（武王）」？它所要彰顯的深層意蘊又是如何？也就是說，這裡面是否潛藏有寓意呢？

其實，天命的誕降，也需依附孕育的母體，從《詩經・大雅・大明》所載：「天監在下，有命既集。文王初載，天作之合。在洽之陽，在渭之涘。文王嘉止，大邦有子。大邦有子，俔天之妹。文定厥祥，親迎于渭。造舟為梁，不顯其光。有命自天，命此文王，于周于京。纘女維莘，長子維行。篤生武王，保右命爾，燮伐大商。」[13]可知「文王」與「太姒」的結合係在「天」的旨意下撮合，而天命的貫徹布達，溝通承生於地的，是需藉由「篤生武王」的「太姒」母體誕育才有可能，此所以太姒能榮任「母周」，取得「亂臣十人」的首位，主要取因於那是武王「燮伐大商」的前提，而清華簡〈程寤〉篇之所以鎖定夢主人為「太姒」而非「文王」或「太子發」，透過「文母」一詞的曖曖意涵，係與「母體」誕孕生育的象徵意義有關，也即是她象徵周國誕生的「國母」形象，後世推崇「周室三母」為奠定周朝偉大基業，實施幕後「工程」的關鍵人物，都從其出身、歷史作用與「母儀天下」去談[14]，但於天人之際的「國母」誕育象徵，則鮮少開發觸及，而清華簡〈程寤〉篇所載錄的「太姒」傳衍「天命」的神秘夢境，或許也提供另一支解碼的鎖鑰。

---

[12] 滕志賢注譯、葉國良校閱：〈小雅・北山〉，《新譯詩經讀本》（臺北：三民書局，2007 年 6 月），下冊，頁 693。

[13] 滕志賢注譯、葉國良校閱：〈小雅・北山〉，《新譯詩經讀本》，下冊，頁 760-762。

[14] 趙東玉、郝麗潔：〈試論「周室三母」〉，《大連教育學院學報》，2008 年第 1 期，頁 44-46。

三 談關於「周廷杍（梓）樹」的象徵意涵

對於清華簡〈程寤〉篇，如果我們能在文字解析與形義探討之外，以另一種解讀方式來進行，或許會有不同的理解。

首先，我們注意到篇首言「元祀貞（正）月既生明（魄）」，不管是在年月或月相上，都是一個起始點，而這起始點又與太姒身為誕育周國的「國母」形象能相互密合。當太姒夢見樹于商廷之間的「周廷梓樹」需要「小子發」去處理，到「王及太子發並拜吉夢，受商命于皇上帝」而「太姒」退出，這其中潛含的意蘊是什麼？

誠如邢文所說，從〈程寤〉篇的祭禮儀式可證成文王、武王「受命的合法性」[15]，而篇中涉及的六木一如王寧、袁瑩所區分的「棘」、「械」、「柞」比喻小人庸才，「梓」、「松」、「柏」比喻賢良善人嗎？文中「杍（梓）」木既化為「松柏械柞」四木，為何混淆它們之間變化的層次而另作「棘」、「械」、「柞」與「梓」、「松」、「柏」區分呢？真如袁瑩所解「以樹為喻」[16]的下層位比喻嗎？那它與「受商命于皇上帝」的「受命的合法性」有關嗎？

考察與「商棘」不同的「周杍（梓）」，袁瑩以「棘」指有芒刺的草木，如《易・坎》：「係用徽纆，寘於叢棘。」而「梓」是一種喬木，材質上選。《埤雅・釋木》：「今呼牡丹謂之華王，梓為木王，蓋木莫良於梓」[17]。另外，根據《正字通》的說法，「梓」是「百木之長，一名木王。羅願曰：『室屋閒有此木，餘材皆不復震，葉飼豕肥碩十倍。』」又《書・梓材》注：「治木器曰梓。」《疏》：「梓，木名，木之善者，治之宜精，因以為木之工匠之名。」

---

[15] 邢文：〈清華簡〈程寤〉釋文所見祭禮問題〉，武漢大學簡帛研究中心網站論文：http://www.bsm.org.cn/show_article.php?id=1374（發布時間：2011 年 1 月 9 日）。

[16] 袁瑩：〈清華簡〈程寤〉校讀〉，復旦大學出土文獻與古文字研究中心網站論文：http://www.gwz.fudan.edu.cn/SrcShow.asp?Src-ID=1376（發布時間：2011 年 1 月 11 日）。

[17] 袁瑩：〈清華簡〈程寤〉校讀〉，復旦大學出土文獻與古文字研究中心網站論文：http://www.gwz.fudan.edu.cn/SrcShow.asp?Src-ID=1376（發布時間：2011 年 1 月 11 日）。

可見視「梓」為「木王」，是上選的喬木，「百木之長」，位居眾木之尊，有其典籍文獻上的依據。

值得注意的是，《墨子‧明鬼下》曾談及「昔者虞夏、商、周三代之聖王，其始建國營都日，必擇國之正壇，置以為宗廟；必擇木之脩茂者，立以為菆位」，孫詒讓《墨子閒詁》引顏師古說：「叢謂草木岑蔚之所，因立神祠」，即此所謂「擇木之脩茂者，立以為菆位」，又以《史記索隱》引《墨子》作：「建國必擇木之脩茂者以為叢位」[18]。也就是說，選擇「木之脩茂者」以建立神社叢祠本身是具有神祕的宗教意味的。尤其〈明鬼下〉後文又述及：「昔者殷王紂，貴為天子，富有天下，上詬天侮鬼……故于此乎天乃使武王至明罰焉……武王逐奔入宮，萬年梓株折紂，而繫之赤環，載之白旗，以為天下諸侯僇。」對於其中「萬年梓株折紂」這句，《墨子閒詁》、《墨子》全譯本都以「未詳」、「此句不可考」輕輕帶過[19]。那麼，「萬年梓株」如果解讀為「天命王權」的象徵，個中懸解，是否即可渙然冰釋呢？

當中最重要的肯綮在，「梓」是天命下繫王權的依附所在，是被選定的特殊象徵。《說文解字‧木部》雖把「杍」列為「李」的「古文」，但經籍中假「杍」為「梓」，以故段《注》說：「按《正義》本經作『杍』，《音義》本經作『梓』，據二家說，蓋壁中古文作『杍』，而馬季長易為『梓匠』之『梓』也。如馬說，是壁中文假借『杍』為『梓匠』也。」[20]段氏的主張恰與〈程寤〉篇能夠符合。觀《尚書‧梓材》下孔安國《傳》曰：「梓音子，本亦作杍。馬云：古作梓字。」《正義》曰：「此取下言……（梓）此古杍字，今文作梓。梓，木名，木之善者，治之宜精，因以為木之工匠之名。」[21]陸德明

18 〔清〕孫詒讓：《墨子閒詁》（北京：中華書局，2007 年 11 月），上冊，頁 236。
19 〔清〕孫詒讓：《墨子閒詁》，上冊，頁 248；周才珠、齊瑞端譯注：《墨子全譯》（貴陽：貴州人民出版社，1995 年 8 月），頁 287。
20 〔漢〕許慎撰、〔清〕段玉裁：《說文解字注》（臺北：藝文印書館，2005 年 10 月），頁 242。
21 〔漢〕孔安國傳、〔唐〕孔穎達疏：《重栞宋本尚書注疏附校勘記》，頁 211。

《釋文》:「梓，本亦作杍。」實際上這是今古文用字的不同，古文作「杍」，今文則作「梓」。

其實古文何以作「杍」還有更深一層的意義在，《尚書大傳·梓材》曾指出「梓者，子道也」，其中的「子道」為何？是受誰「父」的賦予？《尚書·梓材》繼之言:「先王受命，已若茲監，惟曰欲至于萬年惟王，子子孫孫永保民。」從之可觀察出此「子」實際上乃「天父」之「子」，而溝通此「子」與「天父」之間的懸隔是維繫在「木」上的，楊儒賓在〈太極與正直——木的通天象徵〉一文中，曾指出「木最重要的象徵是通天，這種象徵意義可以想見的源自國家建立以前的邈遠時代。……天的信仰還在，我們可以想像的，木的功能就不會被取代，它仍要承擔後代人類組織和天溝通的功能」，而「木」之所以能「通天」，主要還是因「木」是「積極的引導天地之氣的流通。木繫根大地，為土所生；但木也指向天空，離天最近」，所以才會賦予它「天命具體化」的「宇宙樹」象徵[22]。如此說來，太姒夢見樹于商廷之間的「杍（梓）樹」，實際上已掌握住「天命之子」的溝通天地的命脈，當這個「通天」的意象確立下來後，「小子發」接續去處理，並與「王及太子發並拜吉夢，受商命于皇上帝」而「太姒」退出，的確是合情合理的切換，簡文作「杍」而不作「梓」，也恰如其份的顯現出這層關係，而後世視「杍」或「梓」為「木王」，追本溯源，「百木之長」的喬木既存有「通天」的可能，本身具足特有的形象元素也是重要的原因。何況從簡文形塑的空間軸來觀察，「周廷杍（梓）樹于厥間」亦即在奠定重塑天地的權力唯一性，並建構宇宙軸通天的正當性，「間」的立「中」概念，似與清華簡〈保訓〉篇中文王要求太子發遵行「中」道[23]，才是膺受天命的核心原因所在遙相呼應。

---

[22] 楊儒賓:〈太極與正直——木的通天象徵〉,《臺大中文學報》第二十二期（2005 年 6 月）,頁 59-98。文中主張「木」在上古存有論中象徵永恆、生命等各種意義，最重要的意義是通天，根源意象是宇宙軸，而「木」意義之衍化，通天始終是中國思想的核心要求。

[23] 李學勤主編、清華大學出土文獻研究與保護中心編:《清華大學藏戰國竹簡（壹）》,頁142。

四 關於「松柏棫柞」四木的象徵意涵

　　從清華簡原釋讀者將「杍（梓）」木所化的「松柏棫柞」與「棘」對立二分，區別成「以棘比喻奸佞朋黨，以松柏比喻賢良善人」[24]開始，其後王寧又進一步將「松柏是良材，棫柞惡木」對立起來[25]，袁瑩更將六木區分成「棘、棫、柞」一類，「梓、松、柏」一類，用來論略人才優劣賢不肖，其中「松柏」與「棫柞」是對立的，並不都是好的東西，所以太姒才會「寤驚」，文王才會心有驚懼而不敢冒然占卜，要在一系列祓除不祥的祭祀後，才敢在明堂占卜[26]，黃杰也贊同他的說法[27]。

　　但人才奸佞賢良優劣朋黨與否本屬人世間之當然，太姒「寤驚」，文王「驚懼」的恐怕不是這「取下」之言，而是緊緊依傍著那迷離撲朔、不可測知的「天命」而來。劉向曾說：「土生萬物，萬物莫善於木」，三代立國之君所以取得天下，如依周人的觀念解釋，其關鍵在於得「天命」。得天命者，天意與國君或國家命運可以相通。[28]相通之物既取決於通天之木，並已樹其中以「杍（梓）」木，而「中」既具有「宇宙軸」的象徵意涵，也即是權力者通向天命的「唯一」通道。那麼，用「松柏棫柞」四木象徵「四極」輔弼王位的穩固建立，成就天圓地方的根植不移，也就有其具體化和必然性了。

　　在通天「杍（梓）」木的變形之下，「松柏棫柞」四木的幻化誕生，可聯想到長沙子彈庫出土的楚帛書，甲篇中言及楚人的宇宙開闢論述，四隅所

---

[24] 李學勤主編、清華大學出土文獻研究與保護中心編：《清華大學藏戰國竹簡（壹）》，頁137。

[25] 王寧：〈讀清華簡〈程寤〉偶記一則〉，復旦大學出土文獻與古文字研究中心網站論文：http://www.gwz.fudan.edu.cn/SrcShow.asp?Src-ID=1386（發布時間：2011年1月28日）。

[26] 袁瑩：〈清華簡〈程寤〉校讀〉，復旦大學出土文獻與古文字研究中心網站論文：http://www.gwz.fudan.edu.cn/SrcShow.asp?Src-ID=1376（發布時間：2011年1月11日）。

[27] 黃杰：〈清華簡〈程寤〉筆記一則〉，武漢大學簡帛研究中心網站論文：http://www.bsm.org.cn/show_article.php?id=1387（發布時間：2011年1月12日）。

[28] 楊儒賓：〈太極與正直──木的通天象徵〉，《臺大中文學報》第二十二期，頁78-79。

繪四時之木將四木加予神格化，而四神取象於樹木以奠定「四極」，「四極」即「四神木」所撐起的通天之柱。李零曾指出：「帛書邊文所附圖形之四木，亦即四神所立四方四時的標誌……這裡的四木也就是四神所立的四根擎天柱。在帛書的布圖中，這四木的作用與古代出土占盤上面的四維相同（四獸鏡當中的四瓣花也是起同一作用）。馬王堆帛書《十六經‧果童》：『夫天有榦，地有恒常』、《行守》：『天有恒榦，地有恒常』，四木也就是四天榦」[29]，是「四木」象徵通天「杍（梓）木」的變形，以此觀彼，此「杍（梓）」木的變形不化一或二或三，而以「四」木出現，其積極開展的企圖，是建立在空間設計「四極」的穩固基礎上，亦即《太玄‧玄榮篇》所說的「天圜地方，極植中央」中「天榦」的具體落實。

除了用「四木」象徵「四極」、「四維」的穩實建構外，更令我們悚然驚異的是，若將「松柏棫柞」的四「木」形旁抽離時，赫然出現「公白或乍」四個大字如讖緯般的浮上檯面來，而隱藏在「四木」下的第二層意涵不僅使太姒「寤驚」，　更令文王驚懼，才要急詔當事人「太子發」來。不然，「四木」中「松、柏」良木的形象毋庸置疑，可以不論；但關於「棫、柞」的負面形象居多，何以成為通天「杍（梓）」木的變形？若檢閱《詩經》四首攸關「棫柞」的詩作，卻「是西周初期太姒、文王借助夢境表達周人其命維新的具象，它們以禮樂為載體，充分體現了天命靡常、有德居之的政治思想……周代建元以後又由天命祥瑞拓展出國勢強盛、人才濟濟等多元意象」[30]，那麼，「棫柞」詩中關涉的「周代建元以後又由天命祥瑞拓展出國勢強盛」與「棫柞」的負面形象似乎不合。疏通其中扞格的鈐鍵所在，即在「棫柞」是「國作」的象徵，古文字中「或」即是「國」，「乍」即是「作」有「生」的意思是眾所皆知的，毋庸置疑。根據《史記‧周本紀》的說法：

---

[29] 李零：《長沙子彈庫戰國楚帛書研究》（北京：中華書局，1985年7月），頁69-70。
[30] 孫娟：〈《詩經》棫柞詩與西周禮樂文明〉，《陰山學刊》，2010年第1期，頁53-57。

古公亶父復脩后稷、公劉之業，積德行義，國人皆戴之……古公有長子曰太伯，次曰虞仲。太姜生少子季歷，季歷取太任，皆賢婦人，生昌，有聖瑞……古公卒，季歷立，是為公季。公季脩古公遺道，篤於行義，諸侯順之。公季卒，子昌立，是為西伯。西伯曰文王，遵后稷、公劉之業，則古公、公季之法……詩人道西伯，蓋受命之年稱王而斷虞、芮之訟，後十年而崩，諡為文王。改法度，制正朔矣。追尊古公為太王，公季為王季，蓋王瑞自太王興。[31]

若以「王瑞自太王興」算起，「松柏」所隱藏的「公白」，係從「古公」、「公季」到「西伯」的概括，「詩人道西伯，蓋受命之年稱王」也與〈程寤〉篇首簡的「佳王元祀」能相互綰合。

另一方面，不管《博物志》卷 8、《藝文類聚》卷 79、《太平御覽》卷 84、卷 397、卷 533、《冊府元龜》卷 21、卷 892 及《竹書紀年》卷下作「梓化為松柏棫柞」或「梓化為松柏柞棫」，都因為「梓樹化為松柏棫柞，就具有了神聖性，由此松柏棫柞也就成為周代吉祥的象徵，表示周人替代殷商成為天子之國，因此為周人所尚，也在祭祀或任臣等重大國事中適用」[32]。考察「棫柞」除如王寧所理解的「惡木」，或袁瑩所主張的「低矮灌木」屬「樹木中低劣的品種」外，其實在傳統注疏上還有別種解讀的。《說文·木部》說：「棫，白桵也。從木，或聲。」又「桵，白桵，棫也。從木，妥聲。」段《注》引：「陸機曰：其材理全白，無赤心者為白桵，直理易破，可為犢車軸，又可為矛戟矜。」其中陸機所說「直理易破」似乎表達「棫」木的脆弱，但這種「易破」係因「直理」而來的，「棫」木既然「可為犢車軸，又可為矛戟矜」，其承重堅韌的質性也可推知，何況《說文》將之置於「梓」、「楸」、「檟」、「柀」、「榛」、「栲」、「杶」、「橁」、「桵」之後，以《說文》「同條牽屬、共理相貫」來說，個中特質也應等量視之。

---

[31] 〔漢〕司馬遷：《史記》（臺北：鼎文書局，1975 年），卷四，頁 115-119。

[32] 孫娟：〈《詩經》棫柞詩與西周禮樂文明〉，《陰山學刊》，2010 年第 1 期，頁 53。

　　至於「柞」字，《說文・木部》言：「柞，柞木也。從木，乍聲。」段《注》
下引《詩・大雅・緜》：「柞棫拔矣。」鄭玄《箋》：「柞、櫟也。」[33]關於「櫟」
木，《莊子・人間世》曾描摹其樹為：「其大蔽牛，絜之百圍，其高臨山十仞
而後有枝，其可以為舟者旁十數」[34]的高大參天喬木，是當齊國曲轅這地方
的「櫟社樹」來看待的。根據《本草綱目・柞木》下說即「鑿子木」，李時
珍說：「此木堅韌，可為鑿柄，故俗名鑿子木。方書皆作柞木，蓋昧此義也。
柞乃橡櫟之名，非此木也。」又說：「此木……高者丈餘，葉小而有細齒，
光滑而韌，其木及葉丫皆有鍼刺，經冬不凋，五月開碎白花，不結子，其木
心理皆白色。」[35]則「柞」木非僅高大，而且「光滑而韌」，那麼，以「柞」
木既是堅韌高丈餘的喬木來說，「棫」又與「松、柏、柞」擺在一起變化，
當不致於低矮惡劣到天差地別的程度。回頭檢視《詩・大雅・皇矣》：「天立
厥配，受命既固。帝省其山，柞棫斯拔，松柏斯兌。帝作邦作對，自大伯王
季」，《詩序》以〈皇矣〉用以「美周」，是「天監代殷莫若周」贊美文王之
德的，其中「柞棫斯拔，松柏斯兌」句式既然相同，「兌」釋為「易直」，則
「拔」不應作動詞解為「拔除」，應如《疏》中所引：「毛以為言天顧文王之
深，乃和其國之風雨，善其國內之山，使山之所生之木，柞棫拔然而枝葉茂
盛，松柏之樹兌然而材幹易直」，《正義》曰：「易直者，謂少節目，滑易而
調直，亦言其茂盛也」[36]，係視「拔」為「枝葉茂盛」的形容詞，而且「拔」
與「兌」互足「易直茂盛」之意，這樣解釋是比較穩妥適切的。

　　若以「四木」象徵「四極」、「四維」、「四斡」的撐天柱地，堅實穩固的
建構四方，則「四木」並非對立的善惡狀態，而是平列對等的支援通天「梓

---

[33] 〔漢〕許慎撰、〔清〕段玉裁：《說文解字注》，頁 245、246。

[34] 黃錦鋐註譯：《新譯莊子讀本》（臺北：三民書局，2003 年 2 月），頁 85；張耿光譯注：
《莊子全譯》（貴陽：貴州人民出版社，1991 年 7 月），頁 73、76。

[35] 〔明〕李時珍：《本草綱目》（臺北：國立中國醫藥研究所，1988 年 10 月），卷三十六，
頁 1219。

[36] 〔西漢〕毛亨傳、〔東漢〕鄭玄箋、〔唐〕孔穎達疏：《重栞宋本毛詩注疏附校勘記》（臺
北：藝文印書館，1979 年 3 月），頁 569。

（梓）」木」政權轉移的變形根榦，而除此作用外，令人驚異的是，政權轉移大變革符徵，竟顯現在「松柏棫柞」的四「木」形旁抽離下，赫然出現的「公白或乍」隱諱地呈現出來，何其巧妙的設計呀！而蓄積三代德業與政治野心的周族企圖，隱藏「公伯國作」的機關也就昭然若揭了。

五　結語

緣是之故，探討清華簡〈程寤〉篇中太姒之所以「寤驚」，文王之所以「驚懼」，可能需要從傳世典籍到出土文獻中，不同的場域卻不斷湧現的周武王「天命在茲」的強調與加工上著手[37]。對清華簡〈程寤〉篇的詮釋和理解，恐怕也不能直接從「奸佞朋黨」、「賢良善人」與「卑劣小人」、「人才優劣賢不肖」的對立面去立論，以「取下」之說局限了「通上」的可能，忽視那緊緊依傍迷離神秘的「天命」說，用類讖緯的隱諱方式來委婉呈現「彼可取而代之」的政治野心。

面對天命難測，天命靡常，天命的賦予下達也必須有個依憑。以周革殷命如此重大的政權轉移和變革，必須有強大無法抗拒的「天命」來寄託依傍，

---

[37] 舉如金文中談周文王受天命的，如〈天亡簋〉：「乙亥，王又大豐，王凡三方，王祀于天室，降，天亡又王，衣祀于王不顯考文王，事喜上帝，文王德在作廄，不克乞衣王祀。」〈何尊〉：「肆玟王受茲大令。佳珷王既克大邑商，則廷告于天。」〈大盂鼎〉：「不顯玟王受天有大令，在珷王嗣玟乍邦。」〈五祀㝸鐘〉：「明䯧文乃受大命，匍右四方，余小子肇嗣先王，配上下，乍㽙王大寶，用喜侃前文人，前文人章厚多福，䲶䥯先王，受皇天大魯令。」〈師克盨〉：「不顯文武，雁受大令，匍有四方。」〈毛公鼎〉：「不顯文武，皇天引厭氒德，配我有周。雁受大命，率襄不廷方，亡不閈于文武耿光。」〈㝸鐘〉：「日古文王，初盭龢于政，上帝降懿德大甹，匍有四方，匌受萬邦。」〈史牆盤〉：「日古文王，初嫠龢于政，上帝降懿德大甹，匍有上下，迨受萬邦。」等；而《詩經》中，如〈文王〉：「文王在上，於昭于天。周雖舊邦，其命維新。有周不顯，帝命不時。文王陟降，在帝左右。」「穆穆文王，於緝熙敬止。假哉天命，有商孫子。」「侯服于周，天命靡常。」〈大明〉：「有命自天，命此文王。」「維予侯興，上帝臨女，無貳爾心！」〈皇矣〉：「帝遷明德，串夷載路。天立厥配，受命既固。」〈文王有聲〉：「文王受命，有此武功。」〈江漢〉：「文武受命，召公維翰。」〈召旻〉：「昔先王受命，有如召公。」〈維天之命〉：「維天之命，於穆不已。於乎不顯？文王之德之純！」〈昊天有成命〉：「昊天有成命，二后受之。」等。

藉助於夢驗占祓的儀式過程來加予證成，以「太姒」夢的母體孕育，樹立「杍（梓）木」的「太子發」為「天子」的必然性，加上「松柏棫柞」四極的建構輔弼，「公白或乍」的國祚命脈也象徵性的於焉完成，此或與《孔子家語‧五帝》篇所謂：「周人以木德王」、《史記‧秦始皇本紀》的：「周曆已移，仁不代母」，《索隱》謂：「仁不代母，謂周得木德」的「木德」說有關。唯這樣的夢，是有其文化內涵深厚的「正夢」，而神秘「天命」的象徵作用，也在這種不斷增強信心的發酵催化下，產生「周雖舊邦，其命維新」的國祚取得正當性，就順理成章的成立了。

後記

本論文原載於武漢大學簡帛研究中心簡帛網簡帛文庫：http：www.bsm.org.cn/show_article.php?id=1412，並蒙國科會專題研究計畫補助，計畫編號：NSC 99-2410-H-006-112。後經學報審查人在審查意見中，提出「全文最核心的論點——『松柏棫柞』即為『公白或乍』，意指從古公到西伯的國祚。作者此一新說，必須將『松柏棫柞』四字的『木』旁抽離，有點兒像是打啞謎，先秦典籍似乎未見類似的修辭例證，且『公白』係指從『古公』、『公季』到『西伯』的概括，也缺乏應有的論證過程，因而此說能否備為一說，還得再審慎斟酌看看。」特別感謝審查人的提醒。然《詩經‧魯頌‧閟宮》已言：「后稷之孫，實維大王。居岐之陽，實始翦商。至于文武，纘大王之緒。」從古公到西伯的國祚承續，相關論文的討論已多，可參趙東玉、郝麗潔：〈試論「周室三母」〉一文，此不贅。另外，本文旨在闡述「夢占」的「象徵意涵」，與「修辭」手法似乎無涉。更何況「夢魂慣得無拘檢」，夢占容有因不同目的而拆文立說者，先秦文獻典籍中雖乏其實例，但如《左傳‧宣公十二年》的「夫文，止戈為武」、〈宣公十五年〉的「故文反正為乏」以及〈昭公元年〉的「於文，皿蟲為蠱」是大家耳熟能詳的應用到離析

文字的例子；後世如《三國志・蜀書・魏延傳》：「延夢頭上生角，以問占夢趙直，直詐延曰：『夫麒麟有角而不用，此不戰而賊欲自破之象也。』退而告人曰：『角之為字，刀下用也。頭上用刀，其凶甚矣。』」及《帝王世紀・卷一》：「黃帝夢大風吹天下之塵垢皆去，又夢人執千鈞之弩驅羊數萬羣。帝寤而歎曰：『風爲號令，執政者也。垢去土后在也。天下豈有姓風名后者哉？夫千鈞之弩，異力也。驅羊數萬羣能牧民爲善者也。天下豈有姓力名牧者哉？』於是依二占以求之，而求之得風后於海隅，登以爲相；得力牧於大澤，進以為將。」已可窺見其諸多應用，顯然發源有自，有其濫觴，而先秦出土文獻中有關夢占的探索，是值得進一步關注的課題矣！

原文發表於武漢大學簡帛研究中心簡帛網簡帛文庫（http://www.bsm. org.cn/show_article.php?id=1412，2011年3月14日），修改後收錄於《東海中文學報》第二十三期，臺中：東海大學中國文學系，2011年7月，頁141-156。（洪鼎倫校）

由出土文物重論「輔車相依，唇亡齒寒」
的「輔車」問題

一　前言

　　《左傳・僖公五年》曾記載一段大家耳熟能詳的典故，即宮之奇勸諫虞君有關「晉侯復假道於虞以伐虢」一事，引用當時俗諺「輔車相依，唇亡齒寒」來說明「虞、虢」之間的關係。此篇因「忠言逆耳，終致亡國之禍」的警世作用，加上二百餘字內「筆筆緊，字字密」的精采表現手法，素來被古文鑑賞或教科書選錄[1]，唯文中「輔車相依」該如何正確解讀，卻成為爭議的焦點，眾說紛呈，莫衷一是，此從網路搜尋引擎鍵入關鍵詞[2]，或《國文天地》所載如蔡根祥〈〈宮之奇諫假道〉「輔車相依」疑議〉[3]、左德成〈「輔」與「車」要如何相依？〈宮之奇勸諫假道〉析疑〉[4]、蘇建洲〈也談「輔車相依」——兼論〈小雅・正月〉的「輔」〉[5]也可見一斑。然諸文大抵根據傳世文獻或以王國維「二重證據法」為主軸，批駁發覆，剖析相當精當，有很好的宏裁卓識。唯處在考古出土資料日豐，文物多元而富實，竊以為諸家解讀尚存有閒處未達，故不揣翦陋，贅為數語，再從文本解析、考古車件配置及古文字形義流變等三方面考索，以推擬出更合理的詮釋可能。

---

[1] 如徐中玉主編：《古文鑑賞大辭典》（杭州：浙江教育出版社，1989 年 11 月），頁 11；高陽審定：《古文觀止注譯》（臺北：五南圖書出版公司，1999 年 3 月），頁 30。

[2] 如霜刃：〈「輔車相依」的「輔車」所指為何？〉之類，網址：http://59.151.27.202:82/gate/big5/blog.kaiwind.com/users/119/archives/2009/200921695544.html。

[3] 蔡根祥：〈〈宮之奇諫假道〉「輔車相依」疑議〉，《國文天地》，第 14 卷第 5 期（1998 年 10 月），頁 98-103。

[4] 左德成：〈「輔」與「車」要如何相依？〈宮之奇勸諫假道〉析疑〉，《國文天地》，第 15 卷第 8 期（2000 年 1 月），頁 16-23。

[5] 蘇建洲：〈也談「輔車相依」——兼論〈小雅・正月〉的「輔」〉，《國文天地》，第 16 卷第 4 期（2000 年 9 月），頁 34-38。

二 有關「輔車相依」的主要論說

根據《左傳·僖公五年》宮之奇的觀點，虞和虢的關係是「虢，虞之表也」，如「諺」所謂的「輔車相依」；而「虢亡虞必從之」，則如「諺」所謂的「脣亡齒寒者」。前人透過本證、他證基本上已證成這兩句是「各以不同的事物為喻」，係可拆開來的[6]，但此兩句比喻在文中非僅「加強語氣」，或是如顧炎武所謂「此二句一意」[7]，實際上它分職不同的作用。「輔車相依」談的是虞、虢間的「依存永續」之道；「脣亡齒寒」譬喻的是虞、虢間的「覆滅利害」之理，應該分別對待，尤其不應該忽略掉這兩句的出處係自「諺」語而來。

所謂「諺」，《說文解字》解釋為「傳言」，段玉裁說明「傳言」指的是「古語」，並特別拈出其性質是「前代故訓」，而不是「宋人作注乃以俗語俗論當之」的「俗語俗論」[8]。但桂馥在《說文解字義證》中卻臚列《尚書》、《左傳》、《大學》、《戰國策》、《列子》、《史記》、《孔叢子》、《太平御覽》、《一切經音義》、《廣雅》等眾多例證，客觀呈現出「諺」也有「俗言」、「傳世常言」、「俚語」等義項[9]，是較接近《左傳》的用法的，換言之，《左傳》所引的這兩句諺語來源於民間的智慧結晶，係屬庶民階層的普遍認知，代代相傳的「傳世常言」，乃街頭巷尾都能領略會意的「俚語」，此即霜刃所強調的：

---

[6] 霜刃：〈「輔車相依」的「輔車」所指為何？〉：http://59.151.27.202:82/gate/big5/blog.kaiwind.com/users/119/archives/2009/200921695544.html。

[7] 〔清〕顧炎武：《左傳杜解補正》（臺北：新文豐出版公司，1985年），叢書集成新編，第一百零九冊，卷上，頁265。

[8] 〔東漢〕許慎撰、〔清〕段玉裁：《說文解字注》（臺北：藝文印書館，2005年10月），頁95。

[9] 〔清〕桂馥：《說文解字義證》（濟南：齊魯書社，1987年12月），頁202-203。

「輔車相依」與「唇亡齒寒」是兩喻兩事，而不是兩喻一事，不必附會在一起。兩成語本於《左傳》所記錄的古「諺」。諺語，實際上是當時人民口頭的俗語常言。「輔車」與「唇齒」都是人們所熟悉的，它們內部兩物之間的依存與利害關係，也是人所皆知的常識。前者取車以為喻，車以載物，輔則以夾持車上之載，兩者有相夾持以載重之勢；後者則取諸身以為喻，唇所以蔽齒，唇亡則齒寒，以喻兩者利害關係。王筠《說文句讀》云：「諺所謂輔車相依，唇亡齒寒，乃連用譬喻……自輔制失傳之後，於是注家合兩喻為一事。」[10]

「兩喻兩事」的前提如果確立，那麼，「唇亡齒寒」因取諸人身頗好理解，而「輔車相依」既從諺語產出，庶民階層要如何去領略呢？觀晉朝杜預的注解是「輔，頰輔。車，牙車。」卻是用顧炎武指的「兩句一意」的方式去解讀，唐朝孔穎達承其說，進一步指出「牙車、頷車，牙下骨之名也。頰之與輔，口旁肌之名也。蓋輔車一處分為二名耳，輔為外表，車是內骨，故云『相依』也」[11]，雖能掌握「輔車」內外表裡相依的形勢，但個中疑慮，日人竹添光鴻在《左傳會箋》中已不諱言的指陳出，這兩句俗諺「以物喻」的表現手法[12]，若採杜說實不可據，其說云：

輔，頰輔也。車，牙車也。《箋》曰：諺語皆用韻，此獨不然。而哀八年《傳》止有下句，因知此合二諺者也。蓋「唇亡齒寒」，取諸身以為喻。「輔車相依」，則取諸車以為喻。《正韻》曰：「輔，兩旁夾車木也。」〈小雅·正月〉篇：「其車既載，乃棄爾輔。」《正義》

---

10 霜刃：〈「輔車相依」的「輔車」所指為何？〉：http://59.151.27.202:82/gate/big5/blog.kaiwind.com/users/119/archives/2009/200921695544.html。

11 〔周〕左丘明、〔西晉〕杜預注、〔唐〕孔穎達疏：《重栞宋本左傳注疏附校勘記》（臺北：藝文印書館，1979 年 3 月），第六冊，頁 207。

12 〔周〕左丘明、〔晉〕杜預集解、〔日〕竹添光鴻會箋：《左傳會箋》（臺北：鳳凰出版社，1975 年 10 月景印再版），上冊，第五，頁 29。文云：「晉侯復假道於虞以伐虢。宮之奇諫曰：虢。虞之表也。虢亡。虞必從之。」箋曰：「表猶上者民之表也之表，謂日圭。與下諺同以物喻也。虢亡則虞亦隨亡，猶如表顛則影亦隨顛也。」

曰：「為車不言作輔，此云『棄輔』，則『輔』是可解脫之物也。」
則車之有輔甚明。《呂氏春秋・權勳篇》宮之奇諫虞公曰：「虞之與
虢也，若車之有輔也。車依輔，輔亦依車，虞、虢之勢是也。」云若
車之有輔，則為載物之車，而非牙車矣！夫車所以載物，輔所以夾持
車上之載。頰顋為輔車者，以夾持口食似輔，故借而名焉耳，非真名
也。宮之奇意在取喻，不應復以物之借名為言；且與唇齒亦重。況輔
車相依，固詩人所詠，與唇齒二物並以取譬，不更明乎！《釋名》曰：
「輔車其骨強，所以輔持口也。或曰牙車，牙所載也。或曰頷車，頷，
含也，口含物之車也。或曰頰車，亦所以載物也。或曰齱車，齱鼠之
食積於頰，人食似之。故取名也。凡繫於車，皆取在下載上物也。」
然則牙車或謂之頷車，或謂之輔車，輔車是一物，不得分以為二也。
杜以輔為頰；車為牙車，殆不可通。《說文・車部》輔字下引《春秋
傳》曰「輔車相依」；又面部䩄字下云「頰車也」，是頰車本不作輔，
《周易》之輔頰舌，特假借字耳。[13]

在這一段頗長的引文中，竹添光鴻先從兩句諺語的押韻與否，《左傳》文中
引用及取喻的情況，進而考察字書與先秦經籍傳注的說解，確立了「杜以輔
為頰；車為牙車，殆不可通」的觀點，並提出「車之有輔，則為載物之車，
而非牙車矣！夫車所以載物，輔所以夾持車上之載」的重要觀點，強調「輔
車」與「載物」的關聯性，引用了《正韻》釋「輔」為「車」兩旁夾木的說
法，《正義》主張的「可解脫之物」的特性，是具有啟發意義的。

　　《左傳會箋》雖掌握其特點，實際上並未全然把問題解決掉，反而滋生
了更多的疑惑，尤其是「輔」與「車」該如何詮釋對待？所謂「兩旁夾車木」
的「輔」係如何「夾車」，後來學者的理解雖各有不同，但主要的看法有兩

種：（一）、是如前引孔穎達主張的「縛杖於輻」的車輪輔木，其功能主要在使車輪更牢靠堅固，也即是王引之說的：「輔是可解脫之物，蓋如今人縛杖於輻」，功用是「在下載上物」[14]，或如王筠舉家鄉車駕為例說：「吾鄉以小車載大石者，兩輻之間加一木，拄其轂與牙，繩縛於輻以為固，輻得其助，則輪強而不敗，故曰員于爾輻也」[15]，蘇建洲補充這種類似「拉桿」專用以「對付」負載過重的拉力，以輔助行路順暢的筆直木條即是「輔」，並認為「不論是享有崇高地位的貴族所擁有的馬車，或是載貨用的牛車，皆可能出現車輔，『輔車相依』的道理或由此而來」[16]；（二）是從陳奐主張的車箱立版，所謂車兩旁立版的「輔」，相當於今所謂的「車箱」，是用來載貨的，其說云：「《傳》以『車』為大車。『載』為重載。『輔』撗輿之版……大車撗置諸兩旁，可以任載」[17]。先秦時期「載任之車」是「大車」，也就是「牛車」[18]。牛車的車箱平面接近正方形，車箱比較深，可當載貨的運輸工具用[19]，「立版」是「車子載物時，夾在兩旁，以防止貨物傾墜的木板」，本身是「可以拆卸、活動的」[20]。蘇建洲否定「輔」有作為「立版」的可能，根據是：

> 考古發掘所見以馬車為多，以目前所見車，未見車輿部分可立版者。
> 車輿周圍有欄杆，名「車軨」，而車軨能加者最多僅是作為扶手的「較」。

---

[14] 〔清〕王引之：《經傳述聞》（臺北：廣文書局，1979年2月），第17「輔車相依」條主張「車之有輔，則為載物之車」，頁410-411。

[15] 〔清〕王筠：《說文釋例》（臺北：世界書局，1984年10月），卷十二「挩文」，頁35。其以「輔之本義，僅見於〈小雅〉及僖五年左氏此〈傳〉……段氏引〈權勳篇〉：『車依輔，輔亦依車』，使作車時已有輔，則不當言依」立說，故以兩輻間木視之。

[16] 蘇建洲：〈也談「輔車相依」──兼論〈小雅・正月〉的「輔」〉，《國文天地》，第16卷第4期（2000年9月），頁38。

[17] 〔清〕陳奐：《詩毛氏傳疏》，《續修四庫全書》（上海：上海古籍出版社，2002年），第七十冊，頁242。

[18] 如《周禮・考工記・車人》：「大車崇三柯」，鄭玄注：「大車，平地載任之車。」《國語・晉語》：「遇大車當道而覆」，韋昭注：「大車，牛車也。」

[19] 孫機・〈中國古獨輈馬車的結構〉，《文物》，1985年第8期，頁25。

[20] 左德成：〈「輔」與「車」要如何相依？〈宮之奇勸諫假道〉析疑〉，《國文天地》，第15卷第8期（2000年1月），頁16-23。

車輿能拆卸者是「車蓋」，所謂「立版」的根據不知從何而起？馬車尚且如此，遑論作為運輸工具的牛車。[21]

以上兩種主張皆勢均力敵，各有根據，「請循其本」回到問題的本身來看。

三 「輔車相依」的「車」字新解

《左傳》「輔車相依」既是出自俗「諺」的產物，追溯源由當留意還原到庶民階層以「物喻」的習言慣語，是生活經驗中所熟悉的物件，而非帝王貴族階層的，也就是說，前引霜刃談的「諺語，實際上是當時人民口頭的俗語常言，『輔車』與『唇齒』都是人們所熟悉的，它們內部兩物之間的依存與利害關係，也是人所皆知的常識」，在解讀《左傳》文本時，是應該慎重地考慮進去。蘇建洲所根據的「考古發掘所見以馬車為多」，大抵正是「帝王貴族階層」的產物，與庶民階層無關，也無怪乎他要說：「所謂『立版』的根據不知從何而起？馬車尚且如此，遑論作為運輸工具的牛車」，「馬車」、「牛車」，魚目與珠，本就不容相混；苟混而求之，要能廓清事實，也就有些困難了。郭寶鈞嘗在《殷周車器研究》中談及殷周車制云：「漢、唐人的注疏以及清代乾、嘉諸老的車制專著，試就先秦馬車的構造和各部分的功用作一論述，移殘補缺，因文證跡，或可略復先秦車器的真實於近似……殷、周時通行的車類分為兩種，一種是駕牛的車，用於農村載重；另一種是駕馬的車，用於乘坐（乘車）、戰陣（兵車）或田獵（田車）。上述各地的遺存，都是駕4馬或駕2馬的車，並無駕牛的。至於兵車、田車和乘車的差異，也只是尺寸和裝備上有所不同，而在其結構原理和各部件的功用方面，所差不多。……車的附屬物，當將其附著在車體時，必須與車體的形制相符，始能

---

[21] 蘇建洲：〈也談「輔車相依」——兼論〈小雅・正月〉的「輔」〉，《國文天地》，第16卷第4期（2000年9月），頁37。

完固；年代久遠，木質車體雖腐朽而銅制車飾則如故。」[22]配合《晉書·輿服志》所謂的：「古之貴者不乘牛車，……自靈、獻以來，天子至士庶遂以為常乘。」也可窺見風俗的變遷改易，而也因缺乏庶民階層農村載重用的牛車可以比觀，根據馬車來的推論也就不無可議之處了。

另一方面，前人對杜預注「車」為「牙車」、「牙床」皆採否定的態度，大都根據《說文解字》釋「車」的本義是「輿輪之總名也」，似乎也無異說。但段注有一段話值得細細思索，他說：

> 車之事多矣，獨言輿輪者，以轂、輻、牙皆統於輪；軾、較、軫、軹、轛皆統於輿，輈與軸則所以行此輿輪者也。故倉頡之制字，但象其一輿、兩輪、一軸。許君之說字，謂之「輿輪之總名」，言輪而軸見矣！渾言之則輿輪之總名，析言之則惟「輿」稱「車」，以人所居也，故〈考工記〉曰：「輿人為車」。[23]

文中所謂的「析言之則惟『輿』稱『車』」證據是從〈考工記〉來的，雖然王宗涑在《考工記考辨》卷五〈輿人考辨·輿人為車〉條不認為「輿」、「車」可以互用，辯之云：「（輿人為車）車當為輿，涉下車廣而誤也。《說文》：『車，輿輪之總名也。』輿人單為小車牝服，不得云為車，且輪人為輪，輈人為輈，車人為車，記文上下皆不易字，則此車字是轉寫之誤明甚」，但實際上同書卷四有「輪人為蓋」也未見批駁，況其後考「鄭曰：『車，輿也。』」又云：「為車，凡人所乘皆牝服之已合于輪軸者，而人在牝服之中，故經典多云『乘車』，亦通稱『乘輿』。」[24]可見經籍用法中，「車」、「輿」是可互通的，那麼，俗諺舉「輔車相依，脣亡齒寒」的比喻，後句「脣」、「齒」僅取人體兩個部分器官來比喻；但前句「輔車相依」卻用車外輔助物件別名「輔」來與總名

---

22 郭寶鈞：《殷周車器研究》（北京：文物出版社，1998年12月），頁3-4。

23 〔東漢〕許慎撰、〔清〕段玉裁：《說文解字注》，頁727。

24 〔清〕王宗涑：《考工記考辨》，《續修四庫全書》（據杭州大學圖書館藏清抄本影印，上海：上海古籍出版社，1995年3月），第八十五冊，頁294。

「車」配合作譬喻，除了不押韻外，語句也不對應不協調，故在此「取車以為喻」的「車」，定非《說文》所定義的總名，有否即是「輿」呢？以「輿」又可稱「車」，但「車」並無稱「輪」之例，假設如此，脣外齒內，輔外車（輿）內，部分對部分，才顯得四平八穩，勻稱妥貼。

有趣的是，《說文》雖解釋「車」是將「輿」擺在「輪」前，表示「輿」可能比「輪」還來得重要。但追溯車制的來源，一般是先從「輪」開始的，故阮元在《考工記車制圖解‧輪第一》中談「周人上輿」而「察車自輪始」說：「車雖有輪、輿之分，而其用莫先于輪。」又在〈輿解第二〉「車上受物曰輿」條云：「《說文》曰：『輿，車底也。』《續漢書‧輿服志》曰：『上古聖人觀轉蓬為輪行，不可載，因物生智，後為之輿。故輿後于輪。輿者，軫、輢、軾、轛之總名。』」[25]乃依其發展序列將輪擺在首位，但特別標舉出「輿」的負載功能是「輪」所缺乏的。而車所能拆卸的部件不僅如蘇建洲所稱的「車蓋」，甚且「車輪」、「車輿」都可完全卸除，「卸輪」的如郭寶鈞在《殷周車器研究》中所談的：

> 駕車然後貫輪、貫輪然後脂轄的作法，是西周時一部分人的習慣。《詩‧泉水》：「載脂載牽（即轄），還車言邁」。馬脫駕時，輪亦應脫下休息，古人似乎是以同一態度來看待此兩件事的。……《考工記》上說：「凡察車之道，必自載於地者始也，是故察車自輪始。凡察車之道，欲其樸屬而微至，不樸屬無以為完久也；不微至無以為戚（疾）速也。」[26]

---

[25] 〔清〕阮元：《考工記車制圖解》，《續修四庫全書》（據湖北省圖書館藏清乾隆七錄書館刻本影印，上海：上海古籍出版社，1995年3月），第八十五冊，頁401、408。又孫機：〈從胸式繫駕法到鞍套式繫駕法——我國古代車制略說〉，《考古》，1980年第5期，頁448中說：「陶輪僅在轉動中帶動泥坯作迴旋運動，而車輪則在滾動中減輕了車子對地面的摩擦，從而可以較小的原動力移動較重的物體，這是人類在更高的階段上對輪子的功能的利用。」

[26] 郭寶鈞：《殷周車器研究》，頁28-29。

則「馬脫駕時，輪亦應脫下休息」；至於「卸輿」的，如金祥恆說：「蓋車平時不用，將輿卸而藏之，故不繪其輿」[27]，此從古文字的構形上也可觀察一二（表一）：

表一　古文字「車」構形

甲骨文	金文	竹簡	小篆／籀文
《合集》584　正	《集成》05398／同卣	包 2.267	說文
《合集》10405　正	《集成》03194／車父己簋	包 2.157	說文籀文
《合集》6834　正	《集成》03454／作車簋	天策	
《合集》11456	《集成》04201／小臣宅簋	天卜	
	《集成》04205／獻簋	望 2 策	
	《集成》04302／彔伯䜌簋蓋	曾 187	
		曾 195	

從中可知《合集》584　正 、《合集》11456 [28]、《集成》04201 諸形係

---

[27] 金祥恆：〈釋車〉，《中國文字》第 4 期（1961 年 6 月），頁 436；又見曾永義：《儀禮車馬考》（臺北：臺灣中華書局，1986 年 9 月），頁 77。

[28] 按季旭昇：《說文新證》（臺北：藝文印書館，2004 年 11 月），頁 257 中以此形為車軸耑的「叀」字，並以「『 』強調車軸兩旁，應即『叀』字。」然字形並未能彰顯出所「強調」處，劉釗、洪颺、張新俊：《新甲骨文編》（福州：福建人民出版社，2009 年 5 月），頁 750 依然收錄諸形入「車」字，乃「賓組」甲文。

「卸輿」[29]之形；而《集成》04205◆、《集成》04302◆、《集成》05398◆諸形則是「卸輪」[30]之形，竹簡小篆的字形都是從「卸輪」的「車」形而來[31]，也符合經籍「輿」、「車」互用的事實。

　　但是，庶民階層所使用的牛車「輿」是稱作「箱」的，戴震在《考工記圖》卷上〈釋車〉「車式較內謂之輿」下注明：「大車名箱。」又在「大車之較謂之牝服，其內謂之箱」下注：「箱則其上齊平」[32]；鄭珍也在《輪輿私箋》卷二說明「大車、柏車、羊車」的「輿皆方」，而因「車箱是搖動之物，人又須踐履其上，伏兔所不及承者，兩邊各七八寸，兩頭一尺有餘，其非雌雄筍所能勝，理勢易見」，故「車箱之底，軫及伏兔是直承，底必用橫板為之，始克受其承而兩頭著槽，乃有力其厚」，至於若「庶人所乘，《詩》所謂有棧之車者，止以柴木為箱，安得有重較乎？」而且「車箱後面空虛，兩柱上宜牽以一橫木，其輈始固。」[33]那麼，庶民階層車箱的的形制或許如下圖（《清明上河圖》中的驢車）所示[34]，只是將驢換作牛罷了：

---

29 郭寶鈞：《殷周車器研究》，頁44。郭寶鈞說：「輿與車的含義，平常通用。仔細分起來，輿應是僅指車子的車箱那一部分，車才是指車的全部。顏師古《急就篇注》有『著輪曰車，無輪曰輿。』《釋名》：『輿，舉也，謂可舁而舉之也。』『舁而舉之』就是說車箱可從輪、軸上卸下，除去關係，並能將其抬舉起來，故叫輿。輿的構造，以軫和荐板為底，以輢和軾為牆（輈），以後欄為門，以蓋為宇，好像是出行時用雙輪拖著一間木房子，故有車之名。《釋名》說：『車，古者曰車，聲如居。言行所以居也。今曰車，車，舍也，行者所處若車舍也。』車的命名已指明了車的用途並規定了車的形狀。」可參。

30 郭寶鈞：《殷周車器研究》，頁28-29。郭寶鈞說：「駕車然後貫輪、貫輪然後脂轄的作法，是西周時一部分人的習慣。《詩・泉水》：『載脂載牽（即轄），還車言邁』。馬脫駕時，輪亦應脫下休息，古人似乎是以同一態度來看待此兩件事的。」可參。

31 〔清〕王筠：《說文句讀》（臺北：廣文書局，1972年11月），第七冊，頁2111。即主張「（車）篆中央，其輿也。兩一，其輪也。丨則屬乎輪之軸也。大車用轅，小車用輈，其制不一，且今日河南尚多無轅車。」

32 〔清〕戴震：《考工記圖》，《續修四庫全書》（上海：上海古籍出版社，1995年3月），第八十五冊，頁73、75。

33 〔清〕鄭珍：《輪輿私箋》，《續修四庫全書》（據上海圖書館藏清同治七年莫氏刻本影印，上海：上海古籍出版社，1995年3月），第八十五冊，頁454、459、460、470、476。

34 孫機：〈從胸式繫駕法到鞍套式繫駕法——我國古代車制略說〉，《考古》，1980年第5期，頁457。

何況「殷代和西周的車輿保存較好的實例很少」，再加上「木結構的車子長期埋在地下，發掘時多已僅存痕跡，稍有不慎，旋即損傷。加以木質抽縮、變形等原因，根據車子痕跡的尺度來復原，必與實際情形有所出入。」[35]所以目前要完全復原庶民階層的牛車，是有其困難度的，而「辛村發現的車輿痕跡，如輿底另有二條與轅平行的梁木，以架車輿底板，兩轐之間有十八根立柱，均可參考。」[36]另外，曾永義在《儀禮車馬考》中談及各階層用車情形是：「孤乘夏篆，卿乘夏縵，大夫乘墨車，士乘棧車，庶人乘役車。」庶人乘「役車」的原因在「役車方箱可載任器以共役」，因為「庶人以力役為事，故名車為役車。知方箱者，按〈冬官〉乘車、田車，橫廣，前後短；大車、柏車、羊車皆方。故知庶人役車亦方箱。」又說：「實則大車不是正方，而是橫狹，前後長。因為要多載東西，不但前後長，而且後面還突出兩條木，以便在這上面也可以放東西」[37]的說法，可為「輔」字的參考。

---

[35] 張長壽、張孝光：〈殷周車制略說〉，《中國考古學研究——夏鼐先生考古五十年紀念論文集》（北京：文物出版社，1986 年 8 月），頁 139、152。

[36] 張長壽、張孝光：〈殷周車制略說〉，《中國考古學研究——夏鼐先生考古五十年紀念論文集》，頁 154。

[37] 曾永義：《儀禮車馬考》，頁 8-9、68。

四　「輔車相依」的「輔」字考索

在教育部《異體字字典》中，收錄傳世字書中可見的「輔」字異體作：

偁　補　輔　輔　補　補　較　辅 [38]

諸異體殷周甲文皆未見，唯「輔」字出現最早。《說文解字》對「輔」字的解釋是「《春秋傳》曰：『輔車相依』。从車，甫聲。人頰車也。」段《注》進一步說明此處特殊的體例云：「凡許書有不言其義徑舉經傳者……此引《春秋傳·僖公五年》文，不言輔義者，義已具於傳文矣。〈小雅·正月〉曰：『其車旣載，乃棄爾輔。』《傳》曰：『大車旣載，又棄其輔也。』『無棄爾輔，員于爾輻』，《傳》曰：『員，益也。』《正義》云：『大車，牛車也。爲車不言从輔，此云棄輔，則輔是可解脫之物，蓋如今人縛杖於輻以防輔車也。』今按：《呂覽·權勳》篇曰：『宮之奇諫虞公曰：虞之與虢也，若車之有輔也。車依輔，輔亦依車，虞、虢之勢是也。』此卽《詩》『無棄爾輔』之說也。合《詩》與《左傳》，則車之有輔信矣。引申之義爲凡相助之偁。今則借義行而本義廢。尠有知輔爲車之一物者矣。人部曰：『偁，輔也。』以引申之義釋本義也。今則本字廢而借字行矣。面部曰：『酺，頰車也。』面酺自有本字，《周易》作輔，亦字之叚借也。今亦本字廢而借字行矣。《春秋傳》『輔車相依』，許廁之於此者，所以說輔之本義也，所以說左氏也，謂輔與車必相依倚也，他家說左者，以頰與牙車釋之，乃因下文之脣齒而傅會耳。固不若許說之善也。」[39]並說明「輔」字說解末的「人頰車也」，大、小徐的解說是有出入的：「小徐本箸此四字於『甫聲』下，與上文意不相應，又無『一曰』二字以別爲一義，知淺人妄謂引傳未詮而增之也。面部旣有『酺頰也』之文，則必不用借義爲本義矣。若大徐本移輔篆於部末，解曰：『人

---

[38] 見教育部《異體字字典》，網址：http://dict.variants.moe.edu.tw/yitia/fra/fra04076.htm。
[39] 〔東漢〕許慎撰、〔清〕段玉裁：《說文解字注》，頁733。

頰車也。从車，甫聲。』而無『《春秋傳》曰『輔車相依』八字，輔非眞車
上物，廁末似合許例，然無解於面部業有醺篆也。校許宜刪去四字。」此中
段注又因引伸義（按：段注引伸假借常誤合而視之）關係，連類及之後起字
「醺」、「俌」二字，若以現存先秦考古材料觀察「輔」字相關諸字的發展分
別序列，亦可推估其本末矣。

　　劉釗、洪颺、張新俊的《新甲骨文編》中並未收錄「輔」、「醺」、「俌」
三字，《金文編》則收有「輔」字而未見「醺」、「俌」二字[40]，「輔」除當官
名外，最主要用法是作「輔佐」義，如《集成》04469〈望盨〉：「則唯輔天
降喪」、《集成》10171〈蔡侯盤〉：「肇輔天子」與《尚書・湯誓》：「爾尚輔
予一人」[41]，輔佐對象為「天」、為「天子」而未見為「輔車」者，應是從輔
「車」之「輔」引伸出「輔天」、「輔人」的用法，戰國文字中又可見因其材
質之故改作從木的「枏（輔）」字[42]，如下表所示：

字形出處	文例
《郭店・老子丙》13 號簡	是以能枏（輔）壃勿（物）之自 狀（然）
《郭店・太一生水》1 號簡	水反枏（輔）太一
《郭店・太一生水》2 號簡	神明復相枏（輔）也
《郭店・太一生水》2 號簡	侌（陰）昜（陽）復相枏（輔） 也

[40] 容庚編著：《金文編》（北京：中華書局，1989 年 8 月），頁 934。
[41] 張亞初：《殷周金文集成引得》（北京：中華書局，2001 年 7 月），頁 740；王文耀：《簡
　　明金文詞典》（上海：上海辭書出版社，1998 年 12 月），頁 407。
[42] 湯餘惠主編：《戰國文字編》（福州：福建人民出版社，2001 年 12 月），頁 935。除上表
　　所示外，尚收錄有《包山》175、《璽彙》2194。

	《郭店‧太一生水》3 號簡	四時復相棓（輔）也
	《郭店‧太一生水》3 號簡	倉（滄）然（熱）復相棓（輔）也
	《郭店‧太一生水》3 號簡	濕澡（燥）復相棓（輔）也

那麼，從「車」之「輔」的字形是較早出現的，表示「輔」與「車」的關係是較杜注所謂「輔，頰輔」的解讀合理且密切[43]，如以郭寶鈞推測的「輿的原始形制，當係仿自一個托拉著的簸箕，故前環（箕背）而後方（箕舌）。小屯第十三次發掘出的第 20 號墓、第 40 號墓中所出的輿痕，正是這樣的形狀。辛村西周魏墓第 1 號墓中，輿痕的前軾也是環角，猶存遺制。……但在殷末和西周中，已有改用長方形輿者，如大司空村第 175 號墓的車、辛村第 42 號墓的車、洛陽下瑤村第 151 號墓的車，其輿角都不為曲形，張家坡 2 號墓的車，其輿角已變為六角形。到戰國時期，琉璃閣第 131 號墓中所出的 19 輛輿跡，其前軾則無一是用曲輿的。由此可知，輿的前欄已由曲形變為方折形而成方輿了，然猶是左右寬而前後淺，仍保持著古箕橫張的體勢；只有第 131 號墓的第 18 號、第 19 號兩車的車箱，為了適應特別用途，是前後長而左右窄的，這時體制才初有變化。先秦的輿制基本上為橫方形，這點應是毫無疑問的……（輿的）軫、軏和荐板相互結合，然後再以鉤心、輚和輹加於軸上，車就可以行進，物就可以載，人就可以乘了。然而，這只是

---

[43] 〔周〕左丘明、〔晉〕杜預集解、〔日〕竹添光鴻會箋：《左傳會箋》，上冊，第五，頁29《釋名》曰：「輔車其骨強，所以輔持口也。或曰牙車，牙所載也。或曰頷車，頷，含也，口含物之車也。或曰頰車，亦所以載物也。或曰齻車，齻齒之食積於頰，人食似之。故取名也。凡繫於車，皆取在下載上物也。然則牙車或謂之頷車，或謂之輔車，輔車是一物，不得分以為二也。杜以輔為頰；車為牙車，殆不可通。《說文‧車部》輔字下引《春秋傳》曰『輔車相依』；又面部酺字下云『頰車也』，是頰車本不作輔，《周易》之輔頰舌，特假借字耳。」可參。

一方短車床，四周漫無遮欄，車疾馳時，人也易墜，物亦易墜。為防止出現這類情況，需要在車床周圍植立一些短柱、欄杆之類來範圍人和物。範圍在軸前半的叫做『軾』，範圍在軸後半的叫做『輢』。」[44]則依此類推，庶民階層所用大車指夾在車箱外面，承載貨物時，也「需要在車床周圍植立一些短柱、欄杆之類來範圍人和物」的物件就稱作「輔」，故《爾雅·釋木》云：「輔，小木。」《正韻》釋「輔」為「兩旁夾車木」，是「以物相將曰輔」的短柱，也即是夾住車箱兩旁的木柱。若又以古代官設四輔的規制來擬況，疑如《禮·文王世子》所設「師、保、疑、丞」的四輔，或是《尚書大傳》所說的：「古者天子必有四鄰，前曰疑，後曰丞，左曰輔，右曰弼。」恐怕車箱外的「輔」木也當置於前、後、左、右四處，透過縱橫交錯版木的遮欄穩固，才能保障所載物品不致於傾覆，也因「輔」乃民間車載用物，並為車輿載物時的輔助外加成分，無怪乎所有出自帝王墓葬的考古資料也就無痕無徵了[45]。

　　原文發表於《傳承——紀念林尹教授國際學術研討會論文集》，新北：財團法人景伊文化藝術基金會，2013 年 7 月，頁 281-300。（邱郁茹、洪鼎倫校對）

---

[44] 郭寶鈞：《殷周車器研究》，頁 44-47、51。
[45] 參見蕭聖中：《曾侯乙墓竹簡釋文補正暨車馬制度研究》（北京：科學出版社，2011 年 7月），第 5、6 章，頁 174-225。

由重疊形式談《清華簡（壹）‧祭公》
「慝＝厚顏忍恥」

一　前言

　　前此因撰〈西周金文重疊詞探析——以《殷周金文集成》簋鐘類銘文為例〉、〈西周金文重文現象探究——以《殷周金文集成》簋類重文為例〉、〈從先秦金文論重疊詞的起源問題——由「子子孫孫」談起〉及〈宋右師延敦「佳贏贏昷昷易天惻」解〉[1]諸文的關係，對於重疊詞有比較特殊的關注和留意。當研讀2010年12月出版的《清華大學藏戰國竹簡（壹）》（以下簡稱《清華簡（壹）》）時，其中收錄有《逸周書》名為〈祭公解〉[2]的〈祭公之顧命（祭公）〉一篇，篇中大抵記錄「謀父患病不瘳，臨終前告誡前來探視的穆王，如何總結夏、商兩代敗亡的教訓和文王、武王成功的歷史經驗，保守周王朝基業。對於執政的三公，則力囑他們要更好地輔保穆王。」[3]而《逸周書》歷來被看成是一部「研究西周和商、周之際歷史及年代的重要材料，同時也是研究周人治國治民的政治思想、管理思想、經濟思想、道德思想和

---

[1] 沈寶春：〈西周金文重疊詞探析——以《殷周金文集成》簋鐘類銘文為例〉，《王叔岷先生學術成就與薪傳學術研討會論文集》（臺北：臺灣學生書局，2001 年 8 月），頁 269-285；沈寶春：〈西周金文重文現象探究——以《殷周金文集成》簋類重文為例〉，《古文字研究》第二十四輯（北京：中華書局，2002 年 7 月），頁 307-311；沈寶春：〈從先秦金文論重疊詞的起源問題——由「子子孫孫」談起〉，《第四屆國際中國古文字研討會論文集》（香港：香港中文大學，2003 年 10 月），頁 139-151；沈寶春：〈〈宋右師延敦〉「佳贏贏昷昷易天惻」解〉，《古文字研究》第二十五輯（北京：中華書局，2004 年 11 月），頁 129-132。

[2] 黃懷信：《逸周書校補注譯（修訂本）》，西安：三秦出版社，2006 年 9 月，頁 337-343。

[3] 李學勤主編、清華大學出土文獻研究與保護中心編：《清華大學藏戰國竹簡（壹）》，上冊，頁 22-25、99-113；下冊，頁 173。此篇《禮記‧緇衣》則引作〈葉公之顧命〉，並見於郭店簡與上博簡〈緇衣〉中，唯字體寫法不一。

軍事思想的重要材料」。[4]從清代以來，關注到《逸周書》的學者相當多，舉如作校注者有盧文弨、潘振、陳逢衡、丁宗洛、唐大沛、朱右曾等；撰作札記者有王念孫、莊述祖、俞樾、孫詒讓、于鬯、陳漢章、劉師培等；後來居上者，則有李學勤、蔡哲茂、麻愛民、黃懷信諸先生，李氏並首開以青銅銘文參證比觀，取得相當好的成績。其中祭公謀父與周穆王的對話，又見於《左傳・昭公十二年》、《國語・周語上》首章，李氏認為此篇為西周文獻，在戰國中期已被廣泛傳抄。本文即以〈祭公之顧命（祭公）〉篇中「唐唐厚顏忍恥」句中的「虎=（唐唐）」為探討鈐鍵，在諸家精義紛陳而尚未取得合理共識中，欲站在重疊詞演變的橫線與縱軸的歷程來觀察，或許對問題之解決，有所裨益，故推而廣之，全面就所涉《逸周書》與《清華簡》中的重疊詞作歸納整理，企圖由大入小，以小見大，用來釐清其原來面目。

二　談《清華簡（壹）・祭公之顧命（祭公）》中的「虎=（唐唐）」

關於《清華簡（壹）・祭公之顧命（祭公）》簡17-18云：「於（嗚）虎（呼），天子，三公，女（汝）念孳（哉）。女（汝）母（毋）□努，虎=（唐唐）厚顏忍恥，寺（時）隹（惟）大不弔（淑）孳（哉）」句[5]，其中原考釋者隸作「虎=」者，讀為「唐唐」，釋為「大言」，屬下讀，並引「《說文》：『大言也。』從庚聲字多有空虛之意。厚顏，《詩・巧言》：『顏之厚矣。』」[6]劉國忠從之，也讀作「唐唐」，釋為「說大話」，屬下讀[7]。黃懷信也隸作

[4] 黃懷信：〈前言——《逸周書》的源流與版本〉，《逸周書校補注譯（修訂本）》，頁1。
[5] 李學勤主編、清華大學出土文獻研究與保護中心編：《清華大學藏戰國竹簡（壹）》，下冊，頁175。
[6] 李學勤主編、清華大學出土文獻研究與保護中心編：《清華大學藏戰國竹簡（壹）》，下冊，頁178。
[7] 劉國忠：〈清華簡九篇釋文簡注〉，《走近清華簡》（北京：高等教育出版社，2011年4月），〈祭公〉，頁148，注釋62。

「愆愆」，讀為「唐唐」，言「義不詳」。今本作「泯泯芬芬」，昏亂之貌[8]；復旦讀書會則隸作「愆＝」，疑讀為「康康」，屬上讀[9]。黃澤鈞就斷句上言，以下句「厚顏忍恥」可獨立成句，並與《逸周書》對照，主張此處「愆愆」應屬上讀，可讀為「康康」，表示安逸怠惰之義[10]；沈建華則隸作「愆＝」，讀為「皇皇」，引《說文》：「皇，大也。」[11]諸說雖對原隸定並無異議，但屬上讀或下讀卻有一些紛歧，尤其釋義的部分，差異較大，尚未取得共識，有再進一步探討的必要。

其實從「庚」從「心」的「愆」字，甲骨文曾出現過，金文則未見。《甲骨文合集》18384片殘辭作：「貞王……愆……來……自……　三」[12]，後來經曾毅公、蔡哲茂綴合成：

☑小臣令☑黍

己丑卜，㱿貞：令射佣衛　一月　　　　　　三

貞：王心愆亡來娍（艱）自方　一月　　　　三

惠鬼☑　　　　　　　　　　　　　　　　三[13]

並懷疑是從心庚聲的字[14]，裘錫圭在〈殷墟甲骨文考釋四篇〉最先考釋「愆」

8 黃懷信：〈清華簡《祭公》篇校釋〉，「《清華大學藏戰國竹簡（壹）》國際學術研討會」會議論文，北京：清華大學出土文獻研究與保護中心，2011 年 6 月 28-29 日，頁129。

9 復旦大學出土文獻與古文字研究中心研究生讀書會（侯乃峰、劉建民執筆）：〈清華簡《祭公之顧命》研讀札記〉，「復旦大學出土文獻與古文字研究中心」網站：http://www.guwenzi.com/SrcShow.asp?Src_ID=1354（發布日期：2011 年 1 月 5 日）。

10 黃澤鈞：《《清華大學藏戰國竹簡（壹）‧金縢、祭公》研究》（高雄：國立高雄師範大學經學研究所碩士學位論文，2013 年 1 月），頁 465-466。

11 沈建華：〈清華簡《祭公之顧命》與《逸周書》校記〉，中國文化遺產研究院編：《出土文獻研究》第十輯（北京：中華書局，2011 年 7 月），頁 33，注釋 85。

12 胡厚宣主編：《甲骨文合集釋文》（北京：中國社會科學出版社，1999 年 8 月），第二冊，編號 18384 號。

13 蔡哲茂：《甲骨綴合集》（臺北：中央研究院歷史語言研究所外版書，文淵閣文化事業有限公司印製，1999 年 9 月），頁 339-340，第 350 組；〈釋文及考釋〉，頁 431，云：「本片合 13 加合 18384 為曾毅公所綴，見綴 89。」

14 蔡哲茂：《甲骨綴合集》，頁 339-340，第 350 組；〈釋文及考釋〉，頁 431。

字，認為應該是「心蕩」之「蕩」的專字（本字），其說云：

> 從王因「心愿」而卜問是否會有艱險之事發生的情況來看，「心愿」顯然是指心臟的一種不正常的現象。把卜辭文義上的這一線索跟字的結構結合起來進行考慮，可以肯定「愿」就是古書中所說的「心蕩」（出處詳下）的「蕩」的專字。
>
> 「愿」字的結構跟「唐」字相類。《說文・二上・口部》：「唐，大言也。从口，庚聲。喝，古文唐从口易。」「愿」可以分析為「从心，庚聲」或「从心，唐省聲」，其字音應與「唐」相似。上古音「唐」、「易」相近。上引《說文》「唐」字古文从「易」聲，就是明證。「唐」與从「易」聲的「湯」也音近可通。大家都知道，殷墟卜辭所記的祭祀對象「唐」，就是古書中的「湯」。「蕩」字从「湯」得聲，而且跟「唐」一樣也是定母字。我們把以「心」為形旁的、讀音跟「唐」相似的「愿」字視為「心蕩」之「蕩」的專字，顯然是很合理的……《說文・十下・心部》：「惕，放也。从心，易聲。」「惕」、「蕩」同音，一般認為「惕」就是「放蕩」之「蕩」的本字（參看《說文通訓定聲》「惕」字條）。「心蕩」之「蕩」與「放蕩」，義本相通。《左傳・莊公四年》杜預注，釋「心蕩」之「蕩」為「動散」。「放」、「散」義近。所以我們也未嘗不可以把「愿」直接釋為「惕」。也許比較合適的辦法是把「心愿」釋為「心惕（蕩）」。[15]

裴先生的說法雖專為甲骨文釋讀而設，但用諸戰國簡牘，是否也具有參考價值呢？

考察目前能掌握的戰國竹簡中，「愿愿」重疊成詞則僅見於《清華簡（壹）・祭公之顧命（祭公）》篇中，並可與傳世文獻《逸周書》相對應。若試檢索《逸周書》重疊成詞的使用情況，剔除各篇中大量出現特有「頂真」

---

[15] 裴錫圭：〈殷墟甲骨文考釋四篇〉，《裴錫圭學術文集・甲骨文卷》（上海：復旦大學出版社，2012年6月），第一冊，頁437-438。

格式，亦即上下兩句間頭尾蟬聯形成上遞下接綿密相承的特殊句法，如書中〈度〉：「天生民而制其度，度小大以正」、「明本末以立中，立中以補損，補損以知足」、「正上下以順政，政以內□」、「分微在明，明王是以敬微而順分」、〈命〉：「天生民而成大命，命司德正之以禍福」、「小命日成，成則敬」、「通道通天以正人，正人莫如有極」、〈常〉：「人有常順，順在可變」、「不改可因，因在好惡。好惡生變，變習生常。常則生醜，醜命生德」、〈大明武〉：「順天行五官，官候厥政」、〈程典〉：「文王合六州之侯奉勤於商，商王用宗讒」、「逆諸文王，文王弗忍」、「比事無政，無政無選，無選，民乃頑」、〈酆保〉：「莫大之綱福其亡，亡人惟庸」、「作事應時、時乃喪」……例子可說觸目皆是，不勝彈舉；或書中採短句複杳的形式，如〈文酌〉：「急哉急哉」、〈武穆〉：「欽哉欽哉」；或句中因「衍文」關係而重疊，如〈糴匡〉：「成年年穀足」的「年」、〈酆保〉：「適無見過過適」的前「適」後「過」皆屬衍文、〈世俘〉：「武王乃夾于南門用俘，皆施佩衣衣先馘入」，「衣」字衍一、〈商誓〉：「予予肆劉殷之命」，「予」字衍一；或認為書中有「誤書」者，如〈小開〉：「言彼翼翼在意」，或指二「翼」並當是「冀」字之誤，冀，望也、〈大匡〉：「戰戰惟時祇祇」，「祇祇」當作「惟祇」，祇，敬也、〈商誓〉：「予則上帝之明命。予爾拜拜□百姓」，「予爾拜拜□」當是「爾冢邦君商庶」六字誤；或於書中當專名用者，如〈世俘〉：「武王入，進《萬》，獻《明明》三終。」「明明」乃樂名、〈王會〉：「州靡費費，其形人身」，「費費」即狒狒，猿類動物、「都郭生生」，「生生」王本作「牲牲」，即猩猩者、「獨鹿邛邛」，「邛邛」即「蛩蛩」，馬屬動物，善跑；或於書中雖重疊但詞性不同者，如〈嘗麥〉：「王命大正正刑書」，「大正」乃主刑之官，即大司寇。「正」為修正。一為名詞、一為動詞……[16]諸如此類，皆不在觀察之列。

　　《逸周書》中不管疊音或疊義成詞皆屬重疊詞範疇，舉如〈大明武〉：

[16] 黃懷信：《逸周書校補注譯（修訂本）》，頁 1、8、10、18、56、74、76、90、97；32、160；33、97、202、213；107、174、213；198、327、329；293。

「惠用元元」，「元元」指百姓；〈小開〉：「明明非常」，「明明」指「大明、顯明」。「登登皇皇」，「登登」猶「蒸蒸」，眾多的樣子；「皇皇」則指美大的樣子。〈大開武〉：「維文考恪勤戰戰」、「夙夜戰戰」、〈大匡〉：「戰戰惟時祗祗」，其中「戰戰」皆「謹慎」之貌；〈武順〉：「世世能極曰帝」，意即「世世代代能極叫帝」、〈嘗麥〉：「世世是其不殆」，即「世世代代不會怠惰」；〈和寤〉：「綿綿不絕，蔓蔓若何？」「綿綿」指「細小微弱的樣子，指草言。「蔓蔓」乃「蔓延長大的樣子」；〈大匡〉：「汝其夙夜濟濟」，「濟濟」，恭敬的樣子；〈大聚〉：「殷政總總若風草」，「總總」，紛亂的樣子、「天民側側」，「側側」，誠懇的樣子；〈太子晉〉：「穆穆虞舜，明明赫赫」，「穆穆」，乃「端莊盛美、有威儀的樣子」、「明明赫赫」，是彰明顯赫盛大的樣子，「萬物熙熙，非舜而誰能？」「熙熙」，指安樂的樣子、「志氣麃麃，取予不疑」，「麃麃」為「威武的樣子」；而涉及本篇的〈祭公〉：「予小子虔虔在位」，「虔虔」指「誠敬的樣子」、「維皇皇上帝」，「皇皇」乃偉大光明的樣子，「嗚呼！三公，汝念哉！汝無泯泯芬芬，厚顏忍醜，時維大不弔哉！」其中的「泯泯芬芬」，釋讀為「昏亂的樣子」。[17]由此可見，重疊詞可置於句首，也可置於句中，並可置於句末，是相當靈動自由的。

再考察《清華大學藏戰國竹簡》（以下簡稱《清華簡》）中涉及重疊詞的字例，《清華簡（貳）》與《清華簡（肆）》中並沒有出現過重疊詞。其它在《清華簡》（壹）、（參）、（伍）中重疊詞使用的情況，共有以下諸條：

　　　　卑（俾）行量亡乏，明=（明明）才（在）向。（〈程寤〉簡7）

　　　　翼=（翼翼）不解，甬（用）乍（作）三隆（降）之惪（德）。（〈保訓〉簡7）

　　　　藥= 脂= 酉=（樂樂脂酒），悬（宴）以二公。（〈耆夜〉簡3）

　　　　方戚（臧）方武，穆=（穆穆）克邦。（〈耆夜〉簡4）

---

[17] 黃懷信：《逸周書校補注譯（修訂本）》，頁61、103、105、124、130、173、156、298、162、174、185、192、373、375、337、342。

周公夜箮（爵）曙（酬）縪（畢）公，复（作）誇（歌）一夂（終）曰
贔＝（《贔贔》:「贔贔）戎備（服），臧（臧）武悲＝（赳赳）。」（〈耆
夜〉簡7）

周公或夜箮（爵）曙（酬）王，复（作）祝誦一夂（終）曰明＝上＝帝
＝（《明明上帝》:「明明上帝），臨下之光。」（〈耆夜〉簡6-8）

母（毋）已大藥（樂），則夂（終）以康＝（康，康）藥（樂）而母
（毋）忘（荒），是隹（惟）良士之边（方）＝。（〈耆夜〉簡11）

康藥（樂）而母（毋）〔忘〕（荒），是隹（惟）良士之思（懼）＝。
（〈耆夜〉簡13）

康藥（樂）而母（毋）忘（荒），是隹（惟）良士之思（懼）＝。（〈耆
夜〉簡14）

至于氒（厥）逡（後）嗣立王，酒弗肯用先王之明刑，乃隹（維）設
＝（急急）疋（胥）區（驅）疋（胥）譗（教）于非彝。（〈皇門〉簡
7）[18]

女（汝）亦隹（惟）又（有）萬福辥＝（業業）才（在）乃備（服）。
（〈說命下〉簡6）

母（毋）曰高＝（高高）在上。（〈周公之琴舞〉簡2）

嚴（嚴）余不解（懈），辥＝（業業）畏載（忌）。（〈周公之琴舞〉簡
5、6）

四改（啟）曰：文＝（文文）丌（其）又（有）豪（家）。（〈周公之琴
舞〉簡7）

挲＝（慈慈）丌（其）才（在）立（位），㬎（顯）于上下。（〈周公之
琴舞〉簡7、8）

汸＝（滂滂）才（在）下，流（攸）自求敓（悅）。（〈周公之琴舞〉

18 李學勤主編、清華大學出土文獻研究與保護中心編：《清華大學藏戰國竹簡（壹）》，
下冊，頁136、143、146、150-154、164。

簡9）

畏（威）義（儀）諡＝（諡諡），大亓（其）又（有）慕（謨）。（〈周公之琴舞〉簡12）

尚玭＝（恆恆）敬犖（哉）。（〈芮良夫毖〉簡5）

反＝（板板）亓（其）亡（無）成，甬（用）㞷（皇）可畏。（〈芮良夫毖〉簡19）

又（有）上㐬＝（茫茫），又（有）下坣＝（湯湯），司湍彭＝（滂滂），句（侯）茲某也發陽（揚）。（〈祝辭〉簡1）

屬㠱冥＝（冥冥），茲我經（贏）。（〈祝辭〉簡2）

亓（其）下舍（舍）句（后）疾，是思（使）句（后）悆＝恂＝（夢夢眩眩）而不智（知）人。（〈赤鵠之集湯之屋〉簡12）[19]

趄＝（桓桓）不（丕）苟（敬），嚴躄（將）天命。（〈封許之命〉簡4）

句（苟）我與尔（爾）相念相悲（謀），殜＝（世世）至于（後）飤（嗣）。（〈殷高宗問於三壽〉簡8）

𨒅＝（惶惶）先反，大萶（路）甬（用）見兵。（〈殷高宗問於三壽〉簡10、11）

民之有賌＝（晦，晦）而本由生光，則隹（唯）小心翼＝（翼翼）。（〈殷高宗問於三壽〉簡27）[20]

從上舉諸例看來，在五冊《清華簡》中，重疊詞也是可置於句首，可置於句中，並可置於句末。然就《清華簡（壹）·祭公之顧命（祭公）》中「於（嗚）虎（呼），天子，三公，女（汝）念孳（哉）。女（汝）母（毋）□努，愆＝

---

[19] 李學勤主編、清華大學出土文獻研究與保護中心編：《清華大學藏戰國竹簡（參）》（上海：中西書局，2012年12月），下冊，頁138、139、141、149、153、164、165、170。

[20] 李學勤主編、清華大學出土文獻研究與保護中心編：《清華大學藏戰國竹簡（伍）》（上海：中西書局，2015年4月），下冊，頁118-119、150、154、151。

（唐唐）厚顏忍恥，寺（時）佳（惟）大不弔（淑）孳（哉）」與《逸周書・祭公》篇：「嗚呼！三公，汝念哉！汝無泯泯芬芬，厚顏忍醜，時維大不弔哉！」的對應來看，斷句上還是以「愩愩」上讀為佳為宜。

在《清華簡》中，釋義上與《逸周書》「泯泯芬芬」形容「昏亂」之義相近的，還可舉〈赤鵠之集湯之屋〉簡 12 的「思（使）句（后）愸＝恂＝（愸愸眴眴）而不智（知）人」[21]句可供參酌。原整理者釋讀「愸愸，即《書・呂刑》『愸愸』，訓為『亂』。恂，讀為『眴』。」[22]若從此方向思考，回過頭再考慮裘錫圭〈殷墟甲骨文考釋四篇〉主張的，「愩」是「心蕩」之「蕩」的專字，「愩」與「蕩」間的音韻、用例裘先生已做了適切的證明。然而，作為從心庚聲的「愩」字聲符「庚」，在傳世文獻中已有「庚庚」成詞之例，如《史記・孝文本紀》載：「代王報太后計之，猶與未定。卜之龜，卦兆得大橫。占曰：『大橫庚庚，余為天王，夏啟以光。』」服虔曰：「庚庚，橫貌也。」張晏曰：「橫（行）〔謂〕無思不服。庚，更也。言去諸侯而即帝位也。」[23]《說文》釋「庚」有「象秋時萬物庚庚有實」之語，段《注》以「成實皃」釋「庚庚」[24]。另外，《釋名・釋天》也釋「庚，猶更也。庚，堅強貌也。」徐鍇《說文繫傳》則以《史記》「大橫庚庚」為「堅強之皃」。但不管「庚庚」釋作「橫貌」、「成實皃」、「堅強之皃」，放回《清華簡（壹）・祭公之顧命（祭公）》來釋讀，文義皆未能妥貼穩當。

其實，「庚」與「唐」常通假，《史記・韓世家》：「司馬庚三反於郢。」《集解》引徐廣曰：「庚一作唐。」《淮南子・脩務》：「司馬庚諫曰。」高注：

---

[21] 李學勤主編、清華大學出土文獻研究與保護中心編：《清華大學藏戰國竹簡（參）》，下冊，頁 167。

[22] 李學勤主編、清華大學出土文獻研究與保護中心編：《清華大學藏戰國竹簡（參）》，下冊，頁 170。

[23] 〔西漢〕司馬遷撰、〔南朝宋〕裴駰集解、〔唐〕司馬貞索隱、〔唐〕張守節正義：《史記》（臺北：鼎文書局，1975 年），第一冊，頁 414-415。

[24] 〔東漢〕許慎撰、〔清〕段玉裁：《說文解字注》（臺北：藝文印書館，2005 年 10 月），頁 748。

「庚或作唐。」庚當作庚。《呂氏春秋・期賢》亦作唐。「唐」與「蕩」也常通假，《左傳・成公十五年》：「蕩澤弱公室，殺公子肥。」《史記・宋微子世家》蕩澤作唐山（澤字子山）。《左傳・成公十五年》：「宋蕩澤子山。」《史記・宋微子世家》作「唐山」。「蕩」又和「惕」通假，《荀子・修身》：「加惕悍而不順。」楊注：「韓侍郎云：『惕與蕩同，字作心邊易。』」又《荀子・榮辱》：「惕悍憍暴。」楊注：「惕與蕩同。」而「蕩」又與「盪」通，《易・繫辭上》：「八卦相盪。」《釋文》：「盪，眾家作蕩。」《集解》盪作蕩。《莊子・庚桑楚》：「此四六者不盪胸中則正。」《釋文》：「盪本亦作蕩。」《荀子・不苟》：「蕩蕩乎其有以殊於世也。」《韓詩外傳》二盪盪作蕩蕩。《楚辭・九辯》：「心怵惕而震盪兮。」《考異》：「盪一作蕩。」[25]故如裘先生所說，「慗」可通「唐」、「蕩」、「盪」、「惕」諸字，可用在如《楚辭・九辯》所云的「心怵惕而震盪兮」上，指心緒的紛亂不穩定狀態，是「心蕩」之「蕩」的專字。

　　若進一步分析，《荀子・修身》談的是「善」、「惡」對舉，「君子」與「惡少」、「不詳（祥）少」的分野，所謂「偷儒憚事，無廉恥而嗜乎飲食，則可謂惡少者矣。加惕悍而不順，險賊而不弟焉，則可謂不詳少者矣，雖陷刑戮可也。」可知「不詳（祥）少」的行為正如王先謙案語所指出的：「不詳少承上『惡少』言之，謂少年而不祥者，猶言不祥人矣，知其將陷刑戮也。」[26]或如《荀子・榮辱》所謂「惕悍憍暴，以偷生反側於亂世之間，是姦人之所以取危辱死刑也。其慮之不深，其擇之不謹，其定取舍楛僈，是其所以危也。」郝懿行謂：「此皆姦人邪說詖行之事」，楊注謂：「小人所以危亡，由於計慮之失也。楛，惡也，謂不堅固也。」[27]可見「惕」也是遭致「危辱死

---

[25] 高亨：《古字通假會典》（濟南：齊魯書社，1989 年 7 月），頁 289、269。

[26] 〔唐〕楊倞注、〔清〕王先謙集解：《荀子集解》（臺北：世界書局，1974 年 10 月），頁 20。

[27] 〔唐〕楊倞注、〔清〕王先謙集解：《荀子集解》，頁 38。

刑」的成因之一；至若《莊子・庚桑楚》的「此四六者」，指的是「貴、富、險、嚴、名、利六者，勃（悖）志也。容、動、色、理、氣、意六者，謬心也。惡、欲、喜、怒、哀、樂六者，累德也。去、就、取、與、知、能六者，塞道也。」而「此四六者不盪胸中則正」，可見若「盪」乎胸中則「不正」，《釋文》：「盪，本亦作蕩，郭云：動也。」[28]而在《楚辭・九辯》：「心怵惕而震盪兮，何所憂之多方」，王逸《章句》曰：「思慮惕動，沸若湯也。盪，一作蕩。」五臣云：「怵惕震蕩，自驚動也。」洪興祖《補》曰：「盪，音蕩，搖動貌。」[29]可見「蕩」、「盪」、「愓」諸字係用在「善、惡」、「祥、不祥」、「安、危」、「榮、辱」、「正、邪」、「樂、憂」對舉中的負面思慮語詞，表示心思搖動混亂的不穩定狀態。

　　《說文》未見「懇」字。本來《說文》解釋「蕩」為河流的專名，說「蕩」是「蕩水，出河內蕩陰，東入黃澤。从水募聲。」段《注》：「河內郡蕩陰，二志同。蕩音湯，古音也。後人省艸。古有羑里城，西伯所拘也，今河南彰德府湯陰縣西南有故蕩陰城。前志蕩陰下曰：蕩水，東至內黃，入黃澤。今本奪入黃二字。《水經》曰：蕩水，出河內蕩陰縣西山東，東北至內黃縣，入於黃澤。注云：蕩水合羑水、長沙溝，逕內黃城南，東注白溝。按：內黃、黃澤在今直隸內黃縣。《水道提綱》曰：衛河經湯陰縣東畔，湯河出湯陰縣西山中，東流經縣城北，東入衛河，則與古水道大異……假借為浩蕩字，古音亦同。」[30]可見當水的浩渺搖盪義屬「蕩」的假借用法。另外，《說文》收有「瀁」字，說解為「水瀁瀁也。从水象聲，讀若蕩。」段《注》：「瀁者，古文為漾水，隸為瀁瀁字，是亦古今字也。瀁瀁疊韵字，搖動之流也。今字作蕩漾。」[31]則為水的搖動義的本字。至於心的放蕩搖動意，《說文》另外收

---

[28] 王叔岷：《莊子校詮》（臺北：中央研究院歷史語言研究所，1988 年 3 月），中冊，頁 906、908。

[29]〔南宋〕洪興祖：《楚辭補注》（臺北：天工書局，1994 年 9 月），頁 187。

[30]〔東漢〕許慎、〔清〕段玉裁：《說文解字注》，頁 532。

[31]〔東漢〕許慎、〔清〕段玉裁：《說文解字注》，頁 551。

「愓」字云：「放也。从心易聲。一日平也。」段《注》：「與慓音義同。《方言》：婬、愓，遊也。江沅之閒謂戲為婬，或謂之愓，按《廣韻》作婸……〈玉藻〉：『行容愓愓。』注：直而疾皃也。」[32]又收有「慓」字云：「放也，从心象聲。」[33]則屬「音義同」的字。

　　案：水的搖晃動蕩則不安靜澄澈，不安靜澄澈則雜亂不定，以致「蕩蕩」作形容詞修飾成分時，除釋作「廣大貌」，如《白虎通·號》：「蕩蕩者，道德至大之貌也。」「廣遠之稱」，如《書·洪範》：「王道蕩蕩，不偏不黨。」蔡傳：「蕩蕩，廣遠也。」《論語·泰伯》：「蕩蕩乎民無能名焉。」《集解》：「包曰：蕩蕩，廣遠之稱。」《孟子·滕文公上》：「大哉，堯之為君，惟天為大，惟堯則之，蕩蕩乎民無名焉。」焦循正傳：「蕩蕩，廣遠之稱，廣遠亦大也。」「平坦貌」，如《廣雅·釋訓》：「蕩蕩，平也。」《漢書·東方朔傳》：「不偏不黨，王道蕩蕩。」注：「師古曰：《周書·洪範》之辭也，蕩蕩，平坦之貌。」《呂氏春秋·貴公》：「王道蕩蕩。」注：「蕩蕩，平易也。」《楚辭·劉向·九歎·離世》：「路蕩蕩其無人兮。」注：「蕩蕩，平易貌也。」或「心胸恢廣坦易貌」，如《論語·述而》：「君子坦蕩蕩，小人長戚戚。」《荀子·非十二子》：「昭昭然，蕩蕩然，是父兄之容也。」注：「蕩蕩，恢夷之貌。」或「無私也」，如《左氏·襄三》：「王道蕩蕩。」注：「蕩蕩，平政無私。」……但也有「法度廢壞貌」，如《詩·大雅·蕩》：「蕩蕩上帝，下民之辟。」箋：「蕩蕩，法度廢壞之貌。」和「心神不定之貌」，如《莊子·天運》：「蕩蕩默默，乃不自得。」《集解》：「宣云：神不能定，口不能言，失其常也。」[34]皆是從水的漾蕩引伸而來，變成紛亂不定之貌的。以故《爾雅·釋訓》云：「版版、盪盪，僻也。」注：「皆邪僻。」李巡曰：「版版，

---

[32] 〔東漢〕許慎、〔清〕段玉裁：《說文解字注》，頁514。
[33] 〔東漢〕許慎、〔清〕段玉裁：《說文解字注》，頁514。
[34] 中文大辭典編纂委員會：《中文大辭典》（臺北：中國文化大學出版部，1990年9月），第八冊，頁63。

失道之僻也。盪盪者，弗思之僻也。法度廢壞貌。」疏：「〈蕩〉篇云：『蕩蕩上帝』，鄭箋云：『蕩蕩，法度廢壞之貌。』」[35]其中「心神不定之貌」最能與裘錫圭在〈殷墟甲骨文考釋四篇〉考釋「懸」為「心蕩」之「蕩」的專字，並和《逸周書》「芬芬」形容「紛亂」之義相契合。

三　結語

《逸周書‧祭公》篇末的「嗚呼！三公，汝念哉！汝無泯泯芬芬，厚顏忍醜，時維大不弔哉！」如果以黃懷信的「訓譯」為依傍標準，他說：「啊，三公！你們要經常思慮呀！你們不要昏昏亂亂，厚著臉皮忍受恥辱，這是大不善呀！」[36]將「芬芬」釋讀為「亂亂的樣子」，不正與前文所述「蕩」、「盪」、「惕」諸字用在「善、惡」、「祥、不祥」、「安、危」、「榮、辱」、「正、邪」、「樂、憂」的負面思慮語詞上，表示心思搖動混亂的不穩定狀態頗能相呼應，故「懸＝」實係為「蕩蕩」、「盪盪」、「惕惕」同義詞，表示紛亂之貌，不亦宜乎！

附表　《逸周書》與《清華簡》重疊詞簡表

序號	1	2	3	4	5	6
詞例	柞柞	明明	翼翼	穆穆	晶晶	恋恋
出處	程寤 4	程寤 7〈小開〉〈太子晉〉	保訓 7、殷高宗問於三壽 27	耆夜 4〈太子晉〉	耆夜 7	耆夜 7

---

[35] 〔西晉〕郭璞注、〔宋〕邢昺疏：《爾雅注疏》（臺北：藝文印書館，1979 年 3 月），第八冊，頁 56。

[36] 黃懷信：《逸周書校補注譯（修訂本）》，頁 343。

序號	7	8	9	10	11	12
詞例	誜誜	鼜鼜	高高	文文	㝐㝐（慈）	汸汸
出處	皇門7	說命下6、周公之琴舞5	周公之琴舞2	周公之琴舞7	周公之琴舞7	周公之琴舞9

序號	13	14	15	16	17	18
詞例	謚謚	歪歪	反反	宄宄	坐坐	彭彭
出處	周公之琴舞12	芮良夫毖5	芮良夫毖19	祝辭1	祝辭1	祝辭1

序號	19	20	21	22	23	24
詞例	冥冥	慾慾	恂恂	趄趄	殜殜	娙娙
出處	祝辭2	赤鵠之集湯之屋12	赤鵠之集湯之屋12	封許之命4	殷高宗問於三壽8	殷高宗問於三壽10

	25	26	27	28	29	30
詞例	元元	登登	皇皇	戰戰	世世	綿綿
出處	〈大明武〉	〈小開〉	〈小開〉〈祭公〉	〈大開武〉〈大匡〉	〈武順〉〈嘗麥〉	〈和寤〉

序號	31	32	33	34	35	36
詞例	蔓蔓	濟濟	總總	側側	赫赫	熙熙
出處	〈和寤〉	〈大匡〉	〈大聚〉	〈大聚〉	〈太子晉〉	〈太子晉〉

序號	37	38	39	40		
詞例	麗麗	虔虔	泯泯	芬芬		
出處	〈太子晉〉	〈祭公〉	〈祭公〉	〈祭公〉		

原文發表於「出土文獻與先秦經史國際學術研討會」，香港：香港大學，2015年10月16-17日，頁230-240。（高佑仁校對）

由古文字用例談「誠」字的演變

一　前言

　　眾所周知，「誠信」本是重要的道德範疇，也是建構人與人彼此之間的秩序與永續維繫的基石。自古以來，「誠信」相互結合得既緊密但又有所區別，強加分野，有將「誠」用來指「內誠于心」，「信」則偏重「外信於人」；「誠」係對道德個體的單向要求，「信」則更多是針對社會群體提出的雙向或多向的要求；「誠」多指向道德主體的內在德性，「信」則是「內誠」外化的結果，體現為社會化的踐行。[1]而有關誠和信的討論，歷來從傳世文獻出發，在哲學與道德倫理學的範疇中取得相當大的研究成績，毋庸贅述。但關於「誠」字在古文字中的形義演變，受限於材料，卻討論得很少。本文企圖站在目前所能掌握的古文字材料中，爬梳整理，用窺「誠」字形義發展的來龍去脈，以振葉尋根，探索源頭，或可提供透過傳世文獻的學理探討之外的另一種參稽比對的素材。

二　古文字中的「誠」字

　　「誠」字在古文字中是出現得相當晚的。甲骨文雖有「言」字，也有「成」字，但並未結合成「誠」字形構或解釋為「誠」字的，倒是在《甲骨文字編》及《新甲骨文編》中「言」部下都收有「訢」、「䜌」、「誅」、「䛇」、「譸」、「𧪄」、「詖」、「劓」……諸字[2]；從文例上來分析，除「義不詳」之外，大

---

[1] 葉聖利：《中國誠信經濟思想研究》（上海：復旦大學博士學位論文，2004 年），頁 26。

[2] 李宗焜編著：《甲骨文字編》（北京：中華書局，2012 年 3 月），上冊，頁 237-238 收「言」字，頁 239 收從「言」諸字；中冊，頁 919-920 收「成」字。劉釗、洪颺、張新俊編：《新甲骨文編（增訂本）》（福州：福建人民出版社，2014 年 12 月），頁 131-132 收「言」字，頁 135-138 收從「言」諸字；頁 810-811 收「成」字。

抵作「貢品」、「國名」、「地名」、「人名」、「子名」[3]使用，其中《合集》22202：
「壬辰卜：同父乙，𢿙𢆶」朱歧祥認為「𢿙」字「或隸作信。辭例不詳，僅
一見。」故隸定此詞為「信中」[4]。李宗焜則將「𢿙」隸為「劀」字，但無
說。[5]此字是否為「信」字，只因單文孤證，缺乏堅實的理據，本無法判定；
倒是从「言」諸字中的「焰」字，極有可能是「信」字的源頭，此一議題，
詳見拙作〈從古文字的構形規律談「信」字六書的歸屬問題〉[6]一文，此不
贅述；至於「成」字，結構上有从戌从丨的「𠃤」為當「地名」用；也有从
戊丁聲的「𠲿」專作「殷先王成湯名」用，或主張「𠲿」即「咸」字而非「成」
字的[7]，此說當是。唯甲骨文中未見當品德條目的「誠」字用例，由此或許
可推，「誠」信觀念的形成尚處於渾沌不清未能明確表述的階段。

　　至於《新金文編》「言」部雖收有「語」、「謂」、「請」、「許」、「諾」……
「譱」等凡85字，卻也未見「誠」字的蹤影。[8]黃錫全在《汗簡注釋》中曾
舉沇兒鐘「成」作𢧢來證成「𡨄」為「誠」，並說「假宬為誠，類似馬王堆
漢墓帛書《戰國縱橫家書》假成為城。《詩·我行其野》：『成不以富，亦祇
以異。』《論語》『成』作『誠』。」[9]唯沇兒鎛（鐘）的時代已遲至春秋晚期

---

[3] 于省吾主編：《甲骨文字詁林》（北京：中華書局，1996年5月），第一冊，頁697-698；
　　朱歧祥編撰：《甲骨文詞譜》（臺北：里仁書局，2013年12月），第二冊，頁49-50。
[4] 朱歧祥編撰：《甲骨文詞譜》，第二冊，頁50。
[5] 李宗焜編著：《甲骨文字編》，上冊，頁239收「言」字；中冊，頁919-920收有「成」
　　字。
[6] 沈寶春：〈從古文字的構形規律談「信」字六書的歸屬問題〉，《跨越古今——中國語
　　言文字學論文集（古代卷）》（吉隆坡：馬來亞大學中文系，2013年10月），頁79-99。
[7] 于省吾主編：《甲骨文字詁林》，第三冊，頁2412-2413；朱歧祥編撰：《甲骨文詞譜》，
　　第四冊，頁233-235。又蔡哲茂以「卜辭做人名與地名的成字與金文合，但沒有人注意
　　人名的成即成湯之成」，並從字形上分析，得出「𠃤」為成湯之「成」、「𠲿」、「𠲿」
　　具為「咸」字，亦指成湯。詳見蔡哲茂：〈論殷卜辭中的「𠃤」字為成湯之「成」——
　　兼論「𠲿」、「𠲿」為咸字說〉，《中央研究院歷史語言研究所集刊》第七十七本第一
　　分，2006年3月，頁1-31。
[8] 董蓮池編：《新金文編》（北京：作家出版社，2011年10月），上冊，頁251-272。
[9] 黃錫全：《汗簡注釋》（武漢：武漢大學出版社，1993年12月），頁274-275。

屬徐國器，況且銘文中的「元鳴孔皇（煌），孔嘉元成」[10]，馬承源解釋「元成」為：「元、大。甚之辭。成，備。《詩・齊風・猗嗟》『儀既成兮』，鄭玄《箋》：『成，猶備也。』此在解釋為完善。」[11]董楚平則以「元鳴孔皇，謂鐘聲大鳴甚美」，「孔、嘉，皆有美善之義，古常連用，以形容美甚、善甚……成，讀作盛。這句以大美大盛形容下句『用盤飲酒』。」[12]當以馬氏之說為佳，用以說明此鎛的「非常美好」、「非常完備」，但並不當德目「誠」來使用，似乎也可窺見從西周到春秋晚期，古文字的「誠」字構形尚待完成。

當然，比起「誠」字，「信」字倒是發展得早些，甚且在戰國各種文字材料中，其所出現的形構紛繁多達二十種類型[13]；反觀「誠」字，若根據周波在《戰國時代各系文字間的用字差異現象研究》的區分，秦文字係用「誠」表示「誠」，見於睡虎地秦簡；楚文字則用「城」表示「誠」，見於上博〈孔子詩論〉簡7「城（誠）謂之也」，以及〈子羔〉簡6「舜之德則城（誠）善歟」；至於三晉文字乃用「成」表示「誠」，見於晉璽「信成（誠）」（《珍戰》210）[14]。案：〈子羔〉篇中的「城（誠）」字係出現在簡6＋簡2云：「舜之德則城（誠）善歟？」以及簡8云：「舜之德其城（誠）賢矣。」[15]此中將「城」讀作「誠」乃是學術界的共識。至於〈子羔〉簡9云：「子羔問於孔子曰：三王者之作也，皆人子也，而其父賤而不足稱也歟？抑亦城天子也

[10] 吳鎮烽：《商周青銅器銘文暨圖像集成》（上海：上海古籍出版社，2012年9月），第二十九卷，頁358編號15819作「沇兒鎛（沇兒鐘）」。根據董楚平：《吳越徐舒金文集釋》（杭州：浙江古籍出版社，1992年12月），頁262說：「舊稱沇兒鐘，其實應稱鎛（經籍作『鏄』）。」

[11] 馬承源主編：《商周青銅器銘文選》（北京：文物出版社，1990年4月），第四卷，頁387。

[12] 董楚平：《吳越徐舒金文集釋》，頁266-267。

[13] 沈寶春：〈從古文字的構形規律談「信」字六書的歸屬問題〉，《跨越古今——中國語言文字學論文集（古代卷）》，頁79-99。

[14] 周波：《戰國時代各系文字間的用字差異現象研究》（北京・線裝書局，2012年12月），復旦大學出土文獻與古文字研究中心博士論文叢刊第一輯，頁65。

[15] 馬承源主編：《上海博物館藏戰國楚竹書（二）》（上海：上海古籍出版社，2002年12月），頁39、190。

歟？」其中「城」字，馬承源釋讀為「成」[16]，陳劍[17]、季旭昇從之[18]；曹建國[19]以及李學勤則釋讀為「誠」[20]，裘錫圭在《談談上博簡《子羔》篇的簡序》中解釋此句為「還是真的是天帝的兒子呢？」推測其意，也是讀為「誠」的。[21]可是，〈子羔〉篇係有關堯舜聖德及談三王（禹、契、后稷）的古帝王系統，「為傳世東周儒家著述中所未見」[22]，但「誠」的用法也不涉及道德範疇。故目前先秦古文字中所見最早出現「誠」字的，其來源應來自秦系文字，但最早與「信」字結合成同義複合詞的，則是出現在戰國晉系文字的璽印「身（信）成（誠）」[23]（見附錄一）上，以「身」為「信」基本沒問題[24]，唯「誠」依然寫作「成」；另外在《楚帛書》乙 10.29「成為天□」、丙 2.4「不成」，雖然各家隸讀不一，但徐在國以「此字釋『成』，沒任何問題。學者或認為字形中下部從『干』、『于』，均誤。」[25]連劭名更獨排眾議，解讀說：「特別值得注意的是，帛書中出現了誠的觀念，文云：『成惟天□。』成，讀為誠。『天』字下面殘損一字非常可惜。文獻中《大學》、《中庸》

[16] 馬承源主編：《上海博物館藏戰國楚竹書（二）》，頁 193。

[17] 陳劍：〈上博簡《子羔》、《從政》篇的拼合與編連問題小議〉，簡帛研究網：http://www.bamboosilk.org/wssf/2003/chenjian01.htm（發布時間：2003 年 1 月 8 日）。

[18] 季旭昇：〈子羔譯釋〉，《《上海博物館藏戰國楚竹書（二）》讀本》（臺北：萬卷樓圖書股份有限公司，2003 年 7 月），頁 26。

[19] 曹建國：〈讀上博簡《子羔》札記〉，簡帛研究網：http://www.bamboosilk.org/Wssf/2003/lirui02.htm（發布時間：2003 年 1 月 12 日）。

[20] 李學勤：〈楚簡《子羔》研究〉，《上博館藏戰國楚竹書研究續編》（上海：上海書店出版社，2004 年 7 月），頁 12-17。

[21] 裘錫圭：〈談談上博簡《子羔》篇的簡序〉，《上博館藏戰國楚竹書研究續編》（上海：上海書店出版社，2004 年 7 月），頁 7。

[22] 馬承源主編：《上海博物館藏戰國楚竹書（二）》，頁 183。

[23] 蕭春源：《珍秦齋藏印（戰國篇）》（澳門：澳門基金會，2001 年），編號 210。

[24] 湯餘惠：《戰國銘文選》（長春：吉林大學出版社，1993 年 9 月），頁 90-91，云：「《古璽彙編》4670，三晉朱文箴言印。士身，即士信。身、信音近字通。」又云：「戰國文字忠信、誠信的『信』異體作『仦』，又從身聲作『㥯』、『誩』。」有關信字諸說，也可參潘玉坤主編：《古文字考釋提要總覽》（上海：上海人民出版社，2008 年 8 月），頁 614-616。

[25] 徐在國：《楚帛書詁林》（合肥：安徽大學出版社，2010 年 6 月），頁 870。

二篇論『誠』最精粹。如《大學》論齊家、治國、平天下的根本是修身：『與修其身者，先正其心，欲正其心者，先誠其意。所謂誠其意者，毋自欺也，如惡惡臭，如好好色，此之謂自謙，故君子必慎其獨也。』誠者內外如一，凡事可欺騙別人，但無法欺騙自己，如同『惡惡臭』與『好好色』，現代哲學稱為本真，後世道教稱為『身中神』，《太平經鈔》乙部『錄身正神法』云：『為善不敢失繩纏，不敢自欺，為善亦神自知之，惡亦神自知之，非為他神，乃身中神也。』能夠達于誠的極限，通于神明，《中庸》云：『唯天下至誠，為能盡其性，能盡其性，則能盡人之性，能盡人之性，則能盡物之性，能盡物之性，則可以贊天地之化育，可以贊天地之化育，則可以與天地參矣。』『性』是天命，至誠能盡性也就是能極盡天命，這與上引《逸周書·命訓》云：『成則敬，有常則廣，廣以敬命，則度至于極。』是同樣的道理。」[26]若以楚簡文字應用情況來加予盱衡，此說恐有增字解經之嫌，若釋「成」不誤，疑亦作副詞用耳！

至戰國秦系文字中開始出現真正的「誠」字（見附錄二），有用作人名者，如元年相邦疾戈云：「元年相邦疾之造，西工師誠，工戌疵。」王輝以「西工室」為「西縣工室」，銘中「工師及工皆非同人」[27]，準彼例此，銘中「西工師誠」乃西縣（為隴西郡西縣，即今甘肅禮縣）工室的工師名為「誠」者，戈屬秦昭王元年（前306年）器，因用作人名，可不論。有用作副詞之「誠」者，如睡虎地秦律《封診式》簡38：「訊丙，辭曰：『甲臣，誠悍，不聽甲。甲未賞（嘗）身免丙〔三〕。』丙毋（無）病毆（也），毋（無）它坐罪。」《注》：「身，《爾雅·釋言》：『親也。』身免，因某種原因親自解除其奴隸身分。《漢書·景武昭宣元成功臣表》載，蒲侯蘇夷吾，『鴻嘉三年，

26 連劭名：〈長沙楚帛書與古代思想〉，《江漢考古》，2001年第2期，頁54。
27 王輝：〈珍秦齋藏元年相邦疾戈跋〉，《湖南省博物館館刊》第五輯（長沙：嶽麓書社，2008年），頁402，又頁401-402以「戈銘『元年』應為秦昭襄王元年（前306年）……昭王元年至六年樗里疾一直為相邦。昭王七年（前300年）樗里疾卒，此後魏冉再為相邦。」

坐婢自贖為民，後略以為婢，免。』可參考。」[28]或《封診式》簡51：「丞某訊丙，辭曰：『甲親子，誠不孝甲所，毋（無）它坐罪。』」譯成「縣丞某審訊丙，供稱：『是甲的親生子，確實對甲不孝，沒有其他過犯。』」[29]兩「誠」字於《注》中皆無說，推其文意，乃用作副詞「確實」、「真正的」之意，實與品德無涉。但可特別留意的是，如《秦律十八種・行書》：「書有亡者，亟告官。隸臣妾老弱及不可誠仁者勿令。書廷辟有曰報，宜到不來者，追之。」《注》曰：「不可誠仁，意應為不足信賴。」[30]其中「誠仁」具「誠信」之意。

除此之外，秦系印文中有作「中精外誠」[31]者，確確實實用「誠」字來表示「誠信」之意，而非用「成」、用「城」、用「宬」。然此印羅福頤在《故宮博物院藏古璽印選》並未列入「戰國古璽」類，反而載入「秦漢魏晉私印」185方中。若參較故宮博物院所編《古璽彙編・吉語璽》類，多見「修身」、「同心」、「忠信」、「中信」、「忠仁」、「中仁」、「聖人」、「君子」之語，卻未見「誠信」、「成信」，甚或「精誠」之語者，[32]由此可知，此璽印有別一般的珍貴獨特，係將「誠」與「精」相對，並分別標出其「中」與「外」的區分，與一般認知的「誠中信外」有別。「誠」作為外在德目，應與其從「言」所謂「意內言外」的「言外」特質有關。其時代羅氏既以為非「秦漢」，即「魏晉」，然而，高明、涂白奎編的《古文字類編》[33]以及湯餘惠主編的《戰國文字編》[34]二書，皆將之置於戰國時期，若以《戰國文字編》中「凡例・一」所言：「本書以收戰國文字為主，包括銅器、兵器、貨幣、陶器、璽印、封

---

[28] 睡虎地秦墓竹簡整理小組編：《睡虎地秦墓竹簡》（北京：文物出版社，1990年9月），頁154。

[29] 睡虎地秦墓竹簡整理小組編：《睡虎地秦墓竹簡》，頁156。

[30] 睡虎地秦墓竹簡整理小組編：《睡虎地秦墓竹簡》，頁61。

[31] 羅福頤主編：《故宮博物院藏古璽印選》（北京：文物出版社，1982年12月），頁85。

[32] 故宮博物院編：《古璽彙編》（北京：文物出版社，1998年5月），頁410-412。

[33] 高明、涂白奎編：《古文字類編（增訂本）》（上海：上海古籍出版社，2014年7月），下冊，頁1074。

[34] 湯餘惠主編：《戰國文字編》（福州：福建人民出版社，2001年12月），頁139。

泥……同時酌收少量春秋晚期和秦代文字，力求完整地反映戰國文字的全貌。」[35]則將此印的時代歸諸於戰國末年與秦代初年一如睡虎地秦簡般，恐或許較符實情。《莊子・漁父》篇中曾謂：「真者，精誠之至也。不精不誠，不能動人。故強哭者雖悲不哀，強怒者雖嚴不威，強親者雖笑不和。真悲无聲而哀，真怒未發而威，真親未笑而和。真在內者，神動於外，是所以貴真也。」[36]將「精誠」的極致內化推到「道」的層次，以致漢代王充《論衡・感虛篇》要說「精誠所至，金石為開」，此為後話了。

三　《說文解字》「誠」與相關諸字

秦統一天下後既採「書同文」的政策，「誠」字的普遍出現也就顯得理所當然，在馬王堆漢墓帛書中就收有「誠」、「諶」諸字[37]。時至東漢，在許慎的《說文解字》（以下簡稱《說文》）「言」部中，則收錄了跟道德範疇有關的「誠」和「信」二字外，尚有「諶」字，說解為：「誠諦也。從言、甚聲。《詩》曰：『天難諶斯』。」段《注》云：「〈釋詁〉：『諶，信也。』許曰『誠諦』，未詳。疑諦乃締之誤。〈大雅〉文，今詩作『忱』。毛曰：『忱，信也。』按，諶、忱義同音近，古通用。今詩『其命匪諶』，心部作『天命匪忱』。」另外，又收「訦」字，許氏解釋說：「燕代東齊謂信訦也。從言、尤聲。」段《注》云：「《方言》：『允、訦、恂、展、諒、穆，信也。燕代東齊曰訦。』」[38]其中「諶」字也出現得很早，《集成》2680即收了西周晚期器

---

35 湯餘惠主編：《戰國文字編》，頁3。

36 王叔岷：《莊子校詮》（臺北：中央研究院歷史語言研究所，1988年3月），中央研究院歷史語言研究所專刊之八十八，下冊，頁1240。

37 土貴元：《馬王堆帛書漢字構形系統研究》（南寧：廣西教育出版社，1999年8月），頁137-138。

38 〔東漢〕許慎撰、〔清〕段玉裁：《說文解字注》（臺北：藝文印書館，2005年10月），頁93。

的〈諶鼎〉[39]，「諶」為作器者之名。至於「諶」與「訦」或「忱」的關係，段《注》已定調為「義同音近」，戴家祥在《金文大字典》中將〈諶鼎〉的「諶」透過音韻關係解讀作：

> 《說文》「諶，誠諦也。從言，甚聲。《詩》曰：天難諶斯。」按諶從甚聲。甚讀常枕切，禪母侵部。訦从尤聲，尤讀余箴切，喻母侵部。同部諧聲，故諶亦作訦。表義更旁訦亦作忱。諶訦俱讀是今切，忱讀氏任切，不但同部而且同母，同聲必然同義。〈大雅·大明〉：「天難忱斯。」《說文》引作「天難諶斯」，〈大雅·蕩〉云：「天生烝民，其命匪諶。」《說文》十篇〈心部〉「忱，誠也。從心，尤聲。《詩》曰：『天命匪忱。』」《韓詩外傳》作訦。忱義為誠，誠猶信也。《禮記·祭統》云：「誠信之謂盡。」《周書·大誥》「天棐忱辭」，班固〈幽通賦〉引作「天匪諶辭」，言天命不可信也。辭，語助，猶〈大明〉之「天難諶斯」。〈康誥〉「天畏棐忱」，畏威同字，亦以忱為信。[40]

已將「諶」、「訦」、「忱」因「同部諧聲」或「同母同部」的關係，以「同聲必然同義」（案：實非必然），「表義更旁」而都具有誠信的意思。只不過在後來的品德範疇或商業倫理應用中，鮮少觸及「諶」、「訦」、「忱」三字，大抵採「誠信」結合或對舉的方式來談。朱駿聲在《說文通訓定聲》中主張「茂盛」當為「成」之本訓，「成就」則為「成」之轉注（春案：即引申）。「成」有轉注（引申）為「誠」者，如《詩》：「我行其野，成不以富。」《孟子》：「為其不成享也。」解釋為「信實」者即是。又於「誠」下「聲訓」引《禮

---

[39] 吳鎮烽：《商周青銅器銘文暨圖像集成》，第五卷，頁36。銘作：「諶肇作其皇考、皇母告比君鼎，諶其萬年眉壽，子子孫孫永寶用享。」

[40] 容庚編著：《金文編》（北京：中華書局，1985年7月），頁141；戴家祥主編：《金文大字典》（上海：學林出版社，1995年1月），下冊，頁4364；潘玉坤分冊主編：《古文字考釋提要總覽》（上海：上海人民出版社，2008年8月），第一冊，頁613-614。

記》、《中庸》云:「誠者自成也,成者非自成己而已也,所以成物也。」[41]簡中「誠」的內容涉及「信」、「敬」、「一」、「實」。朱氏認為「誠」字係「成」字的轉注(即引申),意思是有關連的。並非如《說文》所詮釋的「誠」是個純粹的形聲字,將它解釋成「誠,信也。從言,成聲。」[42]是聲符不兼義的。朱氏則主張其聲符兼義。

四　結語

　　若從「誠」字一路演變到《說文》篆文來看,從「言」旁「誠」字最早也要到戰國時代秦系文字才完成。早期從甲文、金文或戰國楚系、晉系文字中,「誠」字或用「成」、用「城」、用「戜」來書寫,前此皆以假借視之,且此中的「成」字都一律從甲文寫作「 」形,而未見從甲文「 」、「 」發展而來的,可見蔡哲茂之說可信!而確切反映「誠信」的道德意義也是在戰國出現,且與從「言」旁的「意內言外」義符合,在秦印「中精外誠」類似格言的語句中,更能彰顯出當時認知的「誠」字具有內化外鑠的特質,此或與傳世文獻中潛藏的「內誠于心」殊異,相當引人注意。而《說文》既解讀「成」為「就也。從戊,丁聲。 ,古文成,從午。」[43]應是從甲文「 」發展而來的說解,也即是陳夢家所釋「成」字從戊、從口(或丁),會以軍械守城圍之意[44]、何琳儀所說的:「從戊(象斧形),從丁(象城邑形),會城意與軍械之意,城之初文」[45],並為季旭昇所從。[46]但前文已言,「誠」字所

---

[41] 〔清〕朱駿聲撰:《說文通訓定聲》(武漢:武漢市古籍書店,1983年6月),頁869。
[42] 〔東漢〕許慎撰、〔清〕段玉裁:《說文解字注》,頁93。
[43] 〔東漢〕許慎撰、〔清〕段玉裁:《說文解字注》,頁748。
[44] 陳夢家:《殷墟卜辭綜述》(北京:科學出版社,1956年7月),中國科學院考古研究所「考古學專刊甲種第二號」,頁411-412。
[45] 何琳儀:《戰國古文字典:戰國文字聲系》(北京:中華書局,1998年9月),上冊,頁808。
[46] 季旭昇:《說文新證》(臺北:藝文印書館,2004年11月),下冊,頁276-277。

從皆作「ᴾ」不作「ᴾ」、「ᴾ」形，可知此說或有可商之處。「ᴾ」字構形可掌握的是從戌（象斧形）的部分，戌下豎短畫用以指示的符號到底指何？其意並不明。然以《詩·南山》云：「析薪如之何？匪斧不克。」〈伐柯〉云：「伐柯如何？匪斧不克。」〈七月〉：「蠶月條桑，取彼斧斨。」〈破斧〉：「既破我斧，又缺我斨。」[47]斧與木的關係緊密，是日用及軍需品，「ᴾ」下短豎畫有可能指其可成伐木之事或析薪之後的部分，再引申為《說文》所釋的「就」，再引申為要有成就就必須表裡如一，信守「誠」意了，以此而論，「誠」與「成」或許就具有《中庸》所說的：「誠者自成也，成者非自成己而已也，所以成物也」如朱氏主張的引申關係了。

　　以上綜觀古文字「誠」字形義的演變脈絡，並聊述淺見，以供方家定奪矣！

附錄一[48]

210
身（信）成（誠）
質料：銅
尺寸（公分）：1.00 × 1.10

---

[47] 屈萬里：《詩經詮釋》（臺北：聯經出版事業公司，1983 年），頁 170、276、263、274。
[48] 蕭春源：《珍秦齋藏印（戰國篇）》（澳門：澳門基金會，2001 年），編號 210。

附錄二　戰國秦系文字「誠」字一覽表[49]

原篆	釋文
[50] 秦律十八種・行書	書有亡者，亟告官。隸臣妾老弱及不可誠仁者勿【簡 184】令。書廷辟有日報，宜到不來者，追之。【簡 185】

---

[49] 引得市：http://www.mebag.com/index/List.asp。

[50] 睡虎地秦墓竹簡整理小組編：《睡虎地秦墓竹簡》，頁 30。該字又著錄於陳建貢、徐敏編：《簡牘帛書字典》（上海：上海書畫出版社，1991 年 12 月），頁 752；張守中編：《睡虎地秦簡文字編》（北京：文物出版社，1994 年 2 月），頁 32；單曉偉：《秦文字疏證》（合肥：安徽大學歷史文獻學博士論文，2010 年 5 月），頁 104，「秦竹簡文字作█秦律 184、█封 38，從言、成聲，寫法草率急就。《說文》小篆作𧩜，與秦文字構形一致。《說文》：『誠，信也。從言成聲。』睡虎地秦簡《秦律十八種》一八四：『隸臣妾老弱及不可誠仁者勿令。』誠，信也。《管子・乘馬》：『故非誠賈，不得食于賈；非誠工，不得食于工。』」方勇：《秦簡牘文字彙編》（長春：吉林大學歷史文獻學博士學位論文，2010 年），頁 49，又收錄於方勇：《秦簡牘文字編》（福州：福建

51　元年相邦疾戈（摹本）		元年相邦疾之造，西工師誠、工戌疵
	睡封簡三八・12	訊丙，辭曰：「甲臣，誠悍，不聽甲。甲未賞（嘗）身免丙。」丙毋（無）病殹（也），毋（無）它坐罪。【簡38】[52]
	睡封簡五一・22	丞某訊丙，辭曰：「甲親子，誠不孝甲所，毋（無）它坐罪。」【簡51】[53]
54		中精外誠

人民出版社，2012年12月），頁65；劉孝霞：《秦文字整理與研究》，2013年，附《秦文字編》，頁88。

[51] 王輝：〈珍秦齋藏元年相邦疾戈跋〉，《湖南省博物館館刊》第五輯，頁400-401，又收錄於王輝：《高山鼓乘集：王輝學術文存二》（北京：中華書局，2008年11月），頁91。該字又著錄於劉孝霞：《秦文字整理與研究》（上海：華東師範大學漢語言文字學博士學位論文，2013年），附《秦文字編》，頁88，「《高山鼓乘集》91・秦代・元年相邦疾戈」。

[52] 睡虎地秦墓竹簡整理小組編：《睡虎地秦墓竹簡》，〈封診式〉簡38，頁30、154。

[53] 睡虎地秦墓竹簡整理小組編：《睡虎地秦墓竹簡》，〈封診式〉簡51，頁156。該字又著錄於張守中編：《睡虎地秦簡文字編》（北京：文物出版社，1994年2月），頁32；方勇：《秦簡牘文字彙編》，頁49，又收錄於方勇：《秦簡牘文字編》，頁65。

[54] 羅福頤：《故宮博物院藏古璽印選》，「秦漢魏晉私印」，頁85。該字又著錄於許雄志編：《秦印文字彙編》（鄭州：河南美術出版社，2001年1月），頁44；湯餘惠主編：《戰國文字編》，頁139；劉孝霞：《秦文字整理與研究》，頁88；高明、涂白奎編：

[55] 馬王堆簡	誠能服此，可以起死
[56] 繫年 009	日新之胃（謂）誠德
四 10.16、 碑 22、 選 2.12、 通 4.135、 分 10.6、 馬乙 238 下 （以上出自《古老子文字編》[57]）	
汗 3.39　又、 四 2.20　義、 四 2.20　老、 海 2.18 （以上出自《傳抄古文字編》[58]）	

原文發表於「中國古代泉幣與經貿國際學術研討會」，香港：香港恆生管理學院，2015 年 7 月 13-14 日，頁 263-272。（葉書珊、陳雅雯校對）

《古文字類編（增訂本）》，下冊，頁 1074。

[55] 陳建貢、徐敏編：《簡牘帛書字典》（上海：上海書畫出版社，1991 年 12 月），頁 752。該字又著錄於陳松長編：《馬王堆簡帛文字編》（北京：文物出版社，2001 年 6 月），頁 93。

[56] 陳松長編：《馬王堆簡帛文字編》，頁 93。

[57] 徐在國、黃德寬編：《古老子文字編》（合肥：安徽大學出版社，2007 年 8 月），頁 72。

[58] 徐在國編：《傳抄古文字編》（北京：線裝書局，2006 年 10 月），上冊，頁 225。

從古文字現象談漢字美醜觀的流變

一 談古文字中的「美」和「醜」

最早且具系統的漢字是從商代晚期（距今約 3,200-3,000 年）的甲骨文開始，其中象形結構是具圖畫性質的，可透過線條勾勒出的圖像提供視覺感知的訊息。而談中國古代「美」「醜」的根源，似乎也應從此方向切入去談。

先談「美」字，根據《新甲骨文編》卷四所收「美」字共 7 個字形，基本上可分成兩種類型：一作「𦬹」《合》22044 形，只 1 個字；另一作「𦫳」《合》36971 形，有 6 個字[1]，《甲骨文字編》則增至 9 個字[2]，也就是說，後面的字形是占絕大多數的，推測可能是它的本形。而「美」字在甲骨文中大抵用為人名或方國名，要從用法上去追究它的本義是有些困難的，還好的是，字形本身提供我們解讀的一條線索。這其中要特別留意的，是和「美」字字形相當接近的西戎牧羊人「羌（𦫶）」字，它的字形變化雖然繁多，但上部皆從羊角的「ᚙ」字，下部大抵作「人（𠂉）」形，卻從未有作「大（大）」字形者[3]，又或是當婦名用的「姜（𦭩、𦭩、𦭩）」字[4]，下部皆從女也不作「大」字形，其間是存有一些細微卻分明的差別。那麼，「美」字的上部是什麼？

---

[1] 劉釗、洪颺、張新俊編：《新甲骨文編（增訂本）》（福州：福建人民出版社，2014 年 12 月），頁 245-246。

[2] 李宗焜：《甲骨文字編》（北京：中華書局，2012 年 3 月），上冊，頁 66-67。

[3] 劉釗、洪颺、張新俊編：《新甲骨文編（增訂本）》，頁 245-246；李宗焜：《甲骨文字編》，上冊，頁 41-45。「早期卜辭稱羌人均作𦫶，及晚期稱方國的羌方則作𦫶、𦫶、𦫶。羌族處殷西，自始即受殷人欺壓。」說見朱歧祥編撰：《甲骨文詞譜》（臺北：里仁書局，2013 年 12 月），第一冊，頁 74；《通釋稿》又以「美」：「從人具首飾……卜辭為殷王子名。又用為西邊地名、族名，受羌人侵擾，族亦淪為殷人祭牲。」詳朱歧祥編撰：《甲骨文詞譜》，第一冊，頁 181；另可參季旭昇：《說文新證（修訂本）》（臺北：藝文印書館，2014 年 9 月），頁 299-300。另可參羅琨·〈殷商時期的羌和羌方〉，載王宇信主編：《甲骨文與殷商史》（上海：上海古籍出版社，1991 年 8 月），第三輯，頁 405-426。

[4] 李宗焜：《甲骨文字編》，上冊，頁 45-46；劉釗、洪颺、張新俊編：《新甲骨文編（增訂本）》，頁 687、706。

下部又是什麼？學者的看法並不一致，此可從《甲骨文字詁林》、《古文字詁林》、《古文字考釋提要總覽》收錄的諸多說法窺見一斑[5]。下面先從「美」字的上部構成是什麼談起，接著再談下部的構成。

一般說來，學者大抵不從東漢許慎（67？-148？）《說文解字》（以下簡稱《說文》）對「美」的分析與解釋，他說：「美，甘也。从羊从大。羊在六畜主給膳也。美與善同意。」[6]而主張「甲骨文、金文的『美』字均不从『羊』。其上為頭飾。羊大則肥美，乃據小篆形體附會之談。」[7]那麼，「美」字上部的「頭（首）飾」是什麼？也有兩種不同的看法：一是王獻唐（1896-1960）主張的「毛羽飾」，並說「以毛羽飾加於女首為『每』，加於男首則為『美』」，「女飾為單，故 𣶒、𦍋 諸形，祇象一首偃仰。男飾為雙，故 𦍌、𦍋 諸形，象兩首分披，判然有別。」[8]另一說法則是李孝定（1918-1997）主張的「羊首飾」，但他不是很肯定，認為羊首有可能是從「人首插羽為飾」演變錯誤的結果，故說「契文羊大二字相連，疑象人飾羊首之形，與羌同意，卜辭多言『子美』人名，字又作 𦍋，上不从羊，似象人首插羽為飾，故有美義，以形近羊，故譌从羊耳，姑存此說待考。」[9]而這兩種說法，在談中國美學的溯源問題時，往往也被繼承並做更進一層的發揮演繹[10]。然而前說的可疑點

---

[5] 于省吾主編：《甲骨文字詁林》（北京：中華書局，1996年5月），第一冊，頁224；李圃主編：《古文字詁林》（上海：上海教育出版社，2002年12月），第四冊，頁183-185；李圃主編：《古文字詁林》（上海：上海教育出版社，2003年12月），第八冊，頁196-197；劉志基等主編：《古文字考釋提要總覽》（上海：上海人民出版社，2010年5月），第二冊，頁277-278。

[6] 〔東漢〕許慎撰、〔清〕段玉裁：《說文解字注》（臺北：天工書局，1992年11月），頁146。

[7] 于省吾主編：《甲骨文字詁林》，第一冊，頁224。

[8] 王獻唐：〈釋每、美〉，《中國文字》第三十五冊（臺北：臺灣大學文學院中國文學系，1970年），頁1-10；于省吾主編：《甲骨文字詁林》，第一冊，頁458-459。

[9] 李孝定：《甲骨文字集釋》（臺北：中央研究院歷史語言研究所，1974年10月），第四卷，頁1323。徐中舒：《甲骨文字典》（成都：四川辭書出版社，1990年5月），頁416，則以「美」字「象人首上加羽毛或羊首等飾物之形，古人以此為美。所從之𦍌為羊頭，𦍋為羽毛，《說文》皆從羊，不復區別」，用為「地名」或「人名」。

[10] 如陳良運：《美的考索》（南昌：百花洲文藝出版社，2005年11月），頁28-29；蕭兵：

是，甲骨文的「羽」或「翼」字並不作此形，而作▨、▨，像鳥類的長羽毛，直至戰國時才分化出左右方向一致的羽（羽）形[11]，卻與「美」字上部左右相背對稱的形式有所不同。反而是後說主張的「羊首飾」比較接近，與甲骨文「羊」字作▨形，擷取其角作飾而成。有趣的是，甲骨文中家畜類動物如馬、牛、羊、豬、犬、象、雞；獵獲動物如虎、兕、豕、鹿、狐、兔……之類[12]，其中有角狀的如牛（▨《合》19813正[13]）、羊（▨《合》14838[14]）、兕（▨《合》10407正[15]）、鹿（▨《合》10260[16]）等，為何「美」會選擇「羊角」而不是其它？或許也有一定的道理可說。若純粹從外型來觀察，牛頭大、角上弧由外往內彎曲而上，鹿角則歧枝紛錯未必規則往上生長，而羊角除左右對稱外，並由上往下作半弧曲線狀，頗具跌宕變化之姿，其大小適中，較牛、鹿之角更適合人首披戴，何況「羊」在古人的認知中，具有「吉祥」的涵義，故《說文》直接以「祥」解釋「羊」[17]，而桂馥（1736-1805）在《說文解字義證》中更引據各種傳世文獻與青銅銘文證成這一點。他說：「羊、祥聲相近。本書：『祥，善也。』鄭注〈考工記・車人〉云：『羊，善也。』《釋名》：『羊，祥也。祥，善也。』昭十一年《公羊經》：『盟于侵羊』，《穀梁傳》作『侵祥』。《春秋說題辭》：『羊者，祥也。』《春秋繁露》：『羊之為言猶祥與？』漢元嘉刀銘『大吉羊』，《博古圖・漢十二辰鑑》『辟除不羊』，皆以羊為祥。」

〈楚辭審美觀瑣記〉，《美學》第三輯（上海：上海文藝出版社，1981年6月），頁225；朱志榮：《商代審美意識研究》（北京：人民出版社，2002年12月），頁52。李澤厚、劉綱紀主編：《中國美學史・第一卷》（北京：中國社會科學出版社，1984年7月），頁91-92。

[11] 季旭昇：《說文新證（修訂本）》，頁280-281。

[12] 王宇信、楊升南主編：《甲骨學一百年》（北京：社會科學文獻出版社，1999年9月），頁542-545、563-565。

[13] 李宗焜：《甲骨文字編》，中冊，頁542。

[14] 李宗焜：《甲骨文字編》，中冊，頁549。

[15] 李宗焜：《甲骨文字編》，中冊，頁580。

[16] 李宗焜：《甲骨文字編》，中冊，頁611。

[17] 〔東漢〕許慎撰、〔清〕段玉裁：《說文解字注》，頁145。

[18]這有可能也是「羊」在被選擇汰取中存在的優勢，以故「美」字上部擷用羊的曲角來裝飾，除彰顯均勻對稱，大小適中，變化有致，並可能兼有寄寓「吉祥良善」的美意。[19]

尤其更可注意的是，有關「美」字下部的構成。一般說來，商代文字形體未定，義近形旁也可通作，是人盡皆知的現象，所以裘錫圭（1935-）說：「商代後期一般文字的字形，跟圖畫已經有了很大距離。但是作為一種文字來看，象形程度仍然應該算是相當高的。有些字只要把它們所象的事物的特徵表示出來，就能使人認識，因此寫法很不固定。」[20]若試翻閱《新甲骨文編》所收錄的字來加予檢驗，其字例相當多，資略舉數例如下表所示：

襄（P.498-499）〔34 例〕	[2]	[24]	[6]	[2]
奚（P.611-612）〔25 例〕	[8]	[12]	[4]	[1]
盅（P.310-311）〔64 例〕		〔53〕	[9]	[1]
鬼（P.536-537）〔32 例〕	[25]	[6]		[1]
光（P.591）〔30 例〕	[27]	[1] [1]		[1]

從中可觀察到，如「襄」字下部可從卩、人、大、女；「奚」字下部可從女、

---

[18] 〔清〕桂馥：《說文解字義證》（濟南：齊魯書社，1987 年 12 月），頁 300。

[19] 胡厚宣：〈甲骨文商族鳥圖騰的痕跡〉，《歷史論叢》第一輯（北京：中華書局，1964 年），頁 154-155，以「羊鳥」為「祥鳥」。

[20] 裘錫圭：《文字學概要（修訂本）》（北京：商務印書館，2013 年 7 月），頁 49。

人、大;「盈」字口內可從人、尸、大、女;「鬼」字下部可從卩、人、女;「光」字下部可從卩、壬、千、女。但是,「美」字下部必然從「大」,絕不作從「人」、「女」、「卩」、「尸」諸形旁的,這是為什麼呢?

可見「美」的對象是有所限定的,雖然是藉由人類來加以彰顯這種特質,但並非一般人皆可的,假設它下部從「人」就很容易跟「羌」字混同;甲骨文的「美」字下部既不是或蹲或踞跪的人(即從尸、從卩者),也不是女人或小孩(即不從女旁或子旁),而是僅僅出現在人類中的「大」形頭上,可見「美」的最初對象限定在男性,而且是成年的男性。因為「在古漢字裏,象成年男子的大最初既是『夫』字又是『大』字(『夫』的本義就是成年男子」[21],這個「美」字的主體是以「人」為對象,但純粹指成年男子,是針對男性來說的(此點與動物界雄性往往較雌性美麗略同)。那麼,從「大」既透露出商代晚期文字中的「美」並非具普遍性,而是有其針對性的,特別是針對成年男性來呈現「美」的主體,其本身或隱含成熟、雄偉、壯大,陽剛的特質;至於男子頭上的羊角裝飾雖屬配套措施,卻具有勻稱、規整、環曲、反覆、吉祥與良善的外型和內涵。而「美」字從「大/夫」自商代晚期的甲骨文歷經各種字體發展演變至今,卻從未改變其形構。可是字體結構雖未變,但適用的對象卻悄悄地轉移,以致於另起爐灶,另造新字來強調這種變遷。

至於與「美」相對應的「醜」字,也就是「不美」,每每在「美醜」、「妍醜」、「醜俊」、「醜麗」正反義相對成詞中出現。那麼,不美又是如何呈現的?商代晚期的甲骨文這方面的資料並不多,《新甲骨文編》收錄有屬賓組的《合》12878 片,其正、反面都作形的「醜」字[22],文例作:「〔貞〕若絲不雨。

---

21 裘錫圭:《文字學概要(修訂本)》,頁 6。另在頁 7 補充說:「在古漢字裡,為了區別一形多用的表意字形的不同用法現象,往往採用字形分化的辦法。例如:前面講過的大本來也可以寫作夫。這兩種字形都既可以用來表示{大},也可以用來表示{夫}。後來專用前一形表示{大},後一形表示{夫},把它們分化成了兩個字。」
22 劉釗、洪颺、張新俊編:《新甲骨文編(增訂本)》,頁 537。

佳……出醜于……」（正），「……龍出醜」（反），其中的「醜」是與「寵」
相對的，《說文》解釋「醜」為「可惡」，是一個形聲字，「鬼」標示它的意
義類別，「酉」則作音符來使用。當然「醜」字也有改從「壽」聲的，寫作
「醻」，如《詩・遵大路》：「無我醻兮」，《傳》解讀為「棄」，《箋》則訓為
「惡」，因此「醜」就有厭惡嫌棄的意思。[23]如果純就形旁「鬼」來看，由上
表「鬼」字可知其下部是從人、從卩、從女都有的，卻不從「大」；但是《新
甲骨文編》另收有從大作「🞠」《合》14292 形的「畏」字，卜辭中係用為人
名[24]，如果拿來跟「美」字作「🞠」類比，《新甲骨文編》所收 6 字形皆從
「大」而未見加一橫畫作從「夫」形的，它或許有可能是「醜」字的較早字
形，這種情況也類似「雞」本作🞠《合》18341（A7），或加🞠（奚）聲作🞠《合》
28150（B6）；「鳳」本作🞠《英》1858（A2）、🞠《合》13337（AB），或加🞠（凡）
聲作🞠《合》30258；「自」本作🞠《合》839，或加🞠（畀）聲而為「鼻」的發
展脈絡，只可惜 6 例「🞠」（畏）字都當人名使用，不見有與「寵」字相對
的「醜」義，是否為「醜」字的象形初文，是頗值得後續進一步關注的課題。
至於《金文編・正編》中是沒有出現過「醜」字的，倒是《金文編・附錄上》
編號 128 收錄有 36 文形態略異、素來被視為「亞醜」的 ▇字[25]，亞型右邊

---

[23] 于省吾主編：《甲骨文字詁林》，第一冊，頁 356。另外也有解釋「醜」為會意的「從鬼
從酉」，徐中舒：《甲骨文字典》，頁 1023；或如王襄說「酉象尊內有酒滴滴之形」，見李
圃主編：《古文字詁林》，第八冊，頁 196。

[24] 劉釗、洪颺、張新俊編：《新甲骨文編（增訂本）》，頁 538。于省吾主編：《甲骨文字詁
林》，第一冊，頁 362 釋為「畏」，作人名使用。

[25] 容庚編著：《金文編》（北京：中華書局，1985 年 7 月），頁 1053-1055，至於「亞」形內
的字該釋為什麼？眾說紛紜，莫衷一是，詳見何景成：《商周青銅器族氏銘文研究》（濟
南：齊魯書社，2009 年 1 月），頁 58、140，他說：關於「▇」的亞字框內的文字的考
釋，阮元釋「亞形中卣形，其格上三矢形」；高田忠周釋「召」；馬敘倫釋「僕」；柯昌濟
釋為「叟」；吳闓生釋為「醜」；郭沫若釋為「召」，並以為召公奭名醜的說法可能是誤讀
此字造成的；金祥恒釋為「饋」；李零認為讀為「齊」。甲骨文有作🞠，其左半部和金文
的「召」字（🞠）的下半部的確相似。但是前者的「酉」上總是帶有一個小流，因此釋
為「召」頗為可疑。「妻」字的頭部都帶有「又（即手形）」，也與此字的右半部寫法不同，
因此，不能將之釋為「妻」或「齊」。其它諸說也均與字形不合，故此字仍存疑待考。為
敘述方便，暫用「醜」字耳。

人首上作三分叉狀，追究其實，實際上與「鬼」或「畏」形有些差別，是應該分別對待的。[26]然而「醜」字在春秋時代的《侯馬盟書》與〈醜之造戈〉中，皆當人名使用，「鬼」的下部構件都作「女」旁🔲[27]，也是可以特別留意的。由此推測，「醜」字似乎沒有像「美」字般具有針對性，對象也不一而足。唯要注意的是，「醜」字所從的「鬼」旁特別強調跪跽的姿態，似乎具有怖慄震懾的效果，以故跟「畏」字的關係是相當密切的[28]。尤可注意的是方形的鬼頭，《說文》釋「鬼」為「人所歸為鬼。从儿，由象鬼頭。从厶，鬼陰气賊害，故从厶。」[29]王筠《說文釋例》說：「鬼字當是全體象形，其物為人所不見之物，聖人知鬼神之情狀，故造為此形。」[30]甲、金文中鬼字是不从「厶」的[31]，那麼，鬼頭呈現比例特大的正方田形，與一般人類的頭顱極不相似，正是其可怖可畏的地方，也就是「醜」被關注的焦點也擺在頭部的非比尋常，尤其到後來特別強調對象是女性。

美醜對象的轉移，推測可能從西周初期就開始變化了。如前所述，「美」本來是針對成年男子而說的，可是到了西周初期，男性漸漸朝「德」性良善的修持方向邁進，所謂「德觀念自西周初期萌發，經周公提倡而登上政治舞台，至春秋末經孔子加工而形成完整的德治理論」[32]，此從《新金文編》收有 52 個「德」字且時間從西周早期開始，也可窺見一斑，根據西周青銅器銘文的記載，「至德」是周人倫理學的核心之一，如西周早期的〈大盂鼎〉

---

[26] 朱歧祥釋作「醜」。他說：「字與金文🔲合，从人披長髮持酒器於釜上溫食。隸作醜。《說文》：『可惡也，从鬼酉聲。』卜辭用為第四、五期之小臣名。」詳見朱歧祥編撰：《甲骨文詞譜》，第一冊，頁 148。

[27] 湯志彪：《三晉文字編》（長春：吉林大學博士學位論文），2009 年 12 月，頁 573；山西省文物工作委員會編：《侯馬盟書》（北京：文物出版社，1976 年 12 月），頁 199；董蓮池編：《新金文編》（北京：作家出版社，2011 年 10 月），頁 1334。

[28] 于省吾主編：《甲骨文字詁林》，第一冊，頁 356。

[29] 〔東漢〕許慎撰、〔清〕段玉裁：《說文解字注》，頁 434。

[30] 〔清〕王筠：《說文釋例》（臺北：世界書局，1984 年 10 月），卷二，頁 9。

[31] 于省吾主編：《甲骨文字詁林》，第一冊，頁 360。

[32] 武樹臣：〈尋找最初的德——對先秦德觀念形成過程的法文化考察〉，《法學研究》，2001年第 2 期，頁 122。

談到要效法繼承周文王的「正德」、要「敬雍德經」，〈何尊〉則讚頌周成王的「龏（恭）德」、〈麥尊〉用「造德」、〈番生簋〉的「丕丕元德」、「不肆德」之類，在在凸顯出男性往「德」的方向修持發展的進程，尤其像西周中期的〈師才鼎〉，短短一篇銘文就記載了七種德目：孔德、安德、先王德、害（嘏）德、刺（烈）德、懿德、即（節）德[33]，可知「德」在周人心目中所佔的份量，名目的繁多，男性乃朝修「德」的目標不斷深化，有關於此部分的論述前人文章已多，故在此不另行贅述。[34]反之，女性關注焦點則強化了「美」的部分，並由「美」、「醜」的對立中不斷由外而內擴充，更加細密地羅織各方，形成「女為悅己者容」的現象，「美」也由成年男性專用過渡到男女通用，如《爾雅·釋訓》所說：「美女為媛，美士為彥。」《逸周書·武稱解》的「美男破老，美女破舌」，〈睡虎地〉日甲 12 正：「男女必美」，而漸漸改變重心移往女性身上靠攏，舉如《詩·陳風·東門之池》所歌詠的：「彼美淑姬，可與晤歌」，《韓非子·備內》篇說「丈夫年五十而好色未解，婦人年三十而美色衰矣。」而「郎才女貌」也就反映了部分的事實。

那麼，反映在文字上又是如何呢？馬敘倫早指出《周禮》美惡字皆作「媺」。《說文》「媄，色好也」，是「媺」為「媄」之轉注異體，媄轉注為媺。媺是从女，敊聲，「美」則為媄、媺二字的初文。[35]于省吾也認為「許氏以美為甘美，以媄為色好，按媄為美的後起孳乳字，今則美行而媄廢。」[36]《周禮·地官·師氏》：「掌以媺詔王」，《疏》：「媺，美也」，《周禮·地官·鄙師》：

---

[33] 連劭名：〈金文所見周代思想中的德與心性學說〉，《文物春秋》，2009 年第 2 期，頁 11-15。

[34] 裘錫圭：〈燮公盨銘文考釋〉中言「『明德』為周人常用語，屢見於周代銅器銘文及古書，不具引。《禮記·大學》『在明明德』句《正義》：『言大學之道在於章明己之光明之德』。釋『明德』為『光明之德』。《詩·大雅·烝民》說：『天生烝民，有物有則。民之秉彝，好是懿德。』此銘則言天『降民，監德』、『作配，嚮民』、『厥美唯德』、『民好明德』，彼此立意相近。」見《中國歷史文物》，2002 年第 6 期，頁 19。

[35] 馬敘倫：《說文解字六書疏證》（上海：上海書店，1985 年 4 月），卷廿四，頁 27；卷七，頁 119。

[36] 于省吾：〈釋羌、苟、敬、美〉，《吉林大學社會科學學報》，1963 年第 1 期，頁 47。

「察其媺惡而誅賞」，用的都是「媺」字，段玉裁在注解「媄」字時也說：「凡美惡字皆可作此，《周禮》作媺，蓋其古文」，的確沒錯，「美」這個字應用到後來凡天地間一切美好之事物皆可用來形容，無法突顯出其性別上的差異與獨特，故別造形聲結構的專用後起字「媄」和「媺」，用以強調女性的美色之好，並且有一段時間取代了「美」。而段玉裁所指出的古文，乃是戰國時期東方六國所使用的文字，媄、媺二字不見於《金文編》及《新金文編》，「媺」字但出現在楚簡，寫法多樣，或作「𡰥」、或作「頖」、或作「散」、或作「媺」，其中以作「媺」為多數，特別標舉「女」旁，更看出女性變成被觀賞者與被要求「美」的對象，舉如《郭店簡》、《上博簡》、《清華簡》所示：

𡰥（𡰥、𡰥）《郭店·老子》甲本簡15：「天下皆智（知）散（美）之為散（美）也。」[37]

𡰥（𡰥）《郭店·緇衣》簡 1：「夫子曰：好媺（美）女（如）好茲（緇）衣。」又簡35：「則民不能大其媺（美）而少（小）其亞（惡）。」[38]

𡰥（𡰥）《郭店·性自命出》簡 20：「君子媺（美）其青（情）。」又簡51：「又（有）媺（美）青（情）者也。」[39]

𡰥、𡰥《上博六·天子建州》甲本簡3：「不媺（美）為媺（美）。」又簡 4：「媺（美）為不媺（美）。」[40]

𡰥《上博五·三德》簡 8 上：「衣服過制，失于媺（美），是謂違章。」[41]

---

[37] 滕壬生：《楚系簡帛文字編（增訂本）》（武漢：湖北出版社，2008 年 10 月），頁 747。
[38] 滕壬生：《楚系簡帛文字編（增訂本）》，頁 747。
[39] 滕壬生：《楚系簡帛文字編（增訂本）》，頁 1012。
[40] 郭蕾蕾：《《上海博物館藏戰國楚竹書（六）》研究概況及文字編》（長春：吉林大學碩士學位論文，2008 年），頁 129。
[41] 李守奎、曲冰、孫偉龍：《上海博物館藏戰國楚竹書文字編（1～5）》（北京：作家出版社，2007 年 12 月），頁 549。

《上博九·舉治王天下》簡 29：「教娍（美）民備（服）▬。」[42]

《上博九·邦人不偁》簡 4：「不偁娍（美）。」[43]

《清華貳·繫年》簡 27：「賽（息）侯之妻甚娍（美）。」[44]

、《清華伍·湯在啻門》簡 12-13：「娍（美）惪（德）奚若？亞（惡）惪（德）奚若？娍（美）事奚若？亞（惡）事奚若？娍（美）役奚若？亞（惡）役奚若？娍（美）【簡 11】正奚若？亞（惡）正奚若？娍（美）型（刑）奚若？亞（惡）型（刑）奚若？【簡 12】。」[45]

（）《清華陸·鄭武夫人規孺子》簡 7：「娍（媚）妬之臣躬（躬）共（恭）亓（其）龐（顏）色。」[46]

觀其寫法甚為一致，皆作從女、㞑聲，對象雖不限女性，但全作女字旁，可見其強調的重點，而這個「美」的後起形聲字，與《周禮》作「媺」的，應是同一個來源[47]。但就秦系文字的發展演變來看，反而比較固定，皆與小篆同作從羊從大的 《嶽麓秦簡貳·租稅》簡 1813.1：「今禾美。」[48]，字形上差別不大，僅將一橫分作左右兩點罷了。

二　談〈登徒子好色賦〉與〈妾稽〉篇的美醜

　　《管錐篇》中曾指出在對美人的描寫上，《詩經·衛風·碩人》等雖然

---

[42] 陳茜：《上海博物館藏戰國楚竹書（九）文字編》（長春：東北師範大學碩士學位論文，2014 年 5 月），頁 133。

[43] 陳茜：《上海博物館藏戰國楚竹書（九）文字編》，頁 133。

[44] 李學勤主編、清華大學出土文獻研究與保護中心編：《清華大學藏戰國竹簡（貳）》（上海：中西書局，2011 年 12 月），頁 257。

[45] 李學勤主編、清華大學出土文獻研究與保護中心編：《清華大學藏戰國竹簡（伍）》（上海：中西書局，2015 年 4 月），頁 217。

[46] 李學勤主編、清華大學出土文獻研究與保護中心編：《清華大學藏戰國竹簡（陸）》（上海：中西書局，2016 年 4 月），頁 208。

[47] 季旭昇：《說文新證（修訂本）》，頁 299。

[48] 賀曉朦：《嶽麓書院藏秦簡（貳）文字編》（長沙：湖南大學碩士學位論文，2013 年 5 月），頁 109。

也曾從外形上描寫美人形態之美，如「手如柔荑，膚如凝脂，領如蝤蠐，齒如瓠犀，螓首蛾眉，巧笑倩兮，美目盼兮」，「然《衛》、《鄘》、《齊》風中美人如畫像之水墨白描，未宣染丹黃，《鄭風・有女同車》：『顏如舜華』，『顏如舜英』，着色矣而又不及其他。至《楚辭》始於雪肌玉膚而外，解道桃頰櫻唇，相為映發，如〈招魂〉云：『美人既醉，朱顏酡些』，〈大招〉云：『朱唇皓齒，嘑以姱只。容則秀雅，稚朱顏些』；宋玉〈好色賦〉遂云『施粉則太白，施朱則太赤』。色彩烘托，漸益鮮明，非《詩》所及矣。」[49]可見從《詩經》開始，「美」的對象除了從成年男子轉移到女性身上外，也由外加的羊角裝飾轉移到人物的本身，尤其側重在臉部顏面的描述特別多：從頭型、眉毛、眼睛、牙齒、嘴巴、唇部，延伸至頸項、手部、皮膚，並取象於自然界中相稱的動植物來比擬烘托一番，神韻色澤畢竟不同，尤其《鄭風・有女同車》更強調說：「彼美孟姜，洵美且都」、「彼美孟姜，德音不忘」，「美」、「德音」並置，先「美」後「德音」，從先後秩序來看，也可知其強調的重點了，但早期屬水墨白描，時代愈晚則用色越講究，丹青越鮮明，注意到女性外表之外的肌膚色澤。

當然，時代愈晚，針對成年男性之美用墨越來越少，反而對女性的「美」、「醜」刻劃地越來愈仔細，對比也越來越清晰，前如戰國晚期楚國辭賦家宋玉所撰的〈登徒子好色賦〉，即是針對登徒子在楚襄王面前無端誣陷宋玉「好色」進行了巧妙地辯解，文中透過一層層的排除法，由「佳人」到「麗者」到「美者」，成功地塑造出心目中理想且十全十美的美女化身——東家之子，形容她「增之一分則太長，減之一分則太短，著粉則太白，施朱則太赤」，符合「允執厥中」的完美比例，無論身材的高矮胖瘦，體貌的色澤紅白，皆麗質天生，恰到好處，具有「體美容冶，不待飾裝」的標準，並又進一步細加勾勒說：「眉如翠羽，肌如白雪，腰如束素，齒如含貝，嫣然一笑，惑陽

---

[49] 錢鍾書：《管錐篇》（香港：太平圖書公司，1980 年 2 月），上冊，頁 92-93。

城，迷下蔡」，除了集中比擬美人臉部的眉毛、牙齒和嘴角含笑的完美情態外，更延伸到皮膚的白皙和腰肢的纖細；那麼，與之相對的「醜」又是如何呢？宋玉則舉了登徒子妻為代表，說她：「蓬頭攣耳，齞脣歷齒，旁行踽僂，又疥且痔」，是個先天不足和後天失調的醜惡形象，她那蓬亂的頭髮，蜷曲的耳朵，兔脣暴牙，又駝背，走路歪歪斜斜，加上有皮膚病和痔瘡。那麼，作者描述的焦點除擺在頭髮、耳朵、脣齒之外，並注意到走路姿態與身體的健康與否。當然，宋玉本身也是個「美」男子，所謂「〔宋〕玉為人體貌閑麗」[50]，也就是說他體態文雅，容貌美麗，可就僅只於一句話而已，不再多說，可見文中男性已成為「美」的配角，更何況焦點是放在「人」的本身，並不及於外加於上的裝飾物。

　　時代再往後推移，文學上美醜針鋒相對的尚可見諸《北京大學藏西漢竹書〔肆〕·妄稽》篇，是目前中國所見年代較早的長篇俗賦。[51]全篇估計約三千四百字，但僅存約二千七百字。乃敘述西漢時代有位叫周春的士人，娶了一位醜惡的妻子叫妄稽，周春看到後竟然流涕嘆息，痛不欲生，遍告鄉黨父母兄弟說：「必與婦生，不若早死。」父母聽到這話之後，就想替他買個美妾，妄稽雖極力反對並加以阻撓，最後還是買了一位名叫虞士的美妾……[52]那麼，妄稽是如何地「醜惡」？虞士又是如何地「美麗」？賦中極盡能事地從人物本身由上到下細加比擬烘托，也涉及人物的穿著打扮，言語行止，聲音氣味等等，綜合內外上下，裡裡外外囊括殆盡。觀其描寫妄稽的「爾貌可以懼魅」的「醜惡」說：

50　以上所引〈登徒子好色賦〉，參見〔戰國〕宋玉著、吳廣平編注：《宋玉集》（長沙：嶽麓書社，2001 年 8 月），頁 79-82。

51　北京大學出土文獻研究所編：《北京大學藏西漢竹書（肆）》（上海：上海古籍出版社，2016 年 4 月），〈前言〉頁 2 推定竹書抄寫年代是「主要在漢武帝後期，下限不晚於宣帝。」

52　北京大學出土文獻研究所編：《北京大學藏西漢竹書（肆）》，頁 57-60。

妄稽為人,甚醜以惡。種(腫)肵廣肺,垂(顧)頹折骼。臂肰(肰、
天)八寸,指長二尺。股不盈拼(抍-棄),脛大五撼(攫)。蓸(曠)
珍領亦,食既相澤。勺乳繩縈,坐肆(肆)於席,尻若最笥,塼(膞)
膌(膡)格=(格格)。目若別杏,逢(蓬)敀(髮)頗白。年始十五,
面盡鮾(鱗)腊(錯)。足若縣(絲?)櫃(薑),脛若談(剡)株。
身若冑(猬)棘,必好抱區。口臭腐鼠,必欲鉗須。[53]

從中可知年初十五歲的妄稽,理應有個青春年華的美好,可惜長相卻如鐘樓
怪人般,一張肉餅臉上額頭突出,骨架好像折斷般撐不起來,不成比例的身
材:既有八寸長的手臂,卻有兩尺長的手指;大腿小而小腿卻大,眼睛無神,
脖子粗大,乳房小而下垂,臀部像收起來的魚笥,金魚眼,白髮蓬亂,乾裂
粗糙的臉龐,腳小脛粗,而且全身長滿刺蝟般的長毛,又有腐鼠般的口臭。
可見妄稽被塑造成奇形怪狀的模樣,形體結構上是極度地不協調,加上令人
不愉快的氣味,就構成周春納美妾的絕佳藉口和理由,當然,〈妄稽〉篇因
屬「俗」賦的性質,採用誇張的手法來刻劃妄稽的醜陋也就顯得特別地俚俗
露骨,除了全身上下內外的描繪外,甚至連乳房臀部都特意地形容一番,表
現出普羅大眾審美評醜的趣味來。

另一方面,美妾虞士的「教(姣/佼)美佳好」的「美子」形象又是如
何?值得讓周春「喜而自幸」呢?姑舉虞士第一次出現在市集的情景,賦中
描寫道:

乙未之日,其姑之陳市。顧望閑中,適見美子。靡免(曼)白晢,長
敀(髮)誘(秀)紿……色若春榮,身類縛素。赤脣白齒,長頸宜顧。
□澤比麗,甚善行步。應(應)對□【□】,出辤(辭)禾(和)叚
(暇)。手若陰逢,足若揣卵。豐肉小骨,微(微)細比轉。兆(眺)
日鈞折,蟻辭昳管。廉不籤=(籤籤),教不勉兌〈克〉。言語節論(檢),

---

53 北京大學出土文獻研究所編:《北京大學藏西漢竹書(肆)》,頁60。

> 辤（辭）令愉宛（冤-婉）。好聲宜笑，厭（厴）父（輔）之有巽。敱
> （髪）黑以澤，狀若莿斷。臂脛若蒻，觭（犄）牙白齒。教（姣／佼）
> 美佳好，致京以子。敱（髪）黑以澤，狀若㦰緇。[54]

也就是說，虞士是個天生的美人胚子，美麗白皙的皮膚，秀髮飄逸，如花朵般綻放的容顏，如細絹般婉轉的身姿，朱唇白齒，適合回顧的修長脖子，凌波微步，輕聲細語，手指宛如蓬草般纖細，步伐輕盈柔軟，骨細肉豐，體態優美，水汪汪的大眼睛，又長又捲的睫毛，有個性但不尖銳，教養好而不勉強。說話有節制，辭令很委婉。一顰一笑都動聽，臉頰有個小酒窩。那烏黑亮麗的長髮如剪斷般整齊，手腳又似嫩白的藕莖，白淨整齊的牙齒，真是個大美人哩！看那頭髮帶著又黑又細的光澤呢！可見這觀察是相當仔細的，從頭髮、臉蛋、脖子、手腳、骨架、肌肉，到言談舉止，一顰一笑，體態個性，辭令教養，由外型到內在神態無不在考察的範圍內，尤其賦中跌宕往復不斷歌詠致意的是那烏黑亮麗的長髮，而與妄稽的「逢（蓬）敱（髪）頗白」形成很大的反差。

至於〈妄稽〉篇中對男主角又是如何描述？在形容周春「顏色容貌，美好姱麗」之前，有一段自報家門教養的說詞道：

> 㮯（滎）陽幼進，名族周萅。孝弟（悌）𢏺（慈）悔（敏），恭敬
> 仁孫（遜）。鄉黨莫及，於國无論（倫）。辤（辭）讓送擖（揖），
> 俗節理兼（義-宜）。行步周景（還、旋），進遻（退）㪯（矜）倚
> （儀？）。顧（顏）色容貌，美好㚎（姱）麗。精絜（潔）貞廉，
> 不骨（冐/肯）淫謙（議）。血氣齊疾，心不怒暴（㬥）。力勁夬
> （決、抉）貉，不好手扶。勇若孟賁，未嘗色校。見鄉長者，先言
> 後笑。[55]

可見他具備了儒家要求的品德修養，是個文武全才的年輕人，「孝悌慈敏」、

---

[54] 北京大學出土文獻研究所編：《北京大學藏西漢竹書（肆）》，頁63。

[55] 北京大學出土文獻研究所編：《北京大學藏西漢竹書（肆）》，頁59。

「恭敬仁遜」、「辭讓送挹」、「俗節理宜」、「精潔貞廉」都屬於品德操守、應對進退的修持德目，中間雖夾敘他的長相俊美，乃個美麗漂亮的人，但以敘述的比重來看，重心似乎已移轉到「德」上，男性的「美」已不是描述的重點，淪為次要的了。

三　談《說文》相涉部首中的美醜字

這種美與醜的對象轉移，反映在造字功能上是否也能如實呈現呢？考察東漢許慎所撰的《說文》共收 9,353 字，有關「美醜」的字是集中收錄在「女」部的。但在甲骨文中與「美」關係密切的「大」部，《說文》是否有所繼承甚或開展衍生出關涉「美醜」的字詞？查《說文》「大」部共收錄 18 字，除部首「大」外，尚包括：奎、夾、奄、夸、查、奃、羨、奊、奇、奆、奃、夼、奊、夽、奄、契、夷等等，其中「大」是「天大地大人亦大焉」、「奎」是「兩髀之閒」、「夾」是「持」的意思、「夷」是指「東方之人」，也就是說，它們雖然跟「人」偉大能參天地化育、人身體的部位、人為輔助以及人種有關，但卻沒有衍生出「美醜」的觀念，其他諸字都具有與「小」相對的「大」義，如「奄」是「大有餘」、「夸」是「奢」、「查」是「奢查」、「奃」是「奃大」、「羨」是「空大」、而「奊」、「奇」、「奆」、「奃」、「夼」、「夽」、「奄」都是釋作「大」、「奊」則是「瞋大聲」、「契」乃是「大約」，可見造字都從「大」義出發，卻不見有關「美醜」的字詞。另外《說文》還特別設立「籀文大」為部首的，共收錄「大」、「奕」（大也）、「奘」（駔大）、「臭」（大白）、「奚」（大腹）、「奰」（稍肆大）、「㘝」（大兒）、「奰」（壯大也）等 8 字，字義一樣都跟「大」有關。至於「夫」部的情況也差不多，共收錄 3 文，即「夫」是「丈夫」、「規」是「規巨（矩），有瀍（法）度」、「扶」是「竝行也」，都跟「美醜」義了不相涉。至於「男」部則收 3 字：「男」（丈

夫）、「舅」（母之兄弟為舅，妻之父為外舅）、「甥」（謂我舅者吾謂之甥）[56]，似乎也與「美醜」義有相當的距離。

當然，僅就「醜」字歸入「鬼」部來觀察，《說文》的「鬼」部收錄如下諸字：「鬼，人所歸為鬼」、「䰠，神也」、「魂，陽气也」、「魄，陰神也」、「魅，厲鬼也」、「鬾，耗鬼也」、「魃，旱鬼也」、「魖，老精物也」、「䰡，鬼服也。一曰小兒鬼」、「魃，鬼兒」、「䰧，鬼俗也」、「䰢，鬼魖聲，䰢䰢不止也」、「魄，鬼變也」、「䰰，見鬼驚詞」、「魐，鬼兒」、「醜，可惡也」、「魑，（鬼捷兒）[57]」，其中除對眾多鬼神（尤其是鬼）的細加區分，表現出古人對死亡與鬼魅世界的豐富想像外，從「鬼兒」、「鬼服」、「鬼聲」、「鬼變」到「見鬼驚詞」以致於「可惡」的字詞，也就是從型態、衣著、語言聲音以及種種特異的變化中，古人透過視覺、聽覺的感知，從而對非人世界禁不住發出驚異駭怪的言詞，以致於情感上已達到令人生厭的地步，此即段《注》在解說「醜」字為何從「鬼」旁時，要特別強調「非真鬼也，以可惡，故從鬼」吧！

可是，《說文》「女」部就不一樣了，它包辦了「美」和「醜」兩方面的眾多字詞。當然，在《說文》540部首中，也有解釋為「美」的「甘」、「甛」、「旨」、「嘉」諸字，與解釋為「醜」的「頯」、「顡」、「亞」諸字，但「美」、「醜」相對為義的字詞也僅存於「女」部中，其他部首則未見，甚至「人」部也沒有，這是相當特殊值得進一步關注的現象和限制。我們留意到《說文》女部中，既有「極醜」的代表人物——為古帝妃「嫫母」的「嫫」字（她既為「古帝妃」，可見「美」在「古」代不是成為帝妃的充分條件），「嫫母」所代表的「醜」也非同小可，此從段《注》引用〈講德論〉的說法就可窺見一斑：「嫫姆倭傀，善譽者不能掩其醜。」[58]直接表明即使是最高明的「善譽

---

[56] 〔東漢〕許慎撰、〔清〕段玉裁：《說文解字注》，頁492-493，498-500，698-699。

[57] 〔東漢〕許慎撰、〔清〕段玉裁：《說文解字注》，頁434-436，又段《注》云：「魑，各本無此篆，考玄應書五引《說文》魑字，助交切，訓捷健也……《說文》訓當云鬼捷兒。」補此篆義。

[58] 〔東漢〕許慎撰、〔清〕段玉裁：《說文解字注》，頁625。

者」，拿「嫫母」的醜一點辦法都沒有，是無法掩飾得了的。另外《說文》女部也引「杜林說：媿，醜也」，這個「媿醜」，主要來源於「頙」字，段《注》也注意到這點說：「醜者，可惡也。按頁部曰：頙，『醜也。』杜說蓋以『媿』為『頙頭』字也。」是用來形容女人頭部的駭人，「頙」本來是用在「驚驅疫癘之鬼」的，根據《周禮・方相氏》指的是披覆著熊皮，黃金四目，《風俗通義》則說是「頭盛大」到「稀世」的地步，因此而醜得可嚇人鬼[59]，但沒有強調是「女」的，《說文》則收錄了「媿」表明它的性別特徵。至於《說文》收了「飲，醜也」、「斐，一曰大醜兒」，可見「醜」還分層次等級，有「醜」和「大醜」之別。此外，「婿，一曰婦人惡兒」，則特別指出係屬「婦人惡兒」，並不適用在男性的身上。

談到《說文》的「美」詞，可能得先從「媄」、「好」兩字說起。《說文》解釋「媄」字為「色好也。从女美聲。」段《注》：「按凡美惡字可作此。」而《說文》在解釋「好」字時則說：「好，媄也。从女子。」段《注》說：「各本作美也。今正。與上文『媄』為轉注也。好本謂女子，引伸為凡美之偁。凡物之好惡，引伸為人情之好惡。」由此可見「媄」是「美」的後起專用字，與「好」字本來都是專門用在「女子」「色好」的形容，之後與所從出的「美」字一樣，字義不斷引伸擴充出去，以至於不管是「物」、或是「人情」，所有的美惡都一體適用了。

另外看看《說文》釋義中以單詞解釋為「好」的字就有：「姝」、「嫛」、「妏」、「姣」、「嬛」、「娧」、「嫷」、「婑」等8個字，若再加上屬地區方言的用詞如，「秦晉謂好曰娙娥」、「南楚之外謂好曰嫷」、「吳楚之閒謂好娃」，又增添了「娙」、「娥」、「嫷」、「娃」4個字。當然《說文》也有從全面整體來評斷的，如說：「㜮，美女也」、「媛，美女也。人所援也」、「妭，美婦也」這3個字；也有因著重點不同而從部分側面來描述的，如說「媌」是「目裏

---

[59] 〔東漢〕應劭撰、王利器校注：《風俗通義校注》（臺北：漢京文化事業有限公司，1983年9月），四部刊要，頁574。

好」、「嫿」是「靜好」、「婠」是「體德好」、「娙」是「長好」、「嬻」是「白好」、「嬥」是「直好兒」，比諸揚雄《方言》卷二所說的：「娃、嫷、窕、豔，美也。吳楚衡淮之間曰娃，南楚之外曰嫷，宋衛晉鄭之間曰豔，陳楚周南之間曰窕。自關而西秦晉之間，凡美色或謂之好，或謂之窕。故吳有館娃之宮，秦有榛娥之臺。秦晉之間美貌謂之娥，美狀為窕，美色為豔，美心為窈。」[60]從「美」的四個層面：「美貌」、「美狀」、「美色」、「美心」去擬定用詞，詞彙更見周全。以故段玉裁在注「奵，美也」時說：「夫粲，美之物也。眾以美物歸女，而何德以堪之？」其實，漢代美女得具足「貌」、「狀」、「色」、「心」、「德」五「美」，而其用詞，大抵保留在《說文》女部，從中不難了解到這是特為女性設計、具體而微的縮影呀！

四　結語

　　總而言之，若站在古文字演變的過程來觀察，「美」字在早期可能是針對成年男子而設的，透過頭上戴羊角的外加裝飾，來強調「美」具有均勻對稱，大小適中，變化有致，吉祥良善的陽剛成熟特質。「醜」的對象則較不明顯，主要是強調其形體的不成比例，破壞中度和諧，或不足，或太過，其造型連鬼魅都會驚懼，尤其是頭部的突出駭人。可是到了西周，男性漸漸朝修「德」的方向前進，慢慢地，美醜的對象就移轉到女性身上，關注的層面也由外而內，由有形到無形，此從〈登徒子好色賦〉到〈妄稽〉篇的雅俗文學中，對男女美醜的刻畫也可窺見一斑，而因應此種現象的轉變，反映在文字上，漸漸分化出從女字旁的「媄」、「嬍」、「娩」等後起形聲字，以及許多修飾語都加上「女」字旁，構成《說文》女部中特別多攸關美醜的字眼。而「美」也從單方面的「體美容冶，不待飾裝」，擴充出四個層面：「美貌」、

60　〔西漢〕揚雄、〔清〕戴震：《方言疏證》，收入張岱年主編：《戴震全書》（合肥：黃山書社，1994年9月），安徽古籍叢書第二輯，第三冊，頁29-30。

「美狀」、「美色」、「美心」而分別去擬定用詞,以至於到後來的漢代美女得具足「美貌」、「美狀」、「美色」、「美心」、「美德」這五「美」,美也就慢慢從陽剛轉變到陰柔,女性也走進了「為悅己者容」的腳色扮演中矣!

原文發表於 ART ET LITTÉRATURE: ÉTUDES ÉPIGRAPHIQUES ET ICONOGRAPHIQUES DE CHINE ET D'AILLEURS,法國・阿拉斯:阿爾多瓦大學(Université d'Artois, Arras, France),2017 年 3 月 9 日。(陳雅雯、高佑仁校對)

附錄一　《新甲骨文編》之「美」字[61]（書影）

							羌	美
	合 320030 歷組	合 32014 歷組	合 6620 賓組	合 321 賓組	合 22044 午組	合 1976 自組	合 33128 無名組	合 22044 午組
	屯 9 歷組	合 32015 歷組	合 6636 正 賓組	合 22559 出組	合 163 賓組	合 19764 自組	合 35346 黃組	合 27352 無名組
	屯 539 歷組	合 32016 歷組	合 7421 賓組	合 22573 出組	合 171 賓組	合 19754 自組	合 36971 黃組	合 30695 無名組
	屯 636 歷組	合 32020 歷組	合 20399 賓組	合 519 賓組	合 199 賓組	合 22043 午組		合 31023 無名組

---

[61] 劉釗、洪颺、張新俊編：《新甲骨文編（增訂本）》，頁 245。

附錄二　《郭店楚墓竹簡》之「美」字[62]

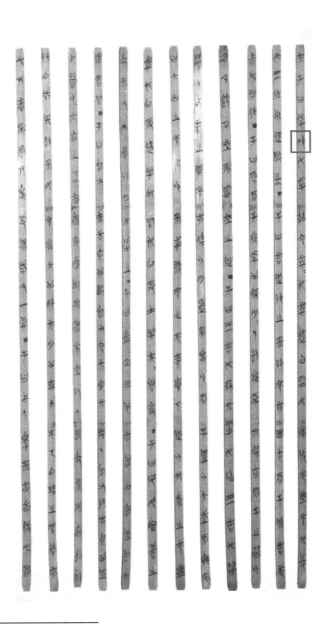 《郭店‧緇衣》簡 1：「夫子曰：好婡（美）女（如）好茲（緇）衣。」

[63]

62 荊門市博物館編：《郭店楚墓竹簡》（北京：文物出版社，1998 年 5 月），〈緇衣〉竹簡。
63 滕壬生：《楚系簡帛文字編（增訂本）》，頁 747。

附錄三　上海博物館藏戰國楚竹書（一）之「美」字[64]

《上博一・緇衣》簡1：「好顇（美）女（如）好茲（緇）衣。」[65]

[64] 馬承源主編：《上海博物館藏戰國楚竹書（一）》（上海：上海古籍出版社，2001年11月），頁45。

[65] 滕壬生：《楚系簡帛文字編》，頁1012。

附錄四　北京清華大學藏戰國竹簡（貳）之「美」字[66]

《清華貳・繫年》簡27：「賽（息）侯之妻甚妣（美）。」[67]

---

[66] 李學勤主編、清華大學出土文獻研究與保護中心編：《清華大學藏戰國竹簡（貳）》，頁50。

[67] 李學勤主編、清華大學出土文獻研究與保護中心編：《清華大學藏戰國竹簡（貳）》，頁257。

附錄五　《北京大學藏西漢竹書・妄稽》（簡 1-7、16-23）

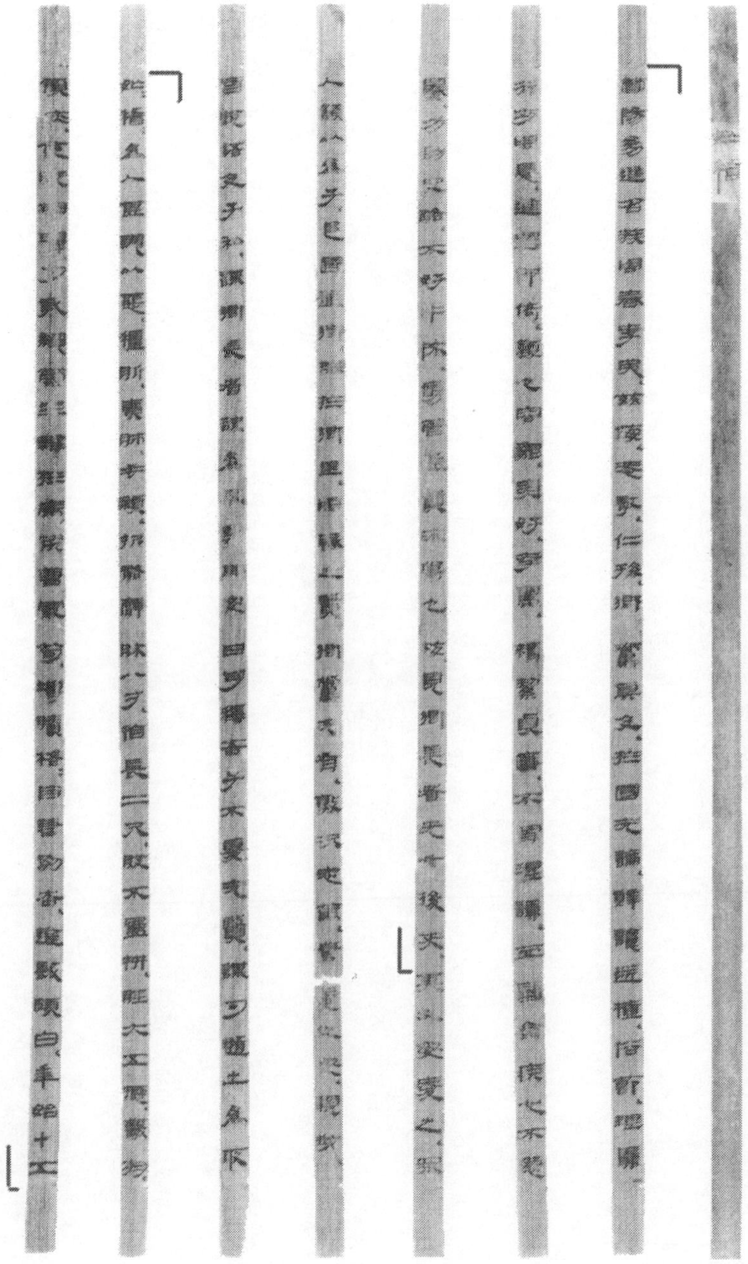

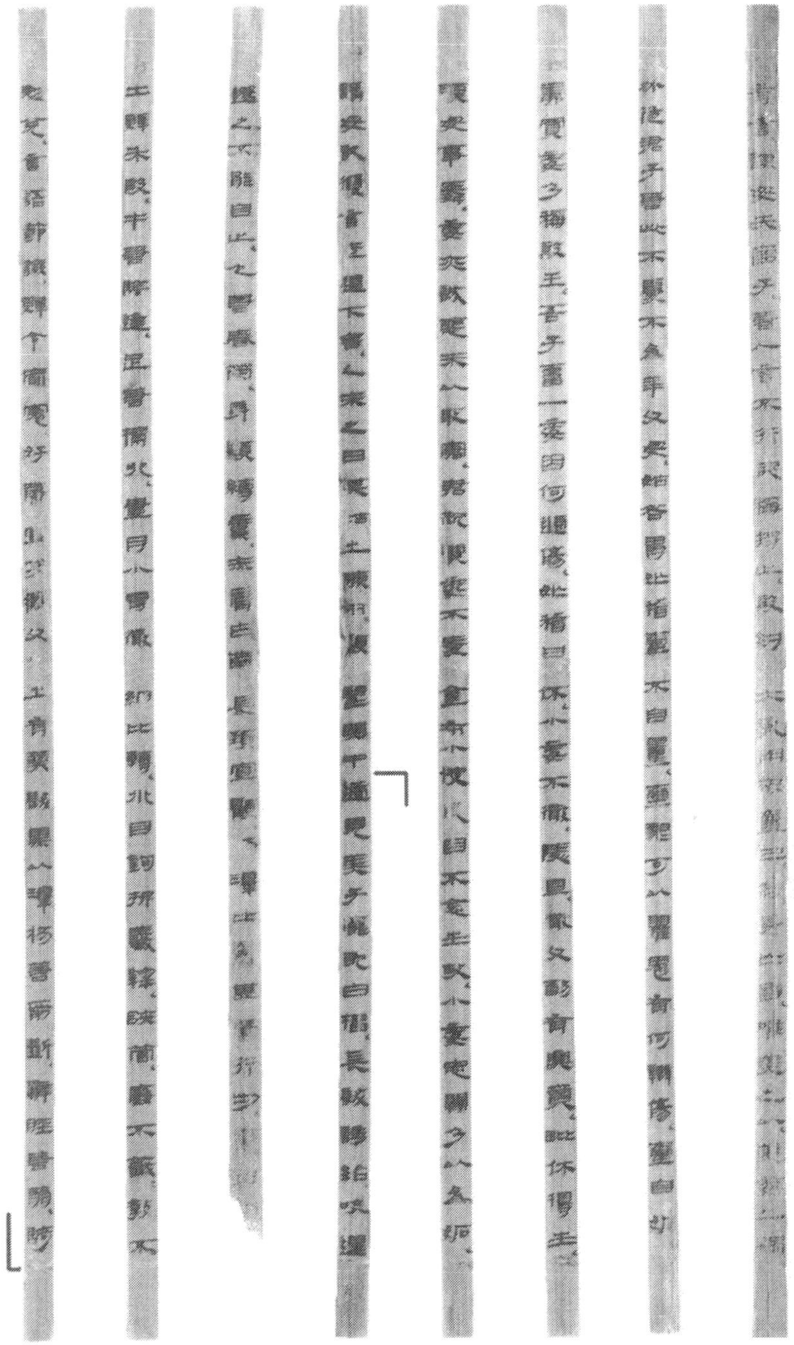

附錄六　《日本足利學校藏宋刊明州本六臣注文選・登徒子好色賦》[68]（書影）

---

[68]　《日本足利學校藏宋刊明州本六臣注文選》（北京：人民出版社影印足利學校遺蹟圖書館藏明州刊本六臣注文選，2008 年 3 月），頁 293。

附錄七　《說文解字注》「女」部字[69]（書影）

---

[69]　〔東漢〕許慎撰、〔清〕段玉裁：《說文解字注》，頁616。

後記

「久在樊籠裏，復得返自然」，當舉翮沒入那廣袤的天穹之際，轉首回顧，二十五年的歲月，雖不過蜉蝣之寄，滄海一粟，但一本在僻處說話的學術專著能裒輯出版，一定得感謝背後支撐的溫暖力量。

身為女人，處在家庭與學術之間，何其不易！外子葉益源先生知我甚深，以我天性魯直，只適合在學術象牙塔裡鑽研，他則扛起一切責任；就讀師大、臺大期間，得以親炙那些治學嚴謹，深綜博肆又為人方正的眾師長，他們有學術的堅持，又得生活的雅趣，這些養分的浸潤薰陶，使我任教於南方古城的成大，雖夾在日趨標準化評比的考核中，執行科技部的整合型計畫諸如「金文研究與應用網路計畫」、「楚系簡帛文字字典基礎工程研究計畫」、「楚系簡帛文字字典編纂計畫」、「補助人文及社會科學研究圖書計畫規劃主題：出土文獻研究：1949 年前中國出土文獻之研究」及個人的「桂馥的文字學說──以《說文解字義證》為主軸的考察」時，師友同儕間皆能同心協力，疑義相析，切磋砥礪，助益良多外，還能維持一點學術的尊嚴與創作的自由，苦中作樂，逢隙寫書，黃昏散步。

論文集的纂輯，可能有些已觀念改易，不合時宜，但敝帚自珍，冀能稍顯個人治學的塗轍和印記。非常感謝丁邦新老師的題簽，有如炬火般照耀指引，盈滿著對後生晚輩的愛護光輝。而論文集的整理、繕打、校對諸瑣細工作，委由高佑仁老師召集，邱郁茹君總其事，而莊惠茹、陳雅雯、郭妍伶、張宇衛、陳厚任、葉書珊、洪鼎倫諸君的撥冗協助，得以在短期完成，後生可畏，我也相當感激。當然，一本書的完成，如果不能順利出版，也是前功盡棄，萬卷樓果如其名，推廣學術，極力促成，則深致意焉！

二〇一八年八月二日沈寶春識于臺南潛園

文獻研究叢書·出土文獻譯注研析叢刊 0902012

沈寶春學術論文集（古文字卷）

作　　　者	沈寶春
責任編輯	楊婉慈
發 行 人	陳滿銘
總 經 理	梁錦興
總 編 輯	陳滿銘
副總編輯	張晏瑞
編 輯 所	萬卷樓圖書股份有限公司
印　　　刷	百通科技股份有限公司
封面設計	斐類設計工作室

發　　　行　萬卷樓圖書股份有限公司
　　　臺北市羅斯福路二段 41 號 6 樓之 3
　　　電話 (02)23216565
　　　傳真 (02)23218698
　　　電郵 SERVICE@WANJUAN.COM.TW
香港經銷　香港聯合書刊物流有限公司
　　　電話 (852)21502100
　　　傳真 (852)23560735

ISBN 978-986-478-211-6
2018 年 8 月初版一刷
定價：新臺幣 580 元

如何購買本書：
1. 劃撥購書，請透過以下郵政劃撥帳號：
　　帳號：15624015
　　戶名：萬卷樓圖書股份有限公司
2. 轉帳購書，請透過以下帳戶
　　合作金庫銀行　古亭分行
　　戶名：萬卷樓圖書股份有限公司
　　帳號：0877717092596
3. 網路購書，請透過萬卷樓網站
　　網址 WWW.WANJUAN.COM.TW
大量購書，請直接聯繫我們，將有專人為
您服務。客服：(02)23216565 分機 610

如有缺頁、破損或裝訂錯誤，請寄回更換
版權所有·翻印必究
Copyright©2018 by WanJuanLou Books
CO., Ltd.
All Right Reserved　　　Printed in Taiwan

國家圖書館出版品預行編目資料

沈寶春學術論文集. 古文字卷 / 沈寶春
著. -- 初版. -- 臺北市：萬卷樓, 2018.08
　　面；　公分. -- (文獻研究叢書. 出土文
獻譯注研析叢刊；902012)
ISBN 978-986-478-211-6(平裝)
1.古文字學 2.文集

791.207　　　　　　　　　　　107015658